미래, 결혼과학

Alex Seong Soo Lim 지음

세상은 사람이 만들고, 사람은 교육이 만들며,
행복은 결혼이 만들고, 결혼은 과학이 만든다.

도서출판 노벨사

- 미국이 깜짝 놀란 결혼과학, 인류의 알고리즘을 해결한 'I LOVE 결혼과학사관학교' 주역
- 미국에서 더 민감하게 반응하며 세계적 결혼과학 1세대 탄생에 감동의 축하를 보내고 있다.
- 결혼과학 매칭은 LCA(Life Cycle Assessment·전 생애주기 평가)까지 일괄통용
- 예비부부가 불안해하는 결혼의 속내 완전해부, 치료수단 '미래, 결혼과학' 버전
- 명품결혼 소프트웨어(Software)와 하드웨어(Hardware) 코딩공법 8과목, 결혼과학 커리큘럼
- 결혼 정체성 5차산업혁명, 차세대 결혼과학까지 엿보고 압축한 결혼백과사전 세계 최초
- 보면 알 수 있는 결혼의 속성 인생의 성공대열 지름길 바로 기적이 보인다.
- 젊은이들과 Leeds들이 요구하고 응답하는 결혼과학 요체, 결혼혁명이다.
- 결혼과학의 작은 기적은 IT기술과 함께 미래 결혼질서로 국격을 높이고 있다.

젊은이들과 예비부부 커뮤니티가 감동한 '미래, 결혼과학' 지배구조는 미래의 성공과 행복에 있다. 세계 결혼과학 1세대 탄생은 결혼문화전문가로서 최고의 창작이며, 결혼예비자들의 Leeds를 해결한 혁신이며 역사적 사건이다. 결혼질서 개념과 기초소재 개발, 독자기술로 결혼과학을 탄생시킨 원조며 누구도 따라올 수 없는 생태계다.

또 세계결혼질서를 관장하게 될 'I LOVE 결혼과학사관학교' 1세대의 출범과 미국 시민권 생활 30년 총정리에서 바라보는 한국관 이미지는 특별한 DNA의 민족성은 세계가 인정하며 지금까지는 시작에 불과하고, 본격적인 채비로 세계를 지배 등극할 준비 돌입단계에 올랐다는 감동과 호평 동시 놀라움이다.

구태, 기존결혼질서의 충성도는 점차 약해져 결혼과학이 결혼질서의 명분을 찾았다. 설계는 광범위한 지식과 고급정보와 창의성이며, 촘촘히 내장된 공정성과 신뢰가 기본으로 누구도 의심의 여지가 없으며, 검증과정을 거친 부부공생구조 본질의 합리성 구조이다.

또 획기적으로 높인 100년 후 메타버스 차세대 결혼과학 생태계는 별도 개발 ING, 더 나아가 명품결혼이란 기본개념을 훨씬 뛰어넘어, 고등과학은 부부관련 기초재원으로 상호 우호적이며, 합리적 협조이념 원격조성이 기본이라 했다. 이기적이지 않으며, 존중과 인격적 소통은 일상화에서 공유되어야 한다는 지적이다. 총체적 논평은 결혼과학은 작은 기적이며, 우리 삶의 질까지 긍정으로 바꿔놓고 있다는 결론이다.

'미래, 결혼과학'은 결혼혁명

(Future, Marriage Science is the Marriage Revolution)

결혼 사이언스 빅데이터, 인공지능 혁신플랫폼
(Marriage Science big date Artificial Intelligence innovation platform)

인류는 왜 결혼과학을 꿈꾸는가? 알고리즘의 결혼과학은 오랜 숙원이었다. 건강한 결혼의 속성과 신비를 풀기 위한 인간은 무한 노력했지만 응답은 없었다.

미래의 꿈 결혼과학은 상상했던 행복을 현실 만족으로 과학적 진수 테라포밍법칙*으로 이끄는 구조로서 결국 유일하게 대한민국에서 탄생하게 되었다. 4차산업혁명 이후 모든 산업이 발달하고 IT첨단 기술과 메타버스가 등장했지만 유독 결혼질서만이 퇴보되고 있나?

 * 테라포밍법칙 : 결혼의 이상적인 생각을 현실로 만들어 행복을 누리는 법칙

결혼과학의 주목도로 선도그룹 'I LOVE 결혼과학사관학교'와 '미래, 결혼과학'은 세계적 결혼과학 양자기술 생태계 원천기술과 창의적 발굴은 천재적인 기획으로 개발되었다. 지금 이 글을 보는 분은 결혼과학 1세대 원조

의 증인이다.

드디어 새날이 밝았다. 인류 미래 알고리즘 결혼과학의 탄생은 일반적인 과학 수준을 넘어 인문학과 IT테크과 접목한 창의성 적용 차세대 가상세계나 증강현실을 들여다보는 결혼 상세 커리큘럼으로 자리잡았다.

예로 결혼과학은 내 인생 전부를 지배할 지식 요체며 새로운 결혼과학교육으로 길라잡이 할 고급정보로서 많은 사람들과 공유하여 결혼의 성공과 행복을 나눌 수 있는 종합지식토론공간을 확보하게 된 것은 역사의 한 장으로 기록될 것이다. 아직 일반에서는 생소하지만, 곧 실행준비 완성단계에 이르게 된 주체는 'I LOVE 결혼과학사관학교'이다.

결혼과학이 결혼의 DNA를 찾았다.
(Marriage science found the DNA of marriage)

'미래, 결혼과학'은 인류 미래의 꿈 결혼과학은 이 시대에 지대한 영향을 줄 수 있고, 더 나은 세상 만들기를 지향하는 결혼의 알고리즘 정신은 결국 세상을 과학환경으로 바꾸는 역사다.

지금까지 누구도 예측못한 일들이 매일 새롭게 세상을 급속도로 변화시키는 상황에서 지금 우리는 그 변화의 중심에 서 있다. 이런 현실에서 어떻게 하면 젊은이들에게 밝은 미래를 열어줄 수 있을까! 포기를 모르는 대한민국 젊은이들의 도전과 열정 가득한 꿈이 날아오르도록 차세대 결혼과학 정보의 위대함을 소개한다.

'미래, 결혼과학시스템'의 창시자는 동시대를 살아가면서 최고의 영광을 누리고 있다. 그의 파격적 꿈은 행복을 일으키는 원천적 기계를 만들고 싶다는 감동적 의지가 보이는 대목이다. 원론적인 초점을 들여다보면 믿기지 않지만, 삶 자체를 일깨워준 스승이며, 미래를 열어줄 시그널을 만난 것은 행운이었다. 이러한 결혼 배경의 총체적 돌풍은 결혼과학 개발자를 전문가들의 여론에서는 결혼과학의 아버지라고 벌써 호칭하고 있다.

세계적 결혼전문가들의 검증된 기술공법. 결혼질서 하이브리드 국내 특허와 국제특허 진행 중이며 또 다른 차세대 핵심기술은 심리모형과 인체공학이 여러 IT기술과 카테고리로 DNA와 호환시켜 차세대 매칭질서를 선도하게 될 신기술 또한 현재진행형이며, 생각의 한계를 넘어서고 있다. 그리고 안정적인 교육의 질 확립과 차세대(Next Generation) 기초소재개발과 연구는 계속될 것이다.(Well Future, Marriage Science)

'미래, 결혼과학' 원조 1세대와 일등공신이 되기까지 양자기술 생태계 주도권 잡은 요체는 IT테크(Tech, 기술)과 창의성이 Super Computer에서 호환되어 실체가 베일에서 벗겨진다. 정보기술(IT)과 결혼 생태계를 기초로 해서 지식혁신사회로 급부상이 예상된다. 신세대와 결혼예비자 평생전주기(Life Cycle) 인식조사에서 나타나듯이 결혼과학은 사회에 지대한 긍정적 공헌이며 살아 움직이는 영원한 영웅(Eternal Hero)이다.

또한, 소셜네트워크에선 결혼예비자들의 계층의식이 높을수록 결혼과학에 관심이 크다고 소개했다. 실행에서 획일적으로 결혼과학의 세트 기술로 단순화했고, 과학적 통계를 왜곡한 사실이 전혀 없다고 면밀한 검증으로 확인했다. 또 기업성과 사회 공헌기여도까지 평가는 적합성 더이상은 나올 것이 없다고(Limited) 최우수(Very Best)라고 전문가들은 판시했다.

왜 일부 젊은이들과 결혼예비자들이 화를 내고 있나요?

처음에는 결혼과학에 대해서 의아하면서 '의문스럽다(Questionable)'고 했다. 그러나 이해하고 보니, 현재 이혼의 주된 원인은 순수 인과성으로 분류해야 할 형편이 되었다. 낯설지만 이렇게 중요한 결혼과학의 힘과 배경을 왜 이제 알았을까에 의문을 제기했다. 그동안 자신들은 엄청 똑똑한 줄로만 알고 세상을 입맛 되로 재단했는데, 여기에 와서 보니 착각 속에서 살았다는 것을 인식한 후는 삶의 태도가 완전히 바뀔 수밖에 없었다고 뒷걸음친다. 인생은 멀리보고 사전에 지식과 정보로 깨쳐야 한다는 자책의 거울을 보며, 내가 지금 어디로 가고 있는지를 알고는 살아야 하지 않을까 반문과 생각을 열어주는 재능기부까지 첨부됐다고 일러줬다.

기존결혼질서와 결혼과학은 당분간 파워게임은 불가피한 상황이 됐다. 현실에서 구태 기존질서는 사회수준에 미치지 못하는 미숙함과 시대착오적 결혼질서의 위협 요소가 나타나면서 인생이 뒤틀린 건 기존결혼질서의 문제점에서 찾으면 감을 잡을 수가 있다. 결혼과학을 중심으로 리빌딩할 수 있는 절호의 기회가 온 것은 누구도 거역할 수 없는 역사의 흐름이다.

여기에 시대적 물꼬의 시작으로 불리는 차세대 결혼 코어와 지능형 '미래, 결혼과학'은 본격적으로 결혼문화 환경과 Wedding Industry, 결혼질서의 변화와 존재감을 긍정적으로 드러내고 있다.

요컨대 결혼과학의 깊고 넓은 공간에서 일어나는 문제해결능력 확장의 천재성이 보였기 때문이다. 본래 '미래, 결혼과학'은 세상을 변화시킬 아이콘 등장으로 부부관계와 삶을 이끌어갈 최적화된 지식적 구조가 본질이었다. 그러나 결혼의 진실을 외면한 기존풍습과 관습의 착각으로 여기까지 왔지만, 이제는 시대가 요구하는 결혼현대화 추세에 동참은 성공과 행복의 진실을 깨칠 수 있게 허상이 아닌 지식적 체계로 부활할 수 있게 되었다. 또한, 과학적용 매칭도 LCA(Life Cycle Assessment, 전생애주기 평가)까지 일괄통용 작용으로 이루어졌다.

익히 역사를 파헤쳐 통계적 과학공법으로 결혼의 속성과 진실을 읽고 응집력과 유대감을 높여주는 프로세스와 알고리즘이 지향하는 결혼의 정통성과 합리성 정체성까지 부부공생 생태계 본질을 찾아 DNA까지 소프트웨어 코딩은 자신에게 충실히 보답하는 명품형 수준이며 결혼혁명이다. 또 결혼과학의 요체는 상상한 것보다 더 마법과 같은 기적으로서 이 시대를 대표하는 지식창달의 원천이며, 평생보증개념은 모두의 행운과 축복이다.

결혼과학 제1세대로 위상을 지키며, 또 다른 창조적 연구와 몰입으로 미래의 문을 열어가고 있다. 얼마나 어렵기에 현대문명이 그동안 누구도 못한 결혼의 알고리즘 개발이란 절망에서 희망으로 바꾸라는 열망에 적극 공감을 예측할 수 있는 대목이며, 이유는 구태 결혼질서의 시대적 문제점을 들여다보고 치명적인 결함지적과 동시 치료도구로 예비자들의 눈높이 충족의 대안으로 결혼과학의 효용적 가치를 성립시켜 사회적 부흥과 성공대열에 올랐다.

익히 결혼의 진실과 속성을 해부하여 최상위 행복감 추구에 영향을 끼치고, 결혼의 속성에 품격을 과학으로 진보시켜 사회적 합의까지 이끌어낸 결혼원동력의 엑셀이다. 정이 세계인의 결혼문화역사와 생활문화는 달라도 결혼개념은 거의 수평 맥락이며, 결혼문화의 대변혁기 장식과 세계적 공유 채널로서 그동안 역사적 고통과 눈물의 기도를 읽고 결혼의 진실을 깨쳐 Needs 욕구에 충실한 보답으로 실용적인 고급정보에 자신감을 독려한다.

본래 '미래, 결혼과학' 종합코어 교육은 포트폴리오 구조로 구성되었으며, 희망결혼은 철저하게 예비자의 눈높이 부합은 4원칙과 부부공생의 기본개념, 공통분모와 비대칭 해소기술 등 규칙과 많은 고급정보를 자유롭게 배치해 IT의 설계도를 읽고 분석 이해와 학습으로 지속가능한 커리큘럼 8과목 최적의 설계 방법을 찾았다. 연구팀은 이 기술을 AI칩 '텐서프로세싱 유닛(Tensor Processing Unit Tpu)*' 개발에 이미 적용됐다고 밝혔다. 결혼과학 1세대로 꼽히며 이를 기초해 결혼과학의 급성장이 예고되면서 예비자들의 관심은 새로운 결혼과학 질서 변화의 작용과 미래를 예측할 가치 주 사이클로 돌아선 것이다.

* 텐서프로세싱유닛, Tensor Processing Unit(TPU) : 장기간 진행될 결합체

익히 세계를 지배하려면, 결혼과학으로부터 대한민국 초일류국가 진입 지름길 로드맵완성으로 이어져야 하며, 4차산업혁명과 5차산업혁명까지 염려에 둔 기획으로, 충분한 당위성이 입증되고 돈에 치일 삶도 없어야 하며, 결혼예비자들의 Leeds를 해결하고, 젊은 층의 로망을 충족시킬 결혼과학의 차원의 콘텐츠가 요구된다. 또한, 이후 미래형 고순도 차세대 플랜B도 현재진행형이다. 산업이 발달하면서 결혼과학도 고도화하면서 인간의 욕구를 더욱 충족시키려는 기술적 한계의 도전으로 미래를 노크하는 신호탄이다.

미래의 일상은 결혼 상세 커리큘럼(Curriculum)에 있다.

I Love 결혼과학사관학교는 지식과 정보충전소로서 삶의 지혜를 확장하여 더 나은 미래를 설계할 수 있는 원천적 기회를 제공하게 하는 지식창출의 카테고리 공간이다. 미래에 닫아올 결혼과 인생을 들여다보고 성공을 꿈꾸며 한차원 높은 증강현실과 메타버스 결합으로 효용적 가치사슬까지 생각하며 예상과 달리 완성의 치료적 효과가 확연히 나타날 수 있게 지원은 순차적 상세 커리큘럼에서 공개될 예정이다.

요컨대 결혼예비자들의 고민과 해결, 성공의 지향점을 찾고 결혼과학의 프레임워크 및 밸류체인을 갖추는 것을 선제조건으로 내세우며, 국민 성공과 행복은 여기에 기초하기 때문에 결혼과학 통합플랫폼 Happy Scale은 미래 결혼의 방향성 설정과 매우 엄격한 계량 작업을 통한 완벽한 프로

그램이다. 또한, 믿고 배울 수 있는 Marriage Science Campus 학습은 예비자들의 실무스킬 성장을 책임질 수 있다.

새 시대 희망인 공정사회 상생 구조는 한국판 뉴딜로서 성공과 심리회복 탄력성까지 갖춘 유일한 세계결혼상품(Global Wedding Commodity)이다. 또한, 결혼과학의 탐색으로 부부관계의 소통적 방해를 제거하는 법칙을 발굴할 수 있었고 우수성을 인정받아 글로벌지식 Contents Big Plan 수출에 시동을 걸 도전적 가치는 감동이며 출발점에 섰다. 이러한 발상은 '미래, 결혼과학'을 글로벌 허브 기회로 발전시키겠다는 야망이 깔려있어서다.

"꿈의 결혼과학" 교육 제도가 요구되는 현실에서 매일 전쟁처럼 살아가고 있는 젊은이들은 열정과 도전정신은 미래설계와 결혼을 마주하면서 온갖 생각 위의 생각까지 계산할 것이다. 결혼 후 삶의 메타버스를 예측하며, 인생의 찐한 감동과 희망을 가슴에 담고 목표한 바가 세상 사람들에게 감동을 주고 큰 사랑을 받는 소박한 꿈은 희망이다.

만일 결혼과학이 정부의 공식지원 공적 실행정책이 채택되어 대중화가 실현된다면, 결혼과학은 더욱 탄력을 받게 될 것이다. 이런 배경으로 결혼과학 현실화는 대한민국 초일류국가 지름길 로드맵 첫걸음이며, 여타 산업 전반에 영향을 끼치게 될 것이다. 그렇게 새로운 창의적 혁신으로 세상이 지켜보는 가운데 도전의 깃발을 높이 치켜들어 올렸다.

I LOVE 결혼과학사관학교는 대한민국을 세계결혼과학 Herb 지식교육 혁신 국가의 전진기지로 발전시켜, 결혼과학 프로젝트사업의 중심으로 만들어 거의 모든 산업이 한데모인 Convergence 대혁신의 대표 모델로 도약 중추적 역할로 나아갈 생태계완성으로 가야 할 것이다.

추후세계적 유행(Global Vogue)으로 이끌 천재들의 생각과 영감을 초월한 발상과 몰입이 결혼과학을 탄생시켰다. 인류의 위대한 역사에 도전과 기념비적인 사건임엔 틀림없는 사실이며 '미래, 결혼과학'은 세계결혼역사를 바꿔놓을 혁신이 될 것이다.

나비효과(Butterfly Effect)

대한민국에서 태어난 '미래, 결혼과학' 한 마리의 작은 나비의 날갯짓으로 생긴 바람이 지구 반대편에서 돌풍을 일으킬 수 있다는 과학이론을 나비효과라고 한다면, 그 효과를 여기 제시된 혁신적 결혼 빅데이터와 AI에서 운명을 바꾸는 치유도구로 마주하게 될 것이다.

남이 한번이라도 생각했다면 큰 성공은 날아간 것이다.

(If others have thought about it at least once Great success flew away)

"I love marriage science commissioned school"
- Future, Marriage Science

창작 학교창설자, 저작권자

임 성 수

Alex Seong Soo Lim

차 례

| 차 례 |

젊은이들은 결혼으로
어떻게 꿈꾸느냐에 따라서
삶과 미래는 펼쳐질 것이다.

모든 젊은이는 스스로 성공할 권리가 있다.
이어 결혼과학의 놀라운 성과에 대해
축하하며 이를 통해 대한민국은 더 발전하고
역량 있는 지식혁신국가로
길라잡이 될 것이다.

결혼과학의 교과과정(Marriage Science Curriculum)

과학(Science)을 꿈(Dream)꾸면 결혼 성공으로 이루어진다.
(Wedding Success Realization)

결혼의 생각, 초점을 결혼과학에 맞춘 두 사람 Marriage Science 속성의 꿈이 현실이 되는 놀라운 감동과 예비부부들에게 사회적 조직이 어떻게 그 교육적 사명을 감당할 것인지를 고찰하고 결혼 계획, 교육의 품질 삶의 진로를 살펴보고 설계하는데 그 의도가 있다. 차세대 구성요소(The Next Element)는 Premium 결혼과 사랑의 기술은 신선한 충격요소며, 접근할 도구와 목적의 지름길을 찾는 길라잡이로서 지능형 재개발이 가능한 프로세스를 지원하는 결혼기초과학을 포맷한 W=SD의 실행이다.

예컨대 '미래, 결혼과학'은 메타버스*가 새 시대를 열고 있다. 메타버스가 만드는 새로운 미래 결혼질서 공간을 살펴보면, 대용량 정보를 활용 가능한 체계에 아바타를 적용할 수 있도록 기술시스템을 구축하고 있다. 또 결혼과학 연구과정에 VR·AR·시뮬레이션 등의 활용이다.

* 메타버스, Metaverse : 디지털 가상세계와 현실 생활이 혼합되는 현상

결혼과학을 하나로 압축하면 메타버스의 신융합응용으로 지식과 상식 이상에 혼합시킨 요체를 의미한다. 개인의 내성에 따라 변수의 범위는 다소 달라도 결혼과학이 요구하는 본질은 예비자들의 형평성을 고려한 부부 공생의 합리적인 타협성 논리와 결혼질서는 동일성일 것이다.

요컨대 결혼과학 생태계의 영향은 일상생활 패턴 변화와 메타버스 활용 범위는 다양하게 호환될 수 있는 구조이다. 미래, 결혼의 데이터 활용에 잣대가 되며 삶의 길라잡이까지 영향을 미치게 될 것이다. 결혼과학의 지향 범위를 측정하기에는 너무나 크고 넘어야 할 산이 높게 나타나 있지만, 결혼과학에 대한 신념과 열정은 확고했었다.

익히 꿈을 품은 결혼과학 높이 날아올라 세계인과 공유하며 영구행복이 목표다. 지금까지 이어온 깜깜이 속 평이한 결혼 아프게 돌아보아야 한다. 지금과 같은 미숙한 결혼질서는 묵과할 수 없는 인내로 버텨왔다. 반면 미래의 Wedding은 예비자들의 긍정적 피드백을 어떻게 주느냐가 핵심이다. 이 문제는 결혼 전반적 과거 고정관념에 묶였다는 위험 발생 신호와 눈높이는 미숙한 자기갱신(Self-Renewing)으로 심리 정서가 과학적 경계를 넘지 못하고 있으며, 바램은 '누구를 어떻게 만나느냐'에만 집중하며, 착각에 묶여있다는 지적이다.

삶의 변화와 결혼정리의 힘으로 미래의 불안과 불확실성의 위기 신호를 계속 보내고 있는데 느끼지 못하고 있다. 원래 기존결혼질서는 존속능력에 유의적 의문을 제기할 만한 중요한 불확실성이 존재한다고 지적받고 있다. 여기에 결혼과학이 관여하므로 미래의 Wedding 환경은 더 큰 사회와 경제적 포용(Economic Inclusion)이 더욱 매력적이라는 것을 시사하면서 새로운 결혼관 개념 바꾸어 미래의 불편사항을 걸러내는 거대한 중용의 지점과 면밀한 분석, 이지플레인(Easy Plain) 결혼 4원칙과 부부공생구조와 공통분모의 프로세스(Ecological Process) 완성이다. 표준 결혼과학 상세 커리큘럼이 자리 잡고 있다.

딱히 결혼과학 트랜드와 정체성에서 멀어져 있는 청춘들 경험 없어도 미래 삶의 불안감 해소와 성공확률까지 예측하는 원시스템 구조로 설계되었다. 나아가 미래는 부부공생 조건과 공감소통으로 새로운 워라밸(Work & Life Balance, 일과 삶의 균형)은 결혼생활 25년 이상 평균수명 (Telomere) 연장되어 조건과 배경은 부족해도 결혼과학의 실체를 인지한 다면, 부부공생으로 빠른 심리소통에서 난이도와 불규칙을 구체적으로 해부 하고 현장에서 바로바로 피드백으로 시간과 속도전으로 완성한 결혼성공로 드맵이다. 이러한 결혼기초과학 발굴과 관점바꾸기(Perspective Taking)로 미래의 서평을 긍정으로 예측할 수 있었다.

정이 미래를 두려워하는 결혼과학으로 동력을 얻은 긍정의 힘이 자신의 미래를 책임질 것이라는 신뢰성이 감지되며, 성공과 행복중심의 코어 가 치사슬을 실현하기 위한 프로세스로서 가치가 인정되고 또한 결혼과학을 이해한다면, 자기혁신의 내공을 쌓아 미래를 읽고 예측할 수 있는 지식확 장으로 이어질 것이다. 또 여기 제시된 평가는 신뢰성과 정통성 편리성까 지 모두 갖춘 최적의 솔루션프로그램이며, 결혼의 영광(Marriage Glory) 을 이끌 표준잣대가 될 것이다.

예로 결혼과학은 성공한 줄기세포 핵심 아이디어를 축출, 배양시켜 예비 자들에게 제공하는 일을 담당하고 있다. 이 시간에도 불은 꺼지지 않고 미래 를 소환해 몰입으로 '미래, 결혼과학'은 메타버스와 결혼예비자들의 Leeds* 가 만족한 위대한 미래를 이끌어 갈 가상현실 시대를 앞당겨 주도할 산업 의 비전이 준비 완료된 상태이다.

* Leeds, 리즈 : 젊은이들 생각의 꽃

2021년은 결혼과학의 기원으로 대규모 결혼과학교육으로 결혼풍습과 기존질서의 교체 수요가 폭발적으로 발생 예측하고 있다. 또 결혼의 법칙 과 재생산구조는 누구나 알 권리가 있다, 결혼과 행복추구라는 희망고문의 위험에서 벗어나는 길은 오직 결혼과학의 치료적 도구 외에는 대안이 없다는 결과물이다. 이유는 참 부부란 본능적 상생연대의 조합으로 살아갈수록 무게감은 확장되어 삶의 질과 상호작용으로 이어지면서 결혼과학이 사회질 서와 일상적 분위기까지 바꿔놓을 만큼 무게감이 크다고 사회 평론가들은 환상적이며 이 이상은 없다고 박수쳤다.

세상을 바꾸는 결혼과학이 대세, 현재이자 미래며 '핫플레이스'가 되고 있다.

시대가 변해 젊은 세대들의 Trend Issue는 '미래, 결혼과학' 이젠 결혼 이라는 바구니에 인생전부를 담아도 안전과 담보까지 자신한다. 결혼과학 은 마치 나를 돌보고 책임지는 것 같은 느낌은 감동 그 자체다.

다만 급변하는 환경에서 미래를 조명한다면, 결혼은 '고도의 혜징 (Sophisticated Hedging, 삶의 과정)' 전략과 중장기 비전의 충족이며, 중심에는 경제구조 지식, 환경, 심리적 정서밸런스, 인지능력 등 나열하여 신개념 융합기술로 발굴한 황금트리오 부부공생(Marital Symbiosis) 구조 로 Brain에 깊게 심어져 상처받는 삶도 없을 것이다.

'미래, 결혼과학'은 글로벌허브 부상과 결혼동맹 활성화 예고와 또한 소 프트웨어 코딩시스템으로 구성 새로운 결혼 지평을 마련한 것이다. 또한, 미래준비는 최소한의 안전장치에 있다. 결혼과학의 엄격한 규칙에서 완벽 주의라는 수식어가 따라다닌다. 또 4원칙과 공통분모와 비대칭 해소기술이 며 예비자들의 Leeds를 치유하는 밑그림만 알아도 행복이 보인다.

요컨대 신뢰성과 정서적 수준이 수평적 양립성(부부)밸런스 가치가 높으 면 높을수록 행복지수 상승 가능성은 효과적으로 나타날 것이며, 이러한 공법은 부부공생과 공통분모로 상호동의 주관적 적합성을 관찰하고 분석하 는 프로세스이며, 미래 결혼기초과학의 창조적 근간이 될 것이다.

또 과거의 상식과 관습을 배제한 AI와 클라우드 기반으로 새롭게 확장하여 이용할 수 있다는 것은 기적이며, 미래를 책임질 사회적 가치로 완성되어 결혼은 이젠 기술로 강제돌입(Forced Rush)이 요구됨에 따라 신뢰하되 검증하라(Trust but Verify).

이를 유추한 신시대 미래를 설계한 데이터베이스(DB)와 AI를 활용한 전용 플랫폼이며, 스몰웨딩, 다운사이징(Downsizing, 몸집 줄이기)을 추구할 것이다. 또는 예비자들의 Leeds를 해결 부부 이해충돌 해소프로세스로 부부공생 본질의 최종결정체 또한 이러한 결혼생활의 환경은 세상과 끊임없이 소통하는 자세, 일치성 부부 경제공유는 삶의 기본책무이며, 결혼의 긍정적 필수전략은 당연시 예비자들에게 새로운 희망이며, 사회적 공감과 합의로 함께 미래의 길라잡이로 평가받아 스몰웨딩의 긍정으로 이어질 것이다. 또 미래 고순도 버전은 순차적인 계획이며, 결혼과학의 인용은 과학과 인문학이 결합하는 4차원시대로 접어들었다.

역사상 그동안 누구도 결혼에 대한 혁신은 No였다. 이는 반사이익 법칙에서 그동안 적극적이고 지속적인 연구는 확실한 투자였다. 이러한 성공대열에서 '미래, 결혼과학'을 예감하면서 결혼과학시장에 여러 플레이어가 뛰어들 것이라 전망과 함께 유능함이 성공신화를 결혼과학시장에서 재현으로 폭발적인 성장세가 예상된다고 전문가들의 판단이다.

이 모두가 응용 결합한 부부공유 경제구조성립의 효용성까지 계산된 선도형으로 인정받게 될 것이기에 결혼의 평준화는 결코 있을 수 없는 일이며 또한 보여줄 수 없는 민낯, 자기 속으로 빠질 공산이 크다. 만일 여기 제시된 프로그램이 부정적 시각이라면 인생에서 두고두고 곱씹고 반성하면서 살아가야 할 치명적인 실수라 감히 말할 수 있다.

본래 뉴딜은 결혼과학시대에 관점 바꾸기(Perspective-Talking)의 발상에서 미래를 읽고 성공의 지름길을 찾아 더 큰 세상을 엿볼 수 있는 능력배양 체계다. 또한, 관점 바꾸기로 미래 상황을 예측하는 지혜로서 지식 채널과 수정주의로 진보한 결혼기초과학의 혁신 프로그램이며, 유일하게 자사의 검색 엔진 개발에 강한 의지가 담겨 있어 미래 성공수치까지 확보했다.

결과로 결혼의 알고리즘 개론은 이를 최적화하는 과정이 Date Machine Learning에서 제공된 심리적 훈련된 기재와 특별히 부부공생 케미스리* 상호작용이다. 이러함은 누구의 지배와 통제받지 않는 자유로운 부부생활을 지혜롭게 이끄는 결혼 성공로드맵이며, 결혼과학이 대세는 결혼예비자들을 응원하며 그들의 영 꿈 통장이 민감하게 반응할 것이라 믿는다. 그 초점은 환상적으로 가까이 오고 있다.

* 케미스리, Chemistry : 성격이 잘 맞는

'미래, 결혼과학'은 세상을 보는 창(Window to the World)

'미래, 결혼과학'은 결혼과학 1세대 세트 기술로 아직 누구도 상상도 못했던 창의로 미래에 도전이며, 변화하는 세상과 유화 관계를 맺는 혁신이다. 또 미래를 품은 예비자 욕구의 충족을 어떻게 해소하느냐에 핵심을 염려에 두고 기술해야 Got다. 또 주요 빈티지마다 특성 등을 인지한 후 탁월한 Soft Skill을 길러두고 결혼해야 한다고 일러줬다.

익히 빅데이터와 인공지능은 결혼과학의 뿌리이자 줄기이자 꽃이며, 인문학 중심으로 수학과 융합응용(Convergence Application) 결합체로 결혼질서를 재배치하겠다는 의미로서 이른바 신기술 초격차 전략과 일맥상통하는 말이다.

'미래, 결혼과학'의 최고의 요인은 단연 매칭코어 그 중심채널은 결혼대상의 기본자료 데이터에 포착된 심리모형을 분석 포맷된 부호와 호환 뇌파 신경이 발산하는 생각의 파장을 잡아 AI카테고리에서 편집 모니터링 한다면 환상적인 가치대비의 비교 계산이 확산수치로 나온다. 모든 게임은 끝났다. 여기에 DNA와 결합한 결과물은 만족도 1위로 마지막 검수과정만 남았다. 믿기지 않는 꿈의 대상이며 머지않아 우리 곁에 올 것이다.

현재 이 시점에서 보는 세계관 앞으로 어떤 일이 얼마나 일어날 것이며, 예상외의 일들이 벌어질 것이냐에 관심을 두고 추후를 엿본다면 1%대의 지식대열에 가입되어야 한다고 속단할 수 있다. 미래는 오는 것이 아니고 만들어나가기 때문에 이러한 개념에서 세상을 바라본다면, 상식위의 지식과 고급정보 채널로 내공을 쌓고 글로벌로 눈을 돌리게 될 것이다.

익히 복잡한 결혼통계 기반의 핵심 알고리즘을 발굴 예비자들의 욕구와 응답에서 성공을 추구하는 프로세스이며, 주요 설계 신융합응용기술(New Convergence Application Technology)의 결혼과학이 대세는 결혼 Navigation 역할로 표준교과서 창의와 기도하는 마음으로 집중한 결과물이다. 바로 인간과 인공지능은 상호 원원으로 공존하는 행복감을 상상해 부부 내성을 해부하고 소통하며, 자신의 미래가 깨어있는 리더로 가는 길을 선택하여 세로토닌(Serotonin)*이 생성되는 수직상승효과 현상도 확인할 수 있게 되었으며 사회적 합의와 공적 수급 안정화정책이 시급하다고 입을 모았다.

  * 세로토닌, Serotonin : 행복감 신경 물질

원래 세계 결혼전문가들이 바라보는 절대적 범주는 결혼예비자들에게 목적을 제시하고, 그들이 최고를 꿈꿀 수 있게 부부공생 구조로 심리적 불안과 불확실성을 치유할 제도여야 했다. 즉 결혼과학의 특별한 기능 부부공생 정신은 상호 우호적이며, 연속성이 강하고 부부연대 본질에 충실하며,

사회인지(Social Cognition)능력 유전자까지 분석 대입한 지속가능한 시스템개발로 결혼질서 재편의 현실화는 결혼문화의 관행에 있어 중대한 변화이며, 미래를 예감해야 할 일과 기억해야 할 의무적 경계의 설정이었다.

예로 결혼과학의 심장 CPU(중앙처리장치)는 4원칙과 공통분모 외 8과목 창의기술로 구성·개발되었다. 결혼생태계의 구조 다변화로 밑그림과 같은 우수한 결혼 기초회로는 비대칭 해소기술, 부부공생, 상호동의구조, 케미스리의 호환이 자유롭게 소통되며 심리적 쏠림현상은 성공확률이 높게 나타난다. 여기에 제시한 이상적 차세대 결혼기초과학 줄기세포의 새 폼팩터(Form Pact)는 영구성이 함축되었고, '미래, 결혼과학' 확대 선언에 힘입어 예비자들에서 인기는 수직상승으로 이미 제어한 상태이며, 지배력은 더욱 확장되어 결혼도 세계관 개념으로 지평이 바뀌고 있으며, 세상을 바꾸는 힘은 지식 요체뿐이다.

초개인화와 다중화 기득권에서 벗어나 차세대 결혼생태계 원천기술 개발에서 결혼 4원칙과 공통분모라는 독보적 창의의 정체성은 결혼산업의 핵심인프라(Infrastructure) 확장의 원천기술이다. 결과물로 미래 결혼의 해법을 발굴한 것은 결혼과학 바이러스의 눈이며, 백신의 치유도구와 실행에서 차세대 부부공생의 일치성 공법의 버전이 탄생되었기에 가능했다.

고로 결혼과학이 추구하는 일치성 부부공생품격은 사랑과 존중, 경제공유로 상호이익을 전략적으로 공용하는 공동운명체 구조로 정의한다. 이러한 배경에는 선진 작은 결혼문화의 Seed Money로 압축된 유능한 어떤 고급정보가 배치되어 있는지 되물어본다면, 단연 예비자 쌍방의 형평성과 상호동의 일치 적합성이다. 매칭도 이젠 첨단과학 융합기술 접목과 유전자기술로 호환된 결혼질서의 파고는 갈수록 더 높게 나타날 것이다.

정의 지금까지는 예비자들의 머릿속을 뛰어다니며, 계산기 연방 두들기며 온갖 상념과 착각에 기웃거릴 가치와 의미 통제와 명분 정도였다면 자사는 세계 유일한 정형화 공법과 강력한 부부공생 구조의 정교(Elaboration)한 기술로 평생 영구유효로 창안된 주안점을 두고 있다. 또 국민지식향상에 지대한 영향을 끼치며, 혁신적 정신세계로 나갈 채비와 긴장감을 높이는 길라잡이까지 일깨워 줄 것이다. 또한, 미래의 배우자감이 이기적이지 않으며 다정하고 덕성을 갖추었는지를 사랑의 감정에 빠져들기 전에 알아보는 놀라운 능력을 알 수 있다.

매칭에서 비대칭 문제와 조건 불합치 등 여러 '유리천장'이 존재한다. 그러나 특히 매칭의 마지막 성사단계에서 애매한 성리학의 성인지 감수성 척도는 은밀한 영역에서 누구도 감정을 간섭하지 않는 인간의 존엄성과 마음 챙김의 실현화는 극도로 절제된 표현을 써야 하고, 신체의 형상이나 윤리적 속내를 사실적으로 표현하기 어려운 파이다. 또 심성모형* 실현이 구체적이고 대화로만으로 성적 도의관념에 관여와 평가는 아니라 판단했다. 남성을 잠재적 가해자로 치부하며, 언제까지 성별 갈라치기와 양성평등을 지향하는 건강한 결혼질서가 확립될까? 위험수위의 경계와 쏠림현상은 또 워낙 민감한 심리적 반응이므로 변수는 예측불가다.

  * 심성모형, Mental Model : 일어날 수 있는 상황을 묘사하는 마음의 표상

요컨대 부부 눈높이 균형이며, 공통분모와 지식과 상식의 공감소통으로 '비대칭구조(Asymmetric Structure, 非對稱構造)' 해소와 상호동의 부부공생규칙은 기본적으로 정서 환경이 방해받지 않으며, 이해충돌을 조율로 일치점을 찾는 이제까지 누구도 예상 못했던 꿈같은 심리기술들이 이상적 구조체계를 구체적으로 이루어갈 수 있도록 Deep Learning Education으로 집중지원 한다. 이 또한 스펙을 높여 본격적인 결혼과학의 치료수단의 안정

세 구조로 선정했다.(결혼과학 신소재 발굴 프로세스 구축과 창의적 발상)

특히 4th Industrial Revolution 후 결혼과학은 빅데이터와 AI분석 응용으로 생태계부터 다시 정밀하게 들여다보고 검토했었다. 또한, 현실과 미래가 마주하는 결혼성사 단계에서 한번 선택으로 운명이 결정되고, 삶의 질과 행복까지 결혼과학의 존(Zone)에 대해선 결혼 4원칙과 공통분모와 8과목이 주요목록에 올라있다. 정규수업은 Timing의 중요성을 앞세워 학술적 가치와 논리적 해법의 구조로 현장실습까지 세팅된 통합플랫폼 '행복한 척도(Happy Scale)' 탄생은 부부 이해충돌 해소기술로 놀라운 기회(Tremendous Opportunity)를 잡게 될 것이다.

딱히 결혼과학의 지식 요체는 자신 능력수급과 심리회복 탄력성(Elasticity) 조정과정으로 쌓은 내공에서 재생산되기 때문에 이 메커니즘을 활용하면, 결혼과 삶의 질 수명연장과 행복지수까지 업그레이드로 예단하고 있다. 또 인간이 실수하는 것을 사전에 탐색하며, 방지하는 기술도 적용돼 있다. 자사는 그런 것들을 잘해내는 구도로 오직 미래만을 들여다보며 만들어가고 있다. 또 결혼예비자들의 마음의 소리를 종교적으로 읽고 피드백에 따라 구체적으로 조정되며 그 밖의 다양한 생각 위의 압도적인(Overwhelming) 질의에도 긴장하고 있다.

정이 결혼 4원칙을 기초로 예비자 생각을 더해서 안정적인 컨셉을 잡을 수 있도록 피드를 해줄 그 이유를 인지심리학에서 찾았다. 한번 선택이 인생 전체를 바꿔놓을 수 있는 중요성 때문이다. 그렇게 엄중한 사회적 성장 동력으로 태어나 미래 결혼산업의 혁명적 변화로 구조조정의 경계를 넘어 기업가치와 경영철학, 사회적 로컬문화와 결혼표준설계인증(Marriage Standard Design Approval)까지 결혼기초과학으로 이젠 결혼도 과학으로 강제돌입을 예고하는 배경은 삶과 사랑을 인용한 결과물로서 글로벌 결혼질서와 시장에서 Global Top Player로 새롭게 탄생한다는 전략이다.

개발자의 프로필(Developer's Profile)

개발 및 저작권자는 현재 주변에 널리 성업 중인 결혼 정보회사 1990년대 초 공이 최초로 씨를 뿌린 원조(개발)다. 이후 현재까지 미국(시민권) 생활 근 30년 동안 익힌 선진교육체제와 내공을 쌓아 미래를 점치고 추후상황을 들여다보며, 제도와 삶의 체험도 모니터링이 가능하며 결혼과학의 영감은 연구개발자의 바로 자신의 역사였다. 정이 미래를 선도할 Counselor 자문도 토론과 생동감 있게 별도로 멘토링까지 무상공개(Open Source)도 예정되어있다.

특별히 대한민국 2021년에서 바라본 미래, 2050년대 또는 100년 후의 우리 사회는 어떤 모습일까! 지금까지 결혼과학 개발프로그램은 여러 가지 이유로 제한되어 있었고 그동안 침묵과 잠행을 깨고 이제는 시스템의 효율성을 검사하는 '스마트 펙터'와 결혼예비자 검사 단 쇼퍼 도입과 워크숍의 방향성을 지정해주는 지침이 되었다. 또 인생에서 제일 중요한 결혼 준비상황을 모니터링과 마인드풀니스(Mindfulness)* 동시 결혼 로드맵 과정을 시뮬레이션으로 직접 경험할 수 있게 관심과 이해도 상승에 방점을 두었다.
 * 마인드풀니스, Mindfulness : 마음챙김

본래 단순한 지식 전달 위주의 교육을 훨씬 뛰어넘어 모든 삶의 문제해결 능력을 확장하는 프로그램이다. 나아가 결혼 임팩트 교육투자는 당장 저출산문제를 해결하고 삶의 질과 행복지수, 수명연장의 엑셀로서 사회적 치유도구로 정착 그 밖의 문제해결은 결혼과학으로 활성화를 꾀하는 '뉴딜(New Deal)문화'의 환생제도이다.

정이 결혼과학 바이러스의 눈(Marriage Science Virus Eye)으로 인생이 춤추는 깃발 아래에서 결혼문화의 환경과 활용 배경은 사회적 경제활성화에 영향을 끼칠 수 있으며, 궁극적으로는 반사회적 제도개선확장으로 영향을 끼칠 시대정신(Spirit Of The Times)이 녹아 있다. 비추어봐서 개발자는 아무도 생각과 해보지 못한 일을 하는 게 감동이며, 희열을 느끼는 게 취미가 되었다.

메타버스는 결혼과 인생 방향성을 깨우쳐 줬다.

미래, 결혼과학은 '혁신의 아이콘'으로 불리며, 글로벌시장에서 시즌 세대교체 수요가 폭발적이며 의존도도 높게 예측된다. 결혼과학의 능력은 미래의 예측과 성공적 신호를 감지했기 때문에 개발에 착수했다. 또 결혼을 책임질 검증이 확보되었고, 희망결혼의 예방제가 아니라 치료수단의 지식적 과학의 능력과 결합하여 재조합 생산하는 구조적 혁신프로세스로 개발되었기 때문이다. 또 국민 정서에 지대한 영향과 시너지효과까지 강한 유대감으로 행복을 나누는 이상적 만남의 감동은 긍정의 창조적 긴장(Creative Tension)을 높이는 성격이 내장되어있다.

'미래, 결혼과학'은 혁신의 대명사로서 결혼 성공과 행복추구와 더불어 또 다른 희망을 불어 넣어주는 치유도구로 삶의 질까지 높이는 아이콘 역할까지 검증이 완료되어 책임질 것은 무한 책임진다는 신뢰를 쌓아왔다.

또 자신을 지키고 성장할 원동력 엑셀로서 미래까지 염려에 두고 새로운 자신계발프로세스까지 창의성 기술로 평이하고 쉽게 활용법이 내장된 프로그램으로서 모든 상황을 현실적으로 봐서 결혼과학 교육 수강 인프라가 시급하다.

예로 매칭에서 사냥의 개념은 구시대적 발상이며 후진성에서 벗어나야 한다. 수준에 어울리며 합리적인 상호작용에 의한 과학적 시스템 조건성립으로 부부부채의식(Debt Consciousness)은 전혀 없어야 정상이다.

인간관계에서 최고의 성공사례 규칙이며, 미래를 열어갈 메타버스와 협력하여야 성공할 수 있는 체계로 오랫동안 지속가능한 구조여야 한다. 결혼과학의 첫걸음이다.

바꾸어, 결혼질서와 정보의 갈증은 최고조로 위험한 수준까지 와있다. 단지 현재 상황으로는 심각 상태와 중요성을 느끼지 못하고 있으며, 앞으로도 재현할 공산이 크다. 그러나 이제 결혼의 접근 태도를 지적해 공감을 얻고 또 결혼과정의 미숙한 파이에 대해 솔직히 말하고 이해해야 할 현실에서 과학적 가치의 성질과 색다른 해법을 꼽으며, 자신에 더욱 충실할 것을 요구하고 있다. 이에 서평을 올리고 참신함까지 더해 진정한 결혼의 패스티벌은 이제 시작이다.

정이 그동안 전문가들도 알지 못한 크라우드 소싱(Crowd Sourcing)을 감지 그릿(Grit)의 강점을 살펴보며, 공감하는 다자주의 보편성보다 훨씬 그 이상이다. 총체적 인식에서 바라본 결혼은 주어진 환경의 선택적 조건에서 누구를 어떻게 만나 갈등과 이해충돌을 조율로 결정 날 수밖에 없다고만 단정한다.

그러나 자사는 부부공생 정서적 접근성이 원활하고 지식과 상식적 균형이 장애없이 잘 소통되며, 공통분모와 호환 부부연대의 상호작용에 힘입어 위험이 축소되는 구조로서 명품형 멘토링을 제공한다.

특히 4차산업혁명 이후 빅데이터(BD) 인공지능(AI) 사물인터넷(IOT) 클라우드컴퓨팅 블록체인 기술전략을 기반 진단과 해석, 최적제어로 명품결혼의 고품격을 예측해 IT 최고 수준의 소프트웨어 코딩으로 설계하였다. 또 삶과 행복의 질이 개선되고 수명연장(텔로미어)의 엑셀은 결국, 부부공생의 일치성으로 '세상의 끝(The End Of The World)'이며, 행복의 원천임을 증명하는 모멘트가 될 것이며 이 시대의 위대함을 일깨워 줄 것이다.

딱히 결혼 그리드(Grid)는 부부 일치의 효율을 높이는 Super Grid로 지속가능한 상호작용과 에너지 충전의 체계적 주입은 구태에서 개념 바꾸기로 고정관념에서 벗어나야 하며, 예비자의 프로필과 대비 분석한 교육시스템과 호환작용 결합 분류(Classification)된 자료는 AI에서 분석되어 상용화된 5G기술로 빠르게 모범답안을 제공한다. 이러한 추세에서 앞선 기술력을 바탕으로 선제적 결혼질서 지배력은 더욱 확장될 전망이다.

익히 '미래, 결혼과학'은 결국 과학적 학습이며, 인생의 장애물을 헤쳐나가는 전략으로 결혼의 트라우마를 이겨내는 폭넓은 지식과 고급정보 인식을 포함하고 있어 이보다 더 좋은 것은 없다고 예단하면서, 결혼과학이 이토록 감동과 긍정인줄 완성 후에나 깨우쳤다.

예로 결혼의 많은 문제점을 Vaccine Marriage Science가 책임지고 해결한다는 취지는 미래형 매칭시스템(Future Matching System)과 투명성까지 정보를 Detail로 분석한 똑똑한 검색결과가 개발되었기 때문이다. 예비자들이 원하는 최종적이고 완전 검증 가능한 IT기술이 플랫폼으로 호환되어 다시 카테고리에서 구체화 된 스마트 프레임과 콘텐츠로 제공된다면 가장 장엄한(Magnificent) 창의적 혁신기술이라 신비로움에 놀라며 열광하는 이유다. 또한, 멈출 수 없는 내 꿈은 자유로움으로 무한 도전할 수 있는 사다리구조이다.

결혼문화는 시대적 그 사회의 거울

'미래, 결혼과학'은 디지털화로 원천적 순수독자 기술이면서 결혼과학이 미래에 도래할 배경으로 데이터를 면밀이 들여다보면, 좀 더 큰 맥락에서의 그림이 드러난다. 결혼질서와 시장에서 큰 잠재력을 보고 상용화는 큰 감동과 함께 성공적으로 이뤄졌기 때문이다. 성공전망 미칠 영향 결혼질서의 복잡한 셈법, 결혼의 경제적인 분석의 구체성이 내장되어 있기도 하다.

예컨대 시대적 현황에 구 풍습과 구태결혼질서는 결혼과학과 상당히 배치되며, 극명함을 보여주고 있으며 결혼과학 이후 결혼은 이젠 꼼수는 안 통한다. 이러함을 이겨낸 정통성으로 대국민 결혼과학교육의 실행안은 필수로 제도권진입과 법제화는 공론화 거쳐 신중히 결정할 사안이며, 원칙은 추진한다에 모두 동의할 것이다. 세계 이혼 1위의 오명은 빨리 벗어나야 한다는데 누구도 이의를 달지 못할 것이며, 결혼은 이제 눈치와 운명에 맡길 일이 아니라 지식과 과학으로 접근할 시대의 흐름을 응원한다.

본래 결혼과학은 시대문제를 해결하기 위한 하나의 숙제로 결혼혁명이었다. 또 차세대 결혼과학은 더욱 심화된 규칙으로 인간의 실수가 개입될 여지가 없는 초정밀 IT공법이 적용될 전망이다. 결혼예비자들 열린 마음으로 결혼과학교육을 바라보길 희망한다. 또 세계인들이 통제 없이 수평적으로 들여다보고 공유하며, 개인 맞춤형형식으로 포맷되었다면 신결혼철학에 진한 감동과 결혼산업 전체의 지평이 바뀔 수 있게 되면서 결혼과학의 절체절명의 과제로 시대적 교체수요가 수직상승효과로 선명히 나타나고 있다.

그동안 침묵 속에만 있던 전문가들도 생각지 못한 혁신을 일구어 새로운 세상 만들기 일념으로 창시된 결혼과학은 감탄과 함께 흥분을 감출 수가 없을 정도로 찬사를 받고 있다. 그토록 열광하는 이유는 머지않아 글로벌 결혼문화는 국경을 넘어 인종별 사상과 이념, 순혈주의의 경계를 초월 자사가 개발한 결혼과학 통합플랫폼 '행복한 척도(Happy Scale)' 속에서만 마중물로 선택할 수밖에 없고, 큰 감동과 행복 메신저로 국제적 영향력은 독보적 존재다.

익히 자사가 제시된 결혼문화 질서가 빠르게 결혼과학 배경으로 확장된다면 출산장려촉진으로 그동안 풀지 못한 인구증산에 선구적 치유도구로 긍정이며 희망적일 것이다. 작은결혼을 배제한 인구증산은 있을 수 없는 일이기 때문이다. 또한 국민행복지수를 끌어올리는 '업스카이링(Up Skilling)' 기술로 미래사회에 지대한 영향력과 성공 행복 성장동력으로까지 대중상용화 정착은 너무나 당연하며, 결혼과학의 꿈은 여전히 꿈꾸는 자의 특권이다.

건강한 결혼과 멋진 삶은 내 것이요, 결혼의 자유와 인생은 사랑과 행복으로 감동적이어야 하며, 부부는 긴밀한 협력자로서 기호에 충족되는 명품결혼의 경계를 넘어 목표의 도전과 실용 가능한 현실화 만족 구조다. 또 성장(Permanent Innovation)'만을 생각하는 결혼산업의 포퓰리즘을 이끌어갈 책임감과 성공까지 간절함을 느끼며, 예비자들의 욕구를 충족시킬 결혼과학은 미래를 지향하는 영상이며, 맡겨진 역할이라면 결혼과학으로 미래를 열어가는 역사에 이바지하는 것이며 앞으로 결혼은 축제만 남았다.

기존 결혼질서는 아직 과거에서 잠자고
현대결혼 문명은 과학으로 깨어나 미래를 지배할 것이다.

부부의 본질을 끊임없이 찾아 도전하는
결혼과학의 속성과 힘

I LOVE 결혼과학사관학교는 결혼 완충 시대를 열었다. 새로운 결혼과학 대중화의 가장 큰 걸림돌이었던 구태 기존결혼질서의 한계를 해소하는 셈이다. 예비자들과 협업이 필수적이라는 방증이며 Leeds들의 생각을 읽고, 사전조치로 지식과 상식 기반에서 VR(증강현실), AR(가상현실) 결혼과학 첨단테크와 메타버스 호환으로 미래를 열어가고 있다.

본래 결혼과학교육은 공동행복론에서 출발한 지식창달로 행복 양극화를 수평적 균형을 이루는 결혼과학교육으로 변화를 모색하고 있다. 누구나 행복할 권리를 찾는 프로젝트전망이다.

이 같은 연구적 창의는 좌우 협력으로 결혼과학교육 프로그램이 개발되어 예비자들 선망의 대상이 되었다.

시대가 요구하는 지식정서에 도달하기 위한 수단은 결혼과학 탄생의 개기로 돌아보고, 엄격한 자신 관리 차원으로 접근 관점부터 세상만사 해석까지 고정관념 경계를 넘어 변화의 조짐은 자기 자신을 책임져야 한다는 사고방식을 전제한다. 결코, 성공은 기다려주지 않지만, 누구나 결혼과학의 힘으로 성공할 수 있다는 자수성가의 원칙을 믿을 수 있기 때문이다.

딱히 끊임없는 자기계발은 기본이며, 한발 앞서나가는 '미래, 결혼과학' 시너지 전략효과를 우선주의로 표방해야 할 이유는 지금 세상은 위험할 정도로 질서가 꼬여가고 있기에 처세술·성공에서 삶의 자세에 이르기까지 지식과 감성으로 접근해야 보인다. 미래는 지식과 고급정보로 앞서 분석하며 살아야 할 수밖에 없는 환경적 구조이기 때문이다.

결혼의 입구 전략 혼돈으로 초당적 분노가 커지면 되돌릴 수 없는 실수로 낙인찍힌다. 결혼과 삶을 예측하지 못하면 실패에 따른 혼란이 당연히 지적되며 결혼과학을 배제한 당위성은 있을 수 없으며, 잠재적 미래의 상상력이 부족했다는 결과다.

익히 부부는 행복의 빈도가 높아야 장수한다. 그러나 보편적 결혼관은 일상적 생각과 인지적 착각이 다분하며, 몸에 묻은 관점의 발상에서 좌우될 경우가 대부분이다. 결혼이라는 구체적 방향설정이 존재치 않기 때문이다. 이러한 결혼원칙이 없다는 것은 지금까지 결혼질서나 결혼과학적 교육 기회가 없었기 때문이며 상식과 착각의 결혼질서는 사실이며, 이러한 현상은 세계적 추세다. 인간 사용설명서를 볼 수 있다면 더 깊이 이해할 수 있는 일이다.

결혼과학은 성공유전자와 장수유전자 배열 프로젝트는 생물학적 법과 윤리적 검수 과정을 거쳐 어디하나 티없이 온전히 완성된 것이다. '미래, 결혼과학' 실용화공법은 결혼 4원칙과 공통분모 비대칭 해소기술 등 8가지 교과과목 기초소재개발과 IT기술이 접목한 부부공생의 원천기술이 결혼과학 1세대로 세상을 바꿀 역사적 존재로 대한민국의 'I LOVE 결혼과학사관학교'에서 탄생되었다.

'고도의 헤징(Sophisticated Hedging, 삶의 과정)' 전략과 중장기 비전까지 들여다보며 중심에는 경제구조, 지식, 환경, 심리적 정서 밸런스, 인지능력 등 신개념 융합기술로 발굴한 황금 트리오 부부공생(Marital Symbiosis) 구조로 Brain에 사회성 확장까지 깊게 심어져 돈에 치일 일도 없을 것이며 상처받는 삶도 없을 것이다. 오직 삶을 즐기며 행복 정도는 입문을 넘어 더욱 심화되는 구조다.

결혼과학은 원팀 고도화의 힘으로 미래, 결혼질서는 궁극적으로는 결혼과학 1세대를 넘어 차세대 기초소재개발을 통해 현재보다 월등한 심리모형 분석과 인체공학까지 동원한 신융합응용기술이 개발된다면, 명품결혼의 새로운 카테고리의 장이 열릴 것이다. 지금까지의 결혼과학은 애초부터 그야말로 '맨땅에 헤딩'의 연속이었다. 바로 몰입의 가치사슬로 이어진 효과는 어느 파이를 떠나 최고 수준의 영광에 정착하게 되면서 결혼질서 시계도 다시금 빨라져 결혼과학 교육도 크게 성장할 추세다.

'I LOVE 결혼과학사관학교'는 사회가 원하는 '미래, 결혼과학'을 주도적으로 리드할 당위성 확보와 또 희망을 품는다면, 깊고 넓은 젊음 생각의 꽃 향이 결혼과학을 통해 피어나 나를 책임지며, 성공의 길라잡이로 오랫동안 함께할 수 있는 일상환경으로 만들어가는 꿈을 키울 수 있다면 무한한 영광일 것이다. 미래를 염려에 두고 함께 만들어가는 결혼질서 내일은 또 다른 해가 뜰 동력의 엑셀이 바로 살아 움직이는 고급지식과 정보가 원천이며, 오늘 이 시간이 역사이며, 인간의 창조성의 한계가 결혼과학 본 괘도 실험대에 올랐다. 즉 지식혁신으로 가는 지름길이며, 로드맵이다.

본래 결혼과학은 실체는 존재하지 않지만, 살아 움직이는 정체성 동력은 작동한다. 과학적 인문학과 철학을 수학적 융합 응용한 공법 데이터로 지식적 IT채널로 구성하고 있다. 즉 멘탈을 일깨워 심리모형과 사물을 판단하고, 상호 부부공생 소통에 협조하는 요체로 정의한다.

예로 결혼과학의 경계를 넘어 세상을 읽는다면 행복은 다양한 문화창조와 더 큰 희망으로 이어질 것이다. 결혼알고리즘을 찾아가는 결혼과학의 미래를 바라보는 기대는 어느 때보다 크며, 차세대 결혼과학의 기초소재개발이 결정적 계가가 될 전망이며, 더 나아가 하이브리드 결혼과학은 상당한 위용을 자랑하면서 세계를 지배할 동력과 충분한 그 이상의 이유가 내장되어있다. 세상은 모르면 깜깜이 알면 보인다.

'I LOVE 결혼과학사관학교'는 비교적 탄탄한 밸류체인을 구축한 것도 유리한 점이다. 또 결혼전문가들도 인정한 호평과 엄지척, 결혼과학은 평생 따라다니는 존재로서 이제 예비자들이 실지교육으로 실행할 단계에 접어들면서 앞으로 사회적 책임을 다할 것이라는 선언의 신호탄을 쏘아 올렸다.

하지만 매칭에서 진실과 거짓을 교묘히 섞은 심리모형을 읽고 분석은 정교하고 치밀한 창의로 사실화시킨 표현이라면 놀라운 발전이다. 차세대 기초소재와 혼용되어 더 진보된 공법이 발굴된다면, 이것이 세상을 움직이는 동력이며 혁신이 될 것이다.

딱히 미래 결혼질서는 현재와 미래를 탐색하여 또 다른 미지의 결혼과학을 창조하며, 동시에 결혼 문화적 배경 여러 분야와 웨딩산업에까지 영향력은 크며, 결혼예비자들은 맞춤형 선택할 기회를 제공받게 될 것이다. '미래, 결혼과학'의 탄생으로 새로운 행복의 희망이 생겼다.

결혼 예비부부들은 결혼과학 생태계 창의적 기능의 신비한 비결과 비전이 뭔지 물었다. 선정적이지 않으며 국민 정서에 합당한 이미지로 지식과 정보를 제공하는 결혼교육 로드맵을 기본에 둔다고 했다. 즉 신뢰를 얻는 요체는 결혼과 동시 미래의 불안과 불확실성 해소기술로 결혼대상에 믿음을 가져야 할 최고의 지향점이라고 답했다. IT체계에서 창의적이고 유연한 방식으로 결혼 성공으로 교육혁신을 이루어 'I LOVE 결혼과학사관학교' 창립과 결혼과 인생성공 삶의 철학과 문화창달로 이끌 지식확장은 바로 대한민국 초일류국가 지름길 로드맵으로 가는 출입구이다.

'미래, 결혼과학'의 카테고리는 지속가능하고 가치사슬로 이어지는 영구적인 차세대 명품결혼과학의 특별한 양자기초소재개발에 박차를 가하고 있다. 결국, 100년 후의 예측과 닮아 올 메타버스와 인문학이 결합한 신용합응용기술로 결혼과학 1세대를 넘어 2세대로 돌입하게 될 것이다. 가상과 증강현실은 기분상태에 따라 변하는 심리모형의 순간포착까지 스스로 부부관계일치점으로 원격 조정되는 부부공생체계로 상호소통과 호환되는 명품결혼 유명세 확산으로 절정에 이르게 될 모양이 비치고 있다. 여기가 주요 포인트다.

인문학 배경에서 메타버스와 과학이 합성한 결혼 4원칙과 공통분모로 부부관계는 일치점으로 관습, 조정되며 지식과 고급정보의 소통개념으로 부부공생 구조적 역할로 표현에서 부족한 마음과 생각까지 닮아가는 천생연분으로 이끄는 부부연대 생태계원리. 즉 정상적 사고에서 이탈하지 않으며, 오직 사랑의 중심점만 지키는 만능 부부상을 일컫는다는 8과목 개념은 미래를 열어가는 Key의 가능성 모색으로 확보된 상태다.

결혼과학의 생태계 관성을 정확히 고증한 셈이다. I LOVE 결혼과학사관학교는 결혼과학 1세대 원조로서 비교 불가한 기술력을 자랑하면서, 누구도 따라올 수 없는 영구 독보적 존재로 등극했다. 인류의 알고리즘을 지향하며 이 시대를 살아가는 사람으로서 모두 최고의 행운이다.

예로 결혼과학은 역사가 순환하는 세계 속에서 우연으로 결혼과학을 만나 행복을 꿈꾸며 사랑하고 삶의 가치를 승화시키는 동력으로 오랫동안 동행하게 될 것이며, 결혼과학 질서는 다음 세대 유산으로 자동 물려주게 될 원천기술 생태계가 내장되어 있다.

- '미래, 결혼과학'은 상징적이고 강력한 동력의 엑셀로 대한민국 초일류국가 지름길 로드맵 진입

'미래, 결혼과학'의 속성

'미래, 결혼과학' 창의성 기술과학 원천기술(Source Technology) 확보

- 미래 전망(5차산업혁명 예측)
- 성공확률(Success Rate)
- 잠재고객(Audience)
- 사회에 미치는 영향
- 차세대 기초소재(Basic Material) 추가개발
- 세계 결혼문화(Marriage Culture)에 끼치는 영향
- 산업에 끼치는 환경적 배경
- 수강 후 성과와 분석(Individual Report 작성과 토론형식) 이후 결혼질서와 예비자들의 생각과 메타버스가 이끌 미래 결혼질서의 신융합응용기술을 바라보는 예비자들의 시선
- 차세대(Next Generation) 지향 방향에서 미래세상(Future World)을 바라보는 시선
- 사이트의 공정한 배분(Fair Distribution)
- 인류의 알고리즘 구원투수(Relief Pitcher로 등장
- 증강된 세상(Augmented World)을 만나다.
- 부부 긴밀한 상호협력관계(Mutual Cooperation)를 공유하고 있다.

'미래, 결혼과학' 1세대 세트 기술은 새로운 기회 제공처

- 결혼을 선물받는다면 단연 '미래, 결혼과학'
- 결과적으로 결혼과학은 내 인생에서 최고의 선택이었다.
- 결혼과학 초격차 패키지 Online 한 번에 끝내는 딥러닝 마스터 GO

결혼과학의 긍정 아이콘으로
미래를 다시 보는 기회

　결혼과학은 대중의 관심을 끌기 위해 구사한 고도의 창의적 전략으로 출발했다. 이를 통해 Wedding 질서는 더 많은 사람들이 관심을, 갖고 일종의 신상품 예고 '프리어나운싱(New Product Preannouncing)이라고 할 수 있다고 했다. 돌아보면 누구도 예상하지 못한 결혼과학 생태계 기초소재개발의 원인 제공처가 되었던 것이다.

　결혼과학의 결혼항법 시스템은 처음부터 방향을 제시 사전 단초 제공으로 위드 결혼과학 시대적 새로운 역사가 창출되었다. 심리적 기반에 부부간의 모든 격차는 공평성이 존재해야 합당하다. 어느 한편으로 쏠림현상은 불화를 조장할 원인제공이 다분하기 때문이다. 고로 결혼과학개발은 수만 가지 고민과 몰입 예비자들의 다양한 생각을 읽고 실용성과 미래에 발생할 예측까지 들여다보고, 메타버스와 혼용하여 IT채널 카테고리로 풀어낸 결혼과학의 버전이다.

　결혼과학 1세대 세트 기술과 결혼과학 시스템개발로 인한 결혼과학은 마치 전쟁 중이다. 패권이 국가경쟁력이며 여러 산업 분야에 미치는 영향이 크기 때문이다. 미래세계를 지배할 동력의 엑셀이며, 배경과 긍정적 파급효과는 생각보다 넓고 크며, 새로운 세상 질서를 열어가기 위한 창의적 수단이며, 그 영향은 인생 3모작까지 염려에 둔 창의성에 있다.

그러나 결혼과학은 전례 없는 난관을 극복할 것이다. 차세대 기초소재개발 가능성의 추론과 무에서 유로 창조의 기본정신으로 또 다른 긍정으로 잠재성을 탐색하면서 인간의 한계에 도전으로 미래를 열어가고 있다. 결국, 현실과 인간의 깊은 속성에서 찾아야 할 일이다.

'I LOVE 결혼과학사관학교'는 결혼기초자원 개발과 지원의 보급지다. 물론 결혼질서의 중심이며 갈수록 이미지가 덧씌워지고 있기도 하다. 이러한 이유는 표면상 나타나지 않는 예비자들이 원하는 핵심층과의 파이프라인이 절실한 입장이며, 연구대상 물망에 올라있기 때문이다. 결혼교육을 통해 완벽한 시스템 추진력을 부여한다. 또한 "현실적 결혼질서의 경계를 허물고 국제결혼질서를 무력화하고 있다."고 말했다. 결혼 콘셉트와도 호환하면서 부부공생공간을 극대화하는 점도 호재로 꼽히며, 메타버스(3차원 가상공간) 플랫폼에서 대중적 실용화에도 본격 추진되고 있다.

예컨대 미래를 위해 나가 뛰라고 요구하려면, 예비자들을 고민케 하는 결혼질서부터 과학적이며 체계적으로 정리된 믿음이 확보되어야 한다. 도로에는 신호등이 생기듯이 결혼에도 질서와 규칙의 요소가 있다. 이러한 현상은 결혼과학으로 지식과 상식이 재생산구조로 과학적 새로움을 찾고 결혼의 개념을 현대화하라는 시대적 요구다.

원래 결혼과학 기초소재 개발은 날로 변화하는 사회발전과 평행선으로 동반성장하기 때문이며, 인간의 행복기준 설정은 애매모호하기에 일정한 상한선도 정해진 룰도 없다. 그러나 결혼이라는 만남의 틀에서 행복은 자리잡고 있다. 인간의 본능이며 삶의 기본질서가 내장되어 있기 때문이다. 중심에 미래, 결혼과학은 이제 붙박이 행복원천의 대명사로 자리 잡았다. 이러한 중요성은 오직 인간의 행복추구로 이어져 지금까지 누구도 예상치 못한 미지의 세상구현이며, 여기에서 차세대 승부수로 결판날 공산이 커졌다. 이제 고민은 먹고 사는 데에서 벗어나 누가 세상을 움직일 수 있나에 초점이 맞춰지고 있다. 국가적 자존심 대결로 치닫고 있다는 것이다. 여기에 결혼과학이 중심 역할을 충실히 하고 있다는 요인이 입증되었다. 이렇게 된 원인은 누구도 거부할 수 없는 시대적 자연스러운 현상으로 새로운 희망을 찾아가고 있다.

물론 결혼은 '더블 일리미네이션(Double Elimination)*' 방식이 아니다. 한번 선택은 평생을 좌우하는 불가항력으로 불변의 규칙이 존재하기 때문에 수시로 변하는 심리상태와 기타 많은 위험성도 따르기에 고난도 기술이 요구된다.

* 더블 일리미네이션, Double Elimination : 승자와 패자가 각각 경기로 승패를 정하는 방식 패자부활전과 같은 내용

이제 기존 결혼질서의 인과성은 이미 마지노선을 넘어섰고 그동안의 실책의 후유증까지 사면대상으로 삼아야 할 지경까지 왔다. 이 모든 것은 당시에는 까마득하게 모르고 있다가 결혼과학이 탄생, 비교하므로 그 속성을 알아차리게 됐음은 부인할 수 없는 현실에 직면했다. 이것이 역사적 과거며, 이제는 차세대 시대적 가치와 현대물의 인식에 어울리는 맞춤형 명품 결혼창출을 과학적 결혼질서로 열어가는 조력자가 되었다.

예로 결혼과학은 다양한 부분에서 최고만을 고집하는 이유는 그 중요성이 너무나 크기 때문이며, 1세대를 넘어 차세대 기초소재개발이 완성된다면 기획된 미래형 결혼문화의 새로운 부흥으로 놀라움은 하늘을 찌를, 감동으로 치닫게 될 것은 너무나 뻔한 사실로 보여주게 될 것이다.

결혼과학, 기능적으로 보는 시각
　　　　　정서적으로 보는 시각
　　　　　인문학적으로 보는 시각

철학적으로 보는 시각
일반적인 평이한 시각

　결혼은 풍향계를 쳐다볼 일이 아니다. 부부는 어떻게 만나야 잘 만난걸까? 무한 어렵게 보이지만 알고보면 결혼의 원칙과 그 당위성이 구체적으로 보인다.

　● 여러 다양성 시각은 구성요소의 증강된 작용이겠지만 과학적 본질의 차원은 달랐다. 극히 현실주의와 실용주의며, 누구와도 호환이 성립되며 배타적 성격이 아닌 온전하며 순수지식과 고급정보로 지성적 성격으로 꽉 채운 버전이며 친구같은 존재다. 때문에 개발자는 전방위적 사용자의 생각을 읽어야하기에 취급주의 위험 1순위에 올라 있다.

　● 'I LOVE 결혼과학사관학교'를 사회적 미래 글로벌 강소기업(히든 챔피언)으로 육성해야 한다면 더욱 빠르고 큰 동력을 얻게 될 것이다. 또한, 세계 최고강국을 원한다면 강소기업육성 의지나 힘, 구체적 체계와 설정 및 결정으로 실행된다면 그 또한 가능성은 결혼과학이 열어놓았다. 그러나 기성세대는 결혼과학을 관찰자의 자격으로 지켜볼 일이다. 평생을 좌우 살피며 With Future Marriage Science와 같이 산다면, 행복 충만으로 이해할 수 있다.

　● '결혼의 역사는 반복되는가'라는 질문은 당 시대의 문화적 수준에 따라 변화되어야 한다. '미래, 결혼과학'이 '그레이트 게임'을 전략적으로 벌이는 이유는 미래 결혼질서에 무한긍정 에너지와 열정에 결혼예비자와 젊은이들이 열광하고 있고 감동과 함께 기대 또한 크기 때문이다. 바로 '해피맨(Happy Man)'으로 가는 지름길이다.

Los Angeles Times 기사논평

미국의 유명 신문 지상에 소개된 'I Love Marriage Science Commissioned School'와 'Future Marriage Science은 세계 결혼문화와 질서에 기습적이고 은밀한 결혼과학의 창의적 발굴은 누구도 예상치 못한 혁신에 경의를 표한다고 보도했다.

오히려 현지 책 발간되기도 전에 미국에서 민감하게 대서특필로 반응했다. Los Angeles Times 05. 29. 2021.자 실린 기사는 대한민국을 지식혁신 입문국가로 소개했다.

세상에 존재하지 않으며, 인류가 기원하는 결혼알고리즘 정신의 도전은 결혼혁명으로 세계적 영향력이 예상되는 Premium Global Wedding Cultural 새롭고 유익한 창의적 지식혁신 채널 지칭은 미래를 함께 열어갈 긍정적 평가로서, 세계인의 결혼은 사상과 이념, 민족적 순혈주의 경계를 넘어 그 규칙은 IT최첨단기술과 지식적 창의 결합으로 메타버스를 인용한 인문학으로 결혼과학 신념이 확고하며 누구나 평등과 자유, 행복의 정체성 확보와 누구에게도 통제받지 않는 민주적이며 선택이 보장되는 규칙이 존재한다. 또한, 수평으로 공유할 공정성 확보와 지속가능한 가치사슬로 미래를 열어갈 커리큘럼 공유 또한, 유능한 혁신적 시스템이라 극찬했다.

그러나 물론 그 논평은 평이하게 보이겠지만 하늘을 찌르는 위력적 성과로 나타났다. 또한, Los Angeles Times는 세계적 시선 집중이 예측된다며, 미래보고서까지 내놓아 신선한 충격이며 또한 더욱 발전하라는 감동적 동력의 엑셀로 받아들이기로 했다.(보고서 압축은 결혼나락으로 안 떨어지려면, 결혼과학교육 필수로 받아야 함은 당연한 기본상식이라 꼬집었다).

결혼과학의 원조 1세대의 역사는 'I LOVE 결혼과학사관학교 연구소'에서 기원했음을 증명해주는 정황들이 점점 확인되고 있다. 미국의 유명대학

전문교수 외 여러 유명인사에게 원문을 E-mail 첨부파일로 보내 많은 호
응과 관심 격려도 받고, 일부 열성 전문지도자와는 미래를 같이 열어갈 차
세대 명품결혼 특별한 기초소재 개발연구와 '미래, 결혼과학' 2세대 토론기
회 또한 정례화 교류도 마련했다.[미국 출판은 세계지식재산권기구(WIPO)
등재신청 관계로 일정이 별도 예정]

Los Angeles Times

05. 29 2021

"I love marriage science commissioned school"(South Korea)
I love the Marriage Science commissioned School, and future marriage
science is trending, the world's amazing marriage culture and order as the
first generation of marriage science aid, and Korea is a creative
innovation that can be called a knowledge innovation nation.

Presenting the algorithm of human historical marriage is undoubtedly
a revolutionary event in marriage. On the other hand, the fact that
mankind can look forward to the anxiety and uncertainty of the future
due to the many sufferings caused by marriage heralds a huge change in
the times and will have a great impact on global development.

The new and beneficial creative knowledge innovation channel is
expected to have a ripple effect through a challenging marriage and
revolution that is positive for general marriage and culture that are not
known to the world, and is oriented toward marriage algorithms.

Everyone citing the metaverse announced the development of a rule
that can be shared horizontally, free to choose, with a firm identity of
equality, freedom and happiness. But, of course, that assessment will have

a big impact on the future. Marriage experts were able to analyze the ecosystem of marriage science, predict the future, secure fairness, and write a report as a competent system to share learning as a sustainable value chain.

Premium global wedding culture New and beneficial creative knowledge innovation channels are receiving positive reviews, and global marriage develops rules with science and humanities developed by combining cutting-edge IT technology and intellectual creativity beyond pure-bloodism.

For example, in the future, the metaverse of marriage science is opening a new era. We looked at the space for a new future marriage order created by Metaverse.

I feel the belief that the power of positive marriage science for the future is responsible for my future, and if I understand the values, it is recognized as a process of realizing a core value chain centered on success, happiness and self-innovation. marriage science. It will lead to the expansion of knowledge with wisdom to read and predict the future and solve life's problems.

In the age of marriage science, it is an ability expansion program that allows you to read the future with the idea of a perspective, find a shortcut to success, and see a bigger world.

If we find a breakthrough in system marriage science, which is the core and basic material of future marriage science such as AI (artificial intelligence) and data center, from a new idea to an opportunity of fortune with advanced new concept next-generation convergence technology, we will create a happy family, social uncertainty, and future success. can be guaranteed. The result is the success of the development. The reasons cited were the advanced analysis technology of the marriage mentality model, the four principles of marriage, the common denominator, and the creation of a symbiotic ecosystem.

It is a process of discovering key algorithms based on complex marriage statistics and pursuing success in the desires and responses of prospective candidates. Marriage science in the main design and the new fusion application technology are the main trends in the role of marriage exploration. The standard textbook is the result of creativity and prayerful focus. Imagining the happiness of coexistence between humans and artificial intelligence, dissecting the marital relationship and communicating, choosing the path to become a leader with an awake future, and confirming the generation of serotonin (a neurotransmitter of happiness) 'Social consensus and stability of public supply and demand' policy I agree that this is urgent.

Combining the potential of marriage science with the strength of the old fashioned is expected to discover another innovative basic material. The package card, which combines the old-fashioned marriage culture with the IT technology built into the body, is ready to lead the future with another basic material innovation technology. This is because an ambitious version that has not yet been released is expected to positively protect the future and the world. In addition, participating in the Global Marriage Alliance is seen as an opportunity to complement each other in the new international cultural order.

The essence of marriage science is the process of discovering the essence of marriage, approaching the contradictions of old and chronic structures with science, and satisfying the highest version of future hopes with knowledge. In other words, a polarization phenomenon is expected between scientific marriage and non-scientific marriage. Judgment and choice are freedom proportional to ability.

Future, Marriage Science is a leading player in changing the world, and will suggest a direction to lead a positive life in the future. The birth of this structure is due to the built-in, global, market-participating role.

메타버스가 본 대한민국 초일류국가
지름길 로드맵

'I LOVE 결혼과학사관학교'는 새로운 결혼과학의 진앙지며, 신격화된 존재로 등극했다.

원래 결혼과학은 인간답게 살기 위한 지식적 학문이다. 결혼과학 소프트웨어 코딩 신융합응용기술은 현재까지 세계적으로 유례가 거의 없는 일이다. 젊은이들은 결혼과학에서 꿈과 희망을 봤다. 전망치 기준으로 보면 낯설고 놀라운 현실이며, 인생의 표준지침으로 결혼과학의 모체는 과학적 인문학이다. 고로 자기개발 없는 사회계발은 있을 수 없다.

익히 결혼과학은 세계를 창조하며 미래를 열어가는 선구자로서 지식과 타협하며, 또 다른 차세대 기초소재 개발과 준비에 몰입한다면, 즉 생각의 질량과 무게가 상상을 초월할 정도로 크기 때문은 아닐까 싶다. 즉 생각은 머리와 마음으로 하는 것이기에 당신이 보는 시선으로 세상을 디자인하고 재단하며 바꿀 수 있을까? 누구나 결혼과학을 완전 해독하고 이해한다면, 세상의 주인공이 되어 새로운 세상 건설에 중추적 역할을 하게 될 것이다.

정이 메타버스에서 현실을 들여다본 결혼과학의 생태계발굴 유전자 염기서열 데이터베이스 항목 기초소재개발 창의프로그램 출처 자료가 수집된 시간 등 모든 정보를 살펴보고, 관련 기관과 결혼전문가들의 검증 공정성까지 확보 비교불가로 판정 완료된 상태라 했다.

인생의 성공비결을 가르쳐주는 결혼표시판은 결혼과학 베이직으로 또 다른 미래의 희망으로 인간의 순수한 욕망을 일깨워 줄 것이다. 아무도 가르쳐주지 못한 한구석을 채워주고 메타버스와 결합한 삶의 길라잡이로 또 다른 나를 발견 성장동력으로 이끈다면 최고의 행운이다.

이젠 결혼과학 1세대를 넘어 전혀 다른 차원 결혼과학 리얼 메타버스가 온다. 결혼과학은 제대로 불이 붙은 것이다. 차세대 결혼과학은 모두 공통된 목표가 있다. 첫 번째, 한번 선택한 부부는 지속가능한 평생 행복감이 충만해야 한다는 충분한 조건성립이 되어야 한다고 명시되어 있다. 여기에 가장 고난도 기술은 매칭의 상대성 원리로 심리모형AI로 분석 수백 가지 형태를 Leeds가 원하는 개발기술의 완성에 있다. 인공감각기술은 자극 전달과정 중간단계에 개입한다. 이는 실제 대화의 소통을 통해 얻은 정보를 분석하여 상호 협조적 구조와 호환되며, 미래가 보장되고 성공확률이 높아야 한다가 초점이다.

예로 매칭 신기술은 결혼예비자 상호 생각의 대비 뇌가 자극을 받은 것으로 접수하게끔 만든다. 가장 기본적인 인공감각 기술은 액추에이터(Actuator)*를 이용한 방식이다. 우선 액추에이터에 달린 센서가 가상세계에서 일어난 일을 인식한다. 이후 액추에이터가 유사한 자극을 데이터로 포맷하여 예비부부 프로필과 연결 호환시키게 한다. 예를 들어 유저가 가상세계(Virtual World)에서 무언가에 충격을 가한다면 이를 센서가 인식하고 액추에이터가 통각을 카테고리에 전달하도록 하는 방식이다. 이러한 원리로 심리모형(Psychological Model)을 분석·활용하여 부부 성사 가능성을 수치로 표현해내는 차세대 시스템이다.

* 액추에이터, Actuator : 자극을 주는 장치

이러한 시스템의 발달로 차세대 매칭 코어 기초소재 개발은 가상세계에서 일어날 증강현실 탐색에서 창의적 발굴을 의미한다. 지금은 상상도 못한 일들이 벌어질 것을 예측해야 한다. 그래야 결혼질서의 주도권을 잡을 수 있다. 여기서 존폐위기를 가름하게 될 것이다. 게임은 이렇게 냉정하다.

그러나 매력과 동경의 대상이 된 결혼과학이 대표되는 소프트 파워코딩 기술은 세계적 우위에 서고 또 적용하기 위해 기존의 구태적 관행과 관습을 버리고 개념 바꾸어 시대적인 흐름에 적극 대처하기 위해 추진한 세계화는 시대의 흐름에 맞는 방향 제시는 강제돌입 실행해야 할 정도의 강력한 목표로 'I LOVE 결혼과학사관학교'와 '미래, 결혼과학'은 세계진출의 도전은 조금도 의심할 여지가 없는 도전의 발판이 마련된 것이다.

결혼의 꿈을 이루게 될 '미래, 결혼과학'의 완벽한 경험은 믿기지 않는 현실로 닫아왔다. 결혼과학 데이터 인프라에 집중투자한 창의적 결과물이며, 기초소재는 결혼 4원칙과 공통분모, 이해관계 비대칭 해소기술 등 8과목 외 기타 적용대상의 소프트웨어 코딩으로 신용합응용공법이 적용된 기능성 효과가 입증되었기 때문이다. 즉 부부공생에서 상호협의적 소통에 전혀 문제가 없어야 한다는 부부관계 기본조건의 성립이다. 지금은 결혼과학의 초창기 과도기적 입장이지만 빠른 적용으로 정상 회복으로 진입할 것이다.

결혼과학 발상의 원인을 살펴보면서 크리에이터(Creator, 창조자, 창작자)의 생각이 컨센서스(Consensus, 여론 교감일치)와 소통하며, 일치감이 공유할 때 생기는 한차원 높은 구도는 또 다른 미래를 엿보며, 5차산업혁명의 내성을 열거한다면, 3차원의 미래는 당연 대한민국 초일류국가 지름길 로드맵을 찾아 세계를 이끌어나가게 될 공산이 커졌다. 세계 역사상 50년이란 기간에 이렇게 경제 성장한 나라는 없었고 또 앞으로 그럴 일이 전혀 일어나지 않을 전망이라는 전문가들의 논평을 압축해보면, 여러모로 가능성이 나타나 기대 이상이다.

그러나 한국인의 DNA저력이 내장되어 있으면서, 현실적용은 미국에서 벌어지고 있기 때문이다. 세계적 지식인과 결혼전문가들은 'I LOVE 결혼과학사관학교'가 세계를 강타할 동력의 엑셀로 주목할 것이라고 여러 곳에서 입증되고 있다. 물론 창작자가 미국 시민권자로 알고 있기도 하지만 그 힘은 마치 미래를 이끌고 갈 정도로 크며, 장래성이 보장되기 때문이다.

연장선상에서 2021년 들어와 한민족의 우수성이 하나씩 드러나면서 역사상 식민지에서 벗어나 식민지배를 하던 국가와 대등한 수준에 올라선 국가는 대한민국이 유일하다. 또한 머지않아 세계를 지배할 날도 그렇게 멀리 있지 않다고 예단할 수가 있음은 도전 정신에서 읽을 수 있다고 부채질했다. 이제 영광의 날은 시간만 남았음을 알 수가 있는 대목이다.

결혼과학은 기념비적 사건이라고 평가했다. 결혼과학이 걸어가는 길은 세상을 바꾸기 위해 도전하는 또 다른 혁신가들의 여정에 보탬이 되기를 기대한다.

결혼과학을 만날 수 있다는 것은 크나큰 행운이다. 세상을 살면서 눈을 감고 살아야 하나, 눈을 뜨고 살아야 하나의 갈등은 누구나 한 번의 경험은 있었을 테고 그 속성과 메타버스가 결합하여 현실 세계와 증강세계가 만난다면, 미래에 결혼과학교육은 추후 국정교과서 교육용으로 승화시켜 발전되기를 기대한다. 또한 글로벌결혼과학 지식혁신 올림픽이 열린다면, '미래, 결혼과학'은 더욱 빛을 발하며, 선명하고 똑똑한 결혼성공 금메달로 우뚝 서게 될 것이다.

미래, 결혼과학은 삶의 사전이며 인생지침서,
평생 소장(1가정에 1권 추천)

'미래, 결혼과학' 서지정보(본문 압축판)

Future marriage science

결혼과학은 질서의 힘을 극대화시키는 창의적 기술, 결혼과학 1세대 탄생

• 변화를 감지하는 능력이 퇴화하면, 누구나 멸망할 수밖에 없다.

미래, 결혼과학원 결혼질서시장을 접수하겠다는 의지가 표명된 것이다. 급변하는 결혼과학 교육트렌드를 실시간으로 파악해 차세대 시스템 극대화 이뤄낼 수 있는 창의적 인용무기이다.

시스템 결혼과학 인프라와 시너지효과 최고조의 영역으로 확장은 개발자의 머리깊이 박혀 있다. 흙수저, 금수저 가리지 않는 수평적 결혼과학교육의 중심에 작은결혼이라는 규칙이 채택되어 인위적인 결혼관 선언이다. (인구증산의 생태계 조성)

결혼과학은 교과서적(的)으로 집착해야 한다. 사실만을 적시하는 기계적 능력과 정의감 충만과 신념도 있어야 하며, 논리적 합당성도 검수 과정을 거쳐 증명되어야 한다. 이러한 과정의 끝에서는 결국, 결혼은 마지막 매칭 성인지에서 연애와 사랑 세포측정이 예측으로만 이루어져야하기 때문이다. 그러나 결혼성사 이후에 어떤 피드백도 구할 수 없다는 것이 아이러니하지만 결혼의 속성이다.

• I LOVE 결혼과학사관학교는 결혼의 시그널 역할을 다할 것이며, 전설의 시작이다. 또 결혼과학교육은 지속적이며 안정적으로 가치를 몸으로 느끼며 새로운 삶의 길과 희망을 기대할 수 있어야 한다는 긍정 아이콘을 원칙으로 삼고 있다.

• 결혼과학 1세대 탄생 이전 성사된 결혼일 경우는 블랙리스트(Entity List)에 오를 가능성이 커졌다. 실제로 기존 결혼질서 내에서는 삶의 고단함과 불평을 얼마나 뼛속 깊이 문제로 인식할 수 있을지 다시 조명해야 할 기회를 '미래, 결혼과학'을 통해 알 수가 있었기 때문이다.

• 딱히 세상을 눈뜨고 살려면, 결혼과학교육은 필수방향으로 제도를 정비해야 한다고 입을 모았다. 또 토털 결혼과학 솔루션 소프트웨어(SW)기업으로 자리매김할 전망이며, 결혼과학의 잠재력이 큰 관계로 차세대장기 플랜 마련이 시급하다는데 의견을 일치했다.

• 결혼과학을 수강하는 것은 역설적으로 들릴지 모른다. '미래, 결혼과학'의 8과목은 결코 긍정으로 뜨겁게 달구어가게 될 것이다. 왜냐면 결혼과학은 갈수록 정교해지고 있기 때문이다. 더 진보한다면, 경제적 자유와 시간적 자유, 영혼의 자유까지 얻을 수도 있을 전망이 비치기 때문이다.

• 메타버스의 신선한 충격적 감동의 새로움 '미래, 결혼과학'이 세상을 바꾼다. 인류 역사를 봐도 누구도 결혼에 대해 기술적 관심과 혁신도 없었다. 자기 속에 빠진 결혼으로 착각이었으며, 이러한 극명한 상황에 '미래, 결혼과학'이 뛰어들어 가시적 성과가 나타나기 시작하였다.

이 Consultant는 누구나 할 수 없는 일이며, 오직 자사만이 오랜 인고와 연구·몰입과 사투에서 발굴된 창작물은 강제될 수 없는 시대적 사명이라는 대명사에 올랐다.

• 결혼과학 제국의 시대는 오는가! 결혼과학의 절대적 필요성은 한국은 세계 이혼 일등이라는 오명은 가정의 붕괴로 사회가 요구하며 구시대 기성 결혼질서 풍습, 배경과 질서 내용까지 바꾸라는 절대의 변화촉구와 국민적 요구에 '미래, 결혼과학'이 순응의 자세는 치유도구 화답의 의미다.

• '미래, 결혼과학'의 창시자는 동시대를 살아가면서 최고의 영광을 누리고 있다. 그의 파격적 꿈은 행복을 생산하는 원천적 기계를 만들고 싶다는 감동적 의지가 수직효과로 투명하게 관찰 가능한 대목이다. 원론적인 초점을 들여다보면 믿기지 않아 그 이상 큰 그림을 그리는 중이라는 일종의 경고다. 이러한 결혼 배경의 총체적 돌풍은 결혼과학 개발자를 전문가들의 평론에서는 결혼과학의 아버지라고 벌써 호칭하고 있다.

• 세계적 결혼전문가들의 검증된 기술공법 결혼질서 하이브리드 국내 특허와 국제특허 진행 중이며, 다른 차세대 핵심기술은 심리모형과 인체공학이 여러 IT기술과 카테고리 DNA와 호환시켜 차세대 매칭질서를 선도하게 될 기초소재개발과 신기술 또한 현재진행형이며 보편적 생각의 한계를 넘어서고 있다.

• 결혼과학교육으로 더 넓고 큰 세상을 바라보는 견문으로 성장시켜 생각위의 지식과 고급정보로 또 다른 미래를 정복할 자세를 설계하는 토탈패키기 결혼과학 교육프로그램에 참여해 능력 확장과 미래 보장이다. 결혼과 삶의 복잡한 문제를 단칼에 해결이 결혼과학이며 기적이라고 느껴질 정도며, 구태 결혼 기존질서의 맹점을 결혼과학이 지적과 동시 이에 어느 누구도 관심 없이 방치된 것에 또 연구대상으로 매력을 느꼈다.

• 결혼과학의 알고리즘에서 본 결혼질서의 기초소재 창의는 축복이었다. 결혼과학의 핵심가치는 성공과 행복으로 공정사회로 가는 길목에서

수평적 행복추구로 새로운 결혼질서 확립이며, 지금 결혼과학은 호랑이 등에 올라탄 형국으로, 잘만하면 세계결혼질서까지 바꿔가며 빠르게 달릴 수도 있다는 예단까지 접수되었다.

익히 구시대적 묵혀온 결혼풍습은 4차산업혁명 이후 IT테크 세상으로 돌변하면서, 거대한 중용의 움직임이 나타나고 있다. 특이나 결혼과학은 시대가 요구하는 젊은이들의 생각을 읽고, 메타버스와 호환되는 새로운 결혼질서로 적응하려는 변화의 조짐은 피할 수 없는 현실에 직면했다. 때문에 예비자들은 결혼과학의 핵심 노하우를 배우려는 의도가 강하게 나타나고 있다.

본래 '미래, 결혼과학'은 유능 인재를 뽑아 신 융합형 차세대 능력자로 키우는 것에 목표로 삼아야 미래의 희망(Hyper-Connectivity)일 것이다. 초고속, 초실시간 처리 기술 서비스로 현실감 있는 메타버스가 새 시대를 I LOVE 결혼과학사관학교와 함께 열어갈 예정이다.

• 'I LOVE 결혼과학사관학교'는 딥러닝(Deep Learning)의 구조에서 부부 이해충돌 방지기술과 예비자 심리모형 분석기술은 결혼 철학과 인문학이 결합한 또 다른 고차원 차세대 질서와 호환되는 윤활유 역할이다. 그러나 지금은 글로벌 결혼과학시대에 역행하는 지나친 자기중심적 이기적 사고로 미숙함을 경계하는 분위기와 목소리 또한 높아지고 있다. 이러한 문제점을 사이언스티스트에게 직접 강의로 이해도를 높일 예정이다.

'미래, 결혼과학'은 부부간 우호적 도움과 자유와 평화, 행복의 가치를 중시하는 결혼 본질의 정서적 가치사슬로 이어주는 매개체라고 본문에 새겨두고 있다. 또한, 의심할 여지없이 받아들여야 할 좋은 소식이다. 결혼과학의 효과가 명백히 예비자들과 사랑하는 사람들을 보호해주고 있다고 증명되었기 때문이다. 결혼과학의 비전이 완성되는 순간이다.

결혼연구자들이 새로운 발굴을 기대하는 매칭공법은 관심의 대상이며, 동시 결혼과학의 미래 탐색은 결혼과학에 대한 열망을 무겁게 받아들인 책임감이 부여되어 막중한 부담감까지 느껴야 했다. 많은 예비자들이 결혼과학 데이터 사이언스티스트에게 실무강의를 듣는다면 환상적일 것이다.

Marriage Science Campus Online에서 데이터 사이언스를 이론부터 실무까지 모두 담았다. 최신 트랜드에 맞춰 이해도를 도울 것이며, 이러한 상황은 분명 역사적이다.

본래 전반적 사이언스 구조는 심리모형 현상의 민감한 파이가 크기 때문에 일반적으로 구성하기 어려운 조합이었다. 근래에 와서 IT기술의 발달로 포인트를 찾았다. 창의적 응용융합이라고 부르는 것이 더 적합해 보인다. 또한, 결혼과학은 가정의 평화와 사회적 발전에 기반을 두고 국민 수용성 차원에서 고려해야 할 시대의 흐름이며 미래의 꽃이다. 또 연구는 지속적으로 이어나갈 계획이다. 양자컴퓨터가 미국 IBM에 개발·설치·완료되었기에 더더욱 그러하다.

• '미래, 결혼과학'은 누구도 흉내 낼 수 없는 특화된 기능성 공법구조로 개발되었으며, 세상을 변화시켜 인류의 행복추구가 지상 복표로 삼고 있다. 예로 일치성 부부공생구조와 공통분모의 치유와 도구 효과는 삶의 질 개선으로 이어져 상황에 맞게 취사선택과 변화를 통해 삶을 바꾸는 새로운 기회이며 영구적 역사로 살아남기 희망한다.

이러한 상황에서 결혼의 중요성과 특수성 기능성을 융합적과학으로 응용한 실효적 공법은 새로운 결혼질서로 변화의 움직임이 될 것이며, 사회적 문화적 환경적 변화가 예상되고 공감과 합의까지 요구되기에 자사는 긴장감을 놓을 수가 없다. 부부통합플랫폼은 부부동맹구조로 상호연대 일치점을 찾아가는 협력파트너이기도 하다. 결혼 4원칙과 공통분모 외 8과목으로 개발된 치유도구의 핵심이며, 인생을 바꾸는 Marriage Science Campus의 원격평생교육은 부부 황금트리오 매칭이며, 온라인과 오프라인에서 쉽게 접근할 수 있다.

'미래, 결혼과학'을 기초하여 사회적 지식환경과 독창성 결혼과학의 에이스로서 지식 상위 1%대의 진입과 명품결혼의 존재감을 굳건히 할 것을 약속하며, 또한 '미래, 결혼과학'은 데이터베이스(DB)와 AI를 활용한 'I LOVE 결혼과학사관학교'는 유니콘 기업으로 추대며 새로운 신결혼문화의 창조적 생태계(Ecosystem) 원조다.

'미래, 결혼과학'은 인문학과 과학기술집약에 포진되어 국민 기업으로 육성 국민적 공감대와 전폭적인 지지를 원하고 있다. 이러한 제도개선은 부부 독립성 공간확보와 소통적 개념으로 환기되어야 함에도 구태 기존결혼질서는 과거가 현재를 지배해도 버젓이 통용되는 것은 무기력의 극치며 이 시대에 배치된다. 여기에 '미래, 결혼과학'이 적극적으로 관여 새로운 질서를 주문하며 구시대 기존질서형태의 지적과 비판에서 개발된 부부동맹 구조가 현대판 결혼질서로 이어지면서 변화의 조짐은 구시대 질서형태의 맹점은 피할 수 없는 문제로 찍혔다.

본래 결혼은 객관적보다 주관적 개념으로 접근이며, 현재의 결혼질서는 시대적 후퇴와 과학적으로 우매하고 우물 안 개구리 같은 시대착오적 반사회적 모순이지만, 결함의 본질은 꺼내지도 못하고 변죽만 울이고 있다. 이런 현실에 노출되어 있다. 정이 결혼경제성에 펜트업(Pent Up, 억눌린)에 위축된 수요는 또 다른 결혼회피 문제를 일으키고 있다. 그래도 어느 누구도 이유도 달지 않는다. 다만, 현대화 결혼질서에 관여하고 걱정하는 사람도 없다. 역사적 너무나 깊고 넓어 감각조차 어둔하며, 피로감이 쌓여 눈감고 넘어가고 싶은 심정은 이해가지만 그래도 그렇지 어떻게 누구도 혁신할 생각조차 없다는 것이 또 문제였다.

그러나 이제 결혼과학의 알고리즘에서 지적한 가장 큰 난관이 제거되고 신시대 결혼질서 창의적 발굴로 완성되었다는 것에 큰 의미를 담고 있으며, 끊임없는 도전정신 한국인의 우수한 민족성이 드러난 대목이며 오늘이 영광스럽다. 또한 결혼하는 날 축하받을 일만 남았다.

익히 결혼과학의 쇼킹은 결혼질서를 변화시키며, 인간의 욕망에 충족함을 더하고 상상을 초월한 행복을 키우는 규칙은 미래를 열어주는 긍정의 신호로 감동적이며, 미래를 짓는 결혼과학이 대세는 부부관계 생존의 법칙 8과목 기능성 비장한 코드로 함축되어 결혼개념을 바꿔야 할 시점의 도래는 당연하다. 그래도 결혼의 구태적 쏠림현상의 역사는 지금도 반복되고 있다. 여기에서 우물쭈물하다간 사라지는 꼴 난다.

• 이제 '미래, 결혼과학' 질서에서 경쟁적 배경은 여러 곳곳에서 기술적 충돌이 예상된다. 결코, 따라올 수 없는 기술적 경계를 벌리기 위해 무한한 고통과 투자 및 몰입으로 창의적 결혼 기초소재 발굴과 차세대 발상을 찾아내야 이길 수 있다. 아니면 이등은 극치며 사망선고로 본다. 이러한 긴장 속의 연구실은 이 시간에도 불이 꺼지지 않고 발굴에 몰입하고 있다.

상기와 같은 이유로 결혼예비자들이 원하는 부부공생은 상생협력과 일치성이 호환되고 공통분모에 극히 협조적이며, 이상형으로 갈등의 소지가 없어야 한다고 주문하고 있다. 과학은 여기의 중심을 들여다보고 분석하여 정답을 탐색하고 있다. 기본적으로 상호우호적관계가 부부공생의 본질이며, 상생관계를 넘어 미래를 향해 합리적 비전과 영구적 관계유지에 문제 소지가 없어야 한다는데 다수의 의견에 동의해야 한다.

• 4차산업혁명 이전과 그 이후 과거와 현실을 갈라치기로 차별화시켜야 미래를 읽을 수 있듯이 결혼과학의 본질에 충실함을 보여줄 시간이 되었다. 그러나 고정관념에 묶여있으면 멘붕에 빠질 공산이 크다. 고로 미래를 예측하고자 하는 인류의 오랜 열망과 인문학에 배속되어 있는 결혼과학 알고리즘의 탐구는 세계 결혼과학기술 경쟁의 정점에 서 있다.

익히 유구한 역사적 자료에서 축출한 빅데이터와 인공지능 분석의 기반으로 '미래, 결혼과학'이 탄생되었지만 단지 불투명한 미래의 불안과 불확실성 해소기술을 넘어 더 큰 세상을 볼 수 있는 지혜와 인성까지 그토록 바라던 결혼과학의 점증을 느낄 수 있으며, 예비자들의 결혼을 책임질 길라잡이로서 성공으로 이끌 예감은 너무나 감동적이다. IT배경이 여기까지 관여하고 있다는 것은 놀라운 사실이며, 이 시대를 살아가는 우리 모두의 위대한 승리일 것이다.

'미래, 결혼과학'은 개념 설계단계를 벗어나 개발 프로젝트는 실제 적용까지 이미 많은 성과를 연구개발 탐사에서 실행 개막상태에 있다. 우리 시대가 헤쳐나가려 했던 결혼과학은 지식기반이며, 불가능을 가능으로 과학적 혁신을 오늘의 거울에 비춰보고 '공정'이란 단어를 붙들고 새로운 대한민국을 만들어가야 한다며, 절망과 미래불안 불확실성에 쌓인 젊은이와 예비자들에게 또 기성세대 모두에게 희망의 불씨를 안겨줬다.

딱히 결혼의 속성과 만남의 과정의 여러 가지 시나리오를 분석해 문제점을 찾고 답으로 이해를 돕는 구조, 또는 미래를 예측하는 심리적상태 분석기술 심성모형(Mental Model)*과 내 인생의 꽃길과 삶의 무게를 임의로 원격조정능력까지 하나의 채널로 구성하게 되었다.

앞으로 결혼질서와 사회적 정서까지 엄청난 변화의 예고는 사실로 입증된 것이며, 결혼과학은 역사의 기념비적 순간이(Marriage science is a monumental moment in history) 될 것이라고 예견했다. 또 결혼과학에 올인하여 누구에게도 그 영역을 내주지 않을 것이라는 'I LOVE 결혼과학사관학교'의 의지를 잘 드러낸 발언이다.

* 심성모형, Mental Model : 일어날 수 있는 상황을 묘사하는 마음의 표상

결혼과학의 심장(CPU) 청사진도 그리지 않았던 상황에서 크게 달라진 모습이며 결혼의 궁극, 과학체계에 몰입 결혼 시장에서 'End Game(게임을 끝내는) 결혼질서라고 평가하며, 창의적 독립 의지와 보편적 선택문제의 인용으로 확인했다. 요컨대 결혼과학개발 과정에서 부딪히는 다양한 난제들을 차근차근 하나하나 풀어나가고 있는 곳은 오직 'I LOVE 결혼과학사관학교'가 Only이며, 성공시점도 긍정으로 달라질 것이다.

단지 구시대의 장점과 결혼과학의 잠재력을 결합하면 또 다른 혁신적 기초소재가 발굴될 것으로 기대한다. 몸에 묻어있는 구식 결혼문화와 IT기술이 접목한 패키징 카드는 또 다른 기초소재 혁신기술로 미래를 이끌 준비에 돌입했다. 아직 공개되지 않은 야심찬 버전은 미래세상을 긍정으로 지켜줄 것이라 기대하고 있기 때문이다. 또한, 글로벌 결혼동맹 연합에 참여 새로운 국제문화 질서에 상부상조의 기회라고 보고 있기도 하다.

원래는 결혼 잘하는 키워드로 자리 잡아 사전준비한 인생 3모작까지 들여다보며 이제는 오직 상식 위의 혁신이다. 아니면 불가피한 상황에서 퇴물 되고 만다. 이러한 이유로 '행복한 척도(Happy Scale)'라는 상품으로 출시되어 감동과 함께 긴장시키고 있다. 또 결혼과학이 대세실현 갈증의 시점에서 더 나은 미래를 꿈꾸며, 새로운 도전에 깃발을 높이 치켜 들었다.

POINT 02

인문학에서 보는 결혼과학의 속성

• 결혼의 힐링은 공통분모 외의 만능소통에서 행복으로 존재성을 인정하는 결혼예비자들의 생각을 넘어 또 다른 관계개선 심리회복 기운을 불어넣어주는 마음의 조짐 현상이다.

• 결혼의 속성을 파헤쳐 구태적 고질적인 구조의 모순을 과학으로 접근하여 예비자들의 희망 사항 최상위 버전에 지식으로 충족을 주는 프로세스가 결혼과학의 본질이다. 즉 과학적 결혼과 비과학적 결혼은 양극화 현상이 예상된다. 판단과 선택은 능력에 비례적 자유다.

• 예비자들이 지향하는 결혼과학은 상식과 지식이 정교하며 쉽게 매칭부터, 성사까지 기획과 구체적으로 소명한 총체적 맥락에서 결혼의 트라우마에 묶인 미래불안과 불확실성과 젊은이들 Leeds의 욕구 충족은 효과적 성과로 나타날 것이다. 또 전반적 미래 결혼질서(Marriage Order)의 쟁탈전은 심화될 것이라는 관측이 나오면서 결혼과학이 대세는 에이스로서 존재감을 굳건히 하면서 국가발전에 초석을 다지며 커뮤니케이션의 미래를 평이하고 수평적으로 함께 열어갈 지식구조 환경조성이 궁극의 목적이다.

결혼질서와 문화적 가치의 글로벌 영향력은 유일한 독보적 존재이며, 성공의 스승이자 멘토로서 성장세는 경이적인 수준의 예측과 한국은 기적을 만드는 민족성과 능력적 수준에서 결혼과학의 교육환경 인지도를 높이는 방법을 제공하게 될 것이다.

**'미래, 결혼과학'은 최상위 버전으로 예비자 머릿속을 지배하며,
상당한 호소력을 가질 것이다.**

인류가 지향하는 결혼알고리즘 정신의 결혼과학이 대세는 내 삶을 바꾸는 대전환의 키워드로서, 성공과 행복의 승패를 가르는 '캐스팅 보트' 역할로 결혼의 효율성을 높인다. 또 결혼이 인간에 미치는 전반적 긍정적 영향은 크지만, 불일치 부정성(Mismatch Negativity) 사항은 인류가 풀어야 할 문제지만 아무런 대책 없이 속수무책으로 ING로 가고 있다.

딱히 '미래, 결혼과학'은 본격 개화를 앞두고 긴 잠에서 깨어나고, 새로운 타이틀이 세상에 나타나 그 중심에 관여하고 있는 것은 결혼예비자들의 미래불안과 불확실성 해소를 책임지는 전문성 치료도구 역할에 충실하겠다는 의지표현이다. 또 구태적 결혼질서와 가난에서 벗어나는 일은 어느 시대나 누구이든 반드시 해결해야 할 과제다. 결혼과학 지식의 갈증을 채우기 위해 스스로 길을 찾아야 함은 너무나 당연하다.

결혼이라는 미지공간에서 Leeds가 원하는 것을 메타버스와 함께 열어가야 할 새로운 세계를 창의적 사고로 접근하는 기본자세를 상상해 본다. 많은 것을 요구받고 요구하게 되겠지만 일단 자신의 영역 안에서 가능성을 찾아야 할 일이다. 하지만 처음부터 결혼이라는 중요하고 강력한 예시는 결혼과학을 만나는 것이 무엇보다 중요한 관측이다.

이젠 기존결혼질서 제도정비가 절실히 요구되는 시기가 온 것이며, 누구도 기존결혼질서의 정당성을 부여받지 못할 것이다. 때맞추어 결혼과학이 탄생하면서 그 속도가 빨라지고 있다. 때로는 기존결혼질서 위기상황을 전혀 느끼지 못하고 있다는데 문제가 있다. 부부 기초상식 수준미달과

지식과 상식이 시대가 요구하는 정도의 격차가 심각함에 있다는 지적이다. 결혼과학은 '결혼 문화적 질서까지 전부 빨아들이는 전수조사상황'이라고 말했다.

익히 변화의 조짐은 글로벌 '미래, 결혼과학'의 신호등이자 알람시계 역할을 하는 교육적 규칙기반 위에서 미래의 추론을 들여다보며 작용하는 프로그로밍 기획이 자신을 지배할 것이며, 자율적이며 능동적으로 선택할 결혼과 삶의 결정·판단능력을 확장시켜 주면서 결혼과학교육과 함께 살아가는 요소로 일상생활 속까지 파고 들어가 있다. 또 결혼 성공과 부자를 예약하는 길라잡이로 협력같이 살아가는 공존의 친화 관계로 탈바꿈하는 구조이다.

바꿔 결혼과학은 함께 가야할 운명적 모태재능 전문성 개발은 우연한 기회에 나타나기도 하지만 이제는 체계적인 프로그램에 의한다면 더욱 가까이 쉽게 갈 수 있다. 호기심에서 응용시대로 미래를 바라보며, 새로운 혁신과 과학적 사고로 접근한다면 큰 성공의 길이 보인다. 일반적으로 누구나 할 수 있는 평이한 발상이며, 쉽게 생각으로 출발할 수 있다. 어떤 계기로 실행이 된다면 별 경험 없어도 간단한 규칙만 알면 내공이 쌓이면서 성공의 가능성은 스스로 나타나게 되어있다. 여기에 후회 없는 맞춤형 평생직업의 기본전문성 자기개발과 평생의 놀이터 기술까지 찾았다면 완전 Limited며, 성공과 행복 지름길 로드맵이다.

예컨대 인생 시간표는 결혼의 준비성이 지극히 돋보이며 미래가 행복으로 long run 할 수 있다는 본능적 진리다. 다만 성공의 지름길 길라잡이로서 막중한 무게를 느끼며, 그 중요성 요소를 끝까지 책임진다고 제시한 것은 검증과 함께 높은 자신감과 담보 가치가 있기 때문이다.

이러한 '미래, 결혼과학'은 지식 공평분배의 원칙에 입각 결혼예비자와 기혼자도 누구나 결혼과학은 상당한 영향을 끼칠 것이기 때문에 관심과 참여할 자격이 있다. 그리고 기존 부부관계에서도 그동안 깜깜이로 몰랐던 부부관계의 개념과 결혼 4원칙, 공통분모, 상호작용 등 8과목 구체적 정리된 Specification으로 지식과 정보의 수혜자로 수평적이며, 객관적 교육의 혜택으로 삶의 질적 새로움을 가질 수 있다는 자아의 발견은 너무나 당연하며 또한 행운이다.

단지 결혼질서의 과거에 묶여 징징대면 구차하다. 시대적 결혼과학이 대세로 감당해야 할 일이다. 4차산업혁명 이후 변화된 세계관이 보여주는 결혼과학이 대세가 결혼질서의 성장과 시장성 배경을 비교하면서 천재들의 비밀이 감정 이입할 만한 내용의 정답을 제시한다. 또 최근 AI기술이 고도화되고, 응용영역 역시 확대되고 있다. 그러나 중앙처리장치(CPU)가 신개념 융합기술로 결혼예비자 대상으로 시험 검증을 완료하고, 현실화 선점에 나섰다. 이글 안에서 '미래, 결혼과학'이라는 문장이 설명을 돕기 위해 계속 나올 것이니 독자 여러분은 이해해주기 바란다.

• '미래, 결혼과학'은 인류 미래 결혼알고리즘이 지향하는 구조로 신의 영역을 넘보며 그동안 대체불가능 카드로만 여겨졌던 결혼과학 탐구는 제도적 결함에서 찾은 불일치 부정성(Mismatch Negativity)의 치유도구며, 결혼질서의 완결판으로 인간의 한계를 넘어선 도전의 승리며, 새로운 위대한 역사로 세계의 이목을 집중받는 것은 매우 이례적인 일이다.

• 대한민국은 이제 무한대 달릴 수 있는 기반이 조성되어, 모든 생각은 세계적 경계가 무너지고 하나의 무대로 바라보고 꿈을 크게 꾸게 되었다. 이제 결혼과학도 여기에 편성되어, 모든 글로벌인들이 함께 공유할 수 있

는 결혼질서를 과학적으로 새로운 정체성 절대강자 하이브리드 카테고리 프로세스로 개발되었다.

- '미래, 결혼과학'이 사회에 끼치는 무게감을 생각한다면, 특별한 기회 제공을 바라며 특히 글로벌 결혼과학 슈퍼사이클의 수혜자로 'I LOVE 결혼과학사관학교'는 명가답게 뛰어난 혁신적 미래를 담았다. 압도적인 존재감에 유감없는 성공 잠재능력이 확보된 정복자일 것이다.

- '미래, 결혼과학'은 사회를 지속적으로 변화시킬 수 있는 가장 효율적이며, 건강한 결혼과학생태계를 만들어 사회적 책임을 다하는 자세로 놀라움을 끊임없이 일으키는 소재개발의 원천으로 오늘보다 더 나은 세상을 만들어가려는 몰입의 노력이 숨어있기 때문이다.

- '미래, 결혼과학'은 세상을 변화시키는 힘의 작용이며, 미래의 삶을 긍정으로 이끌 방향을 제시해줄 것이다. 이러한 구조의 탄생은 글로벌 결혼문화까지 관여하며 또 다른 삶의 질까지 높이는 역할이 내장되었기 때문이다.

- 결혼과학은 성공과 행복의 기본적 '전조(Precursor)'가 될 수 있다는 확신이 검증되고, 삶의 질까지 긍정으로 느껴지는 것은 대단한 체계적 엑셀이 있기 때문이다. 그동안 사고와 생각 위의 버전으로 결혼질서의 리드로서 이끌어가기를 기대한다.

- 결혼과학은 완벽함에 기대기보다 예비자들과 토론으로 연구적 논쟁 속에서 가치창출로 이어지는 구조를 만들고 있다. 몸에 묻어있는 익숙한 것도 시대가 원하는 가치로 재생산하는 구조다. 결혼 본질을 다시 정의하고 새로운 버전을 찾아 몰입으로 집중 공략이 준비되어 있다.

• 결혼에 관한한 어느 누구도 위기를 직접 언급한 건 전례가 없다. 깜깜이 속에서 움직인다. 결혼과학은 사회적 미래를 위해 '환생'의 길을 엄중하게 열어가고 있다. 단순한 모순을 뛰어넘어 결혼질서까지 관여 최하위층에서 최고위층까지 수평적 개념으로 접근시스템 구조는 가시적 효과로 나타나고 있다.

• 결혼과학은 미래의 일상적 삶을 바꿀 결혼을 신개념 융합기술로 설계하고 코딩해 핵심파이를 실행하는 작업이다. 본질은 예비자들의 로망을 현미경으로 뼛속까지 들여다보고 '입맛'에 맞게 체계적으로 지원하는 도우미 택시 역할이다.

• 결혼과학은 예비자들의 미래불안과 불확실성을 해결할 수 있다는 믿음을 제공한다. 지금은 약소하지만 미래는 더욱 큰 꿈으로 있어야 할 필수적 치유도구이며, 한번 선택으로 평생을 좌우하는 중요성 때문이다. 미래목표를 달성하기 위해 제대로 된 계획을 세우면 어떠한 재앙을 피할 수 있다는 뜻이다.

• 결혼과학은 곳곳에 암초며 꼬일대로 꼬여 예비자들의 마음의 짐만 커져 있는 불편한 기존결혼질서 상황을 가장 강력한 치료적 도구로 미래성장과 비례하는 선순환 구조로 완성시켰다. 마치 기적을 보는 그런 심정이었으며, 연구자들은 역사의 한장면을 개발하고 있다는 강한 자신감을 드러내 보였다.

• 결혼과학은 지극히 합법적이고 합리적이며, 부부 '상호 윈윈'의 구조로서 놀라운 축복을 예측하게 했다. 또 알고 있는 만큼 보이고 알아야 미래도 엿볼 수 있고 알아야 결혼도 성공한다고 목소리를 높이는 것은 마치 행복백신주사의 역할이 내장되어 있다는 의미이기도 하다.

- 결혼과학의 그 중요성은 성공과 행복감으로 쌓여, 수명연장(텔로미어)까지 '자칫하면 120세까지 산다는데 맞춤형 명품결혼으로 사전 준비과정에서 탐색하며 들여다보고, 미래의 도래에 지식과 고급정보를 과학적으로 첨부해야 한다.'고 힘주어 강조한다.

- 결혼과학은 나의 인생 전부며, 직업과 일상의 관습까지 모든 걸 긍정으로 바꿔놓은 버전으로 현대과학기술을 아우르는 방대한 신개념융합기술 총집합이며, 쪽집게로 미래를 일깨우고 희망을 안겨줄 것이다.

- 결혼과학은 자신이 과거 타성에 젖었다는 생각의 감을 잡았다면 사치하거나 허세를 부리기보다, 여러분들의 미래를 책임지며 행운을 열어줄 것이다. 또 본성을 알아차리면 평생부자로 꽃길만 가게 될 새로운 인생길이 열리게 될 것이며, 영꿈통장까지 가지게 될 것이다.

- 결혼과학을 무시하거나 방치는 또 두렵다고 피하면 그 피해가 다음 세대까지 이어지며, 평생 노동의 굴레를 벗어날 수 없다는 것이 결혼과학의 속성이다. 결혼과학이 어떤 일을 하는지 비교적 넓고 깊게 볼 수 있는 지혜로 IT와 접근하여 예비자들과 타협하며 우리 세대에서 중요한 사회적 혁신수단으로 영구적 사용가치로 인정받고 문화적 창달로 이어짐을 기대한다.

- 결혼과학은 잠자고 있는 인간의 두뇌를 깨운 창의성은 다른 관점에서 응용한 결혼과학 아이콘으로 결혼예비자 욕구 심리상태를 고도의 심리적 분석, 긍정으로 안내하여 최상의 조건으로 만남과 결혼 후 부부생활 만족도까지 견인하는 지식적 동력의 엑셀이다.

- 결혼과학은 복잡한 세상 사람의 마음을 꿰뚫어보며, 심리탄력성 회복법칙의 응용기술로 발전시킨 결혼과학에서 우리는 객관적인 지식환경을 자

신이 통제할 수 있다고 믿는 경향이 있다. 이를 통제의 환상(Illusion Control)이라 부른다. 여기 중심적 속성은 연구와 몰입으로 쌓은 지식적 내공을 제공하므로 최상의 만족도와 인생성공을 자신 있게 지원한다.

• 결혼과학은 부부의 이기적 편향 역시 가사노동에 대한 싸움을 부르고 부부관계에 불화를 일으키기도 하지만, 결혼과학은 별난 행복과 행운일 수도 있고 또는 알면 알수록 행복해지는 그리고 살아볼만한 세상을 스스로 알아차려야 한다는 지혜를 일컫는다.

• 결혼과학은 잠재된 부부 이해충돌 해소기술과 우리가 잊고 있었던 많은 걸 일깨워주었다. 우선 상대를 돕는 것이 결국 나에게 이익이 되며 부부 공존 긍정의 방법이다. 다른 하나는 다음 세대를 생각하고, 미래의 문제에 사전 대비하는 '생명경제(Economy Of Life)'로 결혼질서가 시급히 과학으로 전환해야 한다는 점을 깨우쳐줬다는 것이다. 또 이보다 더 성공하고 행복한 더욱 심화된 차세대 공법으로 예비자들의 욕구 충족에 여지가 없는 초정밀 IT공법의 적용이며, 이 이상은 없을 것으로 설계되었다.

• 결혼과학의 최고의 승자는? 결혼에서 지식과 상식이 부족하면 무기력에 빠질 공산이 크다. 결혼과학은 가장 나쁜 상황에서 가장 좋은 상황으로 반전시키며, 결혼과학이 알려준 구태 지우기에서 발상의 전환으로 신개념 응용기술로 세상살이가 수월해질 것이다.

• 결혼과학교육이라는 사회적 공간에서 차세대 결혼교육으로 장래성을 확보하면서 고정관념은 완전히 사라져야 새로운 삶을 읽을 수 있다. 여기에 주목하는 이유는 더 큰 스케일과 생각 위에서, 'I LOVE 결혼과학사관학교'는 글로벌 브랜드로 성장 가능성이 크게 보였기 때문이다.

• 결혼을 곤충에서 보는 눈과 현미경으로 보는 눈 과학으로 보는 눈 선택은 자유다. 그러나 뼛속까지 들여다보고 미래를 점치며, 개발타임라인에 들어와서 공학적 가치로 인정받아야 한다. 또 성공과 행복의 가상목표에 누가 먼저 선점하느냐가 관건이다.

• 결혼과학은 이벤트가 아니라 전혀 다른 차원의 미래를 풀어가는 실행의 원초 단계이다. 경계와 한계를 넘어 미래를 향해 나아간다.(Beyond the Line, Toward the Future) 가장 혁신적이고 복원력(Dynamic Stability) 있는 부부관계 개선을 만들겠다는 의지가 담겨 있다. 모두에게 성공할 기회를 주는 공정한 결혼질서를 구축할 것이라 검증·완료되어 확신하기 때문에 '미래, 결혼과학'이 대세는 세계적인 대유행을 예고하고 있다.

• 결혼질서 재편 없이는 깜깜이 속 결혼은 너무 공허하고 미래에 대한 불안과 불확실성은 대책없이 앞이 안 보이는 현실은 예비자들의 생각이 팽배한 형편이다. 여기에 결혼과학이 관여하여, 이 시대가 요구하는 Leeds에 충족과 부부공생에서 발생할 이해충돌 해소기술로 수치와 시각 차이까지 치유도구적 희망의 불씨를 살려냈다.

• 결혼과학 미래의 모든 사실은 세계관으로 바라봐야 할 시대로 접어들게 했다. 대표적인 것이 결혼산업일 것이다. 그중에서도 결혼과학에서 미지의 세계는 엄청난 변화의 조짐이 일고 있다. 또 누가 선점하느냐에 따라 결혼질서를 지배하게 될 것이며, 이러한 충격적 작용변화는 긍정적 삶의 질과 결혼문화적 환경까지 영향이 미칠 것이다.

• 결혼과학은 결혼질서를 머릿속으로 구상한 애플리케이션(앱) 같은 결혼 서비스를 직접 탐색하며, 코딩으로 더 나은 사회 만들기를 기대하면서 예비자들과 지식적 고급정보의 열린마음으로 상호작용과 상부상조로 미래

를 열어가길 희망한다.

• 결혼과학은 예비자들의 결혼관 개념수정은 지식과 정보로 구태를 벗어난 생각 위에서 과학을 인용한 4원칙과 공통분모, 비대칭 해소기술과 케미스리(부부관계 일치된 생각)을 이해하며, 충돌해소기술 재정비 등을 통해 새로운 결혼질서를 강조하고 있다. 요컨대 결혼과학을 인용하여 상류로 살아갈 것인가 하류로 살아갈 것인가는 오직 자신의 선택사항이다.

• 결혼과학은 성공시킬 것이라고 강하게 자신한다(Highly Confident). 국민 보편적 결혼성공과학을 인용 적극적 마음가짐으로 수동적 존재가 아니라 결혼에 대한 구태와 부정적 편견을 버리고, 부부공생 상호작용의 논리에 임하면 삶에 대한 높은 행복감을 깨치게 된다.

• 결혼과학은 작은 결혼으로 결혼의 평등권을 확보하겠다는 것이다. 경제적 부족함이 있어도 최소한의 불편은 감내하며, 결혼이 성사될 수 있는 사회적 약자의 작은 결혼을 누구나 수평적으로 표본삼아 접근에 소외됨이 없는 그날이 오기를 응원한다.(인구증산의 기본 규칙)

• 결혼과학이 제공한 프로그램은 끝까지 책임을 잊지 않겠다. 부부 상생 관계유지에서 에너지와 데이터의 혼용으로 새로운 응용과학으로 현 기존 결혼질서에서 미숙한 파이에 많은 성토가 있어도 모두 침묵일변도 뿐이다. 이러한 현상까지 모두 안고 가겠다는 의지표현이며, '미래, 결혼과학'의 운명을 세계화로 함께 성공대열에 앞장서겠다는 의미다.

• 결혼과학은 다핵 파이 재편에서 지식과 정보는 수직으로 인간적인 관계는 수평으로 유연성과 감정소통이 원활하면서 공통분모가 장애가 없다면 부부관계 수명은 평생 오래 유지될 것이다. 여기에 기초한 특별한 기술과

인재가 집합해 인식을 같이할 기회가 온다면, 미래투자에서 황금알을 제조하는 'I LOVE 결혼과학사관학교'라는 감동의 불씨를 제공할 구성원 조직체 탄생 예고가 되어있다.

• '미래, 결혼과학'의 힘은 결혼을 책임진다는 압축된 뜻이다. 결혼과학이 미래는 평이하면서도 아슬아슬한 삶과 죽음의 경계에서 저자가 쏜 위성 창의(미래, 결혼과학) 재탄생 발상의 동기포착으로 무에서 유로 창의의 씨를 뿌려 자신과 미래세계를 들여다 볼 수 있는 엑셀에 무게를 실어야 했다. 이러한 아이디어는 보고들은 경험이나 일상생활패턴 기반 위에서 미래지향 창의성 응용 머리 출현 Only, 어느 날 갑자기 나올 수는 없다. 여기에 주목할 이유를 스스로 찾는 것이 인생의 창의성과 내공에 쌓인 기술적 능력이다.

• 미래, 결혼과학은 시대의 흐름을 읽고 지식과 고급정보로 부부공생의 현대적 배경으로 개념 바꾸어 애초부터 자기 속으로 빠질 공산을 차단할 자세와 과학적 사고로 모니터링 함을 원칙으로 정해야 현명하다. 일정한 교육적 기초과정이 필수라는 의미다. 세상 모든 파이는 세세히 알아야 보인다.

• '미래, 결혼과학'은 결혼의 모듈(큰 그림) 형태와 공격적인 기술개발능력으로 차세대 결혼질서의 선두주자로 역할을 다할 것이며, 결혼과학의 완결판은 이제 막 바닥에서 무릎을 뗀 기분이다. 이 현상은 결혼질서 시장과 사회 정서적 부부관계 환경에서 우대인식은 존재감이 특별하며, 통합메시지(결혼관련업체)로 온기가 돌기 시작했다는 신호이다.

예컨대 결혼질서시장에서 선두 굳히려는 '미래, 결혼과학'이 역전 노리는 기존의 기업들 간에 치열한 논쟁이 예상 되겠지만, 결과적으로 결혼과학시장의 독식체계라고 결코 황금알 거위의 배를 가르는 촌극은 없어야 한다. 사전 예고 판시한다.

• 세계적인 큰 성공자들은 하나같이 미국을 배경 삼아 기초로 영감을 받았을 것이다. 미국에서 공부나 미국생활에 몸담았거나 기타 일정한 미국과의 거리를 유지하고 체험하며, 고순도 발상과 상상적 뿌리의 공간에서 세계 일등만을 품고 최고만을 고집하며 결국 큰 성공대열에 올랐을 것이다. 근원은 거대 초일류국가 배경적 힘의 작용이다. 보고 배울 가치와 그 이상을 뛰어넘을 경계를 느껴볼 필요성 인식이 강하게 작용했기 때문이다.

이 시간에도 실리콘 밸리 또 미국대학이나 기타 연구실에는 불이 꺼지지 않으며 인류의 미래를 위해 심취하며 몰입의 연속이다. 우리는 그 중심에서 무슨 일이 벌어지고 있는지를 들여다볼 필요를 느껴야 미래를 읽고 긍정과 함께 갈 수 있다. '미래, 결혼과학'은 여기에 편승해 영감을 받고, 그 핵심을 뛰어넘어 도전적 창의와 신개념 융합응용기술개발 집중투자로 탄생시켰다.

• 얼마나 대단한 가치를 지녔기에 미래를 선도하는 창의적 기술을 보유했나?" 세상 어디에도 흔적도 없는 영감과 별의 순간적 발상 오직 '미래, 결혼과학' 탐색에 대한 열정과 몰입 하나로 그 모든 것을 다 버리고 삶의 바닥까지 헤치고 여기까지 왔다. 주변 사람들은 물론 가족들도 미친 짓(Insane)이라고 했다. 그러나 오랜 시간 자신과 치열하게 싸우고 내공을 쌓으며, 침묵 일변도와 극도로 절제된 모진 시련과 인고 속에서 한계를 넘은 도전과 기념비적 상징성 깃발 아래 오늘 이 시간을 지켜왔다. 이렇게 세상을 바꾸는 신인류 문명의 씨를 심는 생각의 뿌리는 영락없는 한국인이었다.(역사는 꿈꾸는 자의 것이라 믿었기 때문이다.)

'미래, 결혼과학'은 인생지침서이며, 평생 소장품
I LOVE 결혼과학사관학교와 동맹재단

'미래, 결혼과학'은 축하받을 일만 남았다.

결혼과학 시계가 작동하면서 핵심의 중심에 사랑, 성공, 행복이 보장형으로 내장되어있다는 것을 감지할 수가 있었다. 믿음과 신뢰로 젊은이들과 결혼예비자들의 욕구에 만족을 지원하겠다는 의지의 표현이다.

연장선상에서 'I LOVE 결혼과학사관학교'에서는 성공보장제 도입에 적극 참여, 조금도 의심없는 잠재적 능력을 인정받겠다는 약속이다. 여기에 엄청난 어려운 고난도의 결정이며, 결혼과학에 관심 있는 분들과 함께 실질적 감동을 나누고 싶다.

이어서 결혼예비자들의 이구동성은 구태 결혼질서가 나를 갉아먹는 기분이 든 이상 참을 수 없었다고 말했다. 또 불편한 기류의 구태 기존질서는 상상을 절제한 미래상의 모순은 피로감 증가로 추정되어 결혼과학이 시장에 개입한 동기이다.

이러한 현상이 재발과 헛발질하지 않도록 결혼과학이 새로운 교체수요로 역사를 쓴다는 그 진의를 이해하면서 만감이 교차했다. 구태 웨딩중심의 구 풍습과 기존질서를 패착의 원인으로 꼽았으며, 부부공존과 공생의 과학의 지식적 구조전략을 추구한 개발의 몰입이 이 시점에서 적중했다는 결과다.

본래는 신재생 결혼과학 종합솔루션 도입을 서두르는 가운데 부부 상호 충성도가 높게 나타났다. 결혼 4원칙에서 부부공생과 공통분모의 연동성을 한층 강화한 System은 환상적 구조다. 고로 결혼과학은 행복추구를 지원하고 있다. 이러한 프로세스는 결혼에서 빼놓을 수 없는 주요 축이 된 것으로 나타났으며 최초의 사례이다.

따라서 시대적 개념 바꾸지 못하고 구태 결혼질서에서 '깔딱고개'를 넘지 못하고, 결혼과학을 외면한다면 재앙을 불러들이는 꼴이 되고 만다는 계산이다. 구태적 경향을 극단적으로 보여주는 사례며, 결혼과학 플랫폼을 개발하는 연구자로서는 수평적 개념으로 전체를 안고 가야할 처지에서 치명적인 충격이지만 흡수와 치유도구를 발굴할 사명감이 발동했어야 했다.

본래 결혼과학의 포트폴리오 성격 이미지를 구축하는 고강도 전략은 최근 이런 평가가 달라지기 시작했다. LCA(Life Cycle Assessment, 전생애 주기 평가)라 불리는 새로운 총체적 평가 기준과 함께 과학적 환경으로 돌변한 것이다. 결혼과학 기능을 극대화시킨 마지막 제안이며 결과이다. 결혼과학의 시대는 앞으로도 무한대발전과 영구적일 것이다. 또 차세대 초민감형 결혼과학 구조에서 인문학과 심리학 분야로 철학적 결혼개념을 추월할 예측이다. 미래의 무한한 가능성은 열려 있다.

익히 결혼예비자들이 말하는 '이번 역은 미래, 결혼과학입니다. 내리실 곳은 결혼과학이 기다리는 꽃길입니다.'라고 소리 질렀다. 얼마나 가슴에 뭉쳤으면 이렇게까지 움켜 짜야 했나! 사람은 산다고 사는 것이 아니다. 생각이 살아있고 미래를 염려에 두고 오늘에 공부해야 한다. 더 큰 꿈을 위해 결혼에 자유적 권리가 있듯 결혼과학을 선택할 권리도 지켜져야 한다.

'이 세상의 모든 굴레와 속박을 벗어던지고, 제 행복을 찾아 떠납니다.'라고 말할 수 있는 용기는 바로 결혼과학을 환생한 존재로 보고, 품으로 들어가는 길목에서 개인의 만족이 훨씬 중요한 세대라 소리친 것이다. 불합리를 억지로 참기보다 당당히 자기 목소리를 내는 것이 훨씬 자기중심적이라는 생각이다.

본래는 마음속에서나 품어야 할 결혼질서 '미래, 결혼과학'은 새로운 공법으로 응용하면서 기존결혼질서를 사소한 생각으로 해결하려는 폐쇄적인 사고는 극복해야 한다. 결혼과학 사고와 가치관이 바로 그 사회적 현상으로 절대화시켜야 미래를 열어갈 수 있기 때문이다.

• 결혼과학 첨단테크 분야에서 새로운 라이벌과 차별화 하고, 다양성 위성연구를 생각에 넣을 것이라고 했다. 이어 해외콘텐츠 진출도 본격화할 것이라는 전망까지 내놓았다.

• 대한민국은 2020년 기준 국내총생산(GDP)이 세계 9위로 캐나다, 러시아보다 크다. 인구 5000만 명 이상인 나라 중 국민소득 3만 달러를 넘은 7국 중 하나다. 유엔무역개발회의(UNCTAD) 57년 역사에서 개도국에서 선진국으로 지위 변경이 된 나라는 한국뿐이다. 세계 역사에서 유일하게 원조를 받던 나라에서 원조를 주는 나라가 됐다. 이 정도까지 왔으면 무언가 새로운 역동적인 일을 해야 한다. 지금까지는 몸으로 만들었다면 이젠 창의와 혁신의 지식기반 면모로 미래를 다시 준비하고 탐색하는 일에 아낌없는 매진이 요구된다. 또 어쩌다 여기까지 왔지만 새로운 채비의 동력으로 출발할 입장이 되었다.

본래에 따라 성공하려면, 사실상 결혼과학부터 시작되어야 한다는 말이 있다. 구태 결혼질서는 사실상 셧다운 실정이며, 수명을 다했다는 의미이다. 결혼과학이 빠른 정보를 제공하므로 새로운 결혼문화가 정착되고, 예비부부들은 욕구에 충만하다는 분위기이다.

요컨대 무너지고 있는 가정유지의 지적과 인격마저 날이 갈수록 뒷걸음 치는 위험성만 커지고 있다. 다음은 상상에 맡기겠다. 또 미래를 들여다본 다면, 합당한 부부관계 성립이 원칙적으로 제자리를 찾아가는 과학적 규칙 의 창의성 발굴이 포인트이다. 세계적 여기에는 누구도 토달지 못할 것이 며, 인구증산과 각 가정의 중요성 때문이다.

가정이 무너지고 있는 현 상황에서는 더 발전 동력을 잃어가고 있다함을 인식해야 미래를 들여다볼 수 있다. 즉 가정의 뿌리가 무게감을 이겨내지 못하고 있다는 결론이다. 본래 '미래, 결혼과학'은 깊이 관여하기로 멀리보 고 예전에 결정했었다. 이제 세상에 면접 보러 나올 채비가 끝난 상황이다. 국민적 사랑의 갈증을 해소하면서 깊은 애국심을 느끼게 한 표현이다.

결혼과학을 국가적 미래 성장동력, 공유화로 이끌어야 할 이유

구태 결혼질서는 지금까지 많은 사랑을 받았지만, 결혼과학탄생으로 인 해 계륵*으로 전락할 위기에 놓였다. 이후의 대안으로 결혼과학의 중요성 을 인식한다면, 애초부터 사회가 공익성격의 '전략적 명료성**'으로 전문기 업의 힘빌려 손잡고 리드해야 한다는 조언의 말씀이다. 국가의 번영과 가 정속 사랑의 보금자리 장만 차원에서 접근한다면 엄청난 시너지효과까지 지금까지 어느 누구고 예상치 못한 긍정적 미래를 만나게 될 것은 너무나 자명한 일이다.(특별 관심)

*계륵 : 먹기에는 너무 양이 적고 버리기는 아까워 이러지도 저러지도 못하는 형편
**명료성 : 차이가 분명하고 똑똑한 성격을 가리키며 내용이 확실한 경우를 가리킨다.

예컨대 누구나 자신이 몸담은 나라에 초일류국가 지름길 로드맵을 생각 하며, 고급지식으로 내공을 쌓고 세계를 지배하려면 어디가 시작점인가를

염려에 두고 몰입한다면, 그 나라의 꿈은 절대강자 다수로 이루어지며, 성공과 미래를 선도하며 세계지배는 시간문제다. 이러한 점은 미래의 아이콘으로 특히 젊은이들은 너무나 가슴 아파 지금도 고민하고 있다는 사실 기성세대가 공감한다면, 미래의 세상은 감동과 축재만 남았을 것이다.(하루하루가 즐겁고 재미있어야 한다. 꿈과 희망이 보여야 미래를 설정할 수가 있다).

POINT 04

메타버스의 새로운 기회는 결혼과학

한국판 뉴딜의 결혼과학은 메타버스로 갈아타야 미래를 담보할 수 있다.

메타버스의 시대 결혼과학으로 미래가상결혼에서 시뮬레이션으로 증강된 현실화로 볼 수 있다. '미래, 결혼과학'이 대세가 추구하는 새 시대의 결혼질서의 규칙을 개발한 창의적 작품이며, 결혼과학을 공유채널로 Leeds들의 욕구를 충족시켜 그동안 생각만으로 머물었던 희망 사항을 현실로 소환이며 메타버스와 호환되는 결혼의 본질을 발굴했다.

메타버스가 본 결혼과학의 최종판단은 미래적인 공간에서 찾아야 할 매칭에 있다. 현실 세계와 닮은 메타버스 구현으로 결혼과학이 보장받아야 진정성을 알 수 있다는 이야기다. 메타버스는 증강세계와 아직 인간이 눈치채지 못한 다른 세상을 불러들여 현실세계로 이동한다면 또 다른 미래를 열 수 있다고 믿어야 한다. 과학의 무한가능성이 있기 때문이며, 이러한 도전은 사람이 할 수 없는 버전은 AI도 인식 불가능하다.

이러한 논리로 결혼 메타버스 플랫폼이 열렸다. 메타버스가 본 결혼과학의 가상세계는 어디까지일까? 경험과 결혼질서탐구확장에 메타버스가 가담해 미래를 예측한다면, 가상결혼이 시뮬레이션 영상으로 출력되고 따라서 배경을 현실화시키는 작업으로 이어질 것이다. 메타버스의 핵심기술을 응용해 실지 결혼과학과 호환한다면, 더 많은 실용적 카테고리를 생산할 수 있을 것이라 기대해도 좋다.

메타버스의 미래는 자신이 만드는 것이다.

내일의 나를 준비하는 결혼과학이 추구하는 삶의 매 순간은 감동이어야 하며 '별의 순간은 오는가'가 아니라 지식으로 만들어야 한다. 이러한 지혜를 커리큘럼을 통해 배운다는 것은 자신 관리에 충실하다는 증표다. 본래 부부는 일상적 감정전달의 과정에서 생기는 소통질서의 수준이 관계유지를 좌우한다. 지식과 상식이 불소통이면 얼마나 갈등과 불화가 심각한지를 결혼 전에 인식하고, 사전에 많은 정보와 지혜로 내공을 쌓고 자신과 수평적 소통문제에 별 어려움이 없는 만남이 핵심이다. 사람들은 이해 부족으로 자신들은 아닌 것으로 착각하고 있다. 물론 사랑하니까 지만 사랑만으로는 한계가 있어 대화의 소통이 관계수명을 결정하기 때문이다.

결혼과학으로 구태 질서의 리스크가 해방되었다. 꽤 괜찮은 느낌으로 동기부여는 됐지만, 결혼예비자들의 욕구는 과연 어디까지일까? 개발자는 여기에 긴장하고 있다. 크리에이터만 잘해서는 안 된다. 탁월한 소프트 스킬을 길러둬야 함은 기본이다. 그러나 결혼과학의 교육적 효과는 과거의 생각하는 방식에 어떤 이유로 충격요법과 구체적 공법으로 변화를 줘야 한다.

또 비교할 수 없을 만큼 차별화로 분명 달라져야 한다. 지치지 않는 혁신가는 긍정적인 사고방식과 끊임없이 도전하고 성취하는 법을 메타버스 원리를 응용한 것이다. 결혼과학은 원론적이지 않고 모든 한(현대식) 오직 미래만 바라보며, 가상결혼질서에 매진은 결코 모두를 긍정으로 이끌고 있다. 반대로 비과학적 봉쇄를 풀기위한 수단으로 '미래, 결혼과학'이 대세는 웨딩 산업에 수요와 공급의 시장질서에 적극적으로 개입할 예정이다.

바꾸어 부부의 일상적인 대화는 삶의 철학을 읽어내는 일상생활에 있다. 삶의 밑바닥부터 훑으며 민낯을 보여주기도 하고, 감정소통이 불통이면 곱씹다 절로 가슴을 치기도 한다. 이를 때가 한두 번이 아닐 것이다. 이러한 구태 식 부부소통방식을 현대물로 바꾸는 작업이며, 지식정보로 전환시키는 결혼과학의 본질이다. 또 부부는 어떤 경우든 상대를 지배하려는 의도는 없어야 한다. 누가 누구를 통제하면 관계는 깨진다.

그동안 끊임없이 우리 주변에서 갈망한 이상형과 허상에 매달린 생각의 뿌리를 찾아 진행되고 있으며, 부부공생으로 조화의 일치성과 합치를 결혼 4원칙과 공통분모의 융통성을 지식적 학습으로 내공에 충실해야 하는 상황이 도래하였다. 피할 수 없는 운명이며, 기회로 받아들여라.

상기 사항을 정리하면, 구태적 결혼질서는 부부가치동맹(Value Alliance)을 무시한 이기적이며, 이중적 태도와 자기모순에 빠진 기약 없는 질주로 미래를 위협하고 있다. 그러나 묵비나 체념으로 치부하는 속내는 비판받아야 할 태도임엔 틀림없는 사실이다. 그 후유증의 중심은 보복결혼이나 비합리성(Irrationality) 숨겨진 잠재성 활용과 결혼질서의 위험신호로 볼 소통의 원인이며, 나아가 치료적 해법으로 규칙과 프로세스 발굴은 도전적 열정이며, 그 외 결혼과학 2세대 기초소재 개발과 3차원 차세대 고급정보는 "I love marriage science commissioned school"에서 별도 심화강의로 예정되어 있다.

결혼과학이 자신과 대비해 미래를 보는 창

결혼과학은 인생 전체를 비추는 풀샷전략으로 명품결혼의 요소 방안 가닥을 잡아가고 있다. 자기중심적 지배구조로 만드는 기술을 습득해야 미래가 보장된다. 이러한 자신의 능력배양으로 인생경영 확립은 적극적인 인용을 주문한다. 자세는 일관해야 하며 누구의 도움 없이 직접 문제 해결에 나서야 한다는 의미다. 세상 살아가면서 미래를 예측할 수 있는 기본기술은 결국 성공과 행복으로 전환된다는 의미는 너무나 분명한 사실이다.

　지금까지 살아온 대표적 컨센서스(Consensus, 여론 교감 일치)를 모아 상위 아이디어로 뉴 패러다임은 엄청난 혁신의 신호로 미래를 읽을 수 있는 비결이며, 체계적 관리가 요구된다. 또 유능하게 자신을 지배하게 될 것이다. 무엇이든 알면 보이듯이 세상은 알고 모르고 종이 한장 차이라지만 그 속성은 결국 지식의 요체 차이다. '미래, 결혼과학'은 결혼과학 국제표준화(International Standardization) 작업을 주도적으로 하고 있다. 결혼질서 가치창출 측정시스템을 도입하여 미래를 들여다볼 기술적 입문과정일 것이며, 이렇게 날로 발전하고 있다.

　예로 결혼과학의 진화론에 따라 결혼규칙 이론 창작개발로 총정리하면서 결혼은 새로운 소재나 인기가 아닌 상대적 능력과 가치적 자격에 의해 존재의 성립이유가 요구된다고 주를 달았다. 그렇다면 결혼과학에 인증샷을 찍으라고요? 도대체 결혼한 얼마 후 이혼이 판치고 있는데, 대체 어떤 세상에 살고 계신겁니까? 묻고 싶다. 침묵으로 눈감았다고 해결될 일이냐? 몰라서라고 치부하고 넘어갈 일이냐? 아니면 능력의 한계라고 비판받아야 하나? 남 탓하지 말고.

　본래 결혼은 내적 외적 프로필과 실력을 기초해 매칭에서 대상을 물색과 실행하고 증명하라는 메시지를 읽고, 상대적 관계를 만나 상호동의로 삶을 영위하는 부부 행위로서 감동과 행복으로 충만해야 한다. 또 결혼과학의 인증샷이 세상을 인식하고 있는 유아기적·자기중심적 사고에 기인한 황당한 요구가 대부분이라 응답할 필요를 느끼지 못할 때도 있다.

그러면서 반론으로 결혼의 특별한 대답을 내놓지 않았고 결혼에 비판도 없었다. 그것은 앞으로도 변하지 않을 것이라는 공산이 크다. 때문에, 결혼은 본질에서 어떤 형태든 혹은 전혀 모르는 지식과 도의적 윤리적 문제가 없는 개인의 영역을 누군가에게 보고해야 할 이유도 없다. 그저 모르면 치부하고 지금까지 살아온 대로 그렇게 살아갈 확률이 높다는 의미다. 여기까지 결혼과학이 관여하고 있다. '결혼은 지식으로 깨우치고 알아야 보인다.'라는 진리이기도하기 때문이다.

결혼과학의 원초적 심리모형의 접근 발상은 Leeds의 사고에서 나왔다.

디코드(Decode)란 부호화된 데이터를 알기 쉽도록 풀어, 흩어져 있는 결혼질서의 뉴스를 모아 세상 흐름과 심리모형이 연동되게 하는 규칙의 시스템이다. 또한 개인 프로필과 정보의 메뉴를 매칭시스템에 대입으로 어필한다면, 효과적인 상황이 구체적으로 전개될 전망이다.

바꾸어 I LOVE 결혼과학사관학교의 프라이버시를 강조하는 것은 창업자로부터 내려오는 철학이라고도 할 수 있지만, 구태 질서의 맹점을 찌르는 최상의 공격전략이기 때문이기도 하다. 그러나 구태 결혼질서가 폐쇄적인 악영향이 인과성으로 하나씩 나타나고 예비자들의 정당한 결혼의 욕구를 외면하고 접근할 의도 또한 불평도 혁신할 생각도 전혀 없었다. 지적도 없었다. 그렇다면 패착의 원인은 어디서 찾아야 하나?

그래서 본적이 없는 결혼과학 더욱 외롭고 무에서 유로 창의적 발굴과 성공의 가능성은 애매하면서 어려운 도전이었다. 그러나 결혼과학의 생태계를 더욱 공고히 하려는 의도가 강했기 때문이며, 미래의 불안과 불확실성을 치유도구로 일관된 프로세스를 개발해야 한다는 중책이 내려져 있었기 때문이었다.

결혼과학 기초소재개발의 구조는 환상적이며 본격적인 시동이 걸리면서 결혼과학의 존재성에 날개를 달았다. 결혼에서 제일 민감하고 관심이 큰 매칭에 상대의 속성을 충분히 이해하기 전엔 직관적 판단은 위험성이 항상 따르게 되어있다. 그렇게 하려면 성공 가능성도 또한 시간도 걸리는 것은 당연하기에, 이 문제를 풀어야 할 과제를 결혼과학이 할 일이다. 평이한 상식으로는 상상도 못할 일이다.

이 엄청난 과제 해결로 결혼과학 위대한 탄생의 동력을 받았기에 다음 고비를 넘어갈 수 있었다. 이 글을 보는 모두에게 감사 인사 보낸다. 만일 아니었다면, 아직 과거에 머물고 가슴치며 세상을 원망하며, 모두를 싸잡아 욕되게 할 궁리의 가능성이 크게 보이기 때문이다.

바꾸어 국제적으로 결혼질서와 관련 언급하지 않는 것이 일반적이다. 라고 했다. 그러나 결혼과학에 대해서는 예 외로 받아들이는 반응이다. 이것은 이성이 깨어 있고 세상이 변화되고 있다는 증표다. 또 우리 결혼문화가 성숙하려면 결혼질서 불평등이 청년들의 삶과 결혼이 출발선을 결정짓는 구조적 병리에서 하루빨리 벗어나야 한다는데 동의했다.

본래 부부 필연적 공생구조 구체화 조력자역할은 결혼과학 종합패키지 커리큘럼에서 체계적으로 제공할 예정이다.

구시대 미숙한 결혼질서의 반복

기존결혼질서는 많은 부작용과 시대의 역주행 측면이 다량 존재로 나타났기 때문이다. 후유증은 이혼 다발로 나타난 이상 더, 이상 방치면 혼란에 빠질 가능성이 커지고 있다. 기존결혼질서가 왜 이렇게 되었나. 시대의 변화에 따르지 못한 후유증인가, 기존 결혼질서는 사회성 부족 이유와 피로감이 쌓여 이미 부적격으로 판정난 상태다. 해가 저물고 있으며, 동시 결혼과학은 새로운 희망이지만 조심스럽게 접근해야 한다.

민감하면서 생소한 과학과 인문학에 포커스가 맞춰져 있기 때문이다. 시대적 자연스러운 현상이며 역사와 풍습도 사회의 발전에 비례해 선진국 모델로 변화다.(예식장도 패업 상태가 유행처럼 번지고 있는 상황, 선진국에는 예식장이 전혀 없다.) 이것이 미래형 작은 결혼이다.

기존결혼질서에서 행복을 찾겠다는 것은 이제는 피로감이 쌓이면서 터무니없는 환상이 되었다. 구태 기존 결혼질서는 술수만 난무한 형태로 과거 시대로 돌아가는 모양새는 이제 그만하자. 구태결혼질서 당시 기준으로는 준수한 성적표도 없었다. 그저 보편적이며, 일반적 생각에 매몰되어 더 생각할 여지조차 없었다. 원인이 이러니 사회적 이혼이 만능할 수밖에 없었고 즉 구조적 문제였다. 어떻게 보면 당연한 결과다. 또 구태 결혼질서는 알게 모르게 식물시장을 만들 수 있는 갈등요소가 산재 되어있다는 걸 나중에서야 알았다.

익히 규정과 질서의 앞뒤도 없어 예비자들의 분심만 자초하는 모순만 남기고 있으며 그렇다면 구태 결혼질서 멘붕의 끝은 이디까지? 그리고 결혼과학의 한계는 어디까지인가? 가상 및 증강현실이 구현되어 또 다른 질서의 실체를 요구하고 있는 현실을 직시하며 결혼과학을 통해 구태 결혼 기존질서를 지적하며, 메타버스가 지향하는 새로운 결혼질서에 눈을 뜨고 결혼대상과 자신을 대입해보는 공간의 기회이기도 하다. 즉 기존결혼풍습이라는 기준에 묶여 따라가는 형태이면서, 구태결혼문화는 이제 역사 속으로 사라지고 있다는 분위기다.

본래 기존결혼질서의 함량 미달에 대한 고의성은 없지만, 시대착오적 문제의 혐의는 부인할 수가 없게 되었다. 구태 기존결혼질서 모두의 책임이라는 것은 흔히 누구의 책임도 아닌 것으로 된다. 특히 누군가 '모두의 책임'을 말할 때는 자신이 아닌 다른 사람들을 책망하는 뜻을 담는 경우가 많다. 그러나 시대와 사회정서에 합당한 결혼질서 성형수술이 불가피한 상황까지 왔다는 것을 결혼과학이 탄생하므로 확연히 드러나고 있다는 것이 여러 곳에서 증명되고 있다. 그동안 불합리한 결혼질서의 인고로 불평과 부조화가 얼마나 심각했는지를 보여주는 한 단면이며, 결혼으로 고통받고 있는 일반 부부들은 더 묵과할 수 없다고 목소리를 높일 것이다.

딱히 매칭에서 경제적 비중이 큰 것은 젊은이들이나 결혼예비자들을 잠재적 고객으로 보는 것은 수학적 계산과 다양한 생각들을 일반적 사고로 편집하여 좀 더 깊은 속성에서 돈에 대한 집착을 숨기지 않은 솔직함을 인지하려는 유도적 의도를 엿보게 된다. 하지만 과학이 세상을 지배하는 마당의 여기까지 와서 고작 그 정도 생각의 수준에서 결혼과학에 부정이 끼쳤다면 없었던 일로 기존 결혼질서 공간으로 돌아가 반성과 동시 원대복귀

됨은 당연한 일이다.

바꾸어 미숙한 결혼역사는 예외없이 반복되어 왔다. 또한 구태 결혼질서는 예정된 재앙의 길로 들어섰다. 이들이 어리석다는 의미는 결코 아니다. 이들은 단지 피해자일 뿐이다. 바꾸어보면 현재이자 미래가 될 수 있기 때문이다. 그러나 시대가 바뀌어도 결혼질서는 그대로다. 예고된 인과성 반복의 잘못된 사슬은 언제쯤 끊길까. 결혼알고리즘이 제시한 결혼과학 이제 탄생한 과학적 메타버스를 응용하여 새로운 결혼질서에 개입하므로 그동안 쌓인 고통과 해결의 기미를 결혼과학이 들여다보고 발굴한 '미래, 결혼과학'이 중심에 자리잡고 있다.

예로 결혼풍속도에는 공소시효가 없다. 그러나 구태와 모순적 결혼질서의 끝이 없는 질주는 재앙의 기미를 부르고 있다. 삶의 질과 행복이 소리없이 조용히 망가지고 있다는 것이다. 구태 결혼질서의 초토화는 기존 결혼철학을 붕괴시킬 결혼과학으로 Leeds들을 긴장시키고 있다. 세상이 바뀌면 모든 문화는 인간의 지식과 생각에 따라가야 하는 것이 법칙 아닌가. 여기에 결혼과학이 전략적 기획으로 참여하고 있다.

다만 결혼과학이 탄생한 후 구태 결혼질서는 유효기간이 거의 임박한 정도로 알려지고 있다. 현대사회에서 상처 안 받고 사는 사람이 얼마나 되겠는가! 각자의 아픔을 자기방식(Magnetic Way)대로 투영하면서 카타르시스(Catharsis)*를 느끼시는 것 같다고 말한다.

* 카타르시스, Catharsis : 인위적 경험에 의한 감정의 정화법

여기에 결혼과학을 동감하면서 높은 지지를 보낸다. 또한 결혼과학에 순응하는 처세술(Treatment)보다 결혼예비자로서 결혼과학의 구조적 유능함(Competent)을 보여주지 못한다면 그것이 그의 진짜 위기다.

지금까지 구태 기존결혼질서의 미숙함을 인정하면서도 그 의미를 축소하고 처벌조항의 법률적 적용과 일반상식적 평가와 해석을 제한적으로 적

용할 규칙이나 강제성이 없기 때문에 명백한 국민 정서와 문화적 경계의 이미지라고 했다. 더 복잡성을 해소하기 위해 대체자료의 대안으로 결혼과학을 그대로 인정하고 받아들일 공산이 커졌다는 계산이다.

기존결혼질서와 '미래, 결혼과학'이 서로 주체성을 주장하며, 첨예한 법리 다툼을 할 이유가 사라졌다. 결혼과학은 공익성이라는 대명제 아래 이유 불문 승화시켜야 한다는 데는 만장일치 동의했기 때문이다. 잠재적 결혼질서 대안으로 떠오르는 'I LOVE 결혼과학사관학교'는 구태 기존질서와 일정한 관계유지는 한시적 지속할 전망이지만 인지도가 낮아 당분간 시간이 필요한 상황이다. 기존질서의 결혼문화는 이제 역사 속으로 사라지고 있다는 메시지이다.

결혼의 풍습과 구질서는 이렇게 해가 저물고 있다.

구태 기존결혼질서 때문에 고초를 겪는 사람들은 무슨 죄인가, 이혼이 다발상황이라 공소장에 담겼을 것이다. 그런데 책임지는 사람은 아무도 없다. 이것이 인간의 한계며, 생각의 경계를 넘지 못하는 능력으로 치부하고 넘어갈 수밖에 없다고 단정지어야 하나 묻고 싶다. 또 기존결혼질서 즉시 중단에 대한 어드레스가 있어야 한다고 했다. 어드레스에는 결혼과학이 중심이고, 미래보고서에 명확히 제시되어 있다.

지금까지 일반인들은 구태 결혼질서를 맹신하고 별 의심하지 않았다. 그러나 그 후유증은 결혼 얼마 후 나타나기 시작했다. 구태 결혼질서의 대물림은 4차산업혁명 이후의 시대적 변화로 과거청산으로 분위기 반전되는 이유는 눈에 보이지 않는 도륙으로 취급할 정도의 일반개념이 바뀌고 있다는 놀라운 사실이며, 피할 수 없는 노골적인 산물이 되었다. 도륙(사람이나 짐승을 함부로 참혹하게 살해하는 행위) 아니면 그것도 못 믿고 결혼과학을 착시 현상으로 보는 시각은 착각이며 바닷물을 통째로 끓여봐야 한다는 논리다. 지금까지 모순성은 묻혀 가려져 왔지만, 이제는 항의 차원의 대안으로 메타버스를 앞세워 현실에 부합한 결혼과학으로 공은 넘어왔다. 또 결혼질서의 환상적인 자기만족은 끓다 않고 넘치는 발상의 위험이며, 착각으로 쏠린 생각도 보편성 이하로 방치될 가능성이 농후하기 때문이다.

이렇게 구태 기존결혼질서는 인과성으로 나타나면서 꽃가마는 끝나고 과학이 변화를 이끌 것이라고 밝혀진 이상 전혀 예상 밖의 사건이 터졌다. 대상의 주역은 '미래, 결혼과학'이다.

결혼과학을 알고부터 일부 지식인들은 구태 기존결혼질서를 체계적으로 공격하고 와해시키고 있다고 정면으로 비판을 자제하고 있다. 조기 폐쇄결정은 시대적 합리적인 판단이라고 단호하게 설명까지 했다.

그러나 기존 결혼질서에서 양산된 불편한 동거는 계속 이어지고 있다. 반면 치료적 처방이 결혼과학이며, 영향권은 사회 전반적으로 결혼개념이 지식과 정보로 바뀔 것이며, 젊은이들의 청춘 이념까지 변화의 조짐이 일어날 것으로 예측된다. 현실로 받아들여야 할 사실이다. 즉 실패에서 지식과 정보 상식의 문제점은 내 안에서 찾아야 현명함이라 깨우치기 바랄 뿐이다.

바꾸어보면, 결혼과학은 학습한 것으로만 알 수 있는 유일한 채널이다. 그런데 시작도 전에 투자자들이 기웃거리고 물론 인기는 하늘을 찌를 정도며 상장 예비심사까지 말이 퍼지고 있다. 'I LOVE 결혼과학사관학교'는 이정도로 존재감이 커지고 있는 것은 사실이다. 실제로 결혼업계에서는 안정적이며, 영구적 독점 가능성의 직감이 크게 느껴져 최고의 수익성이 보장될 가장 유력한 우수업체로 리스트에 올라있다는 소문이 자자하다. 한마디로 비교 불가하다는 여론이 돌고 있다는 것이다.

현실적 세상은 이렇게 과학시대로 치닫고 있다는 증표며, 이에 결혼과학이 선두에서 미래를 열어가고 있다는 사실은 결혼 배경업종과 여타 다른 업종에까지 신선한 충격으로 받아들인다고 알려지고 있다.

구태 기존결혼질서는 사회 전반적 결혼환경과 결혼질서 분위기를 심각하게 훼손했고 예식장 문제에 대해서도 계속 걸고넘어지는 것은 적절치 않다고 목소리를 높이고 있다. 이러한 분위기는 순수한 결혼의 정통성은 별 효력없이 무너지고 있으며, 날로 변화하는 시대적 환경에서 풍습의 수명도 재촉받고 있다는 의미로 받아들여지게 되었다.

기존결혼질서의 부정적 효과는 갈수록 커지고 있다. 나약함과 미숙함의 퇴보는 시대에 밀리는 예식문화 모든 것이 퇴보되고 있어 알고 보니 굴욕 질서다. 이러한 사실조차 까마득히 모르고 있다가 결혼과학탄생으로 비교되어 알게 됐다. 이것을 빛보다 빠른 선택을 원했고, 예비자들의 안위를 챙기는 대신 새로운 희망이 되었다. 즉 결혼과학시장의 불패 신화로 자리매김하면서 별의 순간을 잡아 차세대를 준비하게 된 동기다.

예컨대 결혼과학을 인용한 결혼은 삶의 생태계 기본도구로 삼아야 한다는 목소리가 커지고 있는데, 어떤 면에서는 거부감도 있겠지만 다수의 동의는 피할 수 없다. 이러한 여론이 결혼과학에 영향을 끼치고 있다는 분위기의 냄새가 난다는 소문이 있다. 그러나 결혼질서 편향적인 쏠림현상에서도 결혼은 끝까지 인간성과 자존심을 지켜야 한다는 기본개념에는 변함없다.

이제 오직 결혼과학이며, 1세대를 지나 차세대로 더욱 발전될 가능성은 남아있기 때문이다. 누구나 과학적 차세대 기초소재 발굴한다면 바로 유능한 능력자로 인정받게 될 것이다. 전혀 다른 공법의 DNA합성으로 계속 개선될 전망이 비치고 있기도 하다. 예로 2021년 하반기 미국에서 유명결혼전문가는 후발 주자이지만 거의 완성단계에 접어들어 놀라운 일이 벌어질 것이라고 여타 전문가들의 공통된 예측이며, 전혀 새로운 공법으로 향하고 있음을 엿볼 수 있었다.

• • •

'미래, 결혼과학'(1. 입문강좌, 2. 심화강좌)

'미래, 결혼과학'은 인류 미래의 꿈 현실화

(The future, marriage science has made the dream of the future of mankind a reality)

- 결혼과학의 기적(Miracle of Marriage Science)은 어디까지인가?
  - 결혼과학 플랫폼 리더 'I LOVE 결혼과학사관학교'
- 결혼 성공률을 상승시킬 수 있는지 핵심을 알려주는 '확산 수치 (Diffusion Figures)'가 진실을 밝혀주는 마법의 키워드
- 인류 꿈을 담은 결혼과학이 미래 더 나은 부부공생의 행복을 찾아줄 길라잡이

결혼의 생태계 '원초적 본능'의 아이콘은 결국 결혼과학에 잠재되어 있음이 밝혀졌다. 결혼은 순수의 결정에 피어난 정신의 꽃이다. 이것을 과학으로 승화시킨다는 것은 세상을 바꾸는 창의적 혁신이라 했다. 어디까지 믿어야 하나? 의구심까지 4차산업혁명 이후 과학의 위대함이 결혼에 관여해 인간의 이성까지 지배하는 시대적 환경이 도래했다는 신호로 알아차려야 하나?

본래부터 결혼이라는 자체는 불완전한 존재이지만, 인문학과 과학을 모르고서는 결코 Think를 알 수 없기 때문이다. 결혼과학의 2세대는 신경회

로를 새롭게 갖춘 차세대 기초소재와 미래 예측보고서를 발표할 예정이다. 즉 생각시스템을 지배하기 때문이다. 새로운 세상을 만나기 위해 생각하는 법을 배운 적이 없으니 인간관계가 지극히 폐쇄적이다. 예로 새로운 사람을 잘 사귀지 못한다는 것은 넓고 복잡한 세상 구조를 독학으로는 어렵다는 의미이다.

새 아침이 밝았고 세상이 바뀌었다. 결혼과학의 천재성이 여러 곳에서 드러나고 있기 때문이다. 결혼과학이 나를 평생 책임진다는 보장성과 수명(텔로미어) 연장 25년 이상까지 이끈다면 게임은 끝났다. 더 바랄 것이 없다. 과학이 지식적 응용과 창의로 발굴한 버전이다.

익히 지금 우리가 알고 있는 밥 한공기보다 적은 지식과 정보로 자기 속에 빠져 세상을 재단하고 착각으로 일변도 한다면 무모하다. 디지털 가상 세계와 현실 생활이 혼합된 메타버스가 일상화되는 요즘은 한달마다 세상이 완전히 달라지고 있고 이런 현실에 노출된 결혼예비자들은 주도적으로 결혼과학을 살펴보고 공부해야 한다. 자기계발플랫폼 채널에서 결혼에 관련 지식과 고급정보로 삶과 성공을 읽어야 할 것이다. 알아야 보이기 때문이다.

결혼과학의 본질은 이념논쟁이 아니라 부부공생구조로 상생하는 관계개선으로 공통분모를 기초로 새로움을 찾아가는 신비함을 느낄 수 있다. 지식과 상식이 통하며 감정소통으로 부부관계를 더욱 돈독히 묶어 하나로 성장하는 시스템이다. 본래 미래성장 잠재성이 없다고 판단된 물이 간 지식 파이는 과감히 정리하면서 시대가 요구하는 결혼질서의 체질이 완전히 달라져야 한다는 것이다.

근래 결혼과학은 결혼의 속성과 IT기술형태로 재조합이 진행될 것이며, 결혼과학의 영향력을 확대할 수 있음을 의미한다. 결혼과학 질서와 시장의 가치사슬에서 Leeds가 요구하는 핵심역할을 할 것으로 믿어 의심치 않는 것은 동력 엑셀 확장의 배경이 내장되었기 때문이다.

익히 확실한 부부동맹전략(Marital Alliance Strategy)이 모범으로 검수 과정에서 검증되고 학술적 논리가 입증되므로 글로벌 결혼과학시장 점유율에 결정적으로 일조하게 되었다. 이러한 상황으로 결혼과학의 진보는 마법같은 기술이 존재하기 때문이다. 이러한 이유로 결혼과학은 보는 사람마다 극찬의 연속이며 감당하기 힘들 정도로 사랑을 많이 받고 있다. 기대도 그만큼 크다는 의미다. 반면 간절히 원하면 그 보답은 꼭 이루어질 것이다.

결혼 사이언스의 정체성

• '미래, 결혼과학' 본질을 압축하면, 결혼으로 성공과 행복 지름길의 신호등 역할이다. 인류의 역대 발명품 중 가장 전지하다는 측면에서 결혼 빅데이터 인공지능플랫폼 글로벌표준화의 첫걸음은 신(God)에 가까운 존재일 것이다. 또 '미래, 결혼과학'은 인간답게 성공과 행복하게 살기 위한 지식이 내장된 인문학이며, 신개념 융합기술의 창작품이다. 만일 결혼과학을 부정한다면 우리의 인식과 사고는 철저하게 왜곡될 수밖에 없다.

• 결혼현대화는 지금까지 불가능과 부정적 사고로 방치되어왔다. 시대적 개념 바꾸기의 발상에서 결혼과학은 이를 극복하고 도전으로 성공한 사례 즉 인간의 한계는 무한한 가능성을 보여주었고, 상식에 묶여있는 경계와 통제를 무시한 새로운 지평을 열어 모범적 혁신과 창의성을 제시하였다. 이것이 미래를 리드하며 세상을 바꾸어 나가고 있는 공익적 모범현장이다.

물론 결혼과학이 예민하게 반응하는 사안은 구태적 결혼문화가 문제냐? 개념없는 결혼질서냐? 아니면 결혼능력의 무능한 자화상이냐의 초긴장 상태에 돌입했다. 이러한 결혼과학의 알고리즘은 '미래, 결혼과학'을 중심으로 한 버전은 구태적 질서와 과학구조가 재조합으로 진행될 것이 구체화되어 실용화로 나타났다.

그러나 결혼과학으로 갈아타려면, 구태적 질서는 객관적 사실에 관해 용납받을 수가 없다. 그것은 보통사람들의 성공적 꿈과 행복의 공감대를 형성해 작은 움직임이 큰 변화가 있어야 하고, 자기 비전으로 적극적 가치혁신을 이룰 수 있는 알고리즘을 적용해 보편적 한계를 초월 결혼예비자들에게 감동을 주고 삶을 관조하기 때문이다. 또 미래 희망을 일깨우는 혁신적 도전 정신 열정과 배경에서 결혼과학정보교육의 아이콘이며 결혼문화의 시대적 변혁기 지금과 같은 전반적 결혼 침체와 대체불능단계에서 벗어날 것을 집중 조명했다.

결혼과학은 결혼문맹을 헝그리정신으로 깨우치고 성공으로 끝까지 책임지고 이끌어갈 것이다. 그동안 결혼문제에 관해서는 누구도 그 어떤 혁신도 하지 않았다. 이런 상황의 결혼질서에서 한번도 경험해보지 못한 길에서 결혼과학이 대세로 게임체인저 등장이다

예로 결혼과학은 부부의 이해충돌 해소작용구조로 부부공생은 입을 다물지 못하게 할 정도로 멋진 사회발전에 기여와 공익적 가치를 선보이게 될 것이다. 더불어 결혼 4원칙과 비대칭 해소기술로 누구도 흉내 낼 수 없는 독창적 기술과 가치창출로 이 시대의 리드로서 신의 한 수로까지 호칭이 붙었다. 정이 그동안 역사가 증명했듯이 현존결혼질서에서 사실적 위험경고 메시지를 계속 보냈지만, 응답이 없는 깜깜이 상황에서 결혼과학이 탄생하였다. 이러한 탐구는 그동안의 알게 모르게 미숙한 정신적 심리적

물질적 손실은 측량할 수가 없을 정도의 재앙 수준이다. 그러나 그 본질의 자체도 까마득하게 모르고 지금까지 모름 새로 와 침묵으로 왔으나, 앞으로 결혼과학의 전략안은 구체성과 실효성에서 나타날 것이며 변화를 빠르게 인식하고 실제로 대중이 공감하는 실행력이 진짜 내공이 들어 날 실력일 것이다.

미래 Wedding의 관점 바꾸기에서 시선의 중심요소는 결혼 4원칙과 부부공생의 공통분모로 집중시켰다. 그것이 실용주의로 우리가 지향하는 방향이며 커리큘럼 표준이다. 대중적 공감 능력과 창조적 상상력을 가진 사람이 인공지능의 주인이 될 수도 있기 때문이기도 하다.

익히 세계결혼 전문가들은 한국에서 일어나고 있는 결혼과학이 대세 전략문제연구소에서 무슨 일이 벌어지고 있나에 대해 기고한 바 있다. 결혼예비자들의 Leeds를 해결하고 가장 젊은 층의 욕구를 충족시킬 총체적 압축은 수학적(경제성) 계산과 결혼절차와 비용에서 가성비를 이길 수 있는 방법은 작은 결혼이며 편리성과 신뢰와 우호적 Wedding System의 책임을 끝까지 잊지 않을 것이라는데 충격적 감동이라 호평하였다.

딱히 이러한 기반 위에서 Global Wedding Cultural의 시계를 재설정으로 기획하였다. 결혼예비자(Marriage Preparator)들 부부공유 채널에서 개별적 맞춤형과 특별한 결혼 4원칙은 수평적으로 동질개념, 주체개념과 정체성까지 호환작용의 구조이며, 부부공생은 여러 분야별 형평성 밸런스가 합리적이며, 이해와 감정소통이 장애없이 원활해야 한다는 규칙이 있다. 즉 부부 일치의 완벽한 조합은 결혼 4원칙에 기초한다. 다만 예비자가 소유하고 있는 지식과 상식의 소유가치와 현실적 삶의 공간에서 소통 불능이라면 불행의 시초가 될 수도 있기 때문이다.

예컨대 매칭은 감정과 느낌사이 오는 감정의 과정은 자기중심적이며, 이기심과 합리적인 계산 틀에서 미래를 점치겠지만, 부부본능의 성인지 감수성은 자기심리적 확장(Self Expansion) 욕구를 합리적 이해와 생물학 신체적 반응을 본연으로 당연시 생각하게 된다. 그러나 결혼의 완성도는 숨겨진 성인지감수성 적응측정과 가치관은 민감한 감정측도를 예감할 수 있는 심리모형까지 정리되었어도 결정적 비판은 어렵다. 미래는 인간유전자 신공학 응용기술도 포함될 것이며, 기초신소재로 차세대를 위한 카테고리와 포트폴리오 공법을 강화하게 될 것이다.

이러한 상황은 민감한 반응과 심리적 쏠림현상(Pulling Phenomenon) 그리고 생물학적 체질 구조와 윤리적 욕구 수위가 높아지고, DNA 활동능력 배경의 정도와 만족감까지 들여다봐야 하기에 매우 까다로운 부분이지만 예비자들이 간절히 원하기 때문에 강한 의지로 더욱 엄중하게 표준형 규칙에서 연구진은 AI 적용, ING로 전반부까지 왔고 후반부는 다소 시간이 더 필요하다는 의견이다.

비대칭 해소구조와 상호동의에 반하는 이중적 잣대는 예비자들의 생각과 미래의 가치사슬을 확장하며, 방향성을 제시해줄 결혼과학의 생태계 기반에서 실행으로 최종적 결혼과학 표준교과서 완전 검정된 '행복한 척도(Happy Scale)'는 그동안 갇혀있던 고정관념의 정체에서 벗어나 부부관계에서 일어나는 일상적인 충돌의 비대칭 해소프로세스로서 관계회복(Relationship Recovery) 조정능력까지 인생 전반적 철학을 담고 있다는데 큰 변화의 영감을 안겨주었다. 또 '행복한 척도 제품은 사람들에게 없어서는 안 될 필수품이라며, 결혼예비자들과 일반 부부에게도 특별한 신의 선물이며 영구 소장품이라 칭했다.

일예로 부부공생 케미스리(Chemistry, 성격이 잘 맞는) 상호작용(Strong Interaction)'과 일관성 유지 및 심리적 일체형 실행과 호환이며 특히 매칭의 결정적 부분에서는 예비자 쌍방 심리정보 기술적 의미의 이해성과 내용분석은 예비자들의 소소한 생각까지 읽어내는 결혼의 완성도로서 결국 숨겨진 성인지 감수성 측정으로 자존심과 신뢰성 평생 지속성과 인간미와 윤리성까지 상호융통성 만족 정도 평가가 매칭의 결과물이 될 것이다.

또한 초 개인화 사회적 환경에서 이성 구조의 상대적 대응 적합성 논의와 최종판단의 비중은 부부의 총체적 결합능력 평가로 결정한다. 일반적 사고에서 바라본 것이 아니라 과학적 인문학적 응용으로 분석과 적용 구성 동작들(Component Action) 결합 정도의 연속으로 이루어져 있다. 연장선에서 본 결혼과학의 비전은 무한 창의성이며, 돈에 치일 일이 없는 삶의 지식과 정보 확장까지 포함하고 있다.

그러나 부부간의 첨예화 할 수 있는 불편함과 갈등 구조도 사전예측과 준비로 치유 가능한 프로세스의 신개념으로 고객의 가치사슬(Customer Value Chain)'이 바뀔 수 있다는 것은 두려움에서 벗어나는 최고의 도구다. 이렇게 자사는 머지않아 결혼과학의 원격탐색조정 및 인공지능 분석 기술의 확보로 삶의 질과 미래의 진로까지 알고리즘으로 예측 가능한 결혼문화의 차원 높은 수준으로 시대가 원하는 희망을 만들어가고 있다.

딱히 나아가 인류 미래의 꿈 결혼의 본질을 과학으로 완성도를 높이며, 또한 결혼과학 로드맵의 원년을 의미한다. 지금이라도 결혼의 선택적 경계에서 세상 읽는 개념부터 바꾼다면 꿈은 간절히 원하는 자만이 이루어진다는 확신이 설정되는 특권을 누릴 수 있다.

고로 결혼은 종합예술이므로 다양한 것을 논의하고 또한 요구받기도 한다. 이러한 발상은 부부공생과 공통분모와 공감소통 환경에서 결국 Deep Learning Education의 치유도구로 자유로움과 항구적 행복감으로 어떠한 조건이나 소통에서 장애는 없어야 한다는 기본 근간은 결국, 구속력이나 통제 없는 성공과 행복 만족도로서 본질적 성격이 묻어나기 때문이다. 이 또한 결혼과학 기본에 충실한다면, 성공과 행복은 앞으로 쭈욱~ 계속될 것이다.

'뉴노멀(New Normal)' 시대 동력의 축

1. 결혼 빅데이터(Marriage BIG DATA)
2. 결혼 인공지능(Marriage Artificial Intelligence)
3. 결혼 플랫폼(Marriage Platform)

'뉴노멀(New Normal)'의 급변하는 세계 속에서 결혼질서는 어디로 가야 하나? 또 다른 시대로 접어들면서 결혼과학은 유래없는 엄청난 혁신적 변혁기의 길라잡이로서 세상을 바꿀 새로운 혁신을 바라보며, 결혼과학의 창의력은 미래지향적 유일한 치료적 도구로서 사회적 새로운 성장동력을 만들기 위해 다가오는 거대한 변화에 선제적 대비의 치유수단(Healing Means)으로 미래의 희망 가능성을 구체적으로 기획하였다.

웹개발부터 빅데이터, 딥러닝, 블록체인까지 IT개발 전 영역의 최고전문가들로 구성된 자사의 전략문제연구소팀과 네트워크를 기반으로, R&D 사업리딩과 개발프로젝트 수행을 통해 'I LOVE 결혼과학사관학교'만의 독보적인 아이디어와 공유 미래 결혼 로드맵을 제시, 결혼예비자들의 욕구 해소 치유도구적 자료의 데이터를 활용하여 인공지능, 딥러닝, 알고리즘으로 접근하여 미래를 예측하는 프로그램으로서 결혼과학 문의(Inquiry)와 토론 공간의 문은 항상 열린 상태이다.

본래 세계적 결혼 전문 유명과학자들의 연구대상은 AI로 풀어낸 결혼방정식과 역사적으로 내려오고 있는 결혼풍습의 실체를 답사와 탐구로 역사적 몸에 묻은 일반화된 예절까지 결혼문화의 유구한 자료를 통해 분석한 정보를 기초로 한 미래형 플랫폼. 또한, 예비자들이 원하는 최종적 미래목표를 소환해 소위 '워라밸 구조'는 부부공생 삶의 수평적 균형을 이루는 정형화된 미래형 첨단수준의 규칙이다.

특별히 혁신적 기술로 미래형 결혼과학 교육적 소프트웨어와 하드웨어 공법에서 '비대칭 구조(Asymmetric Structure, 非對稱構造)' 해소기술(Annulment Technology), 상호동의 일치형은 결혼 4원칙 구조의 최종적 완전 검정된 결과물이며, 시너지효과는 생각 위의 생각으로 공정성과 자율성 객관성을 확보하기 위해 외부 전문가들의 의견을 들어보고 조언의 발언도 참고하겠다는 의향이 확장배경에 깔려있다.

원래 자신의 In & Out은 기술과 지식확장을 통해 결혼예비자 스스로 피팅 작업을 선택할 수 있는 상세구조이다. 생각과 지각이 풍부하고, 부부 관련 다양한 결혼문제에 깊은 관심과 함께 경험은 했을 것이고, 또한 예비자들의 머릿속을 들여다보고 생각 범위와 현실을 고찰하며, 결혼과학기술 지식 인프라의 효과적인 실행을 위한 기능적 통합교육 및 서비스구축 시스템은 원격제어 조정장치로 문제해결의 치유프로세스의 실현이다. 이러한 결혼과학의 전반적 효율성 검증으로 이미지 경계를 훨씬 넘어섰다. 광범위한 검증으로 정황 증거 수집과 평가감정단 결과는 최상이며, 이 이상은 없다(Limited)고 확정 발표했다.

결혼 사이언스 STEP 기초

'미래, 결혼과학' 어떻게 연구 개발되었나?

'I LOVE 결혼과학사관학교' 차세대 결혼과학플랫폼으로 변신하기 위해 인공지능(AI), 빅데이터 등 최신 정보기술(IT)을 도입하는 등 파격적인 신기술과 차세대 기초소재개발 혁신을 시도하고 있다. 결혼과학을 하나로 압축하면, 예비자들의 다양하고 방대한 심리모형의 자료와 기타기존 결혼질서 규칙을 포맷하여, 빅데이터에서 기본자료의 호환으로 인공지능에서 신융합응용 창의기술로 분석 후 여러 카테고리를 거처 선별한 구조적 규칙을 체계있게 정리된 표본이다. 여기에 전문가들의 내용적 사실 능력이 Plus되어야 실용화가치로 인정받고, 최종 심사판정이 성립되어야 했다. 결혼과학 요체는 사회적 부흥에 둔 기반으로 미래, 결혼과학은 이렇게 복잡한 시스템으로 개발되고 있다.

예컨대 언젠가는 '미래, 결혼과학'은 운영수익을 국가로부터 보장받는 디벨로퍼*사업이 되어, 국민 보편적 교육 참여로 많은 분야 긍정의 영향이 가능한 시스템의 창의성에 무게를 두고 있다. 또 다양한 영향권에서 젊은 이들의 꿈을 좇아가는 결혼과학의 키워드는 상호형평성 조화와 매칭의 과학적 시스템 체계가 주요인이다. 결혼과학교육으로 새로운 인생샷 어떠세요? 결혼과학 1세대 첨단기술 등 가용한 인문학과 결혼 철학을 동원해 결혼과학의 선두를 지키겠다는 의지의 표현이다.

　* 디벨로퍼, Developer : 개발조성업자의 기획이 주요인

　천재적 감각을 갖고 태어난 결혼과학에 기대어 애초부터 지식과 고급정보로 내공을 쌓은 채널로 접근을 요구했다. 앞서 기존 프로그램을 훨씬 뛰어넘어 과학적 논리로 정확성과 확률 평가 검증 확보다. 그리고 결혼의 역사와 문화적 배경에서 대규모로 저장된 빅데이터 자료에서 체계적이며 통계적 규칙을 탐색으로 포맷된 패턴을 찾아내는 데이터 마이닝 기술과 예측 프로그램에서 비정형(Atypical)데이터(문자 등 숫자가 아닌 데이터)에 분석기술을 제공하는 텍스트 마이닝(Text Mining)을 통해 내용의 성격 미래 분석표까지 기술적 내공이 쌓이면서 투명하고 공개형식으로 정확성과 효과를 입증하며 실지로 호환성을 보여줄 수 있는 진행 구조로 채택하여 미래, 결혼과학은 결혼과학의 혁신로드맵을 가속화하고 있다.

　세계적 기업 IBM에서 개발되어 빅데이터와 AI, IT로 소비자 개개인의 특성에 맞는 마케팅 전략 왓슨(Watson)은 인간의 생각을 읽고 언어를 이해하며 판단하는데 최적화된 암 진단키트와 같은 최초의료장비 첨단기술로 태어났다. 또는 나사의 우주공학 연구개발 및 미래 융합응용과학의 광범위한 원천기술프로그램 데이터저장 및 원격제어 기술지원 시스템이 있다.

　또는 법조계에서는 과거의 판례를 분석하여, 승소확률을 계산해주는 리걸테크(legal+tech)라고 하는 법률서비스 또는 집으로 진단키트를 배송받아 소변 등을 담아 보내면 원격으로 건강검진 결과를 진단해 알려주는 체킷 또는 Market 손님이 직접 바코드를 찍을 필요 없이 물건을 들고 나가는 순간 결제가 되는 무인매장(Unmanned Store)기술 기업 '트라이큐빅스(Tricubix) 등이 빅데이터와 인공지능의 IT응용기술의 대표적 기업이다.

딥러닝에 관한 연구가 점점 활발해지고 결혼과학적용 범위와 사례가 늘어나고 있다. 동시에 프로그래머들 사이에서 Tensor Flow라는 Tool을 사용하는 흐름이 나타나기 시작했으며 Tensor Flow의 인기를 입증하듯 거대기업들은 인공지능과 관련된 업무를 수행함에 너도나도 Tensor Flow를 채택하고 있다. Nvidia, Twitter, Snapchat, Uber 등과 같은 유명 회사들이 그들의 주요 연구 및 인공지능 분야 실무에 Tensor Flow를 사용하고 있다는 사실이 그 의견을 뒷받침한다. 자사도 여기에 편성해 그래픽 카드의 움직임을 보고 영감을 받아 기획했다.

익히 인간의 미래예상 가치사슬과 숨은 심리모형파악까지 열외 생각지 못한 아이디어는 5G의 상용화로 다양한 기능을 구체적으로 속도감과 융합적으로 호환되어 응용할 수 있어 그동안 한 번도 경험 못해본 새로운 혁신적 결혼과학이 사회·문화적 일상생활 분위기까지 변화와 경제적 배경 핵심의 중심축에 동시 진출했다는 의미이다. 또 성숙한 사회적 합의로 기능성 평가와 검증까지 받아야 했다. 이제 우리는 이러한 결혼과학의 버전은 새로운 삶의 개념을 바꿔 미래를 과학적 지식과 고급정보와 마주하며 살아야할 피할 수 없는 현실과 직면하게 되었다.

딱히 지금 세계는 4차산업혁명 후 결혼과학은 빅데이터와 AI 기술적 문턱을 넘고 생각 위의 고급정보전쟁으로 치닫고 있으며 빅데이터와 AI머신러닝(Machine Running), 딥러닝(Deep Running)이라는 단어가 낯설지 않은 시대를 맞이하게 되었다. 그렇게 결혼산업 전반에 걸쳐 대대적인 변화가 시작되었다는 신호이며, 선진결혼으로 삶과 행복까지 우리의 일상에도 AI와 5G를 활용한 실속있는 기술과 여타 많은 분야에서 새로운 '혁신과학 신드롬'이 등장할 것으로 전망하고 있다.(예: 미래 기대치는 절대 이혼불가 원칙과 미래의 융합응용기술 결혼으로 인구증산구조 생태계 원천기술 창조에서 끝판예고가 등장할 기미를 보이고 있다.)

상기와 같은 이유로 결혼예비자들이 원하는 부부공생은 상생협력과 일치성이 호환되고 공통분모에 극히 협조적이면 이상형으로 인식하고 있다. 과학은 여기에 중심을 들여다보고 답을 찾은 것이다. 기본적으로 상호 우호적 관계가 부부공생의 본질이며, 현재를 넘어 미래를 향해 합리적 비전과 영구적 부부관계유지에 문제 소지가 없다고 판단되었기 때문이다.

• 세상을 바꿀 양자기술(결혼과학)은 향후 산업 경쟁력을 좌우할 수 있는 차세대 기술로 꼽힌다. 양자컴퓨터 하드웨어는 인간의 마지막 꿈인 양자역학의 원리를 응용한 양자컴퓨터가 등장한다면 양자 알고리즘으로 또 다른 세상으로 변화할 것은 확실시되며, 이를 주시하고 대비해야만 세상을 지배할 수 있고 미래도 보장받을 수 있을 것이다.

따라서 양자컴퓨터는 양자역학의 중첩현상(Superposition)과 얽힘 현상(Entanglement)을 활용해, 나노공법 극대화로 현실과 접목 사실화시킨 도구적 장치로서 엄청난 기술과 개혁의 수단으로 예상된다. 과연 이러한 기적이 가능할까? 일부 최고선진국에서 밤낮없이 치열하게 물밑에서 경쟁적으로 움직이고 있으며, 인간의 한계는 실험 대상에 놓여 ING이다. 한국도 소리없이 물밑작업을 하고 있다.

이어 인공지능(AI), 딥러닝기술 개발로 2019. 7. 12자 뉴욕 증권거래소에 실지로 투자 부분에 적용된 시스템장치작동이 한국인의 우수한 두뇌에 큰 찬사와 미래발전에 엄청난 혁신적 변화의 신호탄을 예고했으며 미래 기대주로 등장했다. 이후 우리의 화두는 AI와 그 AI가 사람의 지능을 뛰어넘는 '싱귤래리티'를 예상한다면, 결국 행복추구는 과학적 정보와 지식에서 자율 선택권이 결정적 계기로 빅플랜이 가시화되어가고 신개념 융합기술에 주목하고 있다.

진화하는 확장 현실(Extended Reality-ER), 혼합현실(Mixed Reality -MR), 증강현실(AR) 가상현실(VR), 전문가들은 몇 년 안에 ARS와 같은 부분은 인공지능을 자연스럽게 받아들일 날이 가까이 왔다고 예상했다. 지금과 같은 흐름에서 스타트업 기업들도 저마다 기술을 앞세워 인공지능 활용을 엿보고 문제 해결을 위해 협의하고 있다. 어쨌든 그 미래는 우리 곁에 올 것이다. 그러나 더 진도를 낸다면, AI는 학습하는 능력만 있을 뿐 생각하는 능력은 없다. 미래 이상적 부부공생 일치점으로 볼 때 결혼과학의 혁신은 창조적 지식과 고급정보는 생각하는 기반 위에서 생성과 응용기술로 글로벌 '미래, 결혼과학'은 탄생 되었다.

이런 환경에서 결혼 빅데이터 분석기술과 알고리즘을 결합해 맞춤형 정보를 제공하는 머신러닝을 통해 축적된 기술을 결혼 정보교육 프로그램에만 집중 적용 개발하였다. 그러나 세상에 새로운 제품이 나올 때 그 제품이 객관적으로 좋은지 나쁜지에 대해 정확히 판단하기는 곤란해도 과학적인 체험을 반면교사로 삼을 필요는 없다.

'스타트업 챌린지(Startup challenge)'와 Marriage Science Campus 사업화 및 멘토링 지원에서 결혼예비자들의 이해와 관심이 결혼 시장에서 가치평가 검증도 받아야 했다. 그러나 자사는 현재 결혼과학시장 점유율은 100% 완전 독점이며, 상대는 세상 어디에도 존재치 않는다. 그러나 세상을 바꿀 새로운 과학적 혁신기술이 가야 할 길은 아직 멀었다.

여기 제시된 프로그램이 결혼시장에 어떤 평가를 받을 것인가에 대한 검증은 꼭 필요한 단계였다. 이론적으로 구성했던 제품이 실제 사용을 교육적으로 적용해보는 것이 가장 큰 과제였으며, 현실적으로 결혼예비자들이 요구하는 다양한 형태의 서비스를 제공할 수 있느냐는 질문도 있었으며, '결혼은 우아한 함정이다.'라는 말도 나왔고 결혼의 피로감을 어떻게 축소하느냐와 실제 인간이 제일 싫어하는 것은 미래에 대한 불안감이다. 그 불안을 어떤 프로세스로 비대칭 해소냐? 등 기술적 문제 제기가 핵심으로 등장했었다.

이러한 문제 등장으로 시스템의 성패는 기술의 격차가 아니라 고객의 입맛에 따라 의사 결정되어야 한다는 목소리도 크게 나왔다. 이런 논리는 기술혁신을 통한 창의적 성과가 좌우를 결정한다는 기존 이론과 정면으로 배치된다. 고객이 중시한 최고 가치는 안전과 불안감 해소보장이라고 말했는데 질문자의 생각이나 시스템의 기능에 대한 신뢰가 의심받을 기미는 없어야 한다. 반면 충분한 이해와 설명에서 일회용이 아닌 지속가능성 조건이 충족되어야 한다.

다만 소수 예비자들은 미래는 결혼을 선택이라고 부정하는 추세로 가고 있다고 또한 결혼질서에 과부하가 걸릴 수 있다는 우려와 이러한 비즈니스가 되겠느냐? 라는 반론도 나왔다. 그리고 결혼에 관심은 자신들이 해결할 정보 부족 현상에서 빚어진 불안감과 소극적인 미래 성공기대치(Expected Success)와 불편한 주위, 환경 등이 심리적 위축과 복합적으로 부정적인 시각을 배출시키고 있기에 스스로 인지해야 할 경계에서 자각적으로 깨우칠 기회를 스스로 인지하고 판단해야 했다.

만일 이것마저 압축해서 일괄적으로 거부한다면, 롤러코스터 타고 평생을 혼자 후회로 곱씹으며 살든가 아니면 아슬아슬한 외줄타기와 같은 상황(Circumstance)을 자초하게 될 경우가 생길 것이다. 이것 또한 나중에서야 자살골로 인정하며 후회 할 일이다.

예컨대 이러한 질문과 응답은 초저출산과 인구증산의 다양한 분야와 복합적 내용으로 연결되어 있다. 바꾸어 결혼을 안 하겠다는 회피 자세는 정서적 자질이 심각한 판단 착오라고 본다. 또 발상의 원인은 개인적 능력의 한계에서 철저한 초개인주의며, 이기적인 계산에서 자신의 미래 결혼 성공과 생활환경을 과소평가의 원인이다. 어떤 이유로 결혼을 미룬다면 자신의 미래, 희망을 접고 결혼 배경의 축소는 보편적 차원에 위배되며, 결혼을 부정하는 의문에 이유는 달지 않는다. 그러나 지나친 구태적 사고는 삶을 어렵게도 한다.

또는 과거의 트라우마에 묶여 꼼짝달싹 못하는 부정적 발상이 자신의 미래를 배신하며 사회적 균형과 평등성까지 가정의 행복을 거부하는 편견은 위험함이 분명하다. 그리고 합리적이지 못한 모순적 사고의 현실은 부정적 판단이지만, 개념 바꾸기로 세상을 크게 보면서 충격요법 또는 심리 회복 탄력에 힘 빌려 스스로 깨우치기 바랄 뿐이다. 어떤 대안이 없으며 남이 대신할 수 없는 항목이다.

위와 같은 발상은 인공지능 관련 결혼과학기술 정보 인프라 바탕에서 결혼 스펙이 없어도 정보만 정확하게 활용한다면 여기서 제시한 프로그램을 인용한다면, 미래형 새로운 창을 열고 마음의 회복 탄력성에서 심리적 환기로 재탄생될 수 있다는 희망적 가능성은 열려있다. 지금 자사에서는 절대 이혼없는 관계매칭성립 프로세스개발에 열을 올리고 있다. 고차원 유전자 상대성 원리에 대입 AI에서 현재진행형이다. 꿈은 간절히 원하는 자에게만 이루어질 것이다.

'미래, 결혼과학'이 제공하는 도메인 전문 영역별로 특화된 인공지능의 배경은 기술만의 문제뿐만 아니며, '미니멀리즘*' 해야 하고 아무리 똑똑해도 사회적 주목도가 낮으면 사용 불가능하기에 현실적 결혼지식과 정보에서 트렌드 파악은 기본이며, 더 나아가 세상을 바꿀 수 있는 힘은 지식 요체뿐이다.

  * 미니멀리즘, Minimalism : 단순함을 추구하는 방식

텍스트에 대해서는 결혼의 비대칭 사실을 분류하고 분석할 수 있는 자체엔

진을 개발하여, 주문자의 의도를 정확히 판독할 수 있는 시스템구축은 필수
며 또한 예상보다 훨씬 감동적인 과학적 진수이며, 해시함수(SHA, Secure
Hash Algorithm)*로 부부공생 정신의 본질인 일치성까지 확보했다.

  * 해시함수, Secure Hash Algorithm(SHA) : 하나의 주어진 출력에 대하여 이 출력을
    사상시키는 하나의 입력을 찾는 것이 계산식으로 불가능하고 하나의 주어진 입력에 대하
    여 같은 출력으로 사상시키는 또 다른 마인드

이는 프로그램을 융합적 응용과 시스템적 호환으로 고급정보와 지식으
로 조합된 미래 결혼문화로 우리가 가야 할 차세대결혼질서 터닝포인트에
서 큰 강점을 독점하고 있는 '미래, 결혼과학'에서 텍스트가 들어가는 결혼
예비자들의 프로필에서 성공 가능성을 들여다보고 분석하며, 정확도와 검
증시스템표준 모드를 채택할 예정이다.

또 정교하게 축적된 기술력과 네트워크의 기반으로 호환(Compatibility)
되어 결혼예비자의 이상형 기대에 큰 도움이 될 심리모형 치유 역할 구조까
지 설계 완료된 컨설팅은 결혼과학의 유토피아이다.

이제는 Wedding으로 다양한 라이프스타일을 아우를 수 있는 삶의 전체
를 조망하며 즐거움을 채울 수 있는지 이에 어떤 치유도구를 소유하고 있
는지 관심이 높아졌다. Wedding Luxury Party 수준의 New Mind를 준
비해야 할 시대가 도래했다.

그리고 인공지능에서 플랫폼을 인용한 리팩트를 통해 편리함과 경제적
가성비, 작은 결혼 정보교육을 통해 새로운 '워라밸'로 자신의 내면을 들여
다보고 대비한 부부공생 연대로 더 큰 미래의 꿈을 펼칠 구조로 컨설팅하
였다. 또 제시된 교육에 수료하는 순간부터 삶의 질은 역동적이며, 미래의
청신호까지 설정되어 행복지수 상승효과는 그동안 쌓은 내공에서 뚜렷이
나타날 것이며, 세상 읽는 개념 바꾸어 운명은 여기 제시된 '빅플랜'과 함
께 새로운 삶이 시작될 것이다. 그리고 결혼과학교육 수강자와 비수강자의
부부관계는 확연히 갈라치기 될 것이다.

메타버스가 본 결혼 사이언스 최신 트렌드

'미래, 결혼과학'은 궁극적 Needs의 해결로 성공과 행복지름길 로드맵

2021년에서 바라보는 2050년 100년 후 우리 사회는 어떤 모습일까? 또 다른 미래의 꿈을 생생하게 꾸게 될 것이며, 결국 결혼과학의 기술작용 원리의 발상이 원천이 될 것이다. 고로 비례해서 관례적 예절의 주목도는 낮아지고 이젠 결혼과학의 진보적 전성시대로 접어들었다. 2021년 코로나-19 팬데믹 이후 사회적 변화와 결혼과학에서 2050년대 또는 100년 후를 예측하며 삶과 과학기술은 고급정보와 상식을 초월한 고차원 IT나노응용 기술적 한계를 넘어서고 있다. 결혼과학이 지향하는 생각 위의 고급정보와 과학 배경을 탁자 위에 올려놓고, 고순도 기술 차원에서 연구원들과 토론하면서 인간은 과학 앞에 고개를 숙일 수밖에 없었다.

정이 결혼과학으로 내 인생에 샷을 찍고 터닝포인트로 미래를 책임질 수 있겠다는 긍정의 신호를 감지했을 때, 아직 느껴보지 못한 묘한 감동과 함께 또 다른 희망을 보게 될 것이다. 딱히 중심의 소재는 결국 결혼관의 이상적 심리회복 탄력성이며, 결혼준비에 처한 상황에 대한 주의력(Attention)과 정보를 알아차림(Awareness)의 감각과 마음의 근육을 배양시켜 궁극적으로 명품결혼의 가능성을 찾아가는 길라잡이로서 토론의 주제를 환생시킨다면 결혼의 지배적 영향이 다양한 상상을 만들어 긍정으로 적립하며, 새로운 세상을 품어 급변하는 결혼질서를 통째로 바꿔놓을 수도 있는 배경설정과 새로운 모습으로 재생산하게 될 것이다.

본래는 결혼과학으로 지식과 상식이 재생산구조로 과학적 새로움을 찾고 결혼의 개념을 현대화시키는 시대적 요구다. 아무리 좋은 법과 제도도 사용상 불편함이나 미숙함이 발생하면 그 깊은 의미는 퇴색되며 또한 가치도 떨어지게 마련이다. 기존 결혼질서가 그런 뜻으로 비친다. 물론 시대적 결혼과학이 탄생하므로 세월이 그렇게 불러들인 원인 제공처로 누구도 거역할 수 없는 일이 된 것으로 이해할 수밖에 없다.

예컨대 젊은이들의 제일 큰 생각은 인생에서 무한한 미래를 어떻게 장식할 것인가에서 결국 결혼일 것이다. 그 중심에 결혼교육은 기본 학습 외에 모태 재능 전문성 개발과 인성 창의력향상까지 포함되어 있다. 한번 교육이 인생을 책임진다면 너무 소중한 기회일 것이며, 삶 전체의 방향을 선정하게 될 중요성이 내장되고 자신을 한번 중간점검 차원에서 머릿속을 들어다보고 검토할 필요가 있다.

이어 결혼예비자들은 누구나 자기만의 배경에서 좋은 관계를 찾고 싶은 미래유치공간이 필요하다. 또한, 자신의 역량이 극대화되고 지능적 판단이 완성되었다고 판단되면 안도감을 느끼며 안주하게 된다. 이러한 소극적 생각은 추락을 두려워하며, 변화를 선택하지 못하고 튀면 안 된다고 생각해 남들과 똑같은 일상을 반복한다면 미래는 사라지고 말 것이다.

또 결혼과학은 인간의 기본권 행복추구 충족에서 오직 미래만 생각하는 위대한 창의 정신의 원천설계 발상에서 나온 실리적 법리 현상이다. 결혼과학의 새로운 공법을 제시하므로 시대적 개념 바꾸어 유일한 미래지향적 역학구조로 많은 예비자에게 희망과 신비로움으로 다가올 수 있었다. 또한 결혼도 힐링으로 정제하여, 다시 만족함과 편리함을 찾는 아름다운 생각은 더 나은 삶을 찾아가는 심리회복 탄력성에서 만나 소통적 생각으로 함께하게 기대한다.

익히 '미래, 결혼과학'이 이토록 아름다운 것은 나의 미래를 책임지고 길라잡이 한다는 것이다. 이제 결혼도 예전과 달리 과학의 힘으로 탐색이 가능해졌기에 사전에 준비만 하면, 미래를 조망할 수 있고 또한 엿볼 수도 있게 되었다. 한편 결혼과학은 환상적으로 비치는 미래를 현실적 치유도구로 지속사용 가능한 시대적 동력 엑셀로 마주하게 될 것이다.

이는 사회환경과 부부관계에서 지배와 통제받지 않는 자유로움과 부부공생의 기능성이 호환되는 알고리즘의 정점을 예측할 수 있다. 그리고 우리가 추구하는 목적도 결혼으로 성공의 경계를 넘어 영원한 행복의 지름길을 찾는 부부공동운명체 종합 프로세스를 사전에 엿보고 생태계 원격조정 체계를 완성해 이 시대의 결혼예비자들이 원하는 핵심 심리적 욕구 파이를 체계적으로 정립하자는 것이다. 더 나아가 전 지구적 어두운 미래 앞에서 결혼과학 편에서 전례 없는 인구증산의 원천기술 생태계로서 감동을 안겨 줄 것이다.

그중 가장 큰 관심사는 결혼예비자 매칭이며, 성인지 감수성 감지는 족집게 선택에서 불규칙적 난이도가 많다. 이 부분에서 상호동의와 이해충돌의 심리적 상호조율로 합의점 찾기란 결국 미래를 향한 삶의 측도를 예상하고 결과를 도출하기 위한 치유수단이다. 이어 하나의 방법으로 최근에는 영원히 불가능하게만 보이던 개발자의 이혼 예방백신(제 C-2015-004984호 2015.03.05.) 한국저작권 창작승인, 가슴 뛰는 설렘과 감동, 같이 나누고 멘토링도 실현하려 한다.

결혼 사이언스 프로젝트 작용

기존방식 고수해선 미래를 예측하기는 불가능

여러 정서적 불안 증세와 심리모형(Psychological Model)을 프로그래밍한 신경망을 탑재한 창의적 기술은 천재작가의 작품을 성실하게 모방 변형하고 있기 때문이다. 다음 단계를 위해서일 것이다. 차세대 기초소재개발의 내면에 충실하게 적용하는 것을 의미한다. 그리고 새로운 변화와 거대한 생각 위대한 결혼 내공을 교육훈련으로 쌓아 소기의 목적을 이루도록 '미래, 결혼과학'이 응원한다.

예컨대 차세대 결혼과학의 강력한 범용으로 불리는 매칭의 DNA결합 일치성 기능 측정 프로그램은 이 시대 최고의 성과로 인정받게 될 것이다. 지금까지 상상 밖의 누구도 눈치조차 없었던 기술이며 Leeds들의 꿈이었다. 머지않아 상용화(Commercialization)가 예정되어 있으며, 이것이 진정한 과학의 힘이다. 결혼과학은 여기까지 왔다.

한마디로 나는 내 인생에 아무런 책임감도 없었다. 내 인생을 망칠 수도 있는 문제를 앞에 두고 치열하게 고민하고 사색하는 대신 여러 곳에서 시간만 죽이며 도피하기에 바빴다. 이러함을 결혼과학으로 깨치고, 회복 탄력성의 힘으로 재탄생되어 너무 감사 인사로 대신한다. 바로 생각의 혁명을 일으킨 것이다.

이어서 결혼 성공을 달성하기 위해서는 결혼과학이라는 수단을 배제할 수 없다는 현실적 판단이 깔린 것으로 인식해야 한다. 결혼과학은 그 시대에 사정에 따라 간헐성 문제도 갖는 상황도 참고해야 한다. 결혼과학의 밀도(Density)에 대한 파이도 수시로 보완이 요구되는 현실적 상황을 고려해야 할 것으로 판단할 일이다.

정의 결혼예비자들의 머릿속을 들여다보면서 계산기를 연방 두들기며 다 쫓아 다녀볼 수 없는 상황에서 지식과 환경적 정서가 다르고 소통과 불통으로 인식의 온도 차가 크고 다양하기에 자기중심에서 이기적 계산과 갈등 해소 또는 미래의 불안감 그리고 심리적 상호동의와 일치점의 문제는 치유적 교육으로 충당할 일이다.

그러나 중요한 것은 자신의 좁은 생각에 묶여 세상을 재단(Foundation)하기보다 정보로 미래를 읽을 수 있는 결혼 Fact부터 체크해야 하며, 자신의 내장되어 있는 신고립주의(Neo-Independence)를 빨리 벗어나고 시대적 개념 바꿔야 미래와 소통할 수 있는 지혜와 상세 Curriculum이 요구된다.

딱히 이상적 결혼을 위해 취미 사이클, 경제 사이클, 지식 사이클, 신용 사이클, 주변 사람들의 생활수준 사이클까지 들여다보며 직관적 상상적 감각적인 인지능력으로 정보와 많은 데이터를 고성능 Super Computer에서 인공지능 중심으로 과학적 시스템으로 연동 창의적인 부부공생의 플랫폼은 자사의 검색엔진 개발로 미래 예측단계까지 인문학적 수학과 과학으로 가능하게 되었다. 일반적으로 풀 수 없었던 어려움의 대목에서 그동안 유지되어온 결혼질서의 인과성은 이제 끝내고 결혼과학으로 새로운 질서 즉 Free Way 역할을 하게 될 것이다.

예로 결혼예비자의 이력, 대인관계 능력, 이상형 이미지와 희망 사항들을 1차 정리 공통분모와 감정소통이 상호 호감에 의한 마음의 쏠림현상은 심리모형 현상을 분석 평생 행복지수와 인생성공 가능성 등 인지능력에서 공감소통(Empathy) 의지 능력 상호동의 협동적, 수평적 인간관계와 재능 전문성 그리고 대중성과의 상호관계(Interrelationship)까지 조합해 문제 해결 응용능력과 적극성으로 미래를 점치며, 주문자가 원하는 평가표 (Score Sheet)에서 최상의 프레임으로 성공 사다리(Success Ladder) 역할이 될 것이다.

이 광범위한 심리모형 파이를 정밀분석 이상형 couple을 찾는 요구사항이 설정되고 적합성과 효율성이 확보되면 2차 DNA 구성요소 분석과 과학적 검증에 적용될 확률 판정(decision)시스템까지 내장되어 있다. 특별한 기본적인 형식이나 규칙에 얽매이지 않고 자신의 능력과 상상력을 동원하여 자유스럽게 창의력을 발휘하며 미래를 열어가야 할 것이다. 그리고 여기 제시된 빅데이터와 인공지능 플랫폼이 완벽하게 기획되었기에, 최종 검증된 교과서형 기본표준프로그램으로 이제 세상에 잉태(Conception)되어 공유할 수 있게 되었다.

자사는 누구도 상상조차 하지 못하는 것을 가능하게 할 자세를 갖추고 있다. 때문에 결혼 빅데이터는 IT 관련 기술과 방대한 자료를 바탕으로 소프트웨어 코딩기법에서 검수 항목까지 충분한 선행사례(Precedent Case)는 없지만 최종적 심사 항목에서는 과학적 근거를 제시할 수 있었다. 이렇게 결혼과학 진로확대를 위한 기반 마련은 국민의 삶의 질과 더 밀접한 관계로 일상생활까지 관여하는 현상이 되었다.

익히 소프트웨어, 하드웨어 응용코딩기술은 이론과 대면 실습에서 예비자 상호 공감소통과 융통성의 호환에 기초한 메뉴얼은 결혼 4원칙과 8과목 다양한 기초자료 구성도를 컴퓨터 시뮬레이션으로 누구도 사생활을 침해하지 않으며 어떤 것보다 똑똑한 검색결과를 제공할 수 있게 배치되어 판단 과 결정을 가급적 신속한 정보를 제공할 '풀필먼트(Fullfillments)서비스' 를 채택하였다.

그리고 Risk를 축소할 치유수단으로 '파괴적 혁신(Disruptive Innovation)'보다는 '점진적 혁신(Incremental Innovation)'구조로 편 성하였다. 이는 미래 결혼문화 토탈프로그램으로 예측과 판단의 효율을 높이는 역할을 할 것이다. 물론 검색결과를 결혼예비자 커뮤니티가 직접 확인하는 Open Source 형식으로 운영할 예정이다.

따라서 결혼알고리즘의 위대한 인간 한계에 도전은 심리회복 탄력성에 힘입어 결혼성사 후 합리적 부부공생과 행복이라는 슬로건에 모두를 바친 다. 따라서 결혼으로 인생은 우연과 운명의 순간조합을 실지 체험할 수 있 으며, 그렇게 미래 삶의 현장을 사전에 예측하고 궁극적으로는 국민 행복 의 부부공생 정신 충족의 꿈은 이루어지고 있다. 이는 결혼의 피로감을 줄 여주고, 새로움을 더한 심리치료 도구로서 결혼과학의 기능을 통해 많은 정보를 확인할 수 있으며, 사용가치 규정에서 검증을 받았기 때문이다.

특히 매칭 패턴에서 또 다른 혁신적 사고의 변화를 이끌어 사람들이 성 공한 결혼으로 네오필리아(Neophilia) 개념에서 새로운 성향으로 신바람 나고 행복감을 즐긴다면, 이것이 결혼의 생태계적 고유본질이다. 또 미래 삶의 무게에서도 여유 있는 삶과 통제받지 않는 부부관계로 자유로운 소통 적 표현을 추구하게 될 것이며, 가슴 설레는 감동적 가치로 자사에서는 사 회적 우등기업 신흥강자로 떠오르도록 견인하고 있다.

'미래, 결혼과학'이 대세로 통합플랫폼 '행복한 척도(Happy Scale)'는 미래 결혼의 방향성을 제시하면서 자신의 능력한계를 인지한 경계에서 매 우 엄격한 계량 작업을 통한 글로벌 시장에서 지식, 수출(도서, 콘텐츠)집중은 창조경제이며, 지식 창의적 문화혁명은 창조사회로 가는 길목이다. 이러한 배경에서 대한민국 우선주의(Korea Priority)가 애국자일 것이다.

익히 세계 결혼역사의 사이클을 읽어내는 핵심 기술적 데이터 검색 엔진과 플랫폼 일체형으로 구성 국경이 없고, 사상과 이념 민족적 순혈주의와 인종을 구분하지 않으며 무한대 경계까지 뛰어넘어 신지식과 고급정보로 불합리한 결혼리스크를 줄이는 치유도구로서 기술검정으로 역사를 써가고 있다. 이렇게 복잡한 심리적 이해관계에서 결혼 전반적 상황에서도 유능한 생각이라면, 결혼 비과학교육상태로 버틸지 의문이다.

그러나 이제 미래 역동적인 결혼탐색 시스템 발상에서 더 많은 것을 기대할 것이다. 결혼예비자 여러분들의 결혼과학교육 수료 후 성공적인 미래 보장장치 설정을 담보하면서 이것은 결혼과학의 본원적 책임을 다해야 하는 기본자세가 제시되었기 때문이다. 또한 전문가들은 결혼과학의 원초는 무아에서 태동 된 창의성이 기적의 산물이라는 표현으로 극찬했다.

글로벌 결혼 사이언스 전문가의 생생한 기술 적용

- 행복한 결혼의 조건은 끝없는 배움(알아야 보인다. I need to see)

세계적 결혼의 역사에서 최근 글로벌 결혼문화와 시대적 배경까지 자료는 방대하게 데이터로 정리되어, 기술적 한계와 기계적 수준과 호환시스템 라인의 부재 이유로 현실화 준비 기간만도 수년 동안 지연되었다. 이제는 내공을 극명하게 표현해 주면서 축적된 지식적 통찰로 미래를 엿볼 수 있는 빅데이터와 AI를 활용할 Super Computer 도입되어, 그동안 연구논문과 구체적으로 다듬어진 창의력은 세상에 없는 근사한 콘텐츠가 되어 대중화와 마주하게 되었다. 즉 축하받고 싶은 심정으로 접근된 일이다.

예로 결혼과학을 비판주의적으로 본다면, 결혼과학의 전체 공정이 너무 합리적이라는 것이 오히려 힘을 얻게 된 것이다. 물론 구시대 질서형태의 비판과 결혼과학적 규칙이 현대판 결혼질서로 이어지면서 변화의 조짐을 보이게 된 원인은 기존 결혼질서에서 반환점을 찍었다는 구조적인 요인은 '미래, 결혼과학'이 존재하기 때문이다.

예컨대 결혼은 자기 의지와는 다른 방향으로 쏠릴 확률이 높게 나타나 있다. 본래 미래 3차원의 결혼과학교육은 지식과 정보 삶의 길라잡이로서 성공과 행복 모두를 학습의 기회로 안내하여 필요한 재원을 지원하며, 가성비적 구조를 맞춤형으로 지원해주는 시스템이다. 본래 미래는 결혼과학 교육 투자에 최우선 원칙으로 삼는다. 알아야 보이므로 수명연장(텔로미어 개선 효과) 인생 3모작까지 염려에 두고 개발과 검증으로 신뢰가 확보되었기 때문이다.

요컨대 맞춤형 결혼으로 성공과 삶의 질, 행복의 길라잡이, 결혼 로드맵 과정을 시뮬레이션으로 직접 경험할 수 있게 난이도를 풀고 이해도를 높였다. 또한 수평적으로 누구나 Wedding 정보교육의 관심과 참여에서 쉽게 접근 가능한 치유 도구로 자율 공감대를 형성 현실적으로 '도그푸딩(Dogfooding)' 시스템을 적용했기 때문이다. 이는 예비자들의 생각을 취합 분석하여 보편적 수준에서 균등한 입지로 누구나 참여 소신 적 욕구를 토론할 수 있는 공간과 공감소통 배경을 담고 있다. 또 결혼지식과 정보 공유방은 항상 열려있어 협의체 정례화와 다양한 채널로 접근 가능한 시스템으로 공유할 수 있는 공간확보까지 마련되어 있다.

딱히 미래를 지향하는 인생의 운영체제 생동감 넘치는 열정에서 차세대 감각까지 뛰어넘어 결혼의 혁신적 창의로 시작된 응용과학의 결과물은 대한민국이 초일류국가로 가는 지름길 로드맵에서 새로운 미래가 요구하는 글로벌환경의 지평을 이끌 성장 엑셀로 너무나 당연하고 조금도 의심할 여지가 없는 보증수표다. R&D 가속화는 현재진행형 수치로도 표시되고 있다. 그러나 매칭 부문의 미완성에는 더욱 집중할 필요가 있어 현재진행형이다.

이렇게 Super Compute와 AI의 발달로 급속히 변화하는 시대조류에 적응하며, 결혼문화의 변화는 결혼과학으로 사회적 변화를 이끌어 진보된 세상을 꿈꾸게 될 것이며, 또 다른 혁신은 작은 결혼(Seed Money)으로 인구증산의 기초적 바탕에서 사회적 지평을 넓히고 초거시적 문제해결에서 누구도 전혀 예상치 못한 기적과 같은 혁신적 결혼 응용과학의 풍부한 깊이로 우리가 한 판단과 결정이 바로 우리 자신의 자부심일 것이다.

단지 '미래, 결혼과학'은 결혼하는 '방법'이 아니라 결혼에 대한 '접근 태도'를 지적해 공감을 얻는 것이다. 우리 사회도 이제 결혼과학적 논리에 대해 솔직히 말하고 결혼과정의 구조적 심리상태까지 읽어야 실수가 없을 것이다. 무슨 파이이든 알아야 보이듯이 결혼질서를 알면 미래의 불안과 불확실성 해소하는 기술공법을 알게 된다. 결혼의 복잡한 코어를 학습으로 쉽게 이해하면, 미래까지 들여다볼 수 있다는 것은 사회적 혁신의 동력이며, 아직 누구나 생각지 못한 결혼과학예비자들과 함께 주목하고 있다.

마지막에서 세계결혼전문가들은 결혼과학 신화를 환상적이라고 호평했다. 이제 세상은 상상을 초월하여 결국 여기까지 왔다는 의미다. 그러나 인간이 바라는 Wedding은 아직 풀어야 할 미지수가 많이 남아있다. 바로 매칭시스템이다. 어떻게 딱 어울리는 짝을 찾느냐가 포인트이며 이혼 0%이다. 과학적 인공지능 계산방법으로는 ING이며 한계가 있다. 만일 양자 컴퓨터가 탄생된다면 이것마저 DNA합성과 분석기술의 융합응용으로 해결

가능성을 풀 수가 있다고 진단하고 있다. 인간의 두뇌가 융합응용까지 할 수 있는 마지막 한계며 도전의 대상이다.

결혼과학은 내 인생을 책임질 수 있는 긍정 느낌을 받고 감동적 이여야 하며 새로운 희망이 보여야 한다. 물론 상용화를 통해 결혼의 진실을 해부하는 과학적 정보, 지식교육은 기대 이상으로 결혼과 인생이 성공하고 예비자들이 춤출 수 있도록 그리고 간절히 원한다면 꿈은 꿈꾸는 자에게만 이루어질 수 있도록 최선으로 끝까지 지원하는 시스템이다. '미래, 결혼과학'은 없어서는 안 될 '필수존재(Indispensible)'라고 밝혔다고 한다.

예컨대 부부의 감성까지 더한 결혼 성공 로드맵도 결국 교육의 힘에서 나온다. 기획자는 지금까지 결혼예비자들에게 결혼과학의 스킬과 커뮤니케이션 비전을 지도했던 전문가이기도 하다. 교육도 전문성으로 선택권확보가 보장되고, 계획적 체계적으로 모두 인용 결혼주력과정의 요소요소마다 최대한 완결성을 높이기 위해 몰입하였다. 만일 이 제도가 실행된다면 엄청난 사회적 가치와 정통성과 문화자산이 되는 것은 의심할 여지가 없이 분명하다.

'미래, 결혼과학' 질서에서 경쟁적 환경은 여러 곳곳에서 기술적 충돌이 예상된다. 결코, 따라올 수 없는 '초격차' 기술을 벌리기 위해 무한한 고통과 투자 및 몰입으로 창의적 발상을 찾아내야 이길 수 있다. 아니면 이등은 극치며 죽음이다.

바꾸어, 이제 누구도 결혼과학에 따라올 수 없는 차별화와 비교 대상이 정도의 수준으로 앞서고 있어 결혼예비자들은 마치 자신의 미래를 책임지고 인생까지 행복으로 길라잡이 느낌은 가히 감동적이다. 이제 결혼과학은 선택이 아니라 의무며 강제돌입이다. 또 정상을 지키는 일만 남았다. 유유히 내려오는 결혼역사를 바꾼다는 것은 세상을 바꾼다는 것이며 그만큼 어렵다는 것이다. 그래서 이렇게 복잡하고 설명도 길어지고 난이도도 많은 것이다.

• '미래, 결혼과학'은 규칙을 지키면서 세상의 예비자들과 협력해 미래를 열어갈 것이다. 그러나 결혼질서에 대해서는 아직 모르는 것이 많으며 물론 조금이라도 앞선 기술을 가진 업체가 시장 점유율과 이익을 독식하는 구조로 형성되어 있어 능력으로 평가될 것이다.

결혼예비자들은 비상계획(Contingency Plan)을 마련해야 한다고 조언.

결혼과학제안서(結婚情報提案書, Wedding Science Proposals)

PBL(Project Based Learning)은 프로젝트 기반으로, 실제 현실에서 겪을 수 있는 문제를 학습자 스스로 해결해나가는 지혜를 교육하는 시스템.

• 'I LOVE 결혼과학사관학교'의 운영구조는 라이브커머스(Live Commerce)로 정리하였다. 예컨대 결혼예비자는 리뷰를 찾아보고, 프로그램을 이해하고 필터링하는 최신 영업시스템이다. 결혼 시장에 게임체인저로 등장과 연구개발자에게도 도전의 기회다.

Wedding science headline summarize

**'미래, 결혼과학'은 행복 바이러스(Happy Virus) 제작소며,
결혼혁명의 주체**

"아는 만큼 보인다.(I see as much as I know)

• 결혼예비자들에게 목적을 제시하고 그들이 최고를 꿈꿀 수 있게 미래를 담보하는 결혼과학,

지금까지 인류 역사에서 결혼과 부부 관련 알고리즘은 상상에만 맡겼고 부부 심리상태 깊숙이 숨겨진 소소한 감정까지 읽은 내는 솔직한 표현은 자유지만, 어떤 이유였던지 지금까지 없었다. 애초부터 아무도 혁신하지 않았다. 글로 표현은 더더욱 어렵게 보였을 것이다. 이러니 구태 사상적 공상에 잠겨 그대로 현상유지 되어 지금까지 생각에 묻힌 역사 그대로 내려오고 있다.

본래 결혼과학 생태계는 매우 똑똑하고 민감성과 공감 능력이 뛰어난 일치성 부부공생 원천적 구조라며 미래의 더 높은 가치와 잠재적 역할까지 새롭게 정의로 자평은 보편적 가치와 특수성을 두루 갖춘 이상적 체계의 기획이라 설명했다.

본래 결혼은 지식적 또는 구체적으로 정리된 것도 없었지만 모른다면 불소통으로 처절한 아픔의 삶일 것이며, 미래는 안봐도 뻔히 보일 정도다. 너무 솔직한 표현인가. 죽기 전에 꼭 알아야 할 정보 중에 부부관계 대해서만 관대한 생각들인지 아니면 곤란해 피하는 편인지 묻고 싶다. 바로 결혼풍습과 제도세습(Institutional Inheritance)에 묶여 몸에 묻어있는 현재 생각 그대로 지금까지 내려오고 있는 현상으로 이해할 수밖에 없으며 다들 알고 있는 결혼의 속성(Marriage Attributes) 그대로다.

딱히 결혼을 과학으로 바꾼다는 것은 누구도 예상하지 못한 사건이며 정신적 심리적 세상을 거꾸로 돌려세우는 반란이며, 한편 개혁이다. 세월의 변화 속에서 Big Data와 Ai의 기계발달과 창의적 힘으로 결혼의 개념이 무에서 유로 창출된 것이 바로 신비로운 미래, 결혼과학이 대세는 생존기술이며 결혼 4원칙과 공통분모의 생태계 조성에 기반을 둔다.

요컨대 결혼 기피 현상과 이혼이 다발적으로 발생 되는 불일치 부정성(Mismatch Negativity) 신호를 감지했기 때문에 어떤 식으로든 치료작용했을 것이란 관측이 제기된다. 만일 젊은이들이 경제적 이유로 결혼을 회피하면서 화장실에서 밥 먹을 수 있다는 위기감까지 느끼며 개탄하는 세상에서 우리와 함께 살고 있다는 사실 어떻게 설명해야 하나? 그러면서 한쪽에서는 공정 결혼 결혼평등권과 자율성(Autonomy) 보장을 외쳐대며 목청을 높인다.

본래 부부 지속적 관계유지는 소유하고 있는 내성으로 감정소통에 별문제 없이 상대적 호의성이 장착되어 바라보는 시선 긍정이어야 한다. 아니면 통제 독재 비민주적 관계의 독소조항(Toxin Clause)은 결코 있을 수 없는 일이며, 부부는 절대 자유(Absolute Freedom)의 원칙과 공통분모와 소통에는 누구도 의문을 제기하지 못할 것이다.

정이 결혼은 미래가 기본적으로 성공과 행복이 어떤 경우라도 보장되어야 한다. 여기에 인식을 같이하면서 밝혀낸 기술이 결혼과학의 핵심소재다. IT 모든 기술이 집약된 치료적 도구이며, 예비자들의 생각을 읽고 충족단계까지 진보시켰다. 모든 시선이 집중 조명되는 파이다.

여기까지 결혼과학이 참여(Engagement) 책임지고 해결해야 하는 사명감에 초점이 맞추어 져 있다. 그럼 결혼과학의 한계는 어디까지인가? 결혼의 과정에서 보는 미래 삶의 현장을 수평적으로 누구나 성공과 행복할 권리를 선택할 기회제공과 출산장려(Childbirth Encouragement)와 인구증산(Population Increase)의 뿌리 깊은 의미까지 담겨 있다.

딱히 2021년 초에 통계청 발표는 결혼예비자들의 가장 고민하는 이슈가 무엇인지! 설문조사 결과 1위는 경제적 조건과 매칭의 과정이 고민이었다. 2위는 장래성 확보 3위는 인생 설계도 완성 그 외에 가치와 효율성 확보가 뒤를 따랐고, 예비자들의 머릿속에서 가장 많은 파이를 차지하는 생각은 미래 성공 가능성 확보다. 퍼포먼스를 발휘할 수 있도록 결혼과학교육훈련을 통해 가장 우선으로 생각하면서 또 미래의 불안과 불확실성 해소의 기법을 교육을 통해 벗어나고 싶은 심정을 고백했다. 알아야 보이기 때문이다.

'미래, 결혼과학'이 대세는 세계결혼질서에 충격을 던졌고, 성공과 행복을 지향하는 대한민국 미래의 숙명으로 등극했다. 또 결혼과학이 대세의 배경을 탐색해 보면 엄청난 파워가 실려 있는 것을 알 수가 있다. 이것이 과학의 힘이며 특별한 유명세까지 예측되었다.

딱히 우리가 짧은 시간에 더 크게 발전하려면, 미국의 개척정신을 읽어 보면 알 수가 있다. 세계 초일류국가로 인정받는 원동력이 어디서 나오고 있는지를 깨칠 수가 있다는 결론이다. 최고만을 고집하며 인류를 지배하는 동력 액셀의 원인을 들여다보면 배경의 힘을 느낄 수 있다. 세상에 없는 새로운 혁신적 기술개발에 올인하며, 지금도 미국 대학교외 많은 연구실에 불이 꺼지지 않는 이유를 깊이 느끼며 그 속에서 무슨 일이 벌어지고 있는지 그 중심을 들여다본다면 충격과 감동일 것이다. 더욱 적극적이며 세분화 파이로 몰입 접근하는 방식이 돋보일 것이다. 보고 배울 강력한 고급정보의 포인트를 알아차린다면 차순위로 따라는 갈 것이다.

그러나 이정도 미국을 알았다면 우리는 그 위를 상상하며 뛰어넘을 도전정신으로 또 다른 혁신을 기리며, 인류의 알고리즘을 향해 꿈을 품고 준비모드로 돌입해야 할 것이다. 여기에서 미래의 희망을 찾아야 할 것이다.

예로 우리도 따라가면 이등은 하겠지만 보다 뛰어넘어 일등을 목표로 삼는다면, 그 가능성 또한 적극적으로 대시하면 된다는 믿음이 있으면 일등할 수 있다는 도전적 깃발을 높이들 자신감이다. 이러한 기반은 교육에서 찾아야 한다. 일반적 생각은 꿈으로 끝난다. 바로 교육혁명으로 국민 기초지식이 미래인재를 만들기 때문이다. 그중에서도 특별한 부분은 모태 재능 전문성이 중심이다. 우리는 여기에 주목해야 미래를 읽을 수 있다.

이제 세상은 이 땅에 전혀 존재하지 않는 무언가를 찾아내는 발명 정신만이 살아남을 수 있는 세상으로 가고 있다. 이등은 죽음이며 아무 가치를 느끼지 못할 것이며 최고만 생각하는 우선주의는 또한 새로움을 창조할 것이다.

예컨대 부부공생의 깊고 넓게 들여다보는 통찰력과 몰입 탐구로 예비자들과 토론으로 공유하며, 다른 해법을 요구하는 결혼과학의 존재를 확인할 수 있었다. 마치 미래를 읽어가며 결혼을 책임지는 담보형(Collateral)까지 보일 때 참으로 큰 성과를 거둘 수 있는 도구가 결혼과학이라는 확신도 알 수 있었다.

처음부터 부부공생환경을 조망해본다면, 결혼과 부부의 모든 것들을 지식과 상식으로 이해하고 실지 접근할 구체적 실현 방법을 요구할 것이다. 여기에 '미래, 결혼과학'이 관여하므로 예비자들의 Leeds를 읽고 선택할 기회를 제공하는 일에 연구적 몰입으로 충실할 수 있었다.

익히 가장 취약 부분에 결혼예비자들이 자립할 수 있도록 작은 결혼과 더 많은 에너지를 공급해야 하지만 현존 결혼질서에 익숙한 예비자에겐 결혼과학의 알고리즘은 오직 미래 결혼의 길라잡이로 대중적 이해도를 높이며, 현실에서 보편적으로 평등하게 수평적으로 공유할 수 있는 구조로 개발하였다.

요컨대 결혼과학은 인공지능의 알고리즘 정신으로 다양성에서 공정성과 함께 결정적 부부공생에 합당하며 합리적인 공존하는 방법을 창의적 기술로 찾아야 했다. 정말 뛰어난 감각적 기술을 지닌 창의적 공법을 과학적 기법으로 찾기란 엄청난 고통과 탐색의 연속이었으며 호기심의 발상에서 영감을 얻어냈지만 바로 세상을 바꾸는 구체화 작업이었다.

익히 젊은 전문가들의 시선으로 바라본 결혼개념은 이제 오로지 과학적이며 미래지향으로 성공과 행복을 추구하는 수평적 공법이 선망의 대상이며, 결혼과학의 생태계를 확장하며 존재감을 키우고 있다. 또 '미래, 결혼과학'은 여기에 주안점을 두고 탐구와 개발로, 균형잡힌 결혼질서 규칙의 시선으로 세상을 조망하고 그는 클래식의 생명력을 보여주게 될 것이다.

세상과 끊임없이 소통하는 자세와 개념과 사고 지식을 확장하는 최고의 전략

결혼과학의 개발은 세계에서 'I Love 결혼과학사관학교'가 거의 유일한 존재다. 더 돋보이는 것은 전략과 IT 과학적 지식시스템에 기반을 둔 개발이라는 점이다. 결혼의 속성을 파헤쳐 고질적인 구조의 모순을 과학으로 접근하여 예비자들 최상의 버전에 지식과 고급정보로 미래 희망까지 충족을 제공하는 프로세스는 '미래, 결혼과학'이 무한 책임진다는 것이다. 현재와 미래의 평생 기획으로 장기적 수명체계로 병행하는 '투 트랙(Two Track)' 전략도 구사했다. 이 같은 창의성 노력은 혁신적 산물이다.

익히 결혼의 복잡성을 단축하고 개발의 실행 속도를 높이기 위해 과학적 접근방법으로 지식적 전문 파트너사를 통한 미래 소환 영향까지 모든 수단을 동원 예비자들의 Leeds를 만족시키는 합리적 공법을 채택하였다. 결혼과학의 교육적 혁신경영 드라이브와 합리적 리더십 같은 결혼질서와 배경 문화도 빼놓을 수 없다. 결혼환경 통합기술 등이 나열되었다.

예컨대 결혼과학은 유효한 보호권 능력이지만 지극히 당연한 의문이었다. 빅데이터와 인공지능이 동원된 부부공생의 상호동의와 일치성이 만들어낸 첨단기술의 결실이며, 상징적 의미 외에 여러 실질적 의미로 설정되어있다. 삶의 구조적 성공 길라잡이로 또 다른 미래를 선망하며, 성공을 불러들이고 있다. 이렇게 지식산맥을 넘어 비교불가의 압도적인 클라스로 신고식을 하게 된 것은 충분히 박수를 받을 만한 일이다.

삶과 결혼과학의 하이브리드(Hybrid) 논리

결혼 후진성은 디지털 세상엔 아직 제대로 적응하지 못하고 있다는 방증이다. 미래를 읽지 못한 지식적 한계에서 작은 결혼으로, 즉 가성비 작용에서 멀어져 있는 삶과 질의 회복은 미래를 준비해야 할 결혼을 결혼식부터 신혼여행 예물 등으로 일시적 생색내기에 탕진해 버리는 어리석은 구태적 짧은 생각에 묶여 평생 돈에 치여 결혼과정의 후회는 바로 후진형 수준을 벗어나지 못한 미숙함을 보여주는 사례일 것이며, 정신이 너덜거릴 정도로 개탄스럽다. 그러나 아직 끝나지 않은 사치와 제왕적 결혼은 구태와 무식이 자신을 속이는 한 단면을 보여주는 작태다. 아직 이러한 안타까운 장면을 가끔은 흔히 볼 수도 있는 장면이지만 더 시간이 요구되는 대목이다. 몸에 배어있는 사치는 삶의 질과 행복의 본질에 반하는 낭패로서 일회용 구태적 생각으로 시간만 끌다가 평생을 두고 곱씹으며, 후회와 반성으로 살아갈 것은 너무나 분명한 실수일 것이다. 이번 결혼과학의 기회를 통해 생각의 영역을 작은 결혼의 진실을 하이브리드 논리로 과거와 미래를 갈라치기 개념으로 깨치기 바랄 뿐이다.

본래 하이브리드 결혼과학은 고 난이도 기술력을 요구하는 데다 특수 계층의 데이터가 필요해 진입 장벽이 높은 산업이다. 익히 오랜 역사적 자료와 여러 가지 응용 분야가 복잡하고 심리적 환경과 다양성이 내장되어있어 더더욱 어렵다. 결혼과학 첨단 테크 분야에서 새로운 라이벌과 차별화 짖고 다양성 위성연구를 생각에 넣을 것이라고 했다.

본래 결혼이 임박한 시기에 결혼과학교육 효과가 더 커진다는 점을 시사한다고 전했다. 애초 매칭부터 성공적으로 부부관계 효율적 연동성을 위한 조절이 원활히 이루어지게 하는 원천기술이며, 세계결혼과학시장에 싹쓸이 점유를 예측하고 있다.

예를 들어, 결혼과학은 전세계 다양한 나라별 역사를 표시하는 실행 앱의 설정을 변경하면, 결혼과학 Watch에서 자동 적용되며, 프로그램 설정을 하지 않아도 원격교육 프로그램이 자동 조정되는 시스템이다. 이 같은 결혼과학개발 결정에 영향의 배경은 결혼 관련 전반을 개선할 수 있는 솔루션을 제공하고 있기 때문이다.

미국 실리콘밸리를 들여다보며 일과 결혼의 체계 실험에 들어갔다. 사무실과 집에서 번갈아 일하는 하이브리드 결혼생활질서의 체계를 넘어 결혼과학이념으로 접근하여 또 다른 예상치 못한 미래 부부상을 그리며 더 만족한 행복추구 지름길의 거점을 찾고 있다. 이것이 결혼과학의 본질을 응용한 저력의 힘이다.

결혼과학은 이렇게 와서 또 구태 질서 현황을 지적하고 있다.

구태 결혼질서는 오랫동안 고유의 풍습 문화라고 지켜오면서 누구도 문제 지적은 없었다. 다만 불편했을 뿐이었다. 결과물은 이혼 우등국으로 취급된 지금까지도 무반응이다. 인식 미숙 상태도 인과성으로 몰아야 하나? 아니면 능력의 문제인가? 다수의 생각을 묻고 싶다.

극과 극 부적격한 관계와 그동안 결혼에 대한 사전 의심이 사라졌다. 결혼 최악의 사태를 예방하기 위해 결혼과학 자율표시제는 다양한 프로그램을 제시하고 있으며, 여기에 결혼준비는 가성비도 따져 보고 미래도 점쳐 계산기 연방 두들기며 온갖 상념에 빠질 이유도 없어졌다. 결혼과학은 수평적 공정성과 정체성 위에서 대원칙의 행복추구를 표방하고 있기 때문이다.

요컨대 4차산업혁명 이후 첨단기술이 뜨고 결혼과학이 등장하면서 결혼의 속성을 이해하고 또 다른 지식적 합리성 결혼관으로 부부공생을 들여다보면서 새로운 결혼질서에 눈을 뜨게 된 것이다. 여기에 'I LOVE 결혼과학 사관학교'와 '미래, 결혼과학'이 관여하여 오랜 숙고와 연구개발로 결혼과학의 생태계를 탄생시켰다. 인류 숙원인 결혼 알고리즘을 해결한 것이다.

'미래, 결혼과학'은 지금까지 이어온 구태 결혼질서를 본격적으로 허물고 나섰다. 시대적 교체 열망을 담아내야 한다는 다수의 의견에 무게를 두고 있다. 그 속에 결혼의 잠재적 욕구로 알려진 매칭의 대상별 프로필 조합 대조표 완성은 ING이다. 누구도 거론하지도 않은 파이다. 결혼과학은 여기까지 들여다보고 발굴에 몰입하고 있다. 그 중요성이 내포되어 있어서다. 만약 완성된다면 당연히 미래를 열어줄 그런 징후가 보인다. 노블레스 오블리주를 실천하는 과정이라 이해하면 된다.

본래 결혼은 상호상대성이 강하기 때문에 많은 것을 요구하기도 하고 또는 요구받기도 한다. 심리모형과 감성도 읽고 소양이 겸비된 동질개념까지 일치성 유무를 IT기술은 최상의 창의성 지식 채널로 잠재적 미래를 예측하고 엿보기와 모두를 기억하며 계산할 때가 있다. 이정도 능력자라면 스타성도 뚜렷이 보이기도 한다.

정이 '미래, 결혼과학'은 과거 결혼 스토리와 현재와 미래 결혼 스토리를 모두 들여다보고 그중에서 단점과 장점을 분석하며, 신용합 응용조합으로 최상의 규칙을 선별 예비자들의 입맛에 맞춤은 흥미롭다. 이후 어떤 긍정적 반응이 일어날지는 실행에서 지켜볼 일이다. 물론 여러 과정에서 검증이 완료된 상태지만 목적의 가능성을 높이는 시그널이 될 수 있다.

바꾸어 매칭에서 AI기능 추가한 시스템 결혼과학 신기술이 불가했던 'AI(인공지능) 맞춤형 명품결혼 기능이 새롭게 개발 진행에서 마지막 검증단계까지 와있다. 여기에 모두 긴장하는 이유는 결혼의 핵심소재이기 때문이다.

이렇게 결혼과학이 본격화되면서 전 결혼문화와 질서에 걸쳐 문의가 이어지고 있으며 향후 질서와 개인별 접근방법이 화두에 오르기 시작했다.

인류의 간절한 결혼의 원칙과 개론을 정리한 결혼과학 압축 로드맵완성

1. 결혼과학의 아이콘 통합, 플랫폼 '행복한 척도(Happy Scale)' 내 인생의 성공적 지침
2. 국민 성공 사다리와 행복 커뮤니케이션
3. 결혼과학으로 무수한 비즈니스 기회를 잘 살리면 높은 경제성장을 예측

4. 예비자 성인지 감수성 DNA매칭에서 결합 분석표가 등장 확대해석 예측
5. 뉴노멀 시대에 영혼이 춤출 수 있도록 결혼과학의 혁신적 가치사슬
6. 결혼과학으로 새로운 삶을 창조하며 심리회복 탄력성 운용
7. 결혼과학 사회복지교육(Social Welfare Education) 실행
8. 인구생산은 결국 스몰웨딩의 생태계가 Gate이다.

• 결혼과학은 여전히 긍정도 부정도 하지 않는다. 다만 과학적 능력과 순수성 진정성이 예비자들의 욕구가 명확히 해소구조로 확보되어 미래가 보장되고 신뢰성이 검증되었기 때문이다.

• '미래, 결혼과학'이 대세는 1도 관심이 없는 사람들이 봤을 땐 정말 미스테리한 일이다. 그러나 결혼예비자들의 생각은 전혀 달랐다. 마치 생명줄 같이 보였다. 자신의 미래를 책임질 것 같은 느낌을 받아서다. 결혼과학이 생소하게 보이면서 나를 지켜줄 것이고 우리 모두에게 희망을 품으며 삶을 새로움으로 이끌 길라잡이로 확신의 보장성을 보았기 때문이다.

• '미래, 결혼과학'은 이렇게 꽃을 피웠다. 결혼과 인생사의 어려움을 담담하게 털어놓고 풀어가는 결혼과학의 깊은 부부관계 조합적 구조와 논리는 우리 세대의 새로운 이정표로 영원히 가슴에 남을 것이다. 2021결혼과학은 최고의 순간이라는 제목으로 특히 결혼의 우상이며 상징적 존재라고 치켜세웠다.

예컨대 어두운 현실 결혼을 직시한다면, 단연 결혼과학의 기능성이다. 결혼은 삶과 인생의 미래를 쌍끌이 할 긍정의 특별한 지식적 요체가 존재하기 때문이다. 단지 '미래, 결혼과학'이 대세의 모듈은 신개념 부부상으로 업그레이드된 미래혁신이며, 삶의 새로운 이미지까지 도출시키는 결혼 신

화의 전반을 재조명하자는 뜻이며 결혼테크(Tech·기술)로 자신들의 내성을 들여다보며, 가치를 환기하고 이를 통해 미래를 점치겠다는 야심이 포장되어있다.

연구자들은 오늘도 미지의 부부 내성을 탐색하며 미래를 열고 있다. 그들을 긍정적인 참여자와 질문과 응답으로 예비자들의 심리모형을 인문학과 접목으로 토론한다. 결혼과학의 진보를 알리는 신호탄이다. 새로운 결혼과학 생태계의 환생을 의미하며, 더 나은 부부상의 행복한 큰 그림을 그리고 있다. 여기에 참여한 전문 연구원 들게 존경심을 보낸다. 물론 우리는 이들을 세상이 모르는 것을 발굴하는 천재적 능력자로 보며 과학자라 호칭한다.

시작도 전에 결혼과학의 공급 부족 사태가 더욱 가속화할 것이라는 신호가 나오고 있다. 결혼과학의 교육질서 환경을 서플라이 체인(공급망)의 체계가 벌써 수면에 올랐다. 수평적이며 공정시장의 원리에 부합해야 된다는 공평성 논리이다. 적극적이고 체계적 구조로 대처가 요구된다는 즉 항변이다.

• 요컨대 그동안 기성세대가 걸어온 구태적 관념에 젖어 있었다면 이런 소중한 일상이 순식간에 청산해야 할 적폐가 되어버린 것이다. 예상치 못한 결혼과학이 탄생하면서 생겨난 시대적 변혁기로 받아들여야 할 일이겠지만 그 후유증으로 그간 이혼의 수혜자는 여지없이 동정의 대상으로 전락하고 벼락 거지로 내몰렸을 것이다.

딱히 지식과 상식을 합리주의로 균형 있게 추구한다는 명제는 삶에서 헛발질하지 않도록 '미래, 결혼과학'이 대원칙으로 정립시켜 미래를 공존과 공유로 열어가면서 성공대열로 파격적인 변화의 조짐과 원인적 동기화시킨 연구자와 구성원들에 감사의 인사를 보낸다.

세계 결혼전문가들은 한국의 Wedding Steam 교육의 실제를 분석하고 확인단계에 있다. 부부의 일치성 상호동의로 연관된 소통방식과 과학지식으로 호환되는 구조로서 현실과 미래를 연결하는 규칙과 시스템의 기술력을 벗어나 상위심리적 상황을 읽고 심리모형을 문장으로 표현, 편집까지 가능해야 한다는 이상론이다. 결국, 결혼과학의 속성을 여기까지 파해 쳤다. 압축해서 정리하면 대상을 앞에 두고 눈동자의 광채를 보고 생각의 파장을 잡아 모니터링과 글로 표현할 수 있는 능력을 말한다. 이정도 전문성 소유자만 결혼과학을 토론하고 평가할 수 있다는 결론이다.

Wedding science platform is happy scale

"행복한 척도(happy scale)"의 아이콘

- 행복한 결혼 Happy Marriage
- 결혼과학 Marriage Science
- 부부공생 Marital Symbiosis

- 결혼과학의 맞춤형 입문코스, 심화 코스(Introductory Course, Intensive Course)
- 결혼과학의 Two Track 전략(매칭과 결혼 4원칙)
- 맞춤형 서비스 심화

- 결혼과학의 완전한 골격구조를 만드는 패턴완성
- 패키징 솔루션 8과목(과목별 포트폴리오 공정)으로 제공할 예정이다.

결혼 4원칙(4 Principles of Marriage)

1. 공통분모(Common Denominator)
2. 공감소통(Empathy)
3. 지식밸런스(Knowledge Balance)
4. 환경밸런스(Environmental Balance)

부부공생 개론(Introduction to Marriage Together)
- 비대칭 구조(Asymmetric Structure, 非對稱構造) 해소기술
- 상호작용(Strong Interaction)'
- 관점 바꾸기(Perspective-Talking)
- 고도의 헤징(Sophisticated Hedging 삶의 과정)
- 작은 결혼은 Seed Money로 다운사이징(Downsizing, 몸집 줄이기)

부부공생의 케미스리 구조

근년 글로벌 차원에서 전례 없는 결혼 '테크전쟁'이 벌어지고 있는 상황에서 결혼과학은 정체성 논리의 구심점에 서 있다. 과연 결혼과학이 내 인생을 책임질 수 있겠다는 긍정의 신호를 느꼈을 때 현실과 타협하며, 여러 궁리로 보장방식(Guarantee Method)이 동원되기 때문이다. 이러한 차원에서 미래 결혼문화를 열어간다면 더 많은 커뮤니티와 합류 구체적 정보와 학습으로 어떤 편견에 매몰될 일이 아니라 지혜로 합리적인 방법을 찾아 적극성을 보여야 한다. 물론 솔직하며 진정성 부부란 일방통행식 보다 상호수평식 소통관계가 이상적이다. 이러한 기준적 공법을 '미래, 결혼과학'이 집중공개 한다.

익히 뉴노멀의 중심채널은 빅데이터와 인공지능으로 인정받아야 하며, 시대적 고정관념에서 완전히 벗어나야 미래를 읽을 수 있다. 결혼과학에서 행복 만족은 부부공생의 내적 공동화와 수명연장 즉 텔로미어(Telomere)까지 사회기여도와 결혼문화의 이상적 결혼조건들이 미래 삶의 균형을 추구하는 치유도구로 성공을 지향하게 될 것이다.

바꾸어 사회적 환경과 경제적 발전에서 미래 결혼의 진실을 구체적으로 설명할 수 있어야 하며, 이렇게 결혼은 일상적인 지식과 정보의 내공이 쌓

여 새로운 환경으로 접어들면서 결혼으로 삶을 바꾸는 효과로 지금까지 없었던 지혜는 자신과 사회를 긍정으로 이끌어 갈 것이다.

예컨대 부부의 결혼과정을 시뮬레이션으로 미래를 예측 문제 해결의 해법적 도구를 이미지로 보여주는 실지 상황이다. 결혼이란 이렇게 복잡한 심리적 갈등 속에서 이루어지는 과정을 과학적으로 분석한다는 것은 진보된 과학의 힘이며, 미래 결혼문화와 질서에 매우 획기적 혁신이다. 결혼과학의 공정성과 정당성 확보와 체계적 규칙의 시스템 담보검증은 완료 단계에 별 의문없는 긍정으로 판정 났다.

이러한 구조적 상황은 현실과 마주하게 되었다. 왜냐하면 지속가능한 행복의 조건으로서 많은 생각을 하겠지만 결론은 부부공생에서 조건적 합리화로 시작된다. 이러한 배경은 결혼 4원칙의 지식과 공통분모에 더 강한 연대감과 호환이 되었기 때문이다.

딱히 부부공생은 정서 공유의 과정이 자유롭고 통제받지 않으며 심리적 갈등과 장벽으로 감정 정체현상은 없어야 한다. 심리적 장벽이 존재한다 하더라도 일상적 생활에서 상호동의로 감정소통이 장애 없이 잘 전달 이해되는 상호동의 구조가 이상적 부부의 대화 가치를 높이는 행복 그 자체로 이어지는 구조이다. 그러나 기초지식과 상식밸런스의 중요성이 액세스되어야 한다. 참 부부란 이렇게 대면 관계가 예민하기에 지식구조와 감정소통이 수평적으로 유연성과 융통성 있게 조합하려면 상호동의와 비대칭 해소 없이 불가능하기 때문이다.

그러나 결혼과학을 총체적으로 압축하면, 결혼 4원칙과 공통분모를 소프트웨어로 코딩해 빅데이터와 AI의 분석 융합적 응용의 결합이다. 부부공생 경제 공유화는 부부생태계 구조일 것이다. 즉 예비자들에게 신선한 충격이며, 결혼으로 춤추게 될 것이다. 이 모두가 결합된 결과물이 부부 경제공유 구조(Economic Sharing Structure)성립에서 시작되기 때문이다.

정의 결혼과학은 결혼 4원칙과 공통분모로 부부공생의 생명력을 불어넣고 미래를 밝히는 근원적인 희망의 빛을 갈망하기 위한 치유도구이기 때문이다. 인생에서 결혼이라는 전환기에서 자신을 지배할 영역을 교육으로 확장 또는 배양시켜 미래 길라잡이의 축으로 누구나 평이한 온도 차의 한계를 넘어 자신만의 주관적 가치창출로 성공을 열어가는 규칙이다.

따라서 인간은 기본적으로 지식구조 기반 수준의 수평관계에서 부부공생 연대가 성립되기 위한 수단이기도 하다. 우호적인 사고로 평생 동행하기 위한 성인지 감수성 능력구조 결합이 이상적 구조다. 몇 가지만 가지고 평가는 일시적인 순간적 감정의 계산일뿐이다.

이는 고급정보와 지식은 역동적 발상으로 미래 자신을 지배할 것이며, 이것을 바탕으로 결혼산업 플랫폼의 심장은 빅데이터 분석엔진, 인공지능(AI), 증강현실(AR), 가상현실(VR)을 적용한 검색엔진이 삶을 가르는 기준과 결혼의 방정식에서 긍정적 사고로 예비자들의 욕구를 충족시켜 윤택한 삶과 행복 양과 질을 보장받게 될 강력한 모멘트로 인정받게 될 것이다.

더 나아가 결혼과학과 AI기술과 만나 부부공생 일치된 공감소통을 위한 심리적 분석은 결혼의 알고리즘으로 미래를 더 세세하게 들여다보게 될 것이다. 본격적으로 집과 가정이 휴식(치유) 놀이공간으로 변화되면서 AI기술이 결혼과학의 심리적 배경과 성장은 인간의 무한대 꿈과 중요한 역할을 기대하게 될 것으로 예상한다.

본래는 시대와 세대를 초월한 결혼과학정보 프로그램에서 부부공생 관계에 도래할 미래를 읽고 깨우치며, 보편적 상식으로도 이해할 수 있는 결혼 풍속도의 신개념에서 미래지향적으로 재구성되어야 할 것이다. 만약 이때 당신이 자제력을 발휘해 평정심을 유지하지 못했다면 당신은 궁지에 몰릴 수도 있다는 의미다.

정이 새로운 결혼문화 배경과 4차산업혁명 이후 급속도로 변해가는 시대적 대응에 치유도구로 기획되어 누구나 자신과의 적합 가능성에서 선택과 책임의 이해도를 높이는 결혼과학정보교육은 기회와 형평성 문제 등으로 상처받지 않게 최선을 다해야 한다는 데 뜻을 모았다. 결혼의 열린 마당에서 정보와 지식은 미래의 도전적 더 높은 곳을 추구한다면 성공이 보인다. 부부연대와 협력에서 일치점으로 미래를 열어가는 결혼과학의 본질적 구조다.

이어 결혼 매칭의 마지막 성사단계에서 성인지 감수성 측정은 상호 자존심과 신뢰성 자율성과 인간미까지 상호동의로 일치점의 결과이며 이러한 생체구조의 상대적 대응 적합성 논의가 과제일 것이며 아름다운 결혼은 사랑이 육체적 결합으로 순환·교류되고, 상대성(Relativity) 심리와 경제환경까지 들여다보며 접쳐야하기 때문이다.

이러한 결혼과 부부의 알고리즘 의미는 상대적 복잡한 이미지 변수를 읽을 수 있는 기법은 종교적 집념으로 접근해야 할 분위기까지 왔다. 이 연구의 최종결과물은 과학적 미완성으로 남을 가능성이 존재하기도 한다. 왜냐하면 빅데이터와 AI의 한계극복이 불가능 상태며, 상대적 충족 욕구의 수치진단이 결과이기 때문에 거의 불가능한 상태로 남을 확률이 높게 나타나고 있기 때문이다. 현재는 ING며, 단지 양자컴퓨터(Quantum computer)가 나오면 그때 볼일이다.

철저한 아웃풋 중심의 결혼과학

근 50년간 한국 결혼문화를 돌아보며 정의 내릴 수 있는 단어 하나는 가족형 풍습이다. 우리는 그동안 철저한 인풋 중심으로 과학을 인용 활용해왔으며, 유행에 충성을 높이 사는 수직적 조직체계로 이어져 왔다. 이것이 잘못되었다는 것은 아니다. 그러나, 이제는 폭발적인 IT산업의 성장과 함께 우리는 기존에 경험해보지 못했던 결혼과학 질서와 환경의 빠른 변화에 직면했다. 이제 국경이 무색해 버릴 정도로 결혼질서의 범위가 넓어졌다. 최근 결혼예비자들까지 아웃풋 중심으로의 결혼질서에 탈바꿈을 시작했다.

결혼의 준비 웜업과 삶의 과정에서 쿨다운(Cool Down)을 들여다본다면, 결혼과학과 문화적 배경이 사회에 끼칠 중대한 영향력을 인식하게 될 것이다.

결혼과학으로 결혼과 인생의 관점이 바뀌고 삶의 질과 패러다임도 변했다. 이러한 상황의 깨달음은 미래를 어떻게 예측하며 세상과 소통해야 할 일인지 다시 생각게 할 일이다.

미래, 결혼과학 압축편

- 작은결혼(Happy Seed Money) 지식과 경제조건을 뛰어넘는 혁신문화
- 작은 결혼으로 인구증산의 생태계 조성(경제조건 미달도 수평적결혼 성립)
- 결혼문화 풍속도 변화촉진(결혼예식장 구조조정)
- 결혼 접근배경 확대(결혼문화 환경에서 시스템개발)
- 결혼비용 절감(작은결혼의 본질, 예물 간소화)
- 결혼과학교육에서 부부공생은 필수(결혼과학교육으로)
- 결혼 성공으로 개인, 사회적 많은 문제점 해결(인성교육)
- 새로운 세상으로 변화(결혼혁신 교육에서 산업 성장동력)

- 결혼교육으로 인생성공 길라잡이(모태재능, 전문성 도구개발과 성공방정식)
- 결혼 성공으로 가정 및 사회적 문제해소(건강한 사회)
- 결혼과학을 통해 세상을 읽을 지혜 내장
- 자신을 사랑하는 공법(자신을 사랑해야 남을 사랑할 수 있다.)

결혼과학 : 교육적 효과, 공통분모에서 부부공생으로 평생 행복
- 부부건강과 행복지수상승, 평균수명연장(#25년)
- 삶의 질 향상
- 통제받지 않는 부부, 영구 자유로움

사회적 효과, 국민 결혼로드맵(작은결혼)
- 국민 지식향상
- 초저출산 탈출(인구증산)
- 사회공공질서 및 범죄 해소
- 초일류국가 지름길 로드맵
- 개인 생활 보장

- 결혼과학 메신저를 결합한 소프트웨어 코딩을 도입했다. 결혼 4원칙에서 디지털 전환을 진행해왔고 소통과 투명성을 높여 주요 프로젝트 진행을 보다 원활하게 지원할 수 있게 했다.

- 결혼은 보는 시각에 따라 관점이 수시로 변할 수 있는 유동적이지만 부부는 공유해야 할 파이가 많다. 개인적 시그널과 사이클이 다르기 때문이다. 또 예비자들의 눈높이를 맞출 수 있느냐가 관건이다.

- 빅데이터와 인공지능을 배제한 검토와 연구는 난센스라며, 과학적 구조와 기계적 장치 없이는 불가능한 시스템개발 물론 결혼과학은 결혼질서

의 좁은 길을 확장시키는 장치이며, 미래경제발전의 동력과 결혼문제에서 거의 모든 산업이 한데 모인 컨버전스 배경에서 해결책을 과학기법으로 정리 투자성이 있기도 하기 때문이다.

결혼예비자들과 살갑게 지내며 얻은 정보가 도움이 된 것 같다. 응원 메시지를 보내주실 때마다 정말 힘이 솟았고 예비자 라이프 스타일에 맞춘 명품결혼에 차별화된 서비스를 제공해 고객 만족도를 높여갈 것"이라는 전문가의 평가는 더욱 열정적으로 힘을 실어줬다.

결혼예비자와 기혼자의 관심, 결혼과학의 만남.
결혼예비자 여러분들 미래, 결혼과학이 응원한다.

패스트 캠퍼스 딥러닝 강의 특장점
딥러닝 실무에 내용을 풀로 채워 넣은 딥러닝 올인원 패키지

• 미래, 결혼과학이 쏟아낸 극찬처럼 현존 결혼질서에서 놀라운 복원력은 새로운 결혼문화의 창조적 회복세로 역사의 현장으로 탈바꿈하고 있다. 이러한 현상은 결혼 시장에서 후발성이지만 머지않아 게임 체인지와 '펜트업 질서(억눌렸던 질서가 폭발하는 현상)'로 깜짝 실적과 감동이 예상된다.

'미래, 결혼과학'(신용합응용기술공법)

'I LOVE 결혼과학사관학교' 동영상 교육현장

결혼과학 빅데이터, 인공지능 플랫폼

디지털 결혼과학 공법의 압축판 및 범위

Future, Marriage Science is the Compressed Plate and Scope of
Popular Construction Methods

• 결혼의 수식보다는 최신 딥러닝 트렌드

과학을 꿈꾸면, 결혼성공으로 이루어진다.(Wedding Success Realization)
(성공을 불러들이는 것은 생생하게 꿈꾸는 능력과 모태 재능 전문성을
찾은 후 전력투구하라. 고로 성공 안 할 수가 없다. 알고 보니 합리적이고
과학적 논리 꿈꾸는 능력)

결혼과학의 적용공법

• 데이터 마이닝(Data Mining)

• 텍스트 마이닝(Text Mining)

• 머신 러닝(Machine Running)

• 딥 러닝(Deep Running)

• 리걸 테크(legal+tech)

Deep Runner들의 Tool, Curriculum Standard에 4 Principles of Marriage이 호환되는 빅데이터와 딥러닝/인공지능 패키지 결혼과학이 침투한 부부공생구조 그 중심엔 딥러닝이 있다. 결혼의 법리적 규칙에 줄 세우는 측면도 있다

결혼과학 리더의 힘, 신개념 융합기술

확장현실(Extended Reality-ER), 혼합현실(Mixed Reality-MR), 증강현실(AR) 가상현실(VR), 융합적 작용(미래범위)

① 빅데이터와 AI의 기능성
② 속도(Speed)
③ 순발력(Improvisation)
④ 의사소통(Communication)

기본적으로 결혼의 안전성과 효율성의 구조는 검증과 예비자들의 욕구가 충족되며 실행 지속가능성의 성립과 결혼 스트레스를 어떻게 극복할지 연구대상이다. 익히 역사상 그동안 어느 누구도 결혼에 대한 혁신은 없었다. 여기에 결혼과학이 도전장을 낸 것이다.

결혼과학교육 혁신 로드맵(프로그램)

1. 결혼, 정보교육 워크샵 안내

2. 결혼과학의 차세대 구성요소
   • 결혼 빅데이터(Marriage Big Data)
   • 결혼 인공지능(Marriage Artificial Intelligence)

• 결혼 플랫폼(Marriage Platform)

3. 부부공생(Couple togetherness) 개론
  • 결혼과학의 기본적 주요플랫폼은 결혼 4원칙과 공통분모
  • 부부공생의 일치한 new balance 설정
  • 결혼 4원칙 + 8과목(Eight subject) = 소프트웨어(software)와 하드웨어(hardware) 공법과 코딩기법

"비대칭 구조"(Asymmetric structure, 非對稱構造) 해소기술(Annulment Technology)과 부부공생 상호동의원칙 적용

매칭은 상대적 최상조건의 조합구조로서 유연성과 합리성을 기반으로 일상소통에 이탈 성이 없어야 하며, DNA 합성으로도 적합성이 강해야 함을 원칙규정에 두고 있다.

결혼과학교육 포트폴리오 법칙과 기본 메뉴얼(필수코스)

소프트웨어(software)와 하드웨어(hardware) 코딩공법 8과목

1. 결혼 4원칙, 공통분모(취미활동 및 생활, 행동코드)
   공감소통
   지식밸런스
   환경밸런스
2. 부부공생 매칭(명품) 정보, 지식
3. 한국전통 가정문화(예절)
4. 미래경제(부자 기질)
5. 결혼과학과 인문학, 사회적 배경
6. 자기개발(모태 재능 전문성 자기개발)

7. 미래 부부공생 삶의 측도(통제없는 자유로움과 창의적 관계)
8. 대면명품교육 : 실습, 개인 맞춤(대면 교육)

category	헤어, 스타일
	드레스 선정
	전문 코디
	기타
	생활환경, 주위배경 사이클
	경제 사이클
	취미 사이클

비대칭 해소공법, 지식 사이클

Asymmetry	신용 사이클
solution	주변사람 지식과 소통, 경제수준 사이클(주변이 나의 모습)
method	대인관계 지식적 배양능력
	이상형 대비 수준비례, 분석
	감정소통(융통성)

상호동의원칙 공감소통(Empathy)

Principle	의지 능력(Will ability)
of mutua	문제해결 능력(Problem solving skills)
consent	협동 정신(Spirit of cooperation)
	책임능력(Responsibility)
	인간적 품위와 인지능력(Human dignity and cognitive ability)
	성공 로드맵
	국민 행복구도 변경과 향상
	국민 지식향상

결혼과학교육 효과, 사회적 범죄감소 및 배경 출산장려촉진(인구증산)

  ① 결혼질서 부양책이 훨씬 크고 빨랐다

  ② 결혼과학 역시 창의적 기술이, 앞섰다

  ③ 결혼과학 기초 소재개발과 창의적 미지 발굴이, 컸다

  ④ 결혼과학은 세계적 적응도가 높았다.

- 결혼과학교육 지식콘텐츠 Global 수출
- 합리적인 결혼 다중화 작은 결혼(Small Wedding) 효과로
  출산장려촉진(인구증산)

대면 실습교육 안내

- 현장실습과목 안내(대면: 평생 동행, 개인별 전문가 초빙지도 맞춤선
  정)

  맞춤형 헤어 디자인

  맞춤형 패션

- 자기표현(소품) 악세사리

  장신구 일체

- 미래 예비부부 공통분모, 공감소통, 문제치유 구성도

  테마별 소통강의 :

  테마별 질문과 답 :

  상황별 자유토론 :

  작은 결혼으로(Happy Seed Money) 기능성 접근방법

한국 전통가정 예절문화강좌

행복한 부부공생 교실 운영

- 부부의 행복상세도 설계(자신이 행복해야 세상을 좋은 시선으로 바라볼 수 있다.)
- 상호동의와 이해, 갈등, 분노, 감정소통 관련 조율방법(회복 탄력성 구조)
- 미래부부관계 실현 예상 분석
- 수평적 부부관계 밸런스
- 결혼 관련, 전반적 토론
- 부부 정체성 논리

결혼질서의 혁신적인 아이디어

1. 작은 결혼의 변화로 큰 성과
2. 결혼은 공동책임 방정식
3. 결혼의 변화와 교육적 배경
4. 결혼과학의 나비효과

상기와 같은 심리모형의 형상은 수시로 변하기 때문에 복잡한 심리 구조 공학 해석이 요구되는 정밀한 구조로 높게 평가받은 이유는 과학적 역량의 창의성을 눈여겨 본 것이다

- '미래, 결혼과학'은 굴기(우뚝 섬) 사회공헌 차원에서 결혼의 평등권확보로서 작은결혼으로 출산장려촉진과 이지플레인(easy plain)은 공존하는 편이다. 또 결혼질서도 다핵구조로 챕터별 딥러닝 커리큘럼으로 재편하는 것이 골자다. 또 딥러닝/AI, online 편이다. 그리고 결혼과학의 프레임워크 및 사례 이론부터 실습까지 한 번에 배우는 올인원 패키지 구조다. 단 먼저 배우고 성공한 결혼으로 행복하세요.

결혼과학의 정통성과 방정식 해설

• 인생을 주체적으로 편집하며 창조적인 삶 내 방식대로 개성이 뚜렷한 구조로 조합하는 것이 결혼과학의 본질이다. I LOVE 결혼과학사관학교 전 유물처럼 인식되고, 결혼질서에 대한 충성서약(Pledge Of Allegiance)과 같은 일관된 지식적 요체의 맥락이다.

결혼문화 역사상 결혼과학의 면모를 처음 접하면 황당무계(Absurd)로 보이겠지만 결혼질서와 상식을 뒤집고 이해한다면 필수로 받아들인다고 힘 주어 알려준다. 또 깊이를 그려본다면, 결혼 시장의 회복세와 진가를 알 수 있다. 이것은 '미래, 결혼과학'이 Leeds의 목표를 달성하지 못했던 것을 철 저히 인식하는 반증이다.

인생과 결혼 성공하고 싶다면, 과학적 생각의 비중을 늘려 장기적 안목 과 오직 미래만 바라보며 공부해라. 알아야 보인다. 알고 결혼과학으로 꽃 길만 걸어라. 인생은 생각보다 그렇게 길지 않다. 한 번의 선택이 평생을 좌우하기 때문이다.

이어서 구태적 시간은 거꾸로 가고, 구태 결혼질서는 인생 전체를 조망하 면서 독소조항으로 외면당하고 있다. 이러한 문제점 발생은 결혼환경과 매 칭의 실패로 분노와 질주 그리고 피할 수 없는 희망 절벽세대에서 벗어날 확실한 대비책은 오직 결혼지식과 정보관리능력이 유일한 선택적 치유도구로 내공 쌓기뿐이다. 알면 미래가 보여 선택할 여유가 생긴다는 이유다.

예로 '미래, 결혼과학'은 IT첨단기술과 인문학적 창의성과 접목 Leeds의 충족은 과학적 구조와 협력의 상징이며 크게는 지식 혁신국가로 거듭나기 바란다. 이어 각종 여론조사에서 구태결혼질서에서 결혼과학으로 갈아타기는 너무나 당연한 선택이라고 칭송했다. 꿈은 현실로 닫아와 결혼과학의 파워게임 역시 압도적 양상으로 주목받고 있다. 이유는 결혼과학의 날카로운 집중력은 열렬한 환호와 성과가 나타나기 시작했기 때문이다.

익히 '미래, 결혼과학'은 IT전문의 디지털 투명구조로 실용적이고 성장력과 잠재성의 탁월한 신 융합능력의 균형잡힌 단계적 프로세스접근 교육으로 'I LOVE 결혼과학사관학교'의 고성장이 예상되며, 시장 점유율은 100% 독점사업으로 미래전망은 당분간 상대가 없는 쾌청이다. 결혼 심리학부터 다양한 결혼질서와 지식적 환경의 일상적 개념과 상식을 넘어 10년 이상 전문성 노하우가 필수로 요구되기 때문이다. 그러나 한국저작권위원회 창작물 승인과 특허까지 이중, 삼중으로 묶여 여타기업의 태생은 더욱 어려운 배경구조다.

• '미래, 결혼과학'은 프리미엄 사고로 인류의 위대한 도전이며 결혼 시장을 지배하며, 럭셔리 정체성 유지와 새로운 결혼질서의 에너지원의 전략적으로 공략하겠다는 핵심역할의 의지를 드러내면서 이미 'I LOVE 결혼과학사관학교' 초도가입은 매진상태. 또 결혼환경에서 결혼과학을 전략적으로 무기화 기술과 정보를 독점적으로 축적에 나서면서 결혼과학 개발라인 증설은 경제적 효과나 산업 파급력과 일자리 창출 등 여러 파이에서 엄청난 변화를 예고하며, 대중적 결혼개념이 바뀌고 있다는 것은 감동적이며 당연한 상황으로 볼 수 있다.

예컨대 부자가 되는 것도 기술이기 때문에 그 해법도 여기 교육적 과목에 부속되어있다.

'미래, 결혼과학'을 통해 더 큰 세상을 보고 아무쪼록 성공과 행복한 삶을 영위하기 바란다. 이것이 행운이며 행운은 우연히 오는 것보다 내가 찾아 나서야 한다는 취지로 적극적 삶과 대범한 인생 기획하에 결혼과학정보 기본교육은 필수로 받아들여야 한다며 전문가들도 이 이상은 있을 수 없는 그 끝이라 평가했다.

• 결혼과학에 필요한 데이터는 확보된 상태로서 예비자들의 욕구 이상까지 해소 또는 발굴할 수 있다는 기대감에 연구자들은 기쁨과 책임감까지 느낀다. 결혼 꿈의 영상은 과거에 혼자만의 상상 속에서 그리던 것과는 차원이 달랐다. 그것은 꿈과 현실을 구분하기 어려울 정도로 결혼과학은 정교하고 예비자들의 욕구 충족과 결혼 성공까지 책임질 의무감까지 장착되어있다.

'행복한 척도(Happy Scale)'의 아이콘

'미래, 결혼과학'이 등장 세계 최고 결혼사양이 총출동하는 결혼질서의 패러다임으로 변신 대전환의 파격적 경험은 상징적인 현장이다. 그 구심점은 그동안 보수적인 행보를 보여 온 결혼문화의 배경에서 대표적인 구호였다. 과거의 비전에서 벗어나 결혼 솔루션을 새로운 목표로 제시한다. 익숙한 것에 벗어나는 걸 주저하지 말고 열린 마음으로 도전하라는 메시지다.

'미래, 결혼과학' 과학으로 결혼환경과 결혼질서와 인구증산까지 모든 결혼 관련 전반을 품으려는 의도이다. 여기 제시된 통합플랫폼 '행복한 척도(Happy Scale)'의 버전 출시는 결혼과학 성공'꿈의 장치'로 통한다. 세상을 바꿀 신의 한 수 이념적 영감으로 접근한 미래, 결혼과학은 연구자들의 포기하지 않고 치켜든 도전정신 깃발아래 내공이 숨 쉬고 있다.

결혼회피 원상복구 회복 탄력성

심리 치유작용 자연치유법, 심리충격요법, 결혼회피 원상회복은 결혼과학
으로 회복탄력성과 충격요법의 재탄생으로 이끄는 구조이며, 돈에 치여 기울
어진 결혼관을 새로운 과학적 포괄적 개념을 대입 작은 결혼의 삶에 안전환
경으로 인도 원상 복구되는 기법으로 심리치유 정상운용 결혼과학의 과정을
이수하고 삶의 편견과 고정관념에서 개념 바꾸어 요컨대 부부공생으로 항구
적 행복 만족과 결혼참여공간에서 공감소통으로 자유롭고 통제받지 않는 편
안함과 소신으로 삶의 만족을 과학적 길라잡이로 회복을 일컫는다.

결혼과학 찬스?

4차산업혁명 이후 5차산업혁명을 꿈꾸며 이끌어갈 결혼 4원칙과 공통분
모=공감소통=지식밸런스=환경밸런스 비대칭 해소기술 부부공생으로 이어
지는 규칙은 혁신적 개발 창의적 성과로 미래를 선도하게 될 것이다. 요컨
대 세상과 끊임없이 소통하는 구조적 자세와 개념과 사고 지식을 확장하는
최고의 전략으로서 가난과 절망을 이겨내며, 나를 단련시키는 새로운 키워
드는 나를 움직일 본질적 체계다. 이것은 전문가들도 생각하지 못한 혁신
을 일구어내어 끝까지(Grit) 해낸 연구자들의 몰입에서 나온 결과물이다.

세계에서 처음 생긴 직업(Job) 결혼과학 인턴(결혼과학의 라이더)

'생소한 지식적 직업이라 낯설고 어렵기는 해도 라이더로서 결혼과 계약
을 맺었다(Concluded an Agreement).'라고 말할 수 있다. 삶에서 평범

이 싫고 비범과 호기심에서 결혼과학을 직업으로 선택한 선구자로서 유능한 능력적 자긍심도 찾고 경제의 힘도 보인다. 동참의 기회가 된다면 미래의 성장예감은 압도적이다.

단지 지도교사의 길이며, 대신 결혼과학 시장의 잠재적 경쟁자는 없다. 세계적 유니콘 기업으로 나설 I LOVE 결혼과학사관학교 프로젝트를 기술에 올려 미래가치사슬로 Wedding Standard Type을 이끌 협력과 동반자 구성원이다.

더 나은 삶을 위한 혁신
Innovation for a better life

'미래, 결혼과학' 혁명 시대,
성공대열로 가는 지름길

결혼과학의 지배종으로 성장시킨다는 의도이며, 결혼의 멘토같은 존재다. 'I LOVE 결혼과학사관학교'의 생태계 요체는 인문학과 IT기술이 결합하여 개발된 규칙은 Leeds들의 생각에 충족함을 고려하고 있다. 여기에 꿈팔이들이(개발연구자) 모여 무한한 창의력 발상과 몰입으로 실행은 예비자들의 미래를 책임질 의무감까지 염려에 두고 있다. 호성적과 달리 윤리적 도덕적 행복의 순도까지 책임져야 마땅하다고 판시한다. 그만큼 중요성이 크게 느껴지기 때문이며 안에서 보면 거대한 벤처플랫폼 같이 보인다.

단지 결혼과학이 미래 결혼질서를 지배하게 될 것은 시대적 당연한 파격적인 변화의 조짐이다. 우연이나 기회주의도 아닌 필연이며 앞으로도 영구 지속성은 기본이다. 또 모든 산업의 발달과 함께 결혼질서와 결혼과학도 동반된 성장을 하게 될 것은 분명하게 나와 있다.

딱히 보편적 결혼 상태들을 유추해 기억의 파편을 재구성 미숙한 질서와 관계의 구성에 결혼과학이 관여했다. 그 속성에는 우리가 미처 알지 못하고 보듬지 못한 부부의 심연이 담겨 있었다. 그 문제에 결혼질서의 고장 난 계산기를 뜯어고치지 않으면 앞으로 미래는 없다는 생각을 했기 때문이다. 연장선상에서 결혼질서의 공방을 벌이는 소모적 웨딩 문화와 환경은 끝내고 시대가 원하고 예비자들이 선망하는 결혼과학은 천둥 같은 죽비를 날렸고, 대중은 좌시하지 않을 것이다.

여기서 시대적 화두로 바라보는 부부개념은 소통과 대화의 친화 주의며 동반자로서 평생을 동행해야 하는 일치성 동질개념이 주체다. 이러한 부부구조는 많은 호환성을 요구하기 때문에 환상은 버리고 매칭에서 접근의 방법과 질서와 충분한 과학적 근거로 전략적 합리성이 충족되고 그 기능의 작용과 성공에 부흥할 비책이 있어야 최고의 선택이다. 아니면 몸에 묻어 있는 구태만 고집하게 되면서 실망과 쇠퇴의 길만 기다릴 뿐이다. 고로 얻는 것은 아무것도 없다.

결혼과학 학습과 이후의 변화를 풀어보면, 결혼과학은 미래에 자신감 확장과 삶의 길라잡이로서 마치 인생의 큰 그림이 그려진다는 확신이다. 본래 결혼을 탐색한다는 것은 삶을 들여다보고 미래를 예측하며, 잠재성까지 성장시킬 수 있다. 이는 내공 되어있는 결혼과학 수용 능력의 평가로 이어질 수 있다. 이러한 발명공법 교육화 공간을 대규모 수용배경과 적용할 현실적 실행과정 기술적 지도자양성 등은 별도로 요구되는 대목이다.

예로 결혼과학 학습 후 세상을 읽고, 삶의 내적 정서는 인문학과 인생철학 과학의 기본지식적 내공을 쌓아 결혼과정에서 문제 소지가 없는 생각위의 지식과 고급정보교육 Curriculum Standard Wedding Steam 행복한 척도(Happy Scale) 학습 능률로 인정받는다면 교과형 국정화 체계로 대규모 공론적 실행구조시스템 정리와 제도권진입이다.

익히 마지막 단계에 가서는 'I LOVE 결혼과학사관학교' 상장 예비심사 신청서를 제출한다면, 시대적 혁신과 파격적인 변화의 리드로 희소가치와 호의적인 기류로 상장 9부 능선을 넘어 예비심사를 무난하게 통과 예측이며 공모가 가능해진다. 본 게임 시작도 전에 조짐이 벌써 점쳐지고 있으며 열성파 다수가 성공대열에 점점 늘어난다는 소문이 퍼지고 있다고 한다.

• 결혼 초도 중요성을 인식한다면, 교육적 정보를 통해서 배우고 이해하므로 역동적인 삶의 메시지를 인식하게 된다. 생애전주기(Life Cycle)를 읽고 적절한 기회에 결혼과학이 중심이 되어 새로움을 찾고 부가적 카테고리의 가치성 소프트웨어 코딩의 IT응용작용으로 자신의 내적 혁신의 신호탄을 쏘아 올린다면 엄청난 변화의 창의성 조짐이 일어날 것을 감지할 수가 있다. 내일은 기다려주지 않는다. 오늘 이 시간이 지나면 모두가 공허하다. 때문에, 결혼 초도의 중요성 다시한번 '미래, 결혼과학'을 추천한다.

결혼의 아름다움은 내가 챙겨야 한다.
남이 대신할 수가 없다. 오직 교육으로
'미래, 결혼과학'. I LOVE 결혼과학사관학교 ONLY

1. '미래, 결혼과학' 속성과 변화된 구조의 부부공생(Marital Symbiosis)

결혼예비자들의 생애전주기(Life Cycle)를 들여다보며, Leeds를 해결하려고 가장 젊은 층의 욕구와 행복해지고 싶은 생각과 좋은 결혼을 염려에 두고 하는 말이며 결혼과학을 만나게 된 건 행운이었다. 그동안 결혼의 특화가 없었던, 전 인류, 역사상 결혼알고리즘은 숙제로 남아있었다. 역사를 봐도 4차산업혁명 이후 세상은 사람 중심에서 시작되어 부부관계는 결혼과학으로 빠르게 발전이 예고되지만, 그 중심에는 교육으로 지식적 만남이 더없이 중요하고 인생성공은 결혼에서 결정 나지만 구체적으로 정리되어 제시된 것도 별 없었다. 그러나 그동안 수많은 과학적 기술 발전으로 인해 오늘날 사람들은 더욱 풍요로운 환경에서 살아가고 있다.

딱히 변화의 시대에 적응한 결혼과학은 퀀텀 점프를 있지만 그렇지 못한다면 퇴보하고 만다. 이것은 내 삶의 변화로 정리의 힘은 결혼의 시대적 개념을 바꾸는 결혼과학의 생태계 변화와 지식적 창의의 혁신적 감동으로 나가는 제도장치(Drafting Device)를 담고 있다. 결혼예비자들의 미래에 대한 불안과 불확실성(Uncertainty) 해소 결혼 4원칙의 부부공생과 상호동의 비대칭 해소 등 결혼 기본조건들은 행복추구의 본질을 결혼과학 정보교육으로 삶의 질을 사전에 들여다보고 준비하는 프로젝트로 탄생하였다.
따라서 결혼과학의 핵심은 부부공생의 케미스리* 기본적으로 성격의 조합이 원활하며, 결혼 4원칙과 상호동의 비대칭(Asymmetry) 해소기술

(Solution Technology)로서 더 큰 가치사슬을 가질 수 있는 구조로서 부부 일치 개념에 기초해서 이루어지는 프로세스이다.

 * 케미스리, Chemistry : 성격이 잘 맞는

다만 결혼과학이 추구하는 부부공생품격은 사랑과 존중이며, 가족유대의 경제이익을 전략적으로 공유하는 공동운명체 의미를 담고 있다. 이러한 배경에서 이상형에 적합한 가상적인 시나리오에 매달릴 것이 아니라 이제는 부부도 사회적 가치실행에 동참하여 부부 상생구조 공동가치사슬 창출에 투자를 뜻한다.

본질로 결혼예비자들의 욕구 해소구조로 참여하는 결혼질서에서 기대는 매칭에서 지식과 상식이 소통되는 수평관계에서 공통분모와 상호동의가 장애 없이 잘 호환된다면 성공 가능성이 크다. 이러한 자료 빅데이터와 AI을 응용개발한 결과물이 결혼 4원칙이다. 부부공생 공존의 동일구조 생태계이며, 통합플랫폼 '행복한 척도(Happy Scale)' 기반으로 글로벌 결혼과학 전략을 긍정으로 본격화하기 시작되었다.

이것도 과학적 버전의 기능으로 결혼 후의 인생샷을 찍으려면 어느 정도까지 사전에 예측한다는 것은 대단한 능력이며, 인공지능의 한계를 넘어 진보된 기술적 혁신으로 결혼과학에서 삶의 질까지 치유 수단적 도구다. 앞으로 일어날 엄청난 결혼질서와 사회적 변화를 긍정으로 예측한 종교적 가치관이 터를 잡고 있다.

위는 부부공생의 기능에서 새로운 '워라밸(Work&Life Balance)'* 결혼생활과 수명연장의 엑셀로서 결혼과학의 접근방식을 인지한다면 빠른 소통관점에서 접근 프로세스를 구체적으로 해부해서 요약한 메뉴얼이다. 이러한 결혼환경과 질서는 정보와 지식 없이는 위험한 것은 사실이다. 모르는 것이 독이란 뜻이다. 그러니 결혼의 새로운 세상을 읽어가며 소신껏 다들 알아서 잘 해야 한다.

　* 워라밸, Work&Life Balance : 일과 삶의 균형

익히 결혼은 경제이익을 전략적으로 공유하는 관계이며, 부부공동운명체이기 때문이다. 물론 결혼의 완성도를 높이는 결혼과학은 예비부부들의 매칭부터 최고의 인간적 품격과 사랑 존중 행복권 그리고 삶의 환경에서 질과 양적 가치 그리고 가족 유대성에서 일치감까지 부부공생의 본질에 충실 구조로 평생을 같은 동선으로 삶의 질까지 눈만 봐도 생각을 읽을 수 있는 성공한 부부연대의 체계적 공법 결혼과학은 미래의 등불이 되었다.

이어 지식과 사회적 배경에서 자신의 주관적 개념을 상대와 비교 대화방식에서부터 소통적 유연함과 합당함을 찾는 일종의 평가 논리의 선택이다. 어느 국가나 똑같은 현상일 것이다. 결혼은 한번 판단으로 인생이 결정되기 때문에 중요성은 설명이 필요 없을 정도다.

또 선진 맞춤형 작은 결혼을 추구하며, 자신의 가치와 품격을 높이는 소프트웨어 하드웨어공법에서 부부는 공통분모와 지식의 공유화로 평생 수평적인 "비대칭" 해소가 가장 이상적 관계이며, 부부건강은 '텔로미어(Telomere)'의 재생으로 젊음과 수명까지 최대한 보장받을 수 있기 때문이다. 이론 및 대면(실습)교육으로 모든 과정도 과학적 완벽으로 설계된 레전드다. 무엇이든 아는 만큼만 보이기 때문이다.

근래에서 4차산업혁명 이후 급속히 변화되어가는 사회구조에서 결혼과학은 더 빠른 변화를 재촉하고 산업발달의 영향에서 부부생활 수명도 과거보다 25~30년 길어지고 재수 없으면 120살까지 산다는 자조적 농담은 이제 현실로 다가오면서 결혼문화의 시대적 변화는 우리에게 새로운 시각과

접근방식까지 삶의 정서적 변화 현상까지 나타나고 있다.

4차산업혁명 5G기술 상용화로 빨라지는 가상현실(VR), 증강현실(AR)에서 세상은 끊임없이 속도감 있게 변화할 것이며, 이 신호를 빨리 감지해야 미래를 읽을 수 있을 것이다. 지금과 같은 상황에서 젊은이들은 앞으로 스스로 주변 환경을 파악하고 선택해야 하는 정답이 없는 불확실한 시대를 살아가야 하는 현실이 도래했다.

익히 사회발전에 비례하여 결혼 생태계 급속도로 변화가 예상되며, 하나의 예로 한국은 선진국과 배치되는 1000개 넘는 결혼예식장(국가 개인 비생산적 소모성 사치)이 영업 중이지만 선진국에서는 공공기관 학교 지역회관, 교회, 성당, 골프장, 체육관, 산, 바닷가, 장소, 불문 결혼식 문화 이것이 선진 작은결혼 Happy Seed Money의 본질이다. 그러나 우리의 고민이 부족하거나 과거에 묶여 변하지 못하고 고정관념과 과거를 판박이 한다면 재앙만 기다릴 뿐이다.

지금 우리는 황제결혼문화에 젖어 허영과 사치, 물질만능과 신비주의에 매몰되어 상식을 벗어난 과도한 사치성 낭비와 결혼 기피현상 그리고 고속압축 성장으로 이뤄낸 후유증과 인구감소의 심각성으로 이어져 사회 전반을 후퇴시키는 원인을 추적해 데이터베이스(DB)로 분석 이를 바탕으로 사회적 손실과 불확실성 등을 걷어내고 과거의 불합리한 풍습에 묶여 맹신적인 사고방식과 만연된 모순사례(Contradiction)를 마주하였지만 이제 청산해야 할 정도까지 와있으니 개념을 바꿔야 할 때가 되었다.

하지만 이 상태로는 안 된다는 보편적 상식으로 모두가 인지하면서도 결혼이 발전하는 알고리즘이 아니라 인간이 통제할 수 없는 경계에서 수정주의로 갈 수 없는 것은 미래를 읽지 못하고 과거에 묶여있기에 변화가 요구되며, 그렇게 생각은 선진수준을 바라보면서 행동은 후진형에서 못 벗어나는 형태 그리고 결혼이라는 사회적 제도에는 구속력이 없는 것과 큰 방향에서 본다면, 가시적 형식이 허용되어서는 선의로 받아들일 수 없는 작은 결혼 정신에 배치되는 이 모두가 우리의 미숙한 민낯이다.

익히 2021년 결국 우리가 개발한 프로그램의 업데이트로 결혼과학 premium 결혼시대로 접어들었다. 주례를 없애고, 결혼식 건너뛰고 밀레니엄세대의 신결혼풍속도, Small Self-Wedding is also luxury 하게 생각하다가 이제는 '결혼식 없는 결혼(No wedding)'까지 등장한 것, 20·30 신세대가 작은 결혼 문화로 새롭게 쓰게 되었다.

딱히 최근에 들어와 과학적 결혼 정보교육 트렌드에 발 빠르게 대응하고자 청첩장도 극소량만 준비하는 업체도 나타났다. 예물도 초간단 스몰웨딩을 운영하는 업체도 생겨났다. 준비하는 과정에서 파혼에 이르는 사례도 많이 봐서 우리나라 결혼식 문화에 피로감이 컸다고 지적할 수 있을 것이다. 결혼식을 준비하며 받는 스트레스도 피하고 싶었기 때문이다. 그동안 결혼문화의 미숙함을 의미한다.

희망적인 것은 근래에서는 관련 조직들이 소극적인 결혼문화 환경에 대한 책임을 느끼고 있고 이에 대한 적극적인 대책을 세우고 있다는 사실이다. 그동안의 결혼문화 질서 안에서 보여주기식 허영과 지나친 자존심 등의 경계를 극복하고 이제는 가정을 또 하나의 토론조직으로 인식하며 결혼질서에 대한 차원이 다른 지식소통(Knowledge Communication)가정에 눈을 돌리게 된 것이다. 물론 아직 초기 상태라 여러 가지 미흡한 점도 없지 않지만 앞으로 여러 가지 보완점을 확장 개발한다면, 더 나은 시대의 흐름에 대처할 수 있는 작은 결혼의 본질과 호환할 수 있으리라는 긍정적인 예측이다.

이어서 결혼 정보교육의 의도는 이러한 결혼 리포트와 교육을 준비하는 예비부부 또는 젊은이들에 대한 결혼준비를 위한 프로그램을 꾸준히 과학적이며 체계적으로 개발하고 있다. 즉, 가정과 결혼에 대한 인식의 변화와 그 기능의 변모에 직면하고 있는 예비부부에게 사회적 조직이 어떻게 그 교육적 사명을 감당할 것인가를 인지하고, 결혼준비 교육의 목적, 과정, 프로세스를 살펴보려는데 그 의도가 있다.

예를 보면, 결혼특화교육(Marriage-specialized education)은 왜 필요한가? 그 당위성(Justification)은 무엇인가?

하지만 결혼 준비교육을 하려는 궁극적인 목적은 무엇인가? 또한, 가치관이 변화하고 있는 이 시대에 결혼준비 교육하려면 어떤 당위성들인가? 결혼을 준비하는 젊은이들은 무엇을 필요로 하며 무엇을 배워야 하는가? 또는 결혼 준비교육을 효과적으로 실행하려면 어떤 요소적 개념으로 접근과 실행 프로세스를 요구하는가? 그 구체적인 정당성(righteousness) 프로그램은 무엇인가? 하는 것들이다.

이미 한계에 도달한 '팽창사회'에서 탈피해 이제는 저성장 또는 마이너스 성장이 일상화되는 과정에서 작은 결혼 즉 결혼 간편 문화를 대비해야 할 때라고 인공지능의 총괄적 데이터에서 산출된 결과물이다. 성장과 팽창사회에선 이기적 탐욕조차 사회발전의 동력이지만 수축사회에 접어들면 이타적 양보와 타협 없이는 결혼생활이 지탱할 수 없다고 현대과학의 최종분석표라고 미래 결혼의 접근성과 가성비 개념에서 정보를 제시해주고 있다.

고로 선진 결혼문화의 집합체이자 결혼산업의 인프라, 프로세스를 보편적 상식으로 접근할 수 있고 긍정적으로 본질에 충실할 수 있게 효율성, 융통성 편의성과 공감소통을 구체적으로 정교하게 편성하였다. 부부공생 행복이 담보되지 않는 사업은 절대 추진하지 않고 현재 개발 중인 결혼관련 기획도 사용자 측 입장에 맞추고 있다. 이렇게 결혼과학은 신이 만든 기적의 계단에 오르고 있는 현재진행형이며, 결혼과학으로 대한민국의 운명이 바뀔 것이다.

2. '미래, 결혼과학' 아이콘이 바라보는 예비자들의 심리모형

결혼과학의 지배자가 세상을 지배한다.

(The ruler of marriage science rules the world)

인류 역사적 그동안 불가능으로만 여겨졌던 결혼질서와 과학적 개념, 결혼에 관한 한 어느 누구도 위기를 직접 언급한 건 전례가 없는 현실적 상황의 깜깜이 속에서 움직인다. 이러한 불편한 현실에서 결혼과학의 중요한 핵심단서가 되는 행복의 길라잡이 바이러스를 찾았다는 것이다. 바로 결혼 4원칙과 공통분모와 8과목 다수로 발굴 연구했다. 현대문명에서 기계적 힘과 창의성에서 과거에는 알지 못했던 일이며, 여기 제시는 시대적 결혼혁명이라 칭한다.

요컨대 데이터 분석은 더 많은 데이터를 이용할 때, 더 가치 있는 정보를 제공한다. 따라서 여러 파이의 조직에서는 빅데이터를 중요한 정보를 발견하기 위한 귀중한 자원으로 인식과 또 더 많은 데이터로 '학습'한 머신러닝 모델의 효율성 때문에, 빅데이터는 머신러닝과 상호 보완적인 관계에 결혼과학이 대세는 깊이 들여다보고 관여하고 있다.

익히 결혼과학의 시제품을 만드는 것은 결혼질서의 변화는 어렵고 예비자들이 만족감을 찾는 공법개발은 고통스러울 정도로 어렵다. 결혼역사를 창의하는 엄숙함에서 정교한 결혼과학 교과서 창의는 기도하는 마음으로 예비자들의 수만 가지 고민을 해결할 과제에 집중한 치료 도구의 결과물이다. 또 미래 결혼알고리즘은 IT신융합기술로 해결법을 밝혀내야 했다. 바로 이러한 영감으로 발상한 사고로 결혼과학 생태계의 서막이 올랐다. '미래, 결혼과학' 논의의 근본은 성공과 영구행복에 주안점을 두고 설계되었다.

예컨대 결혼의 과정에서 남의 것을 보고들은 일상적 정보는 지식 아니다. 지식은 새로운 체계적 구조로 미래에 교육적 도움이 되어야 한다. 결혼과학 교육은 어떠한 구성요소로 만들어지는가! 결혼도 역시 AI(Artificial Intelligence)와 마주하며 살아야 하는 시대적 환경이 되어서다. 그동안 치밀한 연구·토론에서 불규칙한 배경, 장애와 심리적 자기방어의 이기적 논리에 시행착오에서 특성(Characteristics)을 살펴보고 기술 요체의 본질로 돌아가자(Back To The Basic)'.

결혼예비자들의 욕구 중심에 놓인 미래불안과 불확실성은 현실적 환경에서 변화의 폭과 속도와 의미는 빠르게 확장되어가고 있으며, 해소방법은 결혼과학에서 지식적 개념으로 과학을 지향하는 결혼혁명 시대로 접어들었다. 결혼의 전통적 이념의 변화에서 중요한 결혼의 터닝포인트는 전통결혼예식에서 시대적 많은 시행착오를 살펴보며, 결혼질서의 혁신으로 결혼과학의 체계화로 결혼의 생태계 변화는 새로운 질서를 재촉하게 되었다. 그러나 현재 이미 결혼의 실패로 고통 중이라는 입장이라면, 어떤 유형의 보호 조치를 취할지는 구체적으로 제시할 것은 없다. 다만 여기에 동참해 자신의 입지를 찾아 오로지 스스로 취사선택할 뿐이다.

결혼의 구체적 사실(Fact) 인식은 필수이다. 결혼은 제로에서 다시 출발해야 한다. 결혼의 구체적 진실을 이해하려면, 확률 공명(Stochastic Resonance) 집중력 네트워크(Ventral Attention Network)라고 불리는 결혼지식과 정보교육의 시스템이 필수로 요구되기 때문이다.

결혼 정보와 교육적 이탈상태를 주의과실(Attentional Blink)이라 칭하며, 결혼의 심리적 불응기(Psychological Refractory Period)라 부른다. 이러한 문제 해소는 정보와 지식적 출입구효과 Doorway Effect를 아직 모르기 때문이다. 우리의 뇌는 피드백 관련 부정(Feed Back Related Negativity)이라 불리는 신호를 발생시킨다. 이러한 선택은 결혼예비자가 결정한다.

익히 결혼질서는 몸에 묻은 고정관념과 지금까지 해 왔던 익숙한 리스크의 노출에 대비가 치유의 한 방법에서 개발한 결혼과학이며, 미래를 책임질 도구이다. 그게 과연 최선일까 곱씹으며 결혼과학을 해부하기로 했다. 다른 선택은 없었다.

결혼의 정체성 확립은 결혼과학의 공익적 가치를 만드는 공간에서 미래를 책임질 발상으로 시작되었다. 각 도시의 안전을 위해 소방서가 있듯이 결혼의 안전을 위해 선제적 관리 차원의지식적 교육은 필수다. 사회 전반 결혼의 불안과 피로감이 커지면서 사람과 사람 사이의 이성적 친화력에 관심은 결혼과학이 불안과 불확실성 해소로 미래를 책임지겠다는 큰 의미의 메시지를 받았기 때문이다. 어쨌든 '미래, 결혼과학'의 꿈 실용화로 본격 채비에 나섰다. 체질 강화와 사회적 공감대까지 풀어야 할 숙제가 산재되어 있다.(일정한 시간이 지나면 각 지방에 분산 운영될 예정이다.)

이후 결혼과학 집단발현 효과는 사람들의 머릿속을 뛰어다니며 온갖 고정관념과 개념을 바꾸면서 시간, 차로 차차 드러날 것이라 예상하고 있다. 이러한 환경은 Marriage Science Coding System And Big Date, AI의 기획과 기계적 준비가 되었기에 가능해진 것이다.

예비자들이 결혼과학을 알고부터 내가 잘 할 수 있다는 자신감이 들면서 삶의 어떠한 상황에서도 대처할 능력이 확장되어 긍정을 느낀다고 말했다.

각종 결혼과학의 논문을 리뷰하며 미래 삶에 영향을 미칠 수 있다는 속성을 밝혀냈고, 구체적인 정통성을 학보했다.

이는 결혼질서에서 과학 분야를 미래산업으로 인식하고, 훌륭한 차세대 결혼과학 장기적인 연구와 지원해 줄 수 있는 구성원 지정은 어쩌면 평이하지만, 결혼과학은 누구나 예상할 수 있는 것 같이 보이지만 사실은 그렇지 않다. 결혼과학이 청구한 약식명령으로 해석해야 할 일이다.

딱히 논리적으로 풀어보면, 결혼의 적응과정에서 본능적 관습이 장애 없이 양방향 상하 소통되고 편안함을 느낄 때 진정한 부부관계를 알 수 있다. 한두 가지 집중은 위험하며, 결혼과학을 모르고 지나치는 예비자들은 알게 될 것이며 더 신중하게 다양성 있게 접근방법을 모색할 일이다. 인간관계가 이렇게 복잡하고 문명이 발달할수록 정도는 단순에서 미세로 나노 미세 세분화 공법으로 되어가고 있다는 것은 참고할 상식일 것이다.

익히 결혼과학문제의 맥락을 알고 해소 도구를 찾는다면, 무게중심은 단연 결혼과학적 배경으로 바꿀 것이다. 예로 지식향연과 시대적 환경의 경계에서 결혼예비자들의 욕구 해소공법으로 미래를 책임질 약속이었다. 이 시대가 낳은 혁신적 최고의 창의로 또 다른 세상을 꿈꾸며, 더 나은 삶의 원천적 기술을 기초로 계속 전진해 나갈 것이다. 그러나 결혼과학의 한계는 어딘가? 결혼을 수학적(경제와 물질)인 계산이 지나치면 비례적 불행의 확률이 높아지는 공산이다.

결혼과학의 알고리즘은 효용적 대화를 추구하는 전략경영과 달리 과학적 직관을 바탕으로 효용만족감을 추구하는 방식을 뜻한다. 부부공생 관계는 합리적이면서도 감각적이라고 평가하며, 결혼 후 인생경영으로 주목할 필요를 느끼게 된다. 이러한 상황을 기초로 결혼과학의 존(Zone)에 대해선 결혼 4원칙과 공통분모와 8과목이며, 중요성은 타이밍이다.

정이 결혼을 선택한 사람들에게는 정말 훌륭하고 건강한 결혼생활을 유지하고 싶은 마음은 간절하다. 그러나 결혼의 배경과 정보와 지식적 측면에서 고급정보교육의 강점을 가진다는 생각은 누구나 원론적이다. 여기에 주목한다면, 어떻게 하면 행복해질 수 있나! 가장 큰 행복감을 주는 요인은 결혼과학의 이해와 실행이다. 이것은 마음의 평화와 결혼 후의 가족 구성에도 상상적 행복감을 느끼게 될 것이다.

하지만 결혼과학의 정체성과 구심점을 들여다보면서 새로운 개념 바꾸기는 삶을 송두리째 바꿔놓을 계기이며, 곧 행복의 출발점이 되기도 한다. 또 결혼질서를 바꿔놓기 때문에 사회적 공감대를 얻기 위해 좀 더 투명해야 하며, 진정성과 효율성까지 존중받아야 마땅하다. 바꾸어 인생과 결혼을 하나로 압축해보면 새로운 미래의 가능성을 찾을 수 있고, 결혼의 과학화로 새로운 출발선에서 바라본다면, 영원한 미지의 탐구과제이지만 아무리 훌륭하고 과학적 논리라 해도 예비자 다수가 공감으로 소통해야 정당화로 인정받을 수 있기 때문이다.

4차산업혁명은 결혼과학의 활성화로 결혼예비자들의 요구사항을 IT에 기반을 둔 맞춤형 학습(Adaptive Learning) 결혼 4원칙과 공통분모에 비중을 두고 있다. 상대적으로 가상현실(VR)·증강현실(AR)이나 다른 기술을 활용한 교육서비스 실행에 방어벽을 세우느라 건설적이고 창조적인 일에 동참하면서 배움의 기회를 놓치는 일은 없어야 한다.

결혼예비자들은 미래에 대한 불안감 해소에 기대와 희망도 품고 있다. 이는 부부공생 예측과 미래 삶의 질 만족 판단을 할 수 있도록 교육적 가치를 제고할 것이며, 결혼과학선택은 내 인생에서 최고의 순간으로 오랫동안 기억될 수 있게 구체적이며 체계적 현실형이어야 한다. 그러나 지금의 진보된 결혼기초과학이 "최종 제안(Final Offer)"이라고 배수진까지 친다면 한계적 모순이다.

정이 더 나은 100년을 준비한다면 결혼예비자들의 생각과 정보과학이 신 응용 융합기술로 호환되어 인공지능이 분석 미래를 알려주는 답안은 놀라움 그 자체다. 4차산업혁명이 제공하는 새로운 결혼과학의 현주소를 알려주는 메시지이다.

사실은 부부란 엄청난 요구와 기대치 조건이 충족되어야겠지만 물질적으로 해결만이 아니고 삶의 과정에서 이기적 이합체가 발생하면 조기 해소 장치를 원칙으로 삼고 소통 도구를 구상해 두어야 삶의 공간이 편하다. 그러나 결혼의 본질은 자기중심적이며 이기적인 개념에서 부부연대 일치점으로 원인을 찾아 소통하는 지혜로움은 기본적으로 알고 있어야 한다.

우리가 도전하고 있는 빅데이터와 AI의 호환으로 결혼예비자들의 맞춤 메뉴와 R&D에 힘써야 한다고 입을 모으고 있다. 처음으로 고객(결혼예비자) 중심의 AI 발전으로 결혼 4원칙과 정규 8과목 소프트웨어 하드웨어 코어개발을 발표한 것이 대표적 실행성과다. 결혼예비자들의 IT의 호환과정을 분석해 프레임으로 내놓을 수 있을지 처음으로 단계별 발전 방향성을 제시해 화제를 모았다. 생각 위에서 상상을 초월한 결론은 부부공생구조였다.

딱히 결혼과학 정보교육이란 이전에는 전혀 보지도 못한 생소하며 경험도 못한 것이다. 한번 사는 인생, 자신에 부합되는 괜찮은 선택을 한 것 같고 해보고 싶었던 일을 할 수 있다는 것은 너무 감동적이며, 기대할만하고 느낌이 좋았을 것이다.

또는 인체에 잠재된 게놈인체공학적 개념에서 인공지능의 응용융합으로 호환된 유전자 메시지가 부부관계에서 적합성 관련 여부는 양 유전자가 지식 소유의 프로필과 호환되어 일치점을 수치로 나타내는 조화율이 높다면 이상적 매칭이 되는 시스템이다. 높은 아이큐를 가진 차세대 인재배출까지 들여다보는 새로운 전기를 마련한다면, 혁신적이며 역사적 사건이다.

더 나은 행복한 결혼을 향한 오래된 미래의 길 100년 후 우리 사회는 어떠한 얼굴을 하고 있을까? 새로운 근년을 무척이나 두렵고 떨리는 마음으로 맞으며, 앞으로 한국의 100년을 이끌어 나갈 결혼산업에 대한 소회와 감회는 누구보다 뜨겁게 달구어지고 있다.

세계적 결혼역사에서 여기 제시된 프로그램은 신이 내린 최고의 선물이며 결혼을 과학적으로 좀 더 이해하고 고급지식과 상식으로 접근하여 자신을 철저히 책임질 수 있는 자세가 요구된다. 만일 과거에 머물고 있다면 크게 보아 미래를 잊어버린 어떤 타협도 용서해서는 안 될 일이다. 만일 과거에 머문다면 기존의 전통적인 개념들이 새롭게 해석되면서 사회 여러 계층에서 이러한 위기의 모습들이 나타나는 것은 구태 시절의 보도지침을 연상시킨다.

우리 사회가 앞으로 직면할 미래 결혼 변화의 이슈를 포괄적으로 점검해야 하며 신세대에서는 4차산업혁명 이후 IT 공법과 기계화가 사회발전을 이끈 주동력이었다면, 미래는 새로운 가정의 혁신문화가 이루어져야 할 시대적 소명일 것이다.

예로 시대의 발전 속도는 빠른데 사회적 준비와 사람들의 의식변화 속도는 더디게 느껴져 오고 있다. 결혼도 이제는 과학의 힘으로 새로운 패러다임 방향성을 고민해야 할 것이다. 결혼원칙에 의한 설계는 다음과 같이 진행된다.

먼저 결혼 정보교육의 필요성을 사회적 차원 심리학적 차원 그리고 결혼원칙론에서 고찰하려 한다. 따라서 사회적 차원에서는 현대가정의 변화와 위기를 심리학적 차원에서는 미혼 젊은이들의 특성과 요구를 그리고 결혼

개념적 차원에서는 당위성 고찰과 결혼 준비교육의 필요성을 인식해야 할 것이다.

익히 그동안은 결혼 성공 가능성은 기술적으로 제한되어 있었다. 아울러서 결혼 정보교육의 목적을 논하려 한다. 특별히 그 목적을 비평한다면 결혼은 인문학에서 수학과 과학적으로 내용적 목적과 방법적 목적으로 나누어 살펴봐야 할 것이며, 따라서 내용적인 목적으로는 가정의 행복확립이며 방법 면에서의 목적은 국민적 미래 행복지수 상승 측면에서 살펴봐야 한다.

결혼과학교육의 구체적 교육내용이 무엇인지를 8과목 범위에서 논한다면 결혼 4원칙(공통분모, 공감소통, 지식밸런스, 환경밸런스) 그리고 자기개발(재능, 치유도구) 과 결혼 고급정보지식 미래경제(부자의 방법), 한국전통 가정문화(예절)와 미래 부부 삶의 측도와 시대의 문화적 환경, 외모(Appearance)에서 명품 전문 코디와 드레스, 헤어 맞춤형, 기타조항 등 실제로 상상만 했든 다양한 교육 효과는 8과목 교육내용의 범위를 제한한 것은 아니지만 모든 내용을 함축할 수 있다고 보아 포괄적으로 선정한 것이다.

하지만 결혼 정보교육에 어떤 방법이 필요하며, 그 방법을 선정하려 할 때 그 원리는 무엇이어야 하는지를 살펴보려 한다. 여기 제시된 스토리는 결혼문화에 실질적으로 적용 가능한 미래형 결혼문화 질서(Order of marriage culture)에서 정체성을 찾을 수 있다.

물론 결혼 성공 사다리 걷어차기는 과거의 부적격 풍습에 묶여있었기 때문이다. 결과적으로는 유능한 인력자원으로 미래의 역사를 새로 쓰기 위해서라도 결혼과제를 과감하게 해결, 가정을 안식처로 만들어가기 위해서는 자신이 진정한 여성이라면 현실에서도 부드럽게 말하고 언제든 미소를 준비하고 있어야 자기 존재의 가치를 존경받을 수 있을 것이다.

딱히 결혼과학교육의 목적은 국민 미래행복 추구의 결혼과학 종합교육으로 불명예 서러운 자살, 이혼, 출산절벽(Childbirth cliff)과 가정파탄문제점(Family breakdown problem)들을 결혼 종합교육으로 이상적 만남과 고급정보 지식으로부터 결혼 본질을 들여다보고 문제점을 해결하는 특별교육으로 우리가 원하는 건강한 사회생활과 행복한 세상을 만드는 것이 중심적 목적이다.

본래는 젊은이들이 중심에 있기에 결혼예비자 특별 정보교육은 절대적 선택이 아닌 필수다. 오로지 정보 지식요체의 역동적 발상이 미래를 지배한다는 인식이 깊게 깔려야 할 것이다. 또 미래 행복보장은 이 고급 정보교육으로부터 새롭게 시작한다는 긍정적 믿음으로 결혼예비자들이 여기 제시된 교육프로그램을 통해 실질적 고급정보를 통해 세상 보는 눈을 새롭게 뜨고 평생 결혼 4원칙은 상호동의에서 돈 걱정 없이 세상을 즐기며 행복하게 살아갈 전반적 고급정보 지식으로 인생의 전환점(Turning point)이 결혼이다.

결혼의 다양한 면에서 후유증으로는 사회적으로 발생되고 사건의 원초적 중심에는 결국 결혼의 미숙한 만남의 후유증으로 나타난 결과물이라 단정할 수 있다. 부부의 소통부재로 시작된 갈등은 가장 강력한 부부의 믿음과 연대감까지 무너지면서 많은 그동안 기대했던 인간 심리적 분노와 갈등이 사회안전망까지 영향을 미치게 하고 있다.

이러한 사실에 우리는 주목해야 할 것이다. 그 이유는 잘못된 배우자를 만나면 매일은 영원 같은 것이고, 잘 맞는 배우자를 만나면 행복한 삶을 즐기며 때로는 부자가 되는 경험도 해볼 수 있을 것이다.

이 모든 것은 결혼의 문화적 환경에서 "20세기 방식으로 21세기 문제를 풀 수 없다."며 한국사회가 또 한 번 점프할 수 있게 사회 시스템을 새롭게 결혼과학이 대세에서 독창적이며 혁신적으로 설계했다.

바로 결혼은 초개인주의며, 철저한 자기중심적이기에 상대와 공유 또는 타협은 경계가 분명해야 하며, 이러한 상황에서 결혼질서란 심리적 더욱 민감한 반응과 복잡한 경제의 수학적 계산방식이 동원되고 있다. 고로 인간적 순수성은 퇴색되어 가며, 시대적 문화가 발전할수록 상대성은 일방적 (One-sided) 질서와 통제를 요구하고 소통은 고립주의(Isolationism)로 몰드는 요인으로 나타나고 있기 때문이다.

결혼 성공을 시각화하면 그 이미지는 기술로 반드시 현실이 된다. 이 놀라운 원리는 위대한 성공을 거둔 사람이라면 모두 기술이라 알고 있고 또 실천하고 있다. 결혼과학탄생 이후 글로벌에서 결혼 테크(Tech·기술) 전쟁이 벌어지고 있는 상황에서 결혼과학이 주는 치유력과 삶의 본질을 재생하는 지식적 수단으로 인정받고 있다. 또 결혼의 무한능력도 기술이다. 그리고 내공으로 쌓은 지식과 정보도 지혜이기도 하다. 최근에는 차세대기초소재 발굴에 기인한 기술력의 정수가 고스란히 프로그램에 응축돼 있다. 지금과 같이 모른 채 눈감고 넘어가는 것은 자포자기 주의이며, 미래를 포기한 것이라 단정할 수 있는 시대로 접어들었다.

3. 뉴노멀(new normal) 결혼과학 교육은 혁신의 키워드(keyword)

결혼을 창밖에서 보면 지구가 온통 멈출 것처럼 보인다.

(If you look at marriage from outside the window, it seems like the earth will stop all over)

뉴노멀시대에서 결혼과학은 시대적 트랜드로서 나의 미래를 책임질 수 있어야 한다. 그리고 뉴노멀의 Marriage Academy는 결혼플랫폼 결국 과학적 현대문명이 만들어 낸 끈질긴 노력의 결정체, 결혼과학정보교육은 세계적 결혼문화의 대중성이지만 아직 누구도 흉내낼 수 없는 고도의 혁신적 기술은 시대적 변화로 받아들이는 순리일 것이다.

뉴노멀시대의 새로운 기준에서 세상을 열어야 할 것이며, 그 중심채널은 결혼과학교육의 도전적 인식(Perception)이다. 총체적으로 압축된 메뉴얼은 결혼 4원칙과 공통분모를 소프트웨어로 코딩해 빅데이터와 AI분석 융합적 배합의 결과물이며, 예비자들의 만족한 결혼으로 춤추게 될 강력한 에너지원이며 무엇이든 아는 만큼 보이기 때문이다.

정이 연애와 결혼은 그동안 마치 신성불가침의 영역에 있는 것으로 간주되었고 문제가 발생하면, 서로 그저 노력과 용서를 통해 극복해 나가라고 모두 들은 조언하고 있었다. 그런 시대적 구태의 연애와 결혼에 관한 추상적인 접근을 거부하며, 인문학적 과학기술로 당당하게 결혼과학 응용기술 접근방식을 선언하였다. 과거의 시대는 이제 막을 내리고 있다. 예컨대 결혼의 규칙은 임의대로 만들어지고 적용되는 것이 아니다. 또는 '질서통치'가 아니라 자율적 수평 능력을 활용한 만남이 일상처럼 지속가능한 구속력이나 통제 없는 자유 선택의 구조다. 따라서 미래 Wedding의 질서는 결혼과학 기술력과 결합해 시너지를 낼 것으로 확신하고 있다. 혁신의 강점을 활용하면 결혼 시장을 선도하는 기업이 될 수 있을 것"이라고 믿고 있어서다. 이제 결혼과학의 차세대 성장동력으로 개발해왔고 전 세계적으로 결혼과학에 시선 집중되면서 결혼 시장이 급성장할 것이라는 전문가들의 예단에서다. 또 4차산업혁명 이후 결혼 시장의 틈새를 공략해 결혼과학의 전성시대가 열리고 있다.

딱히 결혼과학 교육을 통해 깨달아야 미래인생 관점을 바꿀 수 있기 때문이다. 결혼과학이라는 새로운 미래에 대한 호기심이 있어야만 또 다른 발상이 생긴다. 새로운 것에 대한 호기심이 극대화된 도전성이 성공으로 이끈다. 이미 인간의 키-얼굴-성격 결정하는 유전자 상호작용과 생각의 모드가 결혼의 분자를 찾아가는 영역의 구조이다.

본래 결혼과학 로드맵은 새로운 형식으로 아무리 좋은 내용이 자연스럽게 충족된다 하더라도 그것만으로 충분하지 못하다. 결혼의 과정을 효과적으로 운용하기 위해서는 많은 정보와 지식적 자료 빅데이터와 인공지능으로 체계화된 규칙으로 호환되어야 하며, 특히 교육의 필요성 인식이 선택적으로 준비되어야 한다.

이러한 과정을 통과하면서 부부공생에서 이루어지는 관습은 특별한 형식에 구애받지 않고 통제 없는 다양한 생각 기반 위에서 결혼 4원칙이나 규칙을 반복적으로 학습과 혼용하며, 구체적 8과목에서 삶의 다양성과 적합성을 이해하며 기획을 설정하게 한다.

익히 4차산업혁명 이후 부부생활 25~30년(평균 100세를 바라보며) 수명 연장되어 실용주의 개념으로 새로운 결혼의 접근방법을 찾아야 할 것이다. 또 간을 봐야 알 수 있다는 인간의 깊은 심리작용 수년 동거 관찰해봐야 조금 알 수 있듯이 인간심리 깊이라면, 사전정보교육 부재는 '치명적' 실수다. 결혼과학에서 심리모형 분석과 윤리적 범위 내에서 미래를 들여다 볼 능력을 예측해야 자신이 원하는 상대를 매칭에서 만날 수 있을 것이다.

예로 결혼과학의 혁신은 결혼의 중요성을 높이기도 하지만, 생각 밖의 정보로 새로움을 찾고 더 많은 지혜를 얻어 삶의 질까지 업그레이드 되어가는 과정을 스스로 깨우치며 만들어가게 한다. 또 개념을 바꿔 결혼과학에 기반을 둔 긍정적인 접근은 삶을 안정적 궤도에 올려놓는 성공대열에 사다리 역이다. 이것이 바로 I LOVE 결혼과학사관학교의 능력과 미래를 책임질 중요한 치료적 도구로 생각해도 좋을듯하다.

딱히 결혼과학의 모든 시스템은 검정을 받는 상황 속에서 앞으로도 새로운 혁신이 반복될 가능성에서 '미래, 결혼과학'이 변화를 선도할 것이다. 이러한 변화는 자신 능력수급이 확장되고 동시 재생산되기 때문에 이 메커니즘을 활용하면 결혼과 인생은 성공할 수밖에 없다. 이는 회복 탄력성 원리로 더 나은 삶을 영위할 수 있기 때문이다.

익히 예비부부는 신체적 건강과 심리적 상호동의 사회적 배경의 긍정은 부부공생에서 어떻게 하는지를 그리며 서로의 이기적 갈등은 의사소통에서 탐색과 접근방법을 모색하며 상호동의 기술을 공부할 기회가 준비되어 있다. 또 결혼의 관련된 지식은 알면 알수록 삶의 질을 깊이 느낄 수 있으며, 미래 자신의 행복한 모습이 상상으로 떠오를 때 현재에서 미래에 대비한 생각의 확장을 조명할 수 있을 것이다.

그러나 세상은 알고 있는 만큼 보이듯이 결혼의 준비성과 인간관계의 소중함을 인식하고 결혼의 기회를 전략적 도구로 활용하며, 세상을 내가 만들어나갈 수 있는 자세를 특별한 정보교육으로 미래에 대한 통찰력을 성숙시킬 기회이기도 하다. 그렇게 멘 토를 찾아 나서야 할 것이다.

이 시대에 과거는 끝난 역사일 뿐이고 어떻게 하면 인간의 행복감을 높일 수 있을까? 연구 개발한 결과물은 차세대가 요구하는 고급정보와 과학적 지식구조로 기획된 결혼과학이 증명하였다. 그러나 이제 결혼과학 2세대며 차세대 기초소재개발로 또 다른 미래를 창조하며, 새시대를 열어가는 연구자들에게 박수를 보낸다. 당신들이 있기에 오늘이 존재한다.

바꾸어 부부공생은 상호동의의 원칙에서 이해충돌의 조율과 교감소통에서 철학과 인문학적 정서에서 과학과 수학으로 미래를 점치며, 결혼성공과 행복의 사다리로 한계극복에 도전하기 위해 혁신적 아이디어를 부지런히 빨아들이며 입지를 다져가는 현재진행형이 있다.

결혼예비자들은 결혼 정보교육을 마다한 착각은 차후 기회에서 편향에 휘둘릴 수 있다는 사실을 현실에서 인지하고 재고할 지혜가 요구하게도 될 것이다. 그리고 갑자기 상황이 바뀌어서 내 삶의 개념을 바꿔 상상하고 성찰하는 것만으로 그 절박함에 대응한다면, 결혼의 후유증을 사전에 예상하고 미숙함의 리스크를 줄여나가야 할 것이다.

이런 지혜를 찾는 것도 이 시대에서는 본인의 능력으로 인정받고 평가하니 조금도 쑥스러워할 이유도 없다. 그것도 기술이니까. 그러니 일반적 생각을 넘어 본인만의 특별한 기술을 개발해서 변화를 시도해 볼 필요가 있다. 지금 기회가 왔다면 기회를 볼 줄 아는 안목이 있어야 하며, 기회다 싶으면 빨리 잡아야 한다.

물론 제일 중요한 건 매칭을 제일 중요하게 생각하겠지만 현실을 들여다보면 훨씬 그 이전 자신을 인지해야 한다. 방향을 알고 행동으로 가야 할 일들을 현재 소유하고 있는 자신의 일반 상식에서 찾고 있는 것이 보통사람들의 평이한 생각이다. 그러나 그것은 상당히 위험한 발상이다. 세상살이는 아는 만큼만 보이기 때문이다.

예컨대 어떤 이는 맞선 보다가 지쳐 결혼 포기상태 직전까지 간 그런 사연 등등 이루 말할 수 없을 정도로 어려웠지만, 정말 결혼을 하기 위해서 어떤 준비가 필요로 하는지 포기하는 것을 보았다. 기본적 소양 지식도 무시하고 오로지 만남에만 몰두하는 그런 현상도 쉽게 보곤 하는데 그것은 큰 실수이다. 결혼은 물론이고 모든 세상 움직임이 지식정보 속에서 시작된다는 것은 누구나 알고 있는 상식 정도다. 이제까지 결혼과학 정보교육과 그리고 후에 도래할 평생 교육과 인성교육 그리고 사회기반 지식교육의 기회가 없으니까 각자 알아서 모든 수단을 동원하여 짝을 찾는 것부터 특별한 수가 없는 것이 현재의 실정이다. 그렇게 개인적 미숙한 판단에 운명을 맡겨야 하는 그런 위험한 현실에 노출되어 있다.

현실로 여자들의 내심은 돈 많은 남자를 모두가 원하고 있다, 그러나 찾는 기법도 모르고 결정적인 정보에는 거리가 멀리 있으면서 자신이 소유하고 있는 상식과 작은 지식 내에서만 찾으려 하고 있다. 알고 보면 거기 가면 기다리고 있다. 가서 손만 내밀면 되는 것을 설명이 필요 없다. 왜 못할까. 조금만 머리 쓰면 아주 간단하고 쉬운데, 이것 역시 정보다.

그러나 이것은 결혼과학교육에서 만이 정보로 가능하다. 결혼이 지향하는 목적은 결국 둘이 아니고 하나로 무언가를 만드는 융합적 응용사고로 새로움을 창조하고 미래지향적 바탕 위에서 서로의 존재를 인생의 기적으로 여기고 만나서 살아가는 원리이다. 그 전에 여러가지를 확인하고 나누는 것이 성공을 이루는 단서가 된다. 확인하고 나누는 기술은 정보 지식교육에서 습득할 수 있기 때문이다.

마스터 마인드(Master Mind)의 기술은 두 사람의 마음이 똑같은 목적을 향한 부부공생이다. 이것이 기적처럼 엄청나게 큰 힘을 발휘하고 성공하는 사람은 그 힘을 이용하여 더 큰 사회적 성공을 가질 수도 있다. 마음이 모이지 않으면 불화가 생기고 금이 가고 만다. 때문에 결혼은 보장된 것도 없고, 담보할 수도 없는 오로지 자신만의 신뢰로 지혜적 기술이 묻어나는 특별함이 있어야 성공할 수 있다. 한 번의 결정이 결혼과 인생의 성공 여부가 판정나기 때문이다.

인생이란 꼭 그렇듯이 지난 후에야 미숙했던 과거를 곱씹게 되고 가슴을 치는 경우를 흔히 보듯이, 지금 변해야 미래를 담보할 수 있고, 희망을 긍정적 사고로 심을 때 세상과 끊임없이 소통하는 자세로 업그레이드할 수 있다고 자신할 것이다. 인간은 소유한 지식의 정도와 사회적 배경으로 살아가고 있겠지만, 자신을 발전시키려면 자신의 정신적 진실을 알아야 하므로 자신의 변화를 요구하려면 자신이 쌓아온 내공과 지식 요체를 정확히 인식 후 지금의 입장을 대입시키면, 지향하는 목적으로 방향설정을 할 수 있을 것이다
그러지 못하면, 뜬구름 잡다가 변비인생으로 전락하든가 아니면 무지소치에서 한 발짝도 못 움직이며, 비겁함의 끝을 보여주는 부끄러운 운명을 맞이할 수도 있을 것이고, 인생이란 한순간의 운명에 휘둘리는 말꼬랑지처럼 순식간에 바뀔 수도 있다는 것이다.

본래 인생과 출세는 냉정하며 간단하다. 여기 제시된 문장만 봐도 당신은 이미 반은 인생성공의 나침반을 찾은 것이며, 지금부터는 본인과의 전쟁이 시작된 것이다. 결혼과학으로 한번 인생역전 시킬 기회이고 다시없을 기회를 최대한 특별한 정보를 통해 봄직하다. 결혼 4원칙과 부부공생의 본질을 알면 일거에 해결될 문제들이다. 행운을 빈다.

4. 메타버스의 현주소(Global Marriage Current Address)

결혼은 정보와 지식의 단순함이 아니라 세상을 보는 종합적 세계관이다.

- '미래, 결혼과학'이 등장하며, 세계적 결혼문화의 극명한 차이가 드러났다.

인류 역사에서도 많은 나라들이 미래 결혼알고리즘으로 결혼문화를 들여다보면 지금까지 역사가 흘러와서도 크게 변한 것은 미미하다. 결혼이란 어느 국가든 지나친 보수적 성향이 강하기 때문일 것이다. 특히 미혼 여자는 결혼 시기가 되면 남에게 표현할 수 없는 심적 부담과 공포 그리고 미래의 불안과 불확실성을 크게 느낀다. 인생은 결혼이라는 전환점에서 많은 고민으로 생각과 환경의 정도에 따라 인생디자인 그림이 그려진다. 바꾸어 인생 대박을 한번 만들어보고 싶다거나, 아니면 전혀 다른 환경으로 진출해보고 싶다거나 일단 자신과 타협하게 될 것이다.

이러한 궁리로 결혼질서와 첨단IT, 또 메타버스가 신용합응용기술로 결합하여 결혼과학의 신 기초소재 개발하여 차세대 '미래, 결혼과학'을 제시한다면, 전혀 다른 공법을 수용해야 할 입장이 될 것이다. 예상되는 요체는 이혼 불가의 규칙으로 책임지는 일이 선명히 보일 정도라야 한다. 지금은 상상도 못할 정도의 고도의 창의며 마치 양자컴퓨터가 일구어낸 작은 기적이 예측되는 대목이다, 세상은 소리 없이 이렇게 날로 발전하고 있다.

본래 결혼은 정보와 지식의 단순함이라 평하기보다 세상을 보는 종합적 세계관 논리로 이해해야 한다. 결혼전문가들은 그러나 좀 더 큰 의미를 부여한다. 결혼과학이 결혼 시장을 바꾸는 것이 아니라 결혼 시장의 구조적 변화가 결혼과학을 불러들였다는 것이다. '차세대로 가는 결혼과학 시장의 격변을 예고한 사건이라는 말도 나온다. 단순히 IT기업과 결혼과학의 협력이 아닌 미래 결혼질서를 둘러싼 기업 기술 간의 '투쟁'이 본격화하는 신호탄이란 해석이다.

전 세계 각국이 물밑에서 조용히 사활을 걸고 펼치는 '미래, 결혼과학'은 바로 치열한 전쟁수준이다. 한국의 I LOVE 결혼과학사관학교가 패권 전쟁 최전선 한가운데에 서 있다. 세계 최초 원조로서 결혼질서 창의와 기초소재 개발자이기 때문이다. 자국에서는 독자기술개발을 독려하고 있다. 결혼과학의 중요성이 얼마나 사회에 큰 비중인가를 정확히 인식하고 있기 때문이다.

결혼과학과 메타버스 혼합으로 제시된 요체는 미래 조망에서 예비자들의 욕구가 충족 되겠느냐의 의문점은 기관전문가들의 검증은 필수다.
정이 메타버스가 보는 결혼 실행구조는 현실에서 보편적 상식과 관습적 배경으로 환생하는 구조다. 가장 중심은 매칭에서 많은 환경적 경로 위에서 소유의 능력과 정서적 상호소통과 조율로 쌍방 종합의견을 결합한 절충안으로 결정하게 될 것이다. 이러한 과정은 일반적이다. 그러나 메타버스는 몸에 묻어있는 관습과 예외적 규칙에서 벗어나 시대적 감각에 어울리며 많은 이상을 요구하고 있다. 또 살면서 수없이 많은 선택의 갈림길 앞에 서지만 결혼의 기회는 항상 한번뿐이다. 순간의 잘못된 선택으로 인한 책임은 모두 자신이 감당해야 할 일이다.

익히 세계결혼의 알고리즘 정신은 인공지능이 아직까진 사람의 이상과 정확한 수치를 읽지는 못하는 수준에 불과하다. 그러나 험난한 과정이 남앉기 때문에 사람의 욕망에 대비할 시간은 충분하다. 인공지능 시대는 우리가 거쳤던 4차산업혁명 필수적인 과정일 뿐이다. 더 중요한 것은 결혼과학을 통해 행복주의 결혼질서는 위협적으로 다가오고 있다. 행복의 조건과 불행의 조건, 빈부의 격차 지식적 인격적 집단적 수준이 수평에 반하는 고르지 못하는 형평성이 조성될 조짐을 보이기 때문이다. 어쨌든 과학의 파워는 엄청난 변화를 예고하고 있고 결혼 문화적 장벽은 여전히 존재하지만 부흥할 수밖에 없다.

바꾸어보면 이 시대의 멋진 환경 속에서 자신도 재탄생되고 싶다거나, 그 이상을 꿈꾸는 사람은 어떤 상대를 만나는가에서 또 다른 희망과 미래를 설계하게 될 것이고 생각 위에서 보면 자신의 이기적으로 판타지를 충족시키기 위해 결혼을 한다면 불확실한 미래만 자초할 것이다.

메타버스는 결혼과학을 통해서만 결혼예비자들의 Leeds를 해결하고 가장 젊은 층의 욕구를 충족시킬 준비된 콘텐츠로 가능성을 정확히 인식해야 하고 현명함을 깨닫게 해준다. 알고 있는 만큼 보이듯이 결혼도 처음부터 최소한의 기본적 지식은 알고 시작해야 실수 없이 인생 행복지수 최고점으로 즐기는 삶을 누릴 수 있다는 것은 어느 나라건 기본적 개념은 같다.

처음부터 만남이 제일 중요하겠지만, 결혼생활의 시작부터 너무 많은 것을 요구하게 되고 그래도 앞으로 살아가야 할 과정을 다 표현할 수는 없지만 그래도 기본적 본질과 결혼의 원칙은 정확히 인식하고 준비하고 있어야 리스크를 최대한 줄일 수 있을 것이다

그렇게 지금까지 결혼세계를 돌아보면, 그런 교육기관이나 유사한 시스템이라고는 지금까지 전무한 상태다. 현재까지 결혼에 관련 고등 전문적 교육은 전혀 없는 것으로 알려져 있다. 대중은 이렇게 이야기하면 생각은 그럴 수 있겠다 싶어도 하지만 생각을 어디에서 시작해서 어디까지가 전혀

감이 없는 것이 보편적 생각이다.

예로 과거는 추억과 기억으로 남지만, 미래는 경험이 없으니 알 수가 없고 불확실한 존재다. 그만큼 인간관계가 복잡하고 마치 럭비공같이 언제 어디로 날아갈지 모를 일이니 특히 결혼을 앞둔 남·여 이성관계는 더더욱 심리적 감정표현을 판단하기가 어렵다.

익히 글로벌 인들도 마음 표현하기도 서툴고 모두가 미숙하게만 느낄 것이다. 왜냐하면 세상에 이런 유사한 책이나 정보자료가 없었기에 그렇다. 그럼 어디에서 정보라인을 요구해야 하는가는 제일 중요하겠지 이미 각국 각처에서 운영하는 결혼관련 데이터베이스나 현재진행하고 있는 시스템은 이미 30년 전에 도입되어 지금은 구시대적 시스템으로 낙후되어 수명을 다한 상태이며 이제는 표준성과 가치를 잃은 하나의 부속품에 불과한 존재 정도다.

이 시대에 맞는 혁신적 개념으로 사회발전과 함께할 신성장 동력으로 새로운 결혼과학 시스템을 개발해서 사회적 합의와 보장적 담보로 새롭게 길들여야 할 것이다, 지금 세상은 정보화 시대에서 현재는 IT와 빅데이터로 인정받아야 하는 현실에서 확신이 없는 과거 시스템에 묶여 기계조작 또는 비과학적 논리에 내 인생을 맡기겠습니까?

국가들이 그 환경에서 벗어나지 못하고 있는 것은 국가별 결혼문화 생태계와 질서는 별 미동도 없어 보인다. 선진국에서도 결혼 관계는 상당히 보수적이며 구 풍습에 묶여 큰 변화를 원하지 않는 것이 예다. 다만 경제발전으로 물질은 풍요롭고 처해있는 환경과 지식수준의 기준 잣대는 움직이겠지만 조상으로 내려오는 풍습과 문화는 아무도 흔들려고 하지 않는다. 하지만 이제는 변화의 시기가 왔다고 보아지며 조금씩은 상식선에서 고정관념이 변화가 보이지만 아직 특별히 제시된 것은 없다.

하지만 우리는 시대와 문화가 요구하는 방향으로 개념이 바뀌어 새롭게 깨어나고 있다. 자살률 세계 1위, 이혼율 1위 황혼이혼은 특별히 특등 그리고 최근 매년에 가정파탄이 10만 건 이상 발생한다니 이 모든 현상의 뿌리는 결혼문화의 모순에서 찾을 수 있고 그 외 여러 가지 이유가 있겠지만 남·여의 잘못된 만남의 이유가 월등히 높게 나와 있다. 그 후유증의 결과물로 이제는 인구생산이 줄어들고 미래를 어둠으로 몰아가는 현상이 날로 깊어지고 있다.

짧은 시간에 너무 큰 산업발달과 사회와 경제의 발전으로 삶의 질은 여유로움으로 와 있지만 느끼는 행복지수는 오히려 바닥 수준까지 내려와 있고, 가정속 정서는 심하게 병들어 있다 그 원인은 결혼문화산업의 굴절된 구태적 풍토에서 찾아볼 필요가 있다.

익히 사람은 갑자기 재산가치가 높아지면 이성을 잃게 되고 국민정서는 무너지며, 인간관계는 초개인주의와 이기적으로 변하고 구조적 삶의 질은 떨어져 이 시대의 가장 큰 비극이며 사회적 수치스러움만 유발할 것이다. 때문에, 우리는 미래를 향해 가정의 정서변화가 요구되어야 한다. 이 시대가 요구하는 시스템을 개발해야 미래를 담보할 수 있는 지식기반 위에서 결혼과학으로 행복을 심을 수 있게 도전에 희망을 걸어야 할 것이다.

또한 결혼의 조건적 요소가 모순의 결과를 생산하며, 남성과 여성 자신들의 행복감도 중요하겠지만 미래 담보와 가치는 인구생산에 더더욱 강조되는 대목일 것이다, 어떤 후세는 태어나 1명이 10만 명 또는 그 이상의 먹거리를 책임질 차세대 유능한 인재로 성장할 것이고 어떤 유전자는 반대쪽 사고나 치고 3류, 4류 인생으로 살아갈 것이기 때문에 쌍방의 만남이 훗날 사회에 큰 영향을 미친다는 원인과 사실에 주목할 이유가 있다.

모두가 이야기하면 다 알 수 있는 내용이지만 아직 누구도 이 부분에 정리된 구체적 설명이나 제시는 없다. 또한, 생각의 표현은 문장으로 한 줄도 못 쓴다. 결국 결혼문화가 구 풍습에 묶여 후퇴한 모습만 연속적으로 보여주고 있다. 남·여 관계가 그만큼 어렵다는 것이다.

그리고 역사적으로 유유히 내려오고 있는 혼수의 잣대는 물질로 부부관계를 평가하고 있어 적극 대폭 작은결혼으로 수정되어야 하며, 시대적 변화에서 이제는 선제적으로 선진결혼문화를 받아 들어야 하며 Wedding 장부가 있어 전 국민이 금전적 수학에 역기고, 설키고 이해관계에 묶여 더 우리가 진정 바라고 있는 인간적인 것이 무엇인지 다시 생각해봐 할 시점이다.

그리고 글로벌경제는 또 다른 변화를 시작하고 있다. 이러한 새로운 패러다임을 이해하기에 지식 공간은 턱없이 부족하다. 이렇게 너무 빠르게 닫아 오니 자신에게 투자할 여유도 없다. 그러나 이제는 변화해야 만이 살아남을 수 있는 시대가 도래 한 것이다. 이렇게 급속도로 변하는 새로운 사회의 패러다임은 결혼과학으로 변화를 재촉하게 될 것이고 지금까지의 상식이 21세기에도 통할 것이라는 생각은 착각일 것이다.

예컨대 세상은 넓지만, 결혼의 생태계적 진실은 별 크게 다른 점은 없다. 서로 이해 관계없는 남녀가 자신들의 가정을 떠나 새로운 가정을 만들어 부부로 일치되는 의식이며, 그다음에 자녀출산과 사회적 의무관계가 결혼의 본질이다. 이것은 또한 관례에 따라 진행되는 사회적 질서의 도덕적 계약이다. 현대 서구사회에서 결혼은 이성의 교제, 구혼 기간, 그리고 약혼의 과정을 통해 이루어지는 보편적 관례도 변하고 있다.

정이 대다수 서구국가에서의 결혼은 여성과 남성이 만나서 사랑에 빠지고 약혼하고 결혼하는 낭만적인 사랑이라는 이데올로기를 따르는 연애결혼이다. 회교와 힌두교는 중매결혼으로 남녀의 결합은 부모에 의해 이루어진다.

이것은 결혼이 개인들 간의 관계라기보다는 집안들 관계라고 할 수 있다. 그러나 이것이 사랑을 배제하는 것은 아니다. 결혼 당사자들 간의 친숙과 중매 과정에서의 수준은 전적으로 낯선 사람들이 결혼하는 것에서부터 부모의 선택이 매우 강하게 영향을 미치는 것 등 다양하다.

결혼은 당사자가 한 사람과 결혼하는 단혼제(Monogamy)나 여러 사람과 할 수 있는 복혼제(Polygamy)가 있다. 여기에는 한 남성이 여러 명의 부인을 갖는다든지, 한 여성이 여러 명의 남편(종종 그 남편의 형제들일 수도 있다)을 가질 수 있는 일처다부제(Polyandry)와 일부다처제(Polygyny)가 있다. 대부분의 결혼은 남편이 부인보다 나이가 많은 연상혼(年上婚, Hyper Gamy)이다. 영국, 미국, 서구에서는 동거 내연관계 등의 관습 혼이 점점 사회 관행으로서 받아들여지고 있다. 대부분의 동거(Living Together)는 시험결혼(Trial Marriage)이지만 보통 결혼으로 알려져 있다.

대부분의 결혼은 양가 부모로부터 독립하는 새살림 혼인(Neolocal Marriage)의 형태를 취하는데, 부부는 자신들의 가계를 스스로 꾸려 나간다. 부계를 따르는 곳에서는 부거제(父居制) 혼인(Patrilocal)이라고 하며, 모계를 따르는 곳에서는 모거제(母居制) 혼인(Matrilocal)이라고 한다. 그러나 서구의 도시화 된 사회에서 새살림 혼인은 주택의 공급문제가 대두되고 있다.

결혼은 젊은 남녀가 부부가 되는 것부터 시작이겠지만 비록 둘의 역할이 분리되거나(각자는 자신의 고유한 역할 인간관계를 갖는다), 혹은 공동이라 하더라도 둘의 관계는 일정한 사회단위를 형성하는 것으로서 노동의 성적 분업은 사회의 일반적인 형태로 나타난다.

결혼의 주요 동기는 가정을 이루고 자손을 낳기 위한 합법적이며, 애정적인 성관계에 참여하는 데 있다. 단지 결혼만이 아기를 낳을 수 있는 정당성을 부여할 수 있다. 남성들은 직접 아이를 가질 수 없기에 상속을 정당화 하기 위한 남성들의 요구는 남성이 결혼을 통해 여성을 통제하도록 하였다 고 여권론자들은 주장한다.

일류역사를 봐도 지금까지 세상에 결혼 정보교육이라는 프로그램은 보 기 어려우며, 합리적이며 또 논리적 구체적이며 과학적으로 정리된 것도 별로 없다. 결혼이라는 자체가 너무나 추상적이고 광범위해서 정리하기가 쉽지는 않겠지만, 그러나 예비자들은 지식과 상식으로 착각과 함께 미숙하 게도 몸에 묻어있는 작은 경험 그 이상을 생각은 하겠지만 교육기관이 전 혀 없으니 기대하지도 않는 현실이다. 착각과 함께 치부하고 있다. 지금까 지는 그렇게 상호동의 주의의 원칙에서 이해충돌과 분열을 조율로 일치점 을 찾는 가장 이상적 관계라는 역사적 배경에만 묶여 지금까지 왔다고 볼 수 있다.

이제는 모든 환경이 짧은 기간에 엄청나게 진보되고, 4차산업혁명 이후 이 시대는 새로운 환경에 적응하기도 전에 세계 경제는 또 다른 변화를 시 작하고 여러 방면에서 자신에 투자할 여유도 없이 몸으로 겪어 내야만 살 아남을 수 있는 시대로 변했다. 이 변화를 같이 나누고 지혜를 모아서 모두 가 간절히 바라는 맞춤형 결혼시스템을 세계인은 간절히 원하고 있다.

그리고 결혼으로 진보하지 못한 후유증으로 지금 한국에서 일어나고 있 는 자살, 이혼 세계 1등 치유의 도구적 대안으로 결혼의 원천적 모순을 사 실로 파헤쳐 세상에 알리고 또 그 해법을 제시함으로서 또 다른 미래를 설 계할 수 있는 부부 연결고리 작용의 원천구조로서 소소한 생각까지 읽어내 는 '미래, 결혼과학'의 경계까지 왔다.

요컨대 세상과 끊임없이 소통하는 자세로 한국의 최대 문제점인 결혼문화산업 전체의 생태계를 교육적 혁신으로 변화시켜 2050년대 한국이 초일류국가 지름길로 가기 위한 인식이며 과학적 기술로 다양한 분야에서 연구가 요구되고 있다. 그러나 결혼과학의 진행에서 이정도로 만족할 생각은 없다. 더 진보해야 한다. 현황은 이제 막 수확기에 진입했다는 의미다.

익히 새 시대를 맞이할 고급정보 지식의 시대적 변화와 혁신적 아이콘이 점진적 결혼과학적 교육으로 재창출되기를 원하기 때문에 결혼예비자 교육은 나의 변화를 통해 삶을 바꾸는 새로운 기회이며 시작이다. 또 많이 바라는 최종적 결과물일 것이다. 또 결혼의 정보와 미래가치사슬로 기대하는 교육은 이 세상 어디에도 찾기 어렵다. 그리고 우리 사회가 꼭 필요한 필수 교육으로 추천하며 같이 행복하자는 의미이다.(법제화는 당연하다.)

메타버스의 동력으로 결혼과학 차세대 기초소재 창의성 플랫폼의 개발에 박차를 가하고 결혼과학 시스템 초창기 공급망 전략침투가 기대에 못 미치고 있다는 지적이 예측됐다. 내용보다 낮은 작가의 인지도 때문일 것이다. 그래서 더 몰입하고 열중한 결과물은 대 성공대열에 오를 수 있었다. 노력은 배신하지 않는다는 진리도 체험하며 삶의 판도 개념을 바꾸니 훨씬 좋은 것도 일깨워줬다.

5. 인구증산의 키워드는 결국 결혼과학이다.

- 결혼을 배제한 인구증산은 있을 수 없는 일
- 인구 감소문제는 자본주의사회와 초개인화가 만들어 낸 후유증
- 출산장려촉진은 작은 결혼에서 본질을 찾아야

2021년 초 기준세계에서 가장 낮은 출산율 인구절벽 현실화 인구 데드 크로스(Population Dead Cross) 인구재앙, 새로운 100년을 향한 꿈, 푸른 하늘 저 높이 훨훨 날려면 과학적 정보와 지식기반이 충만 되어야 하며 오직 결혼은 부부공생 공통분모로 이루어진 결혼방정식의 진실을 교육으로만 알 수 있는 구조다. 미래는 빅데이터와 인공지능에서 최고의 명품결혼으로 새로운 개념 바꾸어 생각과 함께 인구증산의 숙원인 결혼과학의 통합 플랫폼

'행복한 척도(Happy Scale)'는 미래 결혼의 긍정적 방향성을 설정해 줄 이정표이다.

물론 이것은 과학적 알고리즘으로 접근한다면, 결과물은 결혼 성공과 행복 그 자체다. 여기에 주목해야 미래를 읽을 수 있다. 아름답고 좋은 결혼은 지식과 상식의 새로운 가치사슬로 인문학적 수학과 과학의 힘을 융합으로 응용한 철학적 사고에서 발상하기 때문에 출산장려 문제는 작은 결혼으로 접근함은 너무나 당연한 원론적 진리이다.

글로벌 결혼과학의 질서가 초강세를 이어가는 가운데 앞으로 결혼 시장 판도는 온통 결혼과학 질서로 재편된다는 목소리가 벌써 나오고 있다. 결혼예비자들의 관심이 그만큼 컸기 때문으로 풀이된다.

요컨대 결혼과학은 기존결혼질서에서 새롭고 특별한 매력의 시대적 획기적인 혁신을 개발하였기 때문이다. 연구진은 현행 교육이념에서 '홍익인간(弘益人間)'* 제안은 미래를 기리는 인간의 기본욕망을 일깨워주는 개념보다 이제는 시대적 결혼과학이다. 그러나 구태에서 벗어나 현실적 더 나은 삶의 미래 지혜롭게 지원하는 결혼과학의 교육적 체계를 인구증산에 집중과 결혼과학 기본교육과정 총론 개정방안 연구 보고서채택이다.

* 홍익인간, 弘益人間 : 널리 인간 세상을 이롭게 한다는 뜻

익히 수평적 작은 결혼 시민 집체교육의 활성화로 결혼문화의 개념을 바꿔 국가 의무적 책임교육의 방향과 기준을 담은 국가지원 교육과정 총론의 개정안을 제시한다. 일반 보편적 지원대상으로 교육이념의 상위 결혼과학교육은 누구나 쉽게 접근 가능한 작은 결혼으로 출산장려 동력에 불을 붙여 혁신적 '미래, 결혼과학' 평등교육은 국민 수평적 행복주의로 수정하자는 배경적 논의로 미래 인구증산의 획기적 규칙 제안은 법안 발의로 추인한다.

인구 감소문제는 자본주의사회와 초개인화가 만들어 낸 후유증일 것이다.

익히 결혼과학의 진실은 작은 결혼으로 삶을 풍요롭게 하자는 의도이며, 경제적으로 영향 받지 않고 미래를 설계하는 목적이 있다. 또 뜨거운 가슴을 가지고 열정이 넘치는 지식적 자세로 미래의 삶과 후세까지 이야기할 수 있어야 한다. 이러한 정신구조로 무엇이든 할 수 있다는 적극적인 정신이 느껴졌고 깊은 감명을 받을 수 있다는 자신감으로 결혼과 가정의 긍정

기대치가 바닥에 깔려있기 때문이다.

일반 상식을 빌린다면, 아기는 밤이 만들고 키우는 것은 우리 임무이다. 그것은 오직 작은 결혼으로 시작이며 인구증산과 출산장려 오직 유일한 치료수단일 것이다. 여기에서 작은 결혼으로 수정의 불씨를 살려내야 할 것이다. 경제 수학적 문제로 멀어져 있는 예비자들을 안고 쉽게 결혼성사의 길을 찾아 미래를 함께 가는 것이 선진국 지름길이다.

예컨대 결혼과학은 행복추구를 위한 원점 분석과 개발도 셈법(수학)에 반영된 새로운 인문학적으로 시작이며 선택의 여지가 없다. 세상을 송두리째 바꿔놓을 혁신적 대형사건이며 인생의 길라잡이이기 때문이다. 이를 검토 기초해 미래 보고서를 썼을 정도로 영향력은 나라의 운명까지 논하려는 자세로 대단함을 말할 수 있다.

원천적 결혼과학은 누구도 예상치 못한 미래의 꿈이며 희망을 품은 철학이기도 하다. 지금까지 한번 도 경험 없는 결혼질서 대전환의 계기는 결혼과학으로 삶과 사랑을 인용한 결혼도 이젠 과학적 강제돌입은 완성과 보장성을 인정받았기 때문이다. 이러한 시대적 변화라는 기회로 삼아 더 큰 미래준비에서 급속한 변화도 예상해야 한다.

2021년에서 바라본 2050년과 100년 후의 우리 사회는 어떤 모습일까? 그때를 소환해 탁상 위에 올려놓고 토론한다면 미래를 어느 정도까지는 엿볼 수 있을 것이다. 인문학적 과학과 수학적 해법은 과학체계의 혁신적 발상이며 또 결혼예비자들은 미래에 대한 불안감과 불확실성 정도가 결혼시장의 수요공급 불균형과 인구증산에 심각한 현상을 알 수 있다.

이러한 결혼의 기피 현상 해소는 경제적 비중을 크게 느끼고 이기적 자기중심적 사고의 발상이 인구증산에 발목을 잡고 있다. 정답은 작은 결혼이다. 돈 없어도 좀 부족해도 다소 가치가 떨어져도 쉽게 접근 가능성이 보인다면 결혼 4원칙과 부부공생구조를 응용하여 심리회복 탄력성으로 경제적 감당으로 결혼할 수 있다는 구체적 가능성을 읽을 수 있다.

익히 결혼과학의 핵심인 공통분모와 4원칙 8과목 개념이 현실적으로 공정하고 과학적이며 구체적으로 정교한 현미경 검증이 확보되어 엄청난 변화로 갈 수밖에 없기 때문이며 갈망하는 위대한 꿈의 출발점은 결혼과학으로 압축된 비대칭 해소기술 상호동의 결혼 4원칙 프레임은 부부공생의 기본적 수평 구조로서 세계인이 기원하는 인구증산 생태계의 조성으로 희망을 심을 수 있을 것이다.

결혼과학의 결과물은 부부공생이며, 앞서 이미 검정이 완료된 상태이다. 보편성에서 대부분은 사랑하기 때문에 결혼을 원한다고 생각하며 이러한 동기는 결혼이 서로를 보호하고 있음을 인식하며 영원히 삶을 함께하고자 하는 두 사람이 추구하는 부부연대에서 사실을 증명한다. 그들은 가까운 동료로서 세상을 믿고 소통할 수 있는 가장 강력한 부부연대로서 부부의 관계를 충족 동시에 출산장려에 힘을 실어줄 것이다.

예로 조건성립의 본질은 결혼과학교육으로 돌아가야 한다. 교육적 조건에서 만나 소통공간이 확보되어야 이해와 성공구조가 성립된다. 결혼예비자 양편에서 교육 이수를 원칙으로 한다. 지식과 정보 밸런스가 수평적이어야 이해소통이 장애 없이 원활할 수 있기 때문이다.

바꾸어 이 모든 제도적 장치는 기술적 논리로 대입을 요구하게 된다. 정의 맞춤형 메뉴얼 핵심의 본질은 Super Computing에서 지금 세계가 주목하고 있는 양자 콤퓨트가 탄생 된다면 후에 생긴 영향중에 결혼과정은 상상을 초월한 구조적 변화가 예측할 수 있을 것이다. 개인식별(주민등록) QR코드 부여 하나면 구체적으로 자동화가 성립되는 꿈의 매칭구조 탄생을 들여다볼 수도 있다.

2021년 현재 미국의 슈퍼 콤퓨팅 기능은 한국 과학기술원이 1대 보유하고 있는 슈퍼컴퓨팅 보다 몇십배 높은 고성능용량을 50대 이상을 운영하고 있다. 게임은 이미 끝났다. 고로 양자 컴퓨터가 개발된다면 또다시 새로운 세상으로 획기적으로 변할 것은 기정사실이며 더구나 미국 대학교와 그 외 각 연구소에서 어떤 일이 벌어지고 있는지를 들여다봐야 미래를 엿볼 수 있다. 이러한 현상 발상의 원인이 어디에 있나?

이것이 몇년 후 우리가 따라가고 있는 모습이기 때문이다. 여기에서 우리는 냉정해야 한다. 세상이 이렇게 굴러가고 있다는 것을 인식하고 지나가자. 실리콘밸리에서 탄생한 아이디어가 세계를 지배하듯이 과학정보세계는 냉정하게 놀라운 변화를 줄 것이다. 인간이 현재까지 상상도 못했던 결혼과학이 세세하게 구체적으로 밝혀질 것이며 새로운 미지의 세상이 과학적으로 펼쳐지고 있다는 사실에 공감하고 또 이해하고 넘어가자.

본래 미국대학과 그 외 각 연구실을 살짝 들여다본다면, 유전자 분석으로 절대 이혼 없는 부부공생 유전자일치점을 빅데이터에서 인공지능으로 분석된 결과물을 검색한다면 놀라운 일이 벌어질 것이다. 물론 현재진행형이다. 우리는 결혼이 어떻게 소통적 결합을 보여줌으로써 존재한다는 것과 살아간다는 것에 대해 스토리를 호환 분석해 인간의 인지능력으로 선택할 방향을 제시해준다면 놀라운 일이다. 이의 신비로운 결혼과학은 결혼예비자들을 다시한번 무한 신뢰와 세계인들에게 희망을 안겨 줄 것이다.

딱히 수술이라 하면 으레 메스를 손에 든 의사를 떠올린다. 하지만 미래에는 외과 의사와 수술에 대한 이런 고정관념이 바뀔 것으로 보인다. 그때도 장시간에 걸친 개복 수술이 필요한 질병은 남아있을 것이다. 다만 상당수의 수술을 로봇이 집도하게 된다. 로봇 수술 시대가 본격적으로 열리는 것이다. 사전 시뮬레이션으로 정확도를 사전에 예고도 한다.

익히 이러한 상황에서 결혼과학의 정보교육 없이 결혼한다면 본인 착각이며 큰 실수가 아닐까? 결혼 정보교육에서 예비자들의 수호신으로 가장 엄격하고 과학적 안정성이 확보되어야 그 가치와 신뢰 할 수 있을 것이다. 빅데이터, 인공지능, 플랫폼에서 결혼질서 소프트웨어 코딩과 하드웨어공법은 5G기술로 한 차원 업그레이드된 속도전으로 결혼 4원칙 외에 8과목으로 결집 된 자사의 창작품 '행복한 척도(Happy Scale)' 플랫폼에서 행복한 삶을 영위할 권리와 길라잡이로 압축된 프로그램 있다.

인생은 결혼의 과정에서 출산은 필수며, 미래를 보는 조감도(Bird's-Eye View)가 얼마나 중요한가를 인지해야 평생의 큰 그림을 그릴 수 있을 것이다. 따라서 부부 사랑의 감동으로 욕구에서 빈틈을 채우는 재미 또한 출산의 기쁨과 행복이다. 그렇게 결혼과학의 주목도는 인구증산이며 행복의 지름길 길라잡이 그 본질의 주체도 작은 결혼으로 인구증산이어야 한다.

익히 지금과 같은 결혼환경은 물질만능주의로 혼인을 외면하는 결혼환경에서 결혼예비자 자신을 미래의 소극적 자세로 몰아 사회성 이탈은 인구증산에 걸림돌이 된 것이다. 출산장려는 작은 결혼에서 근본적 본질을 찾아야 할 일이다. 결혼해야 아기가 태어나겠지만 과거 5,60년 전에는 한 가정에 4~5명은 보통이며, 7~8명도 낳았는데 그때 서울역 정면에 인구현황판 네온싸인이 작동(둘만 낳아 잘 키우자.) 하였지만, 2020년 말 기준 본격적으로 전체 총인구수가 줄어들어 적신호가 들어왔다. 당시에서는 지금 상황을 꿈에도 생각 못했다.

출산장려 작은 결혼에 집중하라.

인구증산은 국가 운명의 결정판이다. 2020년 말 기준 인구수가 수평관계에서 이제 아래로 내려오므로 심각한 단계로 접어들었다는 신호다. 국가에서 많은 지원과 투자를 하고 있지만, 역부족으로 상황은 점점 부정으로 나타나고 있다. 4차산업혁명 이후 우리 사회가 간단한 사회가 아니다. 결혼 과학으로 인구증산의 출산장려는 사회발전의 기본을 바꿔놓겠다는 것이며, 우리의 인생 전체의 생태계까지 변화를 불러일으킬 혁명적 사건임엔 틀림 없는 사실이다. 이러한 변화를 감지하는 능력이 퇴화하면 누구나 도태할 수밖에 없다.

예컨대 결혼예비자들의 품위를 유지하면서 작은 결혼 연합적 공유로 다소 쉽게 결혼으로 접근할 수 있는 가장 좋은 시나리오는 작은 결혼의 뉴노멀이다. 환경과 질서에서 결혼 성공로드맵 결론부터 논하면, 인구증산은 디지털 빅데이터와 인공지능에서 분석 정리한 프레임에서 찾아야 한다. 결혼이라는 한번 선택에서 인생 전체가 결정되는 중요성 때문이다. 이미 결혼 관문에서 행복과 불행이 결정 나는 엄격하며 냉정한 존재일 것이다. 과거와 같이 생각한다면 큰 실수이며 결혼은 인생 전체의 삶을 결정할 선택이며 인구증산의 첫 단계이기 때문이다.

정이 인구증산과 출산장려문제는 결혼과학이 주창하는 빅데이터와 인공지능이 잘 호환되고 결혼 4원칙이 통용되며 상호작용이 장애 없이 운영된다면, 인구는 폭발적으로 증산될 것은 너무나 자명하다. 멋진 명품결혼을 원하고 미래 결혼창조자들이 주장하는 결혼 4원칙을 기본적으로 들여다봐야 한다. 또 자신과 평등한 공통분모 소유한 사람을 찾아야 한다. 평생 부부공생으로 같이 가야기에 공통분모는 기본이다. 결혼의 접근방법에 따라 큰 변수가 생길 수도 있기 때문이다.

예컨대 지금 생각하고 있는 결혼의 환경적 경계는 어디에 머물고 있나에서 시작되어야 한다. 또는, 어떤 정보에서 움직이고 있나? 주위를 둘러볼 필요는 없다. 내 길은 내가 찾아야 한다. 누가 대신해 주지 않는다. 미래의 투자라는 새로운 동기부여 작용으로 인구증산의 생태계적 공법이 절실한 현실에서 결혼과학과 함께 가야할 규칙일 것이다.

익히 결혼으로 새로운 삶의 기회를 잡고 진한 행복감으로 오늘 이 시간을 아끼며 즐기는 자세라면 끝없는 세상에 자신의 영혼까지 사랑을 키우게 될 것이다. 그리고 자신의 가치와 이상적 희망은 평가 선상에서 논의해야 한다. 본질로 결혼예비자들의 기본적 생각은 수평적이며 너무나 평범한 생각에 고정되어있다. 여기에서 다시 생각을 풀어볼 필요가 있다. 입장이 비슷하면 상대적 상호작용의 이해와 호감도가 높기도 하고 공감소통이 훨씬 편하면 결혼을 원하는 안정감이 생기기 마련이다.

딱히 평이한 온도 차이를 느끼는 생각만으로는 좋은 결혼을 할 수 없다. 인간은 기본적으로 지식구조기반의 수준과 이해에서 부부공생의 결합이 이루어진다. 또 부부는 우호적인 관계로 끝까지 가기 중심 이기적 본능의 욕구 풀소유는 지나칠 정도로 생각보다 우위로 예민하다.

그런 환경을 들여다보며 대입한다면, 당신의 생각 시간은 지금 몇 시를 가리키고 있나? 이것은 미래를 예측하는 이정표가 될 수 있기 때문이다. 여기에서 잠깐 생각이 벗어나면 결혼예비자들은 딜레마에 빠질 공산이 크며, 이러한 현상이 요즘의 추세이며 또는 출산을 조정할 수도 있다. 만약 당신이 인내심이나 이해심이 미숙하여 미래의 배우지 감을 깊이 사랑한다고 한다 해도 당신은 출산 때문에 그에게 지나치게 높은 점수를 줄 가능성이 나타날 수 있기 때문이다.

부부공생도 감정 소통적 대화에서 시작되듯이 결혼은 인생에서 가장 중요한 약속의 실천이며, 때론 상대방의 행동과 생각의 순환적 교환으로 뭔가를 해준다는 타산이 앞서서는 안 된다. 잠깐 무관심한 생각이 부부간의 신뢰와 연대감을 흐려놓는 일이 되기도 하기 때문이고 공통분모 공감소통 지식밸런스, 환경밸런스의 본질에 충실해야 결혼생활과 행복 동산에 입당할 수 있다고 이해한다면 지금 무슨 생각으로 미래의 출산과 가족계획을 점칠 수 있을까?

그렇게 마지노선에 들어선다면, 이미 선택은 끝난 것이다. 운명은 결정되고 결과만 남게 된다. 이러한 짧은 생각이라면 구태로 돌아갈 수밖에 없다. 고정관념에 묶인 자신을 돌아보며 오늘까지 온 역사를 부정할 수는 없다. 있는 그대로 감수될 수밖에 없다는 것이다.

예컨대 자신은 그 분야에 잘 모르고 아닌데 하고 뒤로 물러서면 물러서는 만큼 미래의 기대치는 낮아질 것이며, 인구증산이라는 국민 공감대가 우선 제도권으로 정체성 확보가 선제적으로 보장되어야 호응도가 높게 나타날 것이다. 그러한 인식소통은 다시 출산문제를 생각해봐야 할 것이며, 현명한 판단으로 고해의 길을 빨리 벗어나야 할 것이다.

익히 결혼을 앞둔 젊은이들 삶 온도차는 너무 높다. 이 시대를 살아가는 젊은이들의 마음을 누가 어느 정도까지 경청하고 이해할 수 있을까? 삶의 오지에 버려진 그런 심정일 것이란 생각도 다소 들 때가 가끔은 누구나 지나가는 생각 정도는 했으리라 여겨진다.

이는 본인들의 의지와는 아무런 상관없이 사막에 버려진다면 그리고 특히 결혼을 앞둔 입장에서 준비된 마음들이 얼마나 건조한지를 본인과 주위 사람들도 같은 생각으로 세상을 원망해야 하나? 한마디로 압축하면 사회가 그만큼 예민해졌다는 것인데 이런 현상은 누구나 같이 겪 는 입장에서 크게 눈을 뜨고 세상을 바라볼 결혼과학 교육적 정보와 지식적 지혜의 필요성이 주입되어야 한다.

물론 개인적 지식의 차이와 인식이 다르겠지만 시대적 환경의 변화는 냉정히 현실 그대로 받아들여야 할 것이다. 세상은 이미 모든 부분에서 경쟁의 체제 속으로 빠져들었고 살아남기 위해서 자신의 관리 상태를 수시로 점검하지 않으면 금방이라도 도태할 수 있다는 위기감까지 와있다는 생각도 과언은 아닐 것이다.

정의 혼자만의 노하우나 특별함이 묻어나는 자신의 잠재돼있는 재능의 능력을 일깨워 내야 할 것이며, 그렇지 못하면 그 이후부터는 남의 머리를 빌려 쓸 지혜라도 있어야 미래를 설정할 수 있을 것이다.

역시 결혼이라는 생각이 어디에 머물고 있나에서 결판난다. 많은 기억의 창고와 공간에서 지금 생각하고 있는 풀어야 할 과제에서 어떤 일이 얼마나 실효성과 가치사슬이 얼마나 되는지 그리고 이것이 미래보장형으로 또는 집중성 보장과 상호 감정소통 보장으로 지속가능성 확보를 자신에게 판단여부를 되물어 볼 필요가 있다.

예컨대 결혼성공이란, 어떤 불확실성 해소로 미래의 보장성을 요구하기 때문에 다양한 미래 삶의 범위와 경계를 내가 설정해야 하며 많은 정보와 지식을 공유하며, 인간관계와 접촉하는 경험과 공유로 얻을 수 있다고 모두는 객관적으로 단정 짓고 있다. 그러나 예비자 쌍방 고도의 심리갈등 요소의 문제 해소장치의 결과물은 작은결혼이며, 경제적으로 좀 부족해도 쉽게 결혼할 수 있는 사회적 환경에서 출산으로 희망을 증가시키게 될 것이다. 2021년 현재로서는 주택문제가 큰 걸림돌이 놓여 있다.

요컨대 2021년 들어와 출생·사망자 수가 역전되는 '데드크로스현상'이 처음 발생하는 등 저출산쇼크로 인구감소로 현실화하자 파격적인 출산 유인책을 내놓고 있다. '결혼드림론' 프로젝트 추진과 출산장려금까지 들고 나오는 현상으로 치닫고 있다.

미래는 출산장려 촉진이 세상을 바꾼다(결혼문화의 시대적 변화)

세상에 없는 것을 찾으려면 새로운 기회를 만들어내야 하며, 최선을 다한다는 결혼은 교육의 힘에서 나온다. 즉 결혼과학의 생태계로 돌아봐야 출발점을 인식할 수 있을 것이다. 익히 저출산문제는 근대문명의 독이다. 앞으로의 세상은 인구가 충분치 않으면 경제 빙하기도 도래할 수 있고, 많은 분야에 영향을 끼치기 때문일 것이다. 물론 저출산 관계에 많은 관심과 큰 비용을 지출하고 있지만, 문제를 찾는 것이 미래의 희망이고 이 시대에서 꼭 풀어야 할 과제일 것이다. 결국 결혼으로 해결하고 지나가야 할 중대사이다.

근 10여 년 이상 실행했지만 성과는 정책실패로 판정나고, 부속된 과정에 후유증만 나타나고 있다. 검정 되지 않은 물론 어설픈 추상적 일반상식적 생각만으로 실행한 결과물일 것이다. 새로 만들어 실행 중인 것도 앞으로의 기대치도 성과가 미미해 보인다. 더 이상 패배주의에 빠져있을 수 없다는 열망과 생각들은 조금씩 결집되고, 구체적인 방향을 제시하지 못하고 있는 것은 끔찍한 일이다.

세상에서 제일 어려운 것은 사람들의 마음을 움직이는 것이고, 그것이 긍정적인 쪽으로 성장할 수 있게 길을 열어주는 주체는 지금 우리의 기발한 아이디어와 집행 의지일 것이다. 물론 많은 문을 열어놓고 심사숙고하고 있고 또는 그 이상도 연구개발하고 있지만, 결국 도착지는 결혼문화 결혼질서의 접근이 제일 큰 비중을 차지할 것이다.

지금 꼬여있는 Wedding 환경 전반적인 개혁으로 저출산문제에 접근해야 할 것이고 그 끝은 현재 입장에서는 찾기가 매우 어려울 것이다. 인간의 오랫동안 길들여져 있는 개념 바꾸기 본질을 바꿔야하기 때문이다. 멀리 보고 가야 길도 잃지 않을 것이며 또 리스크도 줄일 수 있을 것이다.

중요한 것은 작은 결혼으로 쉽게 돈 없어도 결혼할 수 있는 환경과 공법도 찾아야 한다. 예컨대 결혼과학과 호환되어 선진Wedding 배경으로 가야 한다. 예로 선진국에는 결혼예식장이 전혀 없다. 공원 도서관 골프장 바닷가 길 있고 공간만 있으면 Thank You다. 예물 싸구려 커플반지 하나면 끝이다. 나머지 여유자금은 미래 생활준비금이다.

물론 결혼문화를 패러다임으로 생각한다는 것은 세상을 바꾸어보겠다는 것인데 현재 결혼문화를 뒤집자는 것은 아니고 점진적으로 개량주의로 가자는 것이다. 시간과 비용 그리고 기술이 요구되겠지만 그래도 이것이 최선일 것이다. 결과물로는 결혼과학교육 혁신으로 일반화시키는 시스템이다. 인간은 누구나 듣고 이해하면 실천할 의지가 생기는 법이다.

"출산지원 앞서 혼인율 높여야, 저출산 문제를 해결하기 위해서는 남녀가 모두 일하기 좋은 워라밸 사회를 만드는 것이 무엇보다 필요하다." 그에 앞서 결혼이 더욱 중요하다. 저출산 고령화문제 전문가들은 기존의 저출산 대책이 큰 효과를 보지 못하는 것에 대해 '기존 대책은 육아휴직·보육 같은 이미 결혼한 사람을 위한 것들이었다. 그러나 저출산의 원인은 근본적으로 미혼을 택한 사람들이 많은 탓'이라고 분석한다. 즉, 이미 결혼한 사람들을 대상으로 출산지원책을 펴는 것보다 먼저 혼인율을 높이는 것이 저출산문제를 풀기 위한 선제적 대책이 요구되어야 합리적이다.

그러면서 "여성들이 자신보다 수입이 좋은 남성을 찾는 기류에서 벗어나 무엇보다 남녀가 모두 일하기 좋은 일자리 환경을 만드는 것이 중요하다." "이를 위해선 남성 중심의 근로 방식을 점차 개선해 남녀 모두가 좋은 일자리 워라밸(Work&Life Balance, 일과 삶의 균형)를 통해 안정적 수입을 얻고 결혼으로 이어지는 것이 저출산문제의 해법이 될 수 있다.

미래의 무한한 창조적 성장 가능성의 문을 열려면 지금부터의 준비사항은 출산장려촉진으로 당연히 가야하며, 그리고 지금까지 내려오고 있는 결혼 문화산업의 생태계를 혁명적 수준까지 변화시킬 필요성을 크게 느낄 수 있는 인식이 요구되며, 혁신과 융합응용사고로 접근해야 할 것이다. 창조와 성장동력 엑셀의 주체는 결국 인간이기 때문에 일반적인 기존의 사회적 풍습 또는 현존하고 있는 결혼문화 환경에서는 미래 경제창조성장이 담보될 수 없다는 것도 명백한 사실일 것이다.

좋은 밭에 꼭 맞는 맞춤형 씨가 심어져야 기대치를 거둘 수 있듯이 인구촉진장려에 기준점을 두고 인구생산촉진을 교육적 나눔으로 미래준비를 해야 할 것이다. 남자와 여자 만남의 조건이 어떤 프로세스에서 시작점이 될 것이고 시스템과 데이터의 신뢰성이 확보된 메뉴얼로 사회적 합의를 이루어내야 할 것이다.

이미 현존하는 기존형태는 아니다, 이것은 우리는 분명히 알아야 미래를 생각할 수 있을 것이다, 현재의 결과물로는 잘못된 만남의 부부관계가 낳은 부작용이며 잘못된 결혼문화 형태가 사회와 국가를 어려움으로 몰아가고 있다.

바로 이것을 해결하자는 것이다. 수백 번 강조해도 결혼이 문제의 중심에 있고 즉 인간은 부부간의 소통적 감정의 온도가 하루 일과의 능률과 성과의 결과가 나타난다고 한다. 아닌 것 같지만 모든 사건의 씨는 여기에서 출발한다고 보아야 할 것이다. 결혼문화도 이 시대가 요구하는 정보교육의 필요한 시스템이 과학적으로 개발되어 미래에 담보될 수 있는 첫째 조건은 만남의 시작에서 찾아야 한다. 지금까지 긴 역사 동안 전혀 준비가 안 된 남·녀 만남의 결혼이 아무런 근거 없이 성사되어 오늘날까지 오고 있으니, 그동안 얼마나 많은 후유증이 이 순간까지도 아무런 대책 없이 이루어졌을까를 알 수 있는 대목이다. 결과물로 이혼, 자살 세계 1등에 가정파탄 이루 말할 수 없는 대형사고 사건까지 갈수록 어렵게 가고 있다. 만남과 결혼문화의 후유증이다.

이제는 결혼과학교육과 구체적 나노 맞춤형 또는 뼛속까지 맞추는 DNA의 적용방식은 처음부터 과학적 시스템이라야 확실히 보장된 그리고 믿음과 신뢰가 담보된 프로그램으로 신뢰할 수 있다.

익히 지금까지 만남의 최고의 생각은 그 이상형은 추상적 사고이며 언제라도 변형 가능성을 내포하고 있고 저당될 수 없는 본인만의 허상 적 목표라는 것과 착각일 수 있다는 것도 알아야 할 것이다, 이러한 이상형은 검증되지 않고 구름 잡으려는 형태에 불과하며 언제라도 다시 생겨났다 사라지는 말 꼬랑지 휘둘리는 형태로 바꾸고 불확실성의 비중이 크다고 보면 정답일 것이다.(그런데 놀랄 일이 생겼다. 2021년 6월 미국 IBM에 양자 컴퓨터가 설치 완료되었다. 이것은 실지 상황이다)

6. 부부공생의 본질은
소프트웨어 코딩(coding)에 있다.

'결혼은 쌍방향 소통'은 부부공생구조에서 결혼과학이 경계를 없앴다. 부부공생(Couple Togetherness)은 약속이며 협의나 협력하는 충실 구조로 자신과 일치된 긍정 관계를 가지게 작용할 것이다. 부부관계에서 소통 불능이면 무의식적인 신호를 계속 보내게 된다. 감정정체(Gefuehis-Stan) 심리적 장벽은 갈등이 존재하기 때문이다.

정이 부부공생은 주관적 개념으로 심리적 배려심이 관계개선에 더욱 도움을 주게 마련일 것이다. 이러한 바탕 위에서 행복을 느끼게 됨은 너무나 당연하기 때문이다.

이러한 내적 민주화는 정서 공유의 과정이 방해받지 않아야 하며, 그중에서도 인성과 '인간주의(Humanocracy)' 개념을 기본에 두고 순발력(Improvisation)과 지식적 수평에서 상식적 의사소통에 장애가 없어야 한다는 기본이다.

예컨대 결혼과학의 퍼즐을 맞춰가는 기능은 지식과 정보로 상대적 공감 소통을 기반으로 이루어지고 있다는 경고장을 낸 것은 정확하게 비교할 대상은 아니지만, 부부의 일상을 온전히 지켜주는 정신적 규칙이라고 했다.

본래 부부공생의 보호적 구조는(완전 신개념) 결혼과학의 베이직은 절대 정직성이며 평생 같이 갈 구조이기에 신뢰가 중심이어야 하며, 부부관계의 최소한의 기본정신이다. 부부공생 일치의 구비요소는 지식과 소유재산, 삶의 환경을 배경 삼아 어느 정도의 수준에서 미래의 희망 사항부터 요구받게 된다. 제일 중요한 상대의 프로필 내용에서 지역적 배경으로 자신의 가치를 측정하고 미래의 목적과 추진 동기 등 배경과 환경적 성장프로필 분석은 필수다. 이러한 기반 위에서 미래설계는 결혼과학의 필수조항이다.

딱히 부부공생(Marital Symbiosis)은 정서적 수준과 인지능력이 수평적이며, 양립성의 가치가 높으면 높을수록 행복지수 상승은 효과적이다. 여기에서 정서란 지식적 사회학적 성장 환경 현재 일상생활 환경 일반사고의 보편성 긍정 관계를 의미한다. 이러한 형평성밸런스가 수평으로 합리적이어야 감정소통이 원활하며, 이 시대 와서 모든 사물이 과학적 검정으로 해법을 찾듯이 결혼과학도 이제 피할 수 없는 시대적 요구이다.

요컨대 코딩은 부부동맹의 생태계 조성에서 시작이며, 기술융합으로 미래 삶을 사전예상까지 점친다면 앞으로 발생할 문제점까지 분석과 동시 시뮬레이션 구성으로 들여다볼 수 있다. 이는 결혼과학이 결혼 4원칙과 공통분모를 통해 부부공생구조로 택시 역할을 한다는 원리이다.

"2021년 이후 디지털과 융합된 결혼 코딩교육으로 증강현실(AR) 등 디지털 기술의 융합이 가속화되고 있다. 그 파장은 엄청난 결혼질서의 쏠림현상도 만만치 않을 것이다. 물론 사회적 환경은 긍정적인 방향으로 가겠지만 또 다른 예상외의 결혼예비자 심리적 갈등구조까지 점검해 봐야 한다. 결혼환경을 확대해 선택권을 넓혀야 할 것이며. 또 결혼의 불평등과 생각 밖의 일들도 예상해야 한다. 그러나 그것은 미미할 것이다. 최근 결혼과학을 동기화시켜 현실과 가상세계(Virtual World)의 경계를 넘나들고 즐기며 편하게 매칭할 수 있는 특징인 시스템을 앞세워 '미래, 결혼과학'과 호환하는 등 신시장 개척에 나섰다. 앞으로 결혼산업의 활력을 불어넣을 것으로 보인다."

익히 결혼성사 여부에서 지금 우리의 연구데이터에서 검정 중인 예비자의 DNA를 인체공학적 검사항목에서 인공지능으로 호환된 분석표는 남·여 매칭 성사의 결과를 실지로 데이터에서 응용되어 분석 정도를 들여다보고 있다. 만일 이 시스템이 성공적으로 개발되어 시행된다면, 결혼 전 성사단계에서 결혼예비자들의 지식 공간에 잠복 된 정보와 상식의 사전검증 결과에서 행복지수와 불행의 단위적 비교는 별도 관리대상이다. 지식적 능력과 환경의 경계에서 결혼성사 확률과 확인 검정이 가능하다는 결론이다.

이렇게 고차원적인 인공지능의 과학적 배경에서 꿈같은 시스템이 개발 완성도를 높이고 있다니 놀랍기도 하다. 물론 그 배경의 구심점은 결혼 정보교육의 4원칙과 소프트웨어와 하드웨어 기타 장치가 심장에 기본으로 장착되어있기 때문이다. 또 부부는 교감 신경이 일치감으로 행복감까지 역동적으로 소통과 움직임이 항상 일치할 때 천생연분 관계이다. 결혼은 우연(Coincidence)이나 운명이었지만 이제는 시대적 개념 바꾸어 최고 결혼은 과학적 정보교육의 기술에서 놀라움으로 향한다. 고급정보 응용으로 터닝포인트에서 부부는 공통분모(Common Denominator)와 지식의 공유화로 항상 수평적인 '비대칭구조(Asymmetric Structure, 非對稱構造)' 해소와 상호동의주위의 원칙에 이해충돌의 소지를 해소할 조율구조가 이상적 관계라는 인식의 공감대를 통해 부부공생으로 기적을 이루는 것도 결국 코딩에서 응용 융합된 결과물이다.

정이 어떤 결혼이 최고일까? 하나로 압축은 애매하나 일단 이상적인 만남에서 별일 없이 지식과 상식의 소통으로 행복하게 평생 오랫동안 건강하게 후회 없이 살아갈 수 있다면, 결혼과학과 지혜로운 자신에 감사해야 한다.

세상에 태어나서 생각하고자 하는 의도 되로 모두가 될 수는 없겠지만 그래도 결혼만큼은 이상적 배우자를 만나 삶의 가치사슬 공유와 서로 의지하며 살아간다는 결혼의 기본적 개념은 본질적 기본논리이다.

익히 결혼은 즉 인생의 압축판이다. 또는 삶의 전부도 될 수 있다. 이렇게 중요한 결혼을 대충 몸에 묻어있는 상식으로만 가지고 결혼하겠다는 일반적인 발상은 큰 착각이다. 과거의 공정관념에서 벗어나고 환경과 여러가지 짧은 생각으로 지금까지 왔지만 이제 세상은 하루가 다르게 변화를 재촉하고 있고, 사회적 문화도 글로벌화 되어 엄청난 변화에서 모든 것이 경쟁적으로 이루어져 치열한 정보 속에서 살아가듯이 결혼도 무한 발전하고 있다.

정의 '결혼을 어떻게 해야 하나'는 고급정보교육만으로 알 수 있는 법이다. 알면 보인다. 결혼의 기본적 개념에서 단순 결혼이라면 너무나 광범위하기에 말로 표현하기 어렵겠지만, 눈으로 보고 인정할 일이 있고 마음으로 느끼면서 공감토론 과정에서 많은 것을 요구하기도 한다. 때로는 미래를 위한 삶의 질적 온도를 결혼예비자 서로가 평가하고, 지식과 환경 그리고 인간적 배경에서 너무나 많은 정보자료가 교재의 대상이 되어 의사소통으로 공감을 나누며 상호이해충돌과 갈등 소통적 사고를 견제하고 해소능력과 부부공생의 일치할 조율을 논의 대상이라고 일반적 상식으로 믿고 있다. 그러나 이것은 틀린 생각이다. 고정관념을 바꾸면 미래까지 보인다.

결혼 4원칙에서 인생경영과 성공 여부를 지식으로 따져봐야 할 일이다. 개인적 판단으로 결혼이 성립된다 해도 인생이란 살아가는 삶의 방식이 각자 여러 방식의 카테고리 형태로 각양각색이지만, 지향하는 방향은 거의 같은 형식과 환경으로 살아가고 있기 때문이다. 그리고 주위의 삶의 모양과 색깔도 크게 다른 것이 별로 없다 그렇게 나이가 들고 시간이 지나면서 살아가는 방향과 환경은 조금씩 다르게 본성이 나타나게 된다.

또 지식과 환경의 차이 그리고 순발력 있게 사는 능동적인 삶과 그렇지 못한 수동적 삶 이렇게 구분되지만 따져보면, 역시 결혼은 환경과 그 배경의 중요성이 상대에 단서를 제공할 수 있다. 때문에, 결혼의 알고리즘은 주어진 문제를 논리적으로 해결하기 위해 그동안의 연구논문과 창의적 심리사고로 미래를 예측하며, 필요한 절차 방법 기획된 프로그램으로 구체적이며 합리적 구성은 필수조항이 되었다.

딱히 결혼이란 한번 결정지어진 후에 나타나는 미숙한 현상은 어떤 장애와도 같아서 대책이 없다는 것이 일반적인 상식일 것이다. 한번 착각과 미숙함의 결정으로 승자와 패자로 갈리듯이 가혹하기 그지없고, 운명이란 굴레를 지울 수 없이 멍에를 안고 살아가게 된다. 이러한 실수와 착각을 사전 예방하려는 방어적 지혜는 너무나 소중하다.

예컨대 이렇게 중요한 선택에서 평생 동반자가 될 인간적 연대감을 느껴보기 쉽지 않을뿐더러 상당한 심리적 또는 지식적 배경에서 인간적인 합의점이 요구되는 경우에서 결혼한다면 경험 없는 입장에서 시행착오는 당연한 착각으로 삼을 수밖에 없다. 현재로서는 정보나 결혼교육(현재는 기초상식 전달 도우미 수준) 전문기관이 없으니, 그런 현실에 몸담고 노출되어있기 때문이다.

공통분모라는 프로젝트는 결혼예비자들이 끝까지 한평생을 같이 가려면 기본적으로 몇 가지 구체적 취미생활의 공유가 내장되어 있어야 공감소통과 함께 부부동맹으로 결혼 성공 가능성이 나타난다. 하지만 그 가능성은 서로의 많은 협조와 인내 그리고 서로 사랑의 한계를 넘어 이해를 공유하며, 심리적 내공으로 마음의 회복 탄력성의 지혜와 몸에 묻어있는 재능의 소질과 공통분모가 가슴속에서 긍정적 신호로 나타나고, 믿음과 확신을 얻을 때 공존 가능성 확률이 높게 나타날 것이다

비록 처음의 만남은 부실하겠지만, 살아가면서 삶의 가치관은 같은 방향으로 가면서 얼굴 인상만 봐도 감정을 읽을 수 있을 때 진정한 부부의 참뜻을 느낄 수 있고 마음의 행복감도 맛볼 수 있다. 또는 서로 멀리 떨어져 있어도 한마음으로 통하고 세상을 보는 눈도 같은 방향이며, 노는 물도 비슷한 환경과 수준에서 특히 취미 생활은 몇 가지 정도는 꼭 같이 행동할 때 비로소 공통분모의 공용 구조적 시스템이 강력한 부부동맹의 연대감까지 생겨날 수 있기 때문이다.

익히 문제는 서로가 아무리 노력해도 안 될 경우에는 서로의 지식적 구조와 환경적 본태성이 너무 큰 차이점이기 때문이며, 인간적 관계구조를 결혼의 원칙에 대입 빨리 알아차려야 한다. 이런 경우에는 어떤 방법이 없다. 처음부터 수평적으로 자유로운 소통기반 위에서 만나야 된다는 결론이다. 노력한다고 될 일이 아니다. 물과 기름이 어울릴 수 없음을 알아차리고 좀 더 냉정한 판단이 요구되는 사항이다. 예로 부부간은 대화로 푼다는 말은 틀린 말이다. 얼굴 인상만 봐도 심리를 읽고 알아차려야 한다는 말은 너무나 자명한 판단일 것이다. 정서가 다르면 어떤 장애와도 같으며 대책이 없다는 의미이다.

이어 풀어본다면, 미숙한 만남은 변비인생의 갈등구조로 인식한다면 공통분모를 통해 서로의 신뢰를 쌓고 그 차이점을 인정하므로 상대를 더욱 소중히 여기므로 지식과 상식적 소통과 한계적 경계의 실마리를 찾을 수 있을 것이다. 그러면서 인생 전체를 조망할 수 있으므로, 배우자와의 관계를 이해하게 되고 상대와의 대화 소통문제를 본질적 원인에 입각해 해결책을 상호동의와 공통분모의 원칙에 대입시켜보면서 또 다른 새로운 자신의

의사소통장치의 모습을 알아차릴 수 있게 다듬어 나가는 현명함의 내장이 요구되기 때문이다.

이렇게 자신이 소유하고 있는 지식과 능력을 들여다보면서 자신의 행복 만족도와 지향하는 것은 어디에 머물고 있는지를 가늠하게 되고 고급정보 지식을 첨부하게 되면 세상 살아가는 방식도 인생경영 컨설팅 측면에서 점진적 발전 가능성을 알 수 있을 것이다. 이러한 정보와 지식수준이 쌓이면서 또 다른 자신의 정신환경을 만들어가면서 살아가는 가치 있는 키워드를 만들어가는 현명함을 스스로 알아차리고 내 발에 맞는 Size를 기술로 직접 찾아보는 자아 능력을 스스로 평가할 수 있을 것이다.

이러한 부부의 공감소통도 화목감을 느낄 때 부부의 가장 강력한 연대감이 가슴깊이 스며들고 행복의 씨는 성장동력으로 재탄생되어, 최고의 부부공생과 친화적 우등가정으로 성공을 인정받게 될 것이다. 이렇게 생긴 연대감은 생명줄과도 같아서 세상 살아가는 최고의 파워 엑셀로 등장하게 된다면, 일단 부자가 되는 것은 시간문제며, 그 어떤 상황이 생겨도 해결능력은 걱정할 것이 없을 정도다.

여기 제시된 프로그램으로 준비된 최고의 결혼(My Best Marriage)만이 행복지수도 올라갈 수 있고, 건강한 사회인으로서 결혼 예비교육이라는 과정을 통해 개념과 사고 지식과 감성을 확장하면서 살아가는 최고의 기획된 전략이라고 많은 사람들과 같이 깨우치고 나누어, 새로운 가치창출에 나서야 한다. 또 부부공생 심사는 규정에 따라 예비자 서로를 위해 일정한 수준까지 지켜야 할 필수조항이다.
- 부부는 수평적 시각으로 모든 문제에 접근해야 하며, 가능한한 같은 가치관을 가져야 한다.

- 결혼을 한 이상 이기적 사고에서 벗어나 개인적인 욕구는 포기해야 한다.
- 부부 사이에 문제가 생겼을 때 누구의 잘못인지 제대로 밝혀내는 것이 중요하다.
- 부부란 모름지기 시간이 지나면 자연스럽게 상대방의 마음을 꿰뚫게 되므로 배우자가 어떤 생각을 하는지 일부러 확인해볼 필요는 없다.(이것이 불안하다면 바닷물도 끓여봐야 짠지 알 수가 있다.)
- 남편과 아내 역할에 대한 보편적인 상식적 기준이 있다.

7. 결혼과학과 IT가 결합한 신융합응용 요체의 결혼 4원칙이란?

- 미래학자는 '결혼과학을 충분히 교육적으로 이해하지 않는다면, 미래에 같은 실수를 반복할 수 있다.'라고 했다. 인생을 잘 운용하고 싶다면, 최소한의 결혼과학 정보와 지식을 알게 되면, 인생 전체가 조망되어 행복이 보인다.
- 결혼과정에서 부부는 밸런스 관계구조의 중요성 때문이다. 결혼을 경제조건으로 휘둘러도 정보와 상식과 지식을 누를 수 없다는 걸 결혼과학으로 깨우치게 될 것이다.
- 미래, 결혼과학은 아바타의 가상사회에서 자신의 신분을 의미하는 시각적 이미지로서 아바타는 3차원 가상 사이버공간에서 결혼예비자의 분신처럼 활용되는 가상 자아 그래픽 아이콘이며, 여기에서 발굴한 신융합응용 IT결혼과학기술로 재생한 신결혼과학의 생태계 원천기술이 태생 되었다. 아바타 가상사회에서 자신의 분신을 시각적 이미지로 본 자아 아이콘이다.

결혼으로 부부공생 일치성(Consistency)에서 바라본
결혼질서의 숨겨진 진실 해부

결혼개념의 본질은 결혼 4원칙에 있다. 이 세상에 성격이 딱 맞는 커플이 어디 있나? 생각을 맞춰가며 모난 부분을 공통분모로 둥글게 보듬는 보편주의로 말과 생각이 일치하며, 감정소통으로 행복추구의 분위기를 조성하는 결혼의 방정식이 결혼 4원칙에 녹아 있다.

1) 공통분모(Common Denominator, 부부공유취미) Soul Mate

결혼예비자 만남의 대화는 많은 구조적 이유가 있겠지만 그중에서도 평생 같이 즐길 수 있는 취미의 도구가 가장 많은 소통과 공유로 일치점의 호환을 저울질하는 기본 구조로서 운동이나 음악 감상, 노래 부르기, 예능 영화 관람, 골프, 낚시, 등산, 여행 등등 많은 것이 있겠지만, 기본적으로 주말은 항상 같이 즐길 수 있는 2가지 이상 정도는 필수로 보편적 쏠림현상은 기본이어야 한다. 그렇게 소울메이트로 운명적 만남의 기회를 제공하는 공통분모가 중심이다.

인간은 몸이 가면 생각도 같이할 수 있고, 이념도 동질적으로 볼 수 있기에 결혼 후 매 주말 같이 취미생활을 할 수 있다면 그 이상 서로의 존중심 그리고 호감도와 소통적 신뢰 또한 몸의 일체성 동선이 정신적 공감소통으로 이어져 정도에 따라 부부의 운명적 만남이 뼛속까지 좋은 환경을 만들고, 예상의 평균수명보다 훨씬 연장될 수 있다는 긍정적 사고가 마음의 중심에 평화롭게 여유와 함께 자리 잡게 될 것이다. 이것이 행복의 본질적 구조이다.

이러한 긍정적 파장은 긴 인생 여정에 엄청난 영향을 미치게 될 것이고, 우선 기본적으로 부부공생의 하나된 일치감은 강력한 연대감까지 행복의 즐거움도 생기고 따라서 경제적 환경도 생각 이상으로 평생 돈걱정 없는 긍정이며, 모든 생각도 생산적일 것이다. 공통분모 이것만 일치해도 남성과 여성의 만남의 상호관계를 이해할 수 있고 여기에서 협조적(Cooperative) 개념은 부부공생 최고의 이상적 관계로 자유로울 것이다.

인간은 누구나 수평적인 생각에서 연상해본다면 미래부부관계 정도를 파악할 수 있다. 특히나 부부라면 처음부터 생물학적 구조가 전혀 다르기 때문에 이해관계와 갈등 구조도 다르다. 만나 지식과 상식의 소통이 안 된다면 시간이 지날수록 골은 더 깊어진다. 때문에 적절하고 지속적인 심리적 갈등 해소를 하지 않으면, 결국에는 부작용만 크게 증폭될 가능성이 크다.

남자와 여자가 상호 갈등을 교환할 수 있는 비대칭 해소(Asymmetry Resolution)로 환경을 같이 만들어 나가는 것은 필수다. 몇 가지 취미 생활을 같이 즐긴다면 서로의 감정소통과 친화적 관계도 성숙하고 강력한 연대감도 생겨 상상 외의 또 다른 시너지 효과도 생긴다. 새로운 환경을 만들어가며 살아갈 수 있는 미래지향적 지혜도 여기에서 기초로 싹이 터 살아볼만한 세상임을 스스로 느낄 수 있게 된다. 때로는 그동안 느껴보지 못한 행복감도 맛볼 수 있을 것이고, 원숙한 부부관계로 발전하게 될 모양새가 기본적으로 갖춰지는 것이다.

성공하는 결혼은 공통분모가 결혼생활경영의 가장 중요한 필수 요소이기 때문이다. 사전에 자신이 즐겨 하거나 관심이 있는 취미들(골프, 등산, 노래, 스포츠 기타 등등)을 배우자와 평생 같이 즐길 수 있는 수준으로 꾸준히 개발해 두어야 한다.

만일 공통분모가 성립되지 않으면, 한 지붕 밑의 따로 부부로 살아가게 될 확률이 높다고 이해해야 한다. 그렇다면 살아가다가 감정의 충돌로 불통이면 용기 있는 사람은 이혼할 것이고, 용기없는 사람은 참고 살 것이다. 아니면 어쩔 수 없이 사무적으로 부부인 척하든가 또는 체면에 묶여 부부 흉내만 내는 모양새가 될 것이다.

지식의 차이 환경의 차이 또는 순발력 있게 사는 능동적인 삶과 그렇지 못한 수동적 삶 이렇게 구분되지만 따져보면 역시 결혼이란 공통점의 중요성을 단서로 꼽을 수 있을 것이다. 결혼이란 한번 결정지어진 후에서 나타나는 미숙한 현상은 어떤 장애와도 같아서 대책이 없다는 것을 사전에 알아두어야 할 일반적인 상식이다. 남을 변화시킨다. 절대 안 된다.

한번 결정으로 운명이 갈리듯이 가혹하기 그지없고, 운명이란 굴레를 지울 수 없이 불행하게도 멍에를 안고 살아가게 된다. 이런 중요한 시기에 평생 같이 가야 할 인간적 연대감을 따져 보기는 쉽지 않을뿐더러 상당한 기술적 해법이 동반되어야 하고 경험없는 입장에서 시행착오(Trial and Error)는 당연한 과정으로 위안을 삼을 수밖에 없다.

결혼과학교육의 필요성을 이해하면 알 수 있다. 공통분모라는 프로젝트는 남성과 여성이 결혼해서 끝까지 한평생을 가려면 몇 가지 구체적 취미도구가 내장되어 있어야 가능하겠지만, 그 기능은 서로의 많은 협조와 인내 그리고 서로 공감소통의 차원에서 공유할 상식은 기본이고 심리적으로 서로 마음이 이끌리는 공통점이 가슴속에서 생겨나야 좋은 인연이 될 것이다.

익히 처음의 만남은 부실하겠지만 살아가면서 삶의 가치관은 같은 방향으로 가면서 얼굴 표정만 봐도 감정을 읽을 수 있을 때 진정한 부부의 참뜻을 느낄 수 있고 마음의 평화도 느낄 것이다. 행복할 수 있다는 이유를 찾았다고 단언해도 좋을 것 같다.

문제는 서로가 아무리 노력해도 안될 때는 서로의 지식구조가 너무 큰 차이가 나고, 서로의 배려심이 부족할 때이겠지만 보통의 부부는 사랑의 힘으로 얼마든지 공감소통을 통해 한마음으로 심리적 갈등과 상호 이해충돌을 해소할 수 있다고 생각하게 된다.

그러나 미래예측과 원숙한 자세가 요구되며, 변비인생의 갈등구조는 공통분모를 통해 그때 서야 알아차리게 된다. 또 서로의 신뢰를 쌓고 서로의 차이점을 인정하므로 상대를 더욱 소중히 여기므로 서로의 인격체와 믿음을 가질 수도 있기 때문이다

그렇게 인생 전체를 조망하게 되고 배우자와의 관계를 이해와 포용하게 되며, 상대와의 대화 소통문제를 원초적 원인에서 해결책을 공통분모의 원칙에 대입시켜보면서 또 다른 새로운 자신을 발견할 수가 있다

이렇게 자신이 소유하고 있는 지식 정도를 측정해보면, 자신의 행복 만족도가 어느 수준에 머물고 있는지를 예측하고 고급정보 지식을 충전하게 되면 세상 살아가는 방식과 관습도 인생경영 디자인도 관점까지 바꿔가며 점진적 발전 가능성을 찾을 수 있을 것이다. 진일보한 정보, 지식이 쌓이면서 또 다른 자신의 주위배경을 만들어간다면, 살아볼만한 가치로 키워드를 새롭게 만들어갈 것이다. 부부관계를 여기까지 읽었다면 이제는 또 다른 변화가 자신을 기다리고 있다 최근까지만 해도 정보, 지식에서 우리들의 변화와 적응범위(Adaptation Range)를 우선순위에 올렸는데 이제는 공감 소통으로 관계가 변화되어가는 것을 스스로 느낄 수가 있다

이렇게 부부의 공감소통도 화목감을 느낄 때, 부부의 가장 강력한 연대감이 가슴 깊이 우러나고 행복의 씨는 성장동력으로 재탄생되어, 가족 친화적 우등가정으로 성공을 인정받을 것이다. 이렇게 생긴 연대감은 생명줄과도 같아서 세상 살아가는 최고의 파워로 등장하고 이정도 되면 일단 부자가 되는 것은 시간문제(A Matter of Time)이며, 그 어떤 상황이 생겨도 해결능력은 걱정할 것이 없을 것이다

이러한 준비된 결혼만이 행복지수상승과 건강한 가정을 만들게 되며, 살만한 세상을 결혼이라는 개념과 사고 정보 지식과 주변 환경을 확장하면서

삶에서 최고의 전략이다.

남성과 여성의 만남은 생물학적 구조가 전혀 다르기도 하고, 본태성의 배려심이 부족하기 때문일 것이다. 그렇게 이해관계와 갈등 구조도 다른 것이다. 때문에 심리적 갈등해소를 위해서는 남성과 여성이 같이 움직일 수 있는 생활환경조건을 같이 만들어 나가야 할 것이다

때로는 그동안 느껴보지 못한 행복감도 알 수 있을 것이고, 원숙한 부부 관계로 발전하게 될 모양새는 갖춰지는 것이다. 성공하는 인생으로 살아가려면 공통분모가 인생경영의 가장 중요한 필수로 사전에 자신의 내공으로 소유하고 있는 취미는 상대와 비교를 이해와 상호협조로 합당한 1+1=1로 만들어 평생 같이 즐겨야 할 도구로 인정하고, 몸으로 익혀가면서 자리 잡아야 할 것이다

딱히 공통분모가 성립이 안 되면, 일단 부부의 기본이 적합하지 않다고 판단해야 한다. 노력한다고 될 문제가 아니다. 여기에서 냉정할 필요성이 있다. 만남에서 제일 어려운 과제다. 만일 무시한다면 불행이 기다리고 있다고 예측해야 한다.

그렇게 나이가 들고 시간이 지나면서 살아가는 환경은 조금 식 다르게 나타나기 시작된다. 지식의 차이 환경의 차이 또는 순발력 있게 사는 능동적인 삶과 그렇지 못한 수동적 삶 이렇게 구분되지만 따져 보면, 역시 결혼이란 중요성이 단서로 꼽을 수 있을 것이다.

결혼이란 한번 결정지어진 후에 나타나는 미숙한 현상은 어떤 장애와도 같아서 대책이 없다는 것이 정답이다. 또 결정으로 승자와 패자로 갈리듯이 가혹하기 그지없고 운명이란 굴레를 지울 수 없이 멍에를 안고 살게 된다. 또 공통분모는 남성과 여성이 결혼해서 끝까지 한평생을 가야 할 몇 가지 구체적 취미 생활에 기본적 내장이 그 기능에서 서로의 많은 협조와 인

210

내 그리고 서로 나눔을 공유할 정보와 지식은 기본이고, 심리적으로 서로 마음의 합치로 공통분모가 가슴속에서 본능적으로 내장되어 있어야 한다.

익히 인생이란 원래 공평하지 못하다. 그런 현실에 대해 불편한, 생각하지 말고 세상과 끊임없이 소통하는 자세로 삶의 생각 범위를 확장하는 것이 결혼의 성공적 준비의 최고 전략이다. 이 모든 것은 결혼에 관한 인식변화만이 가능하고 만일 변하지 못하면 누구나 하류 인생으로 살아갈 수밖에 없다. 오로지 변화만이 현재 소유하고 있는 지식을 발효시킬 수 있고 숙성도 시킬 수 있다.

이러한 정보 지식이 쌓이면서 또 다른 자신의 배경을 만들어가면서 살아볼 가치있는 키워드를 설정할 것이다. 세상이 이쯤 오다 보니 이제는 또 다른 변화가 우리를 기다리고 있다. 요즘은 정보 지식 태도에서 우리들의 변화와 적응범위를 우선순위에 올려 이제는 수평적 소통으로 발전과 변화되는 가치까지 느낄 수가 있을 것이다

결혼은 공통분모에서 인생의 성공여부가 판정난다해도 과언은 아니다. 인생 프로젝트는 남성과 여성이 결혼해서 끝까지 한평생을 가려면 몇 가지 공통분모의 내장은 필수이며, 그 기능은 서로의 많은 협조와 인내 그리고 서로 나눔을 공유할 정보 지식에서 심리적으로 서로 마음이 이끌리는 공통분모가 가슴속에서 생겨나야 가능할 것이다

본능적 재능을 정리해 보면, 자신의 행복 만족도가 어디에 머물고 있는지를 가늠하게 되고, 정보 지식을 추가하게 되면 세상 살아가는 방식도 인생경영 컨설팅 측면에서 점진적 발전을 이룰 수 있을 것이다. 이러한 지혜가 쌓이면서 또 다른 자신의 세상을 만들어가면서 살아볼만한 가치사슬을 만들어가게 될 것이다.

이렇게 부부의 공통분모로 상호소통이 화목감을 느낄 때 부부의 가장 강력한 연대감이 가슴 깊이 스며들고 희망의 씨는 동력으로 재탄생되어 가족 친화적 우등가정으로 성공을 인정받을 것이다.

2) 공감소통(Sympathy Mutual)

인간에게는 항상 본태성과 후천성 재능의 다양성이 잠재되어있어 남녀의 의사소통이란 참으로 어렵다. 생물학적으로부터 많은 차이점이 있고 뇌구조가 전혀 다르고 세상 보는 눈과 적응력이 전혀 다르고 수명도 여성이 8년 정도 길며 말수도 여성은 하루 25,000마디 한다면 남성은 15,000마디 정도며, 기억력도 여성이 훨씬 우수하고 이런 차이에서 대화가 잘 안 된다는 것이 어떻게 보면 당연하다. 특히나 남·여의 부부관계는 서로 다른 심리적 구조와 지식과 환경적 차이에서 오는 생각의 차이는 공감소통을 어렵게 하는 요소이다.

공감소통은 부부공생으로 끊임없는 관심과 협동심의 발동과 아울러 가족 친화적 가치관과 친밀감 그리고 구속력이 없는 자유라는 조건이 성립되어야 비로소 나타나는 결과물이다. 남자와 여자의 감정적 사고를 하나로 묶기란 처음부터 불가능한 일이지만 부부공생으로 살아가는 동안 어느 정도의 공감소통은 필수이다. 공감소통으로 삶의 만족과 행복감이 결혼과 인생성공으로 단정 지을 수도 있기 때문일 것이다.

즉 공감소통으로 남자의 사회성과 능력확장의 원동력도 부부의 생태계적 가치와 인생전체를 조망하면 알 수 있다. 그리고 부부공생의 관계를 이해하고 배우자를 포용하는 마음은 결국 공감소통에서 얻어진다. 또 부부는 가장 강력한 연대감이 가슴깊이 스며들 때 행복의 씨가 성장동력으로 재탄생되어 우등가정으로 나아간다. 동시에 부부의 연대감은 생명줄과도 같아서 세상 살아가는 최고의 배경으로 등장하고 그 어떤 상황이 생겨도 해결

능력은 걱정 할 일 없다.

그러므로 이런 준비는 결혼 전에 결혼 정보지식을 통해 숙지하고 살아가는 최고의 전략을 갖춘다면, 행복지수도 끌어올리고 건강한 가정을 만들어 살아볼만한 세상을 꿈꿀 수 있을 것이다. 부부공생의 원칙적 개념은 너무나 어려운 숙제 같은 존재일 것이다. 남·여의 감정적 사고를 하나로 묶기란 불가능한 일이겠지만 그래도 부부로 한평생 살아가는 동안 어느 정도의 공감소통은 필수조항일 것이다. 인생의 만족과 행복감도 여기에서 답을 구할 수 있을 것이고 인간관계의 결과물로 보아도 과하지 않을 것이다.

즉 공감소통으로 남성의 사회성과 능력 확장의 원동력도 부부의 생태계적 가치와 인생전체를 조망하며, 배우자와의 관계를 이해하고 배우자를 포용하는 원초적 심리상태는 결국 공감소통에서 이루어지기 때문이다.

이러한 준비된 결혼만이 행복지수상승과 수명연장으로 건강한 가정을 만들어가게 되며, 개념과 사고 지식과 주변을 확장하면서 문제해결능력이 최고의 전략이라고 할 수 있다

딱히 세상에 말싸움해서 남성이 이긴 경우는 역사적으로 한번 도 없다. 이해가 가는 대목이다. 특히 남성과 여성의 부부관계의 감정소통이란 심리적 구조와 많은 환경적 차이에서 오는 생각의 차이는 실로 하나의 일치점으로 가기란 지식과 환경 그리고 많은 정보의 결과물을 서로의 끊임없는 관심과 일치감이 부부공생이 되어 가족친화적 가치관과 친밀감, 화목감 이런 조건이 성립되어야 비로소 부부의 가치관이 성립되는 것이다.

남성과 여성의 감정적 사고를 하나로 묶기란 불가능한 일이겠지만, 부부공생으로 살아가는 동안 어느 정도의 공감소통은 절대적 필수사항이며, 인생의 만족과 행복감도 여기에서 답을 구할 수 있을 것이고, 인간관계의 결과물도 여기에 표현된다고 보아도 과하지 않을 것이다.

즉 공감소통으로 남성의 사회성과 능력 확장의 원동력도 부부의 생태계적 가치와 인생 전체를 조망하며, 배우자와의 관계를 이해하고 배우자를 표용 하는 원초적 심리상태는 결국, 공감소통에서 얻어지게 될 것이다.

만일 세상이 한 권의 책이라면, 평생 한 나라에서만 사는 것은 이 책의 한 페이지만 읽은 것과 같은 삶이 되고 만다. 보고 듣는 정보와 지식이 부족하다는 것이다. 그 정도로 어떻게 성공하려 하나? 이 치열한 삶에서 살아남기 위한 수단은 결국 지식과 정보다. 결혼과학의 슬로건은 '젊은이여, 세상을 향해 생각을 키우고 도전하라. 결혼과학교육이라는 사회적 보편적 통념 공간에서 새로운 결혼과학 규칙을 확보하려면, 고정관념은 완전히 사라져야 다가올 미래를 읽을 수 있는 중요성 때문에 큰 생각과 목적이 있다면 생각 밖에서 찾아라.

행복한 결혼생활의 조건은 무엇인가?

시대가 변함에 따라 결혼의 형식과 의미도 빠르게 바뀌고 있다. 그러나 변하지 않는 것은 바로 부부공생의 완성일 것이다. 연인들은 열렬히 사랑하고 그 상태를 영원히 공유하기 위해 결혼하지만 많은 경우 실패를 맛보고 만다. 연애가 사랑의 이상이라면 결혼은 사랑의 실천이다. 좀 더 충만되고 아름다운 사랑 서로 헌신하는 결혼생활은 불가능한 것인가?

그런데 결혼에도 원칙이 존재한다. 아마도 결혼의 경험과 지금까지 세상 많이 알고 있다고 자신하며 살고 있겠지만 결혼의 원칙이라는 말은 처음 들어볼 것이다. 분명 확실하고 검증된 원칙이 있다. 아마도 다소 긴장될 것이다. 알아야 보인다.

그리고 결혼해 살다보면, 자연스럽게도 한쪽에서 상대를 통제하게 된다.

왜 그럴까? 그때부터 관계는 깨진다. 먼저 감정 불소통 때문이다. 서로 생각 정도가 일방적으로 분위기가 어려워지면서 감정의 골이 깊어지게 된다. 여기에서 많은 문제가 생기게 된다. 결혼의 원칙과 기본조건조차 모르고 일상적인 생각에 젖어 생각 위의 생각을 못하니 자연적인 평범한 현상일 것이다. 물론 타성에 젖었기에 그렇다.

'사랑의 완성 결혼을 다시 생각하다'의 저자인 그레고리 팝캑 박사는 전문 결혼상담 치료사로 결혼생활을 성공적으로 영위하고 있는 특별한 부부 공생들의 삶과 그들의 행복 비결 아홉가지를 속 시원히 밝혀준다.

부부가 놓인 현실이 각양각색이라 해도 이러한 비결은 누구에게나 통하는 신비한 힘을 가지고 있다. 건강이 지식만으로 지킬 수 없는 것처럼 행복한 결혼생활도 단편적인 기술만으로는 요원하다. 남다른 행복한 결혼의 비결을 설파하는 이 책 내용을 읽고 하나씩 실천해 간다면 부부는 서로 성장하고 나아가 결혼을 소중한 축복으로 가꿀 수 있다.

가르침은 자신의 결혼생활 이야기를 비롯해 실제 커플들의 상담치료 사례와 이에 대한 분석, 자기진단용 설문 훈련과제 및 지침 등을 소개한다. 이 모든 결혼관련 연구논문을 통해 연속적으로 인정받고 효과를 입증하고 있다. 독자들은 자신의 어떤 점이 부부생활에 부정적으로 작용하며 긍정적인 변화를 위해서는 어떤 노력을 해야 하는지 즉시 인식할 수 있다.

이 세상 부부들이 행복한 미래 희망은 누릴 수 있는 근사한 여행을 떠날 수 있도록 하는 '결혼 사용설명서'로서 손색이 없다.

부부는 함께 배우고 함께 성장하며 사랑을 키우는 공생구조이다. 상당수의 부부는 이상적인 결혼생활과는 거리가 먼 현실을 살아가고 있다. 오늘날 부부기대치는 한없이 높아졌지만, 사랑을 일치시키는 방법과 실천으로는 오히려 낮아지고 있다. 이기심을 버리고 먼저 헌신하는 삶은 친밀감과 안정감을 높이고 서로를 성숙한 인간으로 이끌어 주는 지름길이다.

그동안 경험과 비결은 시간을 초월하는 진실이다. 배우자와 함께 이러한 비결들을 결혼생활에 적용하고자 노력한다면 부부공생의 의미와 목표 열정이 충만해질 것이며, 친구들과 자녀까지 좋은 영향을 미치는 진실하고도 아름다운 부부의 사랑을 성취할 수 있다.

모두가 갈망하는 열정적이고 의미있는 평생에 걸친 삶은 단지 동화처럼 마법에서 얻어지는 것이 아님을 여러분이 증명할 수 있다. 그 서정적인 삶의 이야기는 매일 각각의 가정에서 일어나는 고무적인 일상의 기록이고 사랑의 표현이다.

사랑의 완성 결혼을 다시 생각한다면 당신이 배우자와 꿈꾸던 사랑을 이루는 길잡이다. 부부공생 관계를 한단계 발전시킬 준비가 되었다면 공감소통에 다시 생각해 보라. 결혼생활이라는 보물이 가진 의미와 가치를 구하려는 의지만 있다면 그에 따르는 보상은 당신의 몫이다. 우리는 모두 행복한 결혼을 영위할 권리가 있지 않은가?

3) 지식밸런스(Knowledge Balance)

부부의 일상적 대화에서 소소함이 가져다주는 행복은 결국 지식 공유의 수평관계다. 지식 정서균형이 장애 없이 혼용되어야 공감소통도 별문제 없을 것이다. 지식밸런스는 이 세상에 교육 외에는 어디에도 없다. 부부공생도 지식에서 출발하며 미래도 지식에서 정보를 얻을 수 있다. 결혼은 미래에 대한 지식적 균형의 불안이 큰 것이 본질적인 문제다. 결혼이 힘든 이유는 준비한 스펙뿐만이 아니라 한치 앞을 알 수 없는 미래에 대한 소통 불안감은 지식적 균형 때문일 것이다.

그래도 남만큼 배워서 알고 있다는 알량한 기득권 의식일랑 깨끗이 지우고 혼자서 머리 싸매고 온갖 상념 속에 자신을 가두지 말고 다양한 정보, 지식을 찾아 나가보면 알 수 있는 법이다. 결국 의사소통에서 한계 인식을 느끼기 전에 알아차려야 할 것이다.

문제는 아무리 노력해도 안 되면 서로의 눈높이가 맞지 않았다는 이유와 지식구조가 너무 큰 차이에서 서로의 배려심이 부족할 때이겠지만 대책 없는 어떤 장애와도 같아서 치유 불능상태다. 보통의 부부는 사랑의 힘으로 얼마든지 지식소통을 통해 한마음으로 심리적 갈등 해소와 미래예측의 원숙한 자세로 해결하려 노력하겠지만 머릿속에 담긴 지식차이의 갈등구조는 지식밸런스를 통해 서로의 신뢰를 쌓고 서로의 차이점을 인정하겠지만 상대를 더욱 소중히 여긴다 해도 평생을 동행한다면 긍정적 결과물을 얻기는 불가능하다. 어떤 치유도구가 필요치 않는다면 지식한계 때문이다.

지식은 인간의 기본적 본능의 활동수단이며, 누구나 지식수단으로 세상을 보고 살아간다고 보면 정확할 것입니다. 세상은 아는 만큼 보인다고 한다. 지식은 소유하고 있는 만큼 자신의 위치와 배경을 만들어가면서 살겠지만, 결혼 후 배우자와의 대화도 지식의 차이가 심하면 의사소통에 어려움을 만난다. 마치 중학생과 대학생과의 말이 섞이지 않는 것과 같은 현상일 것이다. 물론 지식의 차이는 부부관계에서도 이류와 삼류 인생으로 색깔이 구분되며 또한 세상은 누구에게나 일류의 길을 열어주지 않으며 인간은 절대 공평하지도 않다.

지식의 차이는 삶의 질이 확연히 벌어지고, 사회가 발전할수록 부부관계도 지식의 수평관계가 더더욱 요구되는 실정에서, 지식밸런스가 소통적 입장이 되어야 서로 바라보는 시선이 공감 분위기를 오랫동안 유지할 수 있다. 그리고 세상을 움직일 힘도 지식 요체이며, 부부관계의 순수한 감정도 지식밸런스가 수평적일 때 대화의 소통을 이끌 수 있으며, 또한 삶의 기쁨을 표현하는 아름다운 자아현상으로 보일 것이다.

결혼 당시에는 인간관계나 사회생활의 많은 미숙함이 묻어있어 판단이 오류를 범할 확률이 높고 보편적으로 눈에 보이는 것만 논하게 되며, 지나치게 물질적 현실주의에 빠질 위험성이 높다. 또 외형에서 보이지 않는 지식과 인간적 매력은 계산에 넣지 못하고 자신의 미숙한 판단력이 노출되는 것이다. 고로 세월이 지난 한참 후에나 알게 될 것이다.

그렇게 외형에 치우치다 보면, 실패의 가능성이 높기에 위험한 발상은 여기에서 씨가 뿌려지고 결혼하고 오랜 후에 서로의 지식의 수준 차이를 알았을 때는 이미 어쩔 수 없는 상황에 빠진 후이다. 결국, 지식밸런스가 맞지 않으면 세상을 흔들고 싶은 울분이 가슴속에 가득하게 된다. 결과물로는 인간관계는 특히 부부공생은 지식정도가 수평적 수준이어야 평생 공감소통에 문제없이 행복도 그리고 많은 대화와 의사소통 속에서 부자도 만들어지는 것이다.

세상을 바꿀 힘도 지식요체이며, 부부관계의 순수한 관계감정도 지식밸런스가 수평적일 때 대화의 소통을 이끌 수 있을 것이며 또한 삶의 기쁨을 표현하는 매력이 보일 것이다.

4) 환경밸런스(Environment Balance)

'인간은 어디서 태어났느냐'에서 이미 살아갈 환경 정도가 결정났다고 말할 수 있듯이 역시 '인간은 어디서 태어나서 어디서 교육을 어느 수준까지 받았느냐'에서 삶의 밑그림은 이미 정해진 것과 다름이 없다. 원 가정 즉 뿌리의 성장과정에서 몸에 묻은 관습으로 성장한 남자와 정반대의 환경에서 성장한 여자의 결혼도 지역적 형편에 상당한 영향이 작용한다. 인간은 어릴 때 부모의 지식과 문화적 환경 그리고 교육수준으로 그 뿌리는 평생 가지고 가기 때문이다.

결혼도 이러한 환경의 밸런스가 균형을 이룰 때 만남의 시작부터 상대를 보는 시선과 태도가 달라진다고 한다. 부자와 가난의 차이는 환경의 차이도 있겠지만, 더 나아가면 생각 차이로 변할 수 있고, 또한 대화의 연결고리가 작동이 안되면 심리적 갈등으로 이어질 공산이 크다.

전혀 다른 환경을 처음 만나면 모든 것이 미숙하듯이, 시간이 가고 의식이 깨어나 사회에 적응할 수 있는 자신의 능력 확장으로 인정받을 때 인간적 수평관계로 소통의 균형이 생기는 것이다. 결혼에서의 환경밸런스의 중요성도 크지만 바라보는 시선은 더 위험하며 오랫동안 기억에 머무는 후유증도 생각해야 할 것이다.

부자와 가난의 차이는 결국 여러 가지 이유가 있겠지만, 더 나아가면 대화의 연결고리가 호환이 안 되는 경우이다. 결국 심리적 갈등으로 이어질 공산이 크다. 전혀 다른 환경을 처음 만나면 모든 게 미숙하다. 먼저는 익숙해질 시간이 필요하다고 생각할지 모르겠지만, 시간이 지나면 더 큰 차이를 느끼고 좌절감에 빠질 공산이 더 크다.

그러므로 막연하게 시간이 해결해 주기를 바라는 요행에 의지할 수 없다는 환경밸런스의 차이를 직시하고 처음부터 바른 판단을 할 것인지 아니면 선천적 환경을 극복하고 적응할 수 있는 지식적 소양을 습득할 것인지 결단을 해야 한다.

신 부부일치밸런스(New Couple Match Balance)

- 자신과 배우자의 관계가 상호동의 해야 성공도 한다.
- 자신과 배우자의 관계가 일치해야 내가 원하는 것을 얻을 수 있다.
- 자신과 배우자의 관계가 일치한다면 성공이 될 수 있다.
- 자신과 배우자의 관계가 일치한다면 감기, 암도 그리고 병원갈 일도 없이 장수한다.
- 자신과 배우자의 관계가 일치한다면 최고의 행복을 누릴 수 있다.

8. 결혼과학표준모델 사용설명서

(Employment Explanatory)

결혼과학의 힘은 신자유주의(New Liberalism)로 이끌 것이다. 결혼과학의 DNA를 찾아 새날이 밝았다(A new day has dawned in search of the DNA of marriage science).

결혼과학과 메타버스가 융합하여 결혼질서가 바뀌고 있으며 결혼과학은 대동(大同) 세상을 향하는 첫걸음이다. 인성적 철학을 기리는 덕분이라고 토대 위에 필요한 것은 더하고 부족한 것은 채우며, 잘못은 고치겠다는 의도로 결혼과학이 출발했지만, 더 새로운 질서를 찾고 위기를 기회로 바꾸는 버전은 진보된 아이콘으로 인정받았다.

익히 '미래, 결혼과학'이 대세는 세계결혼질서의 밸런스를 흔들어 놓았다. 결혼과학의 One Edition System 구조로 문제의 핵심을 관통함으로써 예비자들의 불안감과 불확실성 해소기술을 개발하므로 합리성을 부각시키며 이 시대의 최대 강자로 떠올랐다.

이렇게 결혼과학개발은 산업혁명에 비견될 정도로 획기적인 기술의 변화이다. 앞선 기술력을 통해 다양한 결혼 시장에 대응해 나갈 채비가 됐다. 또 결혼과학의 잠재고객은 세계결혼 예비자 전체가 대상이다. 계산기 연방 두들겨도 답이 안 나올 정도며, 상상을 훨씬 뛰어넘어 게임은 이미 끝났다.

예컨대 결혼환경에서 결혼과학은 메카로 급부상하고 있으며, 그 배경에서 결혼과학을 기가 팩토리형이라 하지만 '미래, 결혼과학'의 대세는 '기가

(Giga)'보다 1000배 큰 단위인 '테라(Tera) 팩토리형 체계'라는 별칭이 붙었다. 물론 시너지효과는 여타 미래산업까지 빨아들이고 있다. 또 메타버스가 내장된 현실로 가고 있다는 것은 결혼 블루칩을 찾는 보편적 생각 위의 사고로 결혼 뉴딜은 웨딩 전반 변화의 신호탄으로 놀라움 그 자체다.

일부는 결혼과학이라는 호기심과 상상력이 발휘되는 듯 의아해한다. 그런데 분명 현실화되었다. '미래, 결혼과학'이 알리는 신호탄이다. 우리는 이런 일을 혁신이라 부른다. 영감의 발상으로 일어난 결혼과학의 거대한 변화는 나노 기법으로 미래를 탐색하여 새로운 결혼질서와 기초소재 발굴 성공해서 가능했다. 우연한 기회가 영구한 역사의 길로 들어서고 세상을 송두리 체로 변화시키는 힘은 어디에서 나올까? 이러한 특화된 결혼속성에 의문을 던진다.

예컨대 결혼과학으로 국민 항구적 메타버스시대로 구체화 되면서 부부공생과 행복추구며 즉 공감소통에서 시작된다. 그러한 결혼과학 교육도 유통기한이 있다. 결혼의 적기 타이밍의 중요성 때문이다.

딱히 결혼과학 교육시스템은 오프라인 강의장 없이 동영상 또는 TV 채널로 전국방송 유료송신이다. 지식의 다중 공평성과 수평적 참여에 부담은 줄여야 한다. 상기 조건은 컴퓨터 프로그래밍 기술 활용 등은 프로그래밍(코딩) 능력을 습득하는 것이 중요하다는 결혼의 효율을 극대화하고 철저히 데이터를 기반으로 하는 사전조사와 관련성이 있기 때문이다.

익히 부부란 쌍방 수평적 레일 동일각도 위에 동행할 주제로 한 결혼과학 혁신플랫폼

'미래, 결혼과학'이 대세는 세계적인 추세다. 그러나 결혼질서 초기정보 제공처가 전혀 없다. 결혼과학 표준은 2021년에 세상에 나오기까지 많은 고통과 시련 몰입의 연구 속에서 탄생 되어 어렵고 생소하다. 과학과 인문학적 수학으로 응용되고 빅데이터와 인공지능 구조로 만들어졌다. 깊이 들어가면 결혼예비자들의 심리상태 쏠림 반응과 지식과 정보까지 읽고 분석하며, 미래를 찾아야 하는 규칙발굴은 엄청난 감동을 안겨주었다.

정이 무에서 유를 찾는 호기심 적 발상의 개발 정신은 누구 한번 도 가보지 않는 길을 가는 죽음으로 향하는 모험이며 도전이었다. 그동안 '패싱'만 당했던 문제를 십수년이 걸렸지만, 결국 엄청난 감동과 함께 긍정의 미래를 열어줄 아이콘 재무장으로 등장했다.

결혼과학이 대세는 미래를 위한 우리의 선택이며, 결혼개념 자체가 완전히 다르다. 결혼과학이 가르쳐줬다. 시대적 대의에 충실하면서 그래도 결혼과학이 대세를 만난다는 것은 결혼환경과 질서를 읽는 탁월한 감각이 살아있다는 증표다. 맨땅에서 시작하는 Zero Base 소통이 안되면 계절의 변화를 알 수가 없고, 명품결혼을 기대한다면 과학적 기술을 먼저 생각하라.

익히 인생에서 가장 중요한 결혼 준비상황을 모니터링에서 마음 챙김과 체계적 준비과정에서 결혼 로드맵 과정을 시뮬레이션으로 직접 경험할 수 있게 이해도를 스마트수준까지 높였기 때문이다. 그리고 결혼과학은 확연한 고차원 효과까지 낼 수 있도록 한다는 이상급 코스 세팅을 원칙으로 삼았다.

결혼질서는 지식과 정보 역시 알고 있는 만큼만 볼 수 있듯이, 결혼 관련 지식은 미래에 대한 두려움 무기력감 불안정한 심리 해소(Psychological Relief)로 불안에서 벗어날 수 있는 미래의 불확실성 또 삶에 있어 주거불안 직업불안 이러한 문제들을 어떻게 해결할 수 있을까? 근본적인 치유도구가 무엇일까? 알면 알수록 인생의 본질적 삶의 가치를 깊이 느낄 수 있을 것이며, 미래 자신의 행복한 모습이 자신의 머릿속 영상으로 떠오를 때 현재와 미래에 대비한 생각의 가치를 조명(Sparing Life)할 수 있는 구조로 편성했다.

하지만 세상은 알고 있는 만큼 보이듯이 결혼의 준비성과 인식변화의 소중함을 더 깨닫고 지금의 기회를 전략적 도구로 한번 살 세상을 자신이 만들어나갈 수 있는 자세와 특별한 정보교육으로 미래에 대한 통찰력을 성숙시킬 수 있는 멘토를 찾아 나서야 할 것이다

예컨대 세상은 공평할 수 없듯이, 이 시대에서 자신의 인생을 점진적인 뇌 모드를 구성해 나갈 인식의 필요성을 느껴야 할 것이다. 보통 생각은 지식의 차이 물질적 소유의 차이 환경의 차이 관계의 차이로 표현의 차이는 있겠지만 가장 강력한 영향력 있는 부부공생구조를 정리해 볼 필요를 느껴야 할 것이다. 예로 사랑이 식지않는 공법이다.(영원한 신혼부부구조).

인생이란 꼭 그렇듯이 지난 후에야 곱씹게 되고 가슴을 치는 경우를 흔히 보듯이 지금 변해야 미래를 보장할 수 있고 목적을 긍정적 사고로 심을 때 세상과 끊임없이 소통하는 자세로 업그레이드 할 수 있다고 자신할 것이다. 인간은 소유하고 있는 지식의 정도에서 사회적 배경으로 살아가고 있겠지만 자신을 발전시키려면 자신의 구체적 진실을 알아야 한다.

그리고 자신의 변화를 요구하려면 자신의 내적 지식 요체를 정확히 인식한 후 지금의 입장을 대입시키면 지향하는 목적을 구체화할 수 있을 것이다 그러지 못하면 뜬구름 잡다가 변비 인생으로 전락하든가 아니면 무지 소치에서 한 발짝도 못 움직이며, 비겁함의 끝을 보여주는 부끄러운 운명을 맞이할 수도 있다는 논리다. 인생이란 한순간의 운명에 휘둘리는 말 꼬랑지처럼 순식간에 바뀔 수도 있는 것이다.

익히 스마트인생이란 참으로 범위가 길어서 한마디로 표현하기는 어렵겠

지만 이 시대의 보편적 가치를 기본적으로 알고 살아야 할 것이며 많은 고급정보에 근접한 자신의 이미지선정에 특별함이 묻어있어야 하며 인간적 자율성과 인성적 공감소통이 여러 신문화조직과 호환이 잘되는 그런 구조의 뇌모드가 이상적이며 지식요체의 원숙한 자세가 성립되어 이 모두가 연결된 카테고리로 이어져 결혼과학 사용설명서가 아이콘으로 잉태하는 것을 의미할 것이다

본래 세상을 살아가려면 가장 경계해야 하는 것은 자기 자신만의 작은 공간에 갇혀 사는 것이다. 여기에서 개념을 바꾸어 미래를 엿본다면, 이러한 생각은 지금 내 머릿속에 무슨 일이 벌어지고 있나로 변화의 조짐이 나타날 것이다. 또 결혼예비자들이 결혼과학의 의미를 정확히 깨닫는 데 이해가 빨랐다. 또 스스로 보호하는 프로세스 장치도 알게 되었다.

결혼을 얼마나 알고 있나? 결혼에 대해서 얼마큼의 정보를 소유하고 있나 에서 운명은 결정 날 수밖에 없다. 때문에 자신의 생각을 소프트웨어와 코딩할 수 있어야 미래형 인재다. 미래 적 운명을 결혼으로 새로움을 찾고 전혀 다른 환경을 만들고 배우자를 만남으로 예상치 못한 꿈도 나누고, 새로운 시대적 가치로 의지가 생겨날 때 행복과 삶의 무게도 달라짐을 느낄 수 있을 것이다.

아무튼, 급하게 변화되어가는 시대적 조류에 따라가기조차 벅차겠지만, 개인적 소유하고 있는 능력으로 인생을 디자인하며, 창의와 긍정적인 희망을 제공하게 될 것이다. 자신의 지식적 능력만큼 삶의 질도 같이하겠지만 환경적 배경은 스스로 만들어나가야 한다.

익히 지금 생각의 결혼관이 삶의 영향을 어느 정도 미치게 될 것인가는 얼마큼 체계적 준비가 결정하게 될 것이기 때문이다. 만일 잘못된 배우자를 만나면 매일이 영원 같은 것이고, 소통이 잘되는 배우자를 만나면 삶은

즐겁고 때로는 부자가 되는 경험도 해볼 수 있다

그러나 이 생각이 미래의 성장과 죽음을 지배하는 하나의 보편법칙 스케일에서 유쾌하고 기발한 생각 실험실의 가공된 공상으로 자신의 프로젝트 인생경영의 요체를 구체적으로 정리하고 핵심정수(Core Constant)를 내내 즐길 수 있다면 삶은 행복으로 이어진다.

그리고 그 과정에 내가 원할 삶을 위해 선택에 집중해야 알게 된다. 인생을 결혼으로 설계하고 디자인하겠지만, 시대적 상황변화에서 결정 날 확률이 높게 나타날 공산이 크다. 보고 배운 것이 있어야 생각 위의 생각을 하려고 마음이 움직인다는 의미이다.

세상이 바뀌면 우리가 추구하는 목표 또한 바꿔야 하고 결혼과학으로 막 탄생한 결혼규칙이 스마트결혼이다. 알면 돈도 성공도 보인다. 모른다면 깜깜이 세상 어쩔 수 없다.

지금 자신이 결혼을 생각한다면, 자신의 결혼관에 대한 정보를 '어느 정도 소유하고 있는가'부터 정리해 볼 필요를 느껴야 한다. 이성적 만남과 진행 과정, 결혼성사 또는 이후 일어날 상황에 대한 가상대비에 사전 준비가 되어있어야 합리적 순서며, 고급정보일수록 기대치 수확을 담보할 수 있고 믿음이 앞서야 더 큰 생각의 실마리를 풀어가게 될 것이다.

딱히 세상은 알고 있는 만큼만 보인다는 진리를 항상 기억하면 더 큰 정보에 관심가지게 될 것이다. 역시 결혼과학을 모르고 만나고 착각 속에 결혼하고 삼류 인생으로 살아가고 있는 사람들을 보면 나는 왜 일류 인생으로 살아야 할 이유를 자신이 스스로 깨우치며 충격요법(Shock Therapy)으로 다짐할 필요를 결혼과학의 지식 요체에서 찾아야 할 것이다.

그렇게 인생과 출세는 냉정하게 보이면서 간단하다 이 문장만 봐도 당신은 이미 반은 인생성공의 나침반을 찾은 것이다. 요컨대 지금부터는 본인과의 전쟁이 시작되는 것이다. 또 그들은 미래의 배우자감이 이기적이지 않으며 다정하고 덕성을 갖추었는지를 사랑의 감정에 빠져들기 전에 알아보는 놀라운 능력을 갖고 있기 때문이다.

또 결혼은 심리적 불확실성 속에서 공감소통과 경제적, 환경으로 인한 갈등과 감정보다 미래를 예측하는 정보와 지식적 프로세스로 적용할 수 있는 지혜가 우대받는 환경으로 가야 할 것이며 이 모든 것은 성장 인프라 제공을 위한 멘토링 역할을 하게 될 것입니다.

그리고 결혼도 모두는 많이 알고 있는 것으로 착각하는 이유는 전문성(Professionalism) 결혼관련 교육기관이 없기 때문일 것이다. 일반적으로는 지금까지는 결혼교육이 필요 없는 것으로 착각으로 단정 짓고 있는 모양이다. 결혼의 방정식이 없으니 각자 알아서 몸에 묻어있는 구태적 관습 그대로 하라는 식으로 이해해야 한다고 모두들 그렇게 인식하고 있는 모양이다. 사실은 지금까지 모두가 그랬었다.

이제 세상은 변하는 자만이 정보와 지식으로 미래를 지배할 수밖에 없었고 힘이나 권력의 전초기지이다. 과거의 생각을 그대로 가지고 있다면 큰 오산이다. 어제까지의 지식은 별 쓸모없이 되어가고 내일의 새로운 지식과 정보의 가치가 세상을 지배하니, 새로운 시대적 환경에 적응해갈 수밖에 없다. 그래서 결혼과학의 사용설명서와 같이 가야 한다.

자신의 구체적 결혼 기획이 성공할 수 있는 희망의 패러다임을 요구하게 될 것이다. 만일 변한다 해도 미래를 꿈꾸며, 생산적인 마인드로 성과를 낼 수 있는 내공의 지혜와 기술개발에서 전문노구로 함께 갈 수 있는 목표와 선택은 자유다.

4차산업혁명 이후에는 결혼의 본질부터 인생을 새롭게 편집해야 할 전환점에서 인간적 본능과 능력의 범주에서 양심과 도덕적 가치로 다시 평가받기를 원한다면, 배우자와의 관계를 맺는 결혼 4원칙과 전통 문화적 행위까지 들여다보고, 한국가정문화의 정통성과 예절 그리고 그 왜 관습까지 결혼과학교육의 8과목이 필수임을 깨닫게 될 것이다.

당연시 선택에서 누구에게도 통제받지 않는 자유로움에서 현실은 그렇지 않는 경우도 많다 신뢰성이 꼬여있는 편견과 사회적 관행을 보편적 자세에서 바라보며 자신의 수준과 지식의 정보 사이에서 조건적 선택으로 자신과 어울리는 수평적 배우자와의 상호동의로 소통적 일치를 찾아야 갈등과 이혼을 피할 수 있다. 또 상황이 일반적 심리적 쏠림현상(Pulling Phenomenon)을 사전에 예측하지 못한다면 결국 불행의 씨앗이 된다는 의미이다.

요컨대 결혼도 이제는 과학이다. 사람들의 머릿속을 다 쫓아 다녀볼 수는 없고 이렇게 복잡하고 다양한 이유와 모순을 데이터로 정밀분석 합리적인 최상의 배우자를 찾는 정보교육으로 매칭 프로그램을 활용한다면 소통과 결혼 4원칙의 로드맵에서 길라잡이로 결혼 종합 플랫폼과 카테고리로 호환된 프레임을 만날 수 있다.

대다수는 좋은 사람 만나면 되는 것으로 착각하고 있다. 만나기 전에 내가 어떤 지식과 정보로 관계를 이루어나갈지에 더 큰 비중을 인식하고, 사전에 환상은 접고 잘할 수 있는 재능적 치유도구를 평소에 몸에 묻어있는 모태 전문성 치유도구의 기술부터 찾아내야 한다.

익히 인류의 결혼이라는 역사는 길고 문화적 질서도 다양하지만 글로 표현하고 문장으로 작성하기는 더더욱 어렵다. 부부의 사소한 감정의 파장까지 들여다보기는 정말 불가능한 일이다. 그래서 구름 잡으려는 가벼운 상상이 그동안 미숙한 생각만으로 역사를 써왔기에 별 발전이 없이 경제적환경과 문화에 젖고 관습에 묶여 여기까지 오게 된 것이다.

그래서 이제 사 우리가 창조한 역사적 사건으로 결혼과학교육이라는 타이틀이 되었다. 이렇게 미래를 염려에 둔 몰입이 정점에 이르면 비로소 세상에 없는 간절히 원하는 것을 창조할 수 있다. 이 또한 안 될 것 같이 보이는 것도 되게 움직이는 열정의 힘으로 도전의 결과물이다. 이것을 기초해 국민 모두를 위한 결혼과학교육은 필수이며, 이젠 강제돌입마저 거부할 일이 아니게 되었다.

물론 운명을 바꿀 고급지식정보에 투자해야 할 일이다. 특히 여자는 일생에 20대 또는 30대 초 황금시기에 한번 결혼이란 참으로 어려운 시기를 맞게 된다. 누구나 앞으로 내 인생이 어떻게 전개될 것인가에 대해서 회의적이겠지만 지금까지 이러한 신정보결혼교육은 생소하면서도 일반화되지 않아 인식이 아직이다. 분명 앞으로 가야할 길은 정보를 통해 정확히 알고 행동해야 한다.

요컨대 새로운 결혼과학의 전환이 힘든 이유는 이전 결혼관습을 믿는 사람들이 새로운 믿음 체계를 받아들이기 어려워하기 때문이라고 설명한다. 아무리 객관적인 증거가 나오더라도 말이다. 예로 결혼예비자들 중에서도 결혼과학이 처음에는 거대하게 보인다. 그러나 알면 알수록 이해하면서 친근감과 미래까지 엿볼 수 있고 만족감을 나타낸다. 바로 자신의 미래를 책임질 것이라 믿음이 가기 때문이다.

지금까지 개발된 것은 게놈(유전자) 다큐멘터리로 과거와 현재 미래가 만나 호환으로 인공지능에서 모태, 솔로 유전자 제거공법에서 이끌어 결혼과학의 탐구로 합리적 우수성을 키워주는 버전이다. 결혼과학의 기초 생물학적 연구에서 다른 사람이 먼저 앞서가면 어쩌나 하는 생각도 있었다. 정이 '행복한 척도(Happy Scale)' 개발로 유전자를 조정 할 수 있는 힘을 결혼과학은 가지고 있다. 비활성화된 생각들을 재생시키는 AI의 힘을 빌려 심리적 나노미터로 분석하는 기술이 결과물이다. 이러한 배경에서 수명연장 구조로 이어지는 연구는 ING이다.

결혼의 심리적 현상은 수시로 변화하며, 복잡하게 분화된 구조를 단순지식구조로 원격조정 구조는 결혼과학의 핵심이다. 이러한 창의와 발굴의 현상이 지속가능하게 이어지는 규칙체계다. 여기 제시된 미래 결혼의 생태계 설계도는 과학적으로 규명한 연구결과에 똑똑한 결혼에 집중한다면 결혼 신경회로 변화는 긍정으로 이어질 것이다. 이 시간에도 불이 꺼지지 않고, 결혼과학의 수호를 위해 연구실은 끊임없는 몰입으로 내공을 쌓으며, 구태결혼질서와 싸움을 이어가고 있다는 것을 기억해주기 바란다.

오픈 결혼과학은 미래를 책임진다는 슬로건 아래 꿈과 희망을 심고 미래를 길라잡이 할 것이다. 오픈 결혼과학사관학교 질적 성장이라는 핵심 목표를 달성하도록 최선을 다할 것이다.

결혼 종합교육상품 '행복한 척도(Happy Scale)'의 아이콘은 세계결혼문화에 영향을 미칠 것으로 보고 있다. 가장 먼저 반응한 것은 결혼예비자들이며 결혼교육원 영업적 차원에서는 본의 아닌 독과점 형태로 남게 될 가능성이 높게 나타났다.

딱히 '미래, 결혼과학'이 추구하는 유니콘 기업으로 추대 기상 높은 미래상이 결혼예비자들의 새로운 삶을 구축할 특별한 기회이며, 초일류국가 지름길 로드맵진입의 길라잡이로서 글로벌에 대한민국을 알리는 Buyer Market 역할까지 병행함에 자신한다.

9. 결혼 비대칭구조(Asymmetric Structure, 非對稱構造) 해소기술이란

'미래, 결혼과학'은 궁극적으로 성공과 행복추구로 민주적 상호작용의 일치성 부부관계로 발전시키는 구조, 결혼 4원칙과 비대칭 구조 해소기술 외 8과목은 부부공생으로 결혼과학적 생태계 기능성 조성으로 이어지는 생물학적 구조를 소프트웨어 코딩으로 응용한 신개념 융합기술이다. 뒤집어 보면 구태 기존결혼질서는 퇴적된 만만사회가 된 슬픈 곡조다. 또한, 우리의 자화상이면서 시대가 변천했는데 몸에 배인 기존풍습을 털어내려면 어떻게 해야 하나? 결혼의 알고리즘의 배경에서 찾아야 한다. 세상이 급속도로 변화하고 지식과 상식이 어제가 옛날이라면 지금 무엇으로 그 공간을 채우나? 차세대 고급정보와 미래의 가능성을 열어보고 신융합응용기술의 접목으로 또 다른 세상을 열거하여야 하나? 이점에 의문이 제기된다. 그것은 일부 전문가들의 소견이라고 치부하고 넘어가야 하나? 비교할 수 없는 과제가 산재되어 있다.

요컨대 미래는 IT기술이 세상을 지배할 것이며, 정보와 지식은 움직이는 동력이 될 것이다. 4차산업혁명 이후에 사회적으로 일어나고 있는 경제적, 사회적 환경에서 결혼문화의 배경은 하루가 다르게 변화를 재촉하고 있고 지금까지 우리가 소유하고 있는 지식과 상식은 별 쓸모없는 구태로 돌아갈 확률은 높아지고 이제는 새로운 정보와 고급지식으로 다시 전략적 기획 설정할 입장이 되었다. 요즈음과 같은 불확실성에 어떻게 대응하고 있나? 인생은 불확실성의 원인과 해결책을 찾아가는 통로에서 결혼과 성공이란 기대심리에서 비대칭구조(Asymmetric Structure, 非對稱構造) 해소기술을 빅데이터와 인공지능으로 융합, 응용되고 있다. 이는 상호동의주위의 원칙과 이해충돌을 조율과 기술로 일치점을 찾는 가장 이상적 관계라는 원칙에서 본질에 가장 가까이 접근할 수 있는 프로세스이다.

익히 두 개의 생각을 하나로 일치점을 찾기란 지식과 배경 모든 인간성까지 혼합시켜 엄청난 시간과 인내심 그리고 동안의 갈등과 이념적 사고를 이겨내야 하는 심리적 갈등과 모든 이념이 소통되기란 자존심까지 내려놓아야 가능하다. 또 자기중심적이며 이기적인 개념에서 부부연대 양분의 조짐에서 합의적 초점을 찾는 지혜로움이 요구되기도 한다.

예로 상대와 비례해 생각의 구도를 상호동의로 이루어지는 협조자 역할을 대역하는 시스템을 의미한다. 인식의 공감대를 통해 남·여의 관계 Story를 소통적 이해도를 분석하며 일구어내는 동질성 실현은 상류층 구조다. 아직까지 눈치채지 못한 무서운 함정이 숨어있다. 바로 통제다. 누가 누구를 통제하면 관계는 깨진다. 즉 의사 제한과 명령이다. 제일 무서운 독소조항이다. 바꾸어 어떤 처방과 약도 없다. 이러한 관계라면 한 사람의 인생은 직설적으로 간단히 희생도 아니고 극단적으로 무너지는 것이다.

세상 175인종이 있다. 이를 어떻게 선별하나. 하지만 스위스 취히리대학 전문학자들은 이미 순서까지 정해놓았다. 모태 재능과 IQ는 물론 정신 지수까지 점수로 표현해 놓았다. 한마디로 안심해도 좋다. 우리나라는 우수민족으로 인정을 받고 있다. 놀라지 마라. 175인종 중에 106점 세계 1위다. 105점 일본, 104점 대만, 미국은 17위에 올라있다. 과거는 이스라엘 민족이었지만 역전되었다. 이러한 민족이니까 세계역사상 근 50년 만에 세계

경제 10원권 안에 들어올 수 있었다. 앞으로 영원히 세계역사에 있을 수 없는 사건이라고 전문가들은 입을 모았다.

바꾸어 사실은 우리가 모르는 잠수 된 내용 들이 가끔은 있다. 그렇다고 부정할 수도 없고 아니 운명으로 돌려야 하나 세상은 그렇다 하고 덮고 넘어가자. 이는 서로 생각의 차이와 자기중심에서 나타난 이기적 이미지를 상호 협조구조로 개선될 수 있는 발상의 치유도구로 제공하는 비례적 조건을 칭한다. 그렇게 세상은 아는 만큼만 보이듯이 누구나 알면 성공할 수 있지만, 개인의 전문성 한계가 존재한다. 성공과 실패의 차이는 지식과 정보의 차이다. 돈도 마찬가지다. 돈도 많이 모이고 돈이 놀고 있는 곳에 가서 같이 놀아야 원하는 것을 얻을 수 있다. 물론 일반정보 지식과 고급정보 지식으로 엄연히 구분된다. 그래서 선진교육이 우대받고 그 기초부터 알아야 한다는 중요성의 인식이 있어야 목표를 성공으로 갈 수 있다는 논리이다.

일반적인 생각은 아무나 다한다. 뜬구름 잡으려는 허망된 생각은 아무런 소용이 없다. 배경에 어울리는 지식의 구체적 기획으로 준비된 자만이 그 목적지에 접근할 수 있을 것이다. 또 한편으로 호기심과 감명 받으며 살아야 사는 맛이 난다. 세상은 울퉁불퉁하게만 보이겠지만, 희망이 존재하기에 많은 사람들은 행복이 무엇인지 맛볼 수 있다는 것이 희망이며 감동적이다. 항상 해왔던 것만 계속하면 발전이 없거나 소멸의 길을 걷게 된다는 뜻이다.

그리고 결혼예비자들이 소유하고 있는 지식과 상식으로 세상 보는 눈높이의 수준이 공감할 때 수명연장으로 이상적인 미래의 부부상으로 이끌어 갈 '비대칭 구조'의 해소프로세스 설계의 가치를 인정받을 수 있다고 일컫는다. 세계 결혼역사를 들여다보고 우리의 결혼 문화적 역사와 사회적 배경으로 미래의 결혼문화를 점쳐 볼 때, 가장 중요한 개인적 환경이 미래에 어떠한 지대한 영향을 끼칠 것인가에 그 가능성을 읽을 수 있을 것이다.

이제는 여기 제시된 결혼 빅데이터 인공지능플랫폼으로 미래를 점치고 있지만 왜 많은 새로운 정보들이 쏟아져 나오고 예상하지 못한 정보들이 또 다른 지배자로 나타날 수도 있기 때문이며 미래는 더 큰 관심과 연구는 긴장과 함께 새로운 결혼질서까지 바꿀 것이다.

이제는 결혼으로 인생의 판가름이 날 확률이 높고, 어느 때보다 그 중요성이 커졌다. 또 과거보다 결혼생활 25년 이상 수명 연장되어 결혼 정보 교육기관에 눈을 뜨고 미래를 엿보는 기술적 지식과 정보가 절실히 요구되기 때문이다.

결혼도 지식과 정보는 기술적 재산이며, 세상 누구도 다 알고 있는 이야기다. 하지만 세상 어느 곳에도 그 기술을 보유한 교육기관은 존재하지 않는다. 왜 그럴까! 속 시원히 대답하는 사람도 없다 인간관계 구조가 너무나 복잡하고 역사적으로나 심리적 갈등으로 표현을 어떻게 정리할 길이 없기도 하고 깜깜이 속이라 과학적인 최적화된 메뉴 얼을 지금까지 개발 못했기 때문일 것이다. 결혼예비자들에게 목적을 제시하고 세상과 끊임없이 소통하는 자세와 개념과 사고 새로운 정보 지식을 깨우치며 확장하는 최고의 전략으로, 결혼을 준비하고 그들이 최고를 꿈꿀 수 있게 미래를 담보하는 정보 지식교육 우리가 바라는 최종적 결과물은 과학적 정보교육이다.

이 세상 어디에도 없고 세상 사람들이 결혼을 꿈꾸는 순간부터 감동에서 시작되어 연속성으로 평생을 행복동산으로 같이 갈 수 있는 혁신적 이미지 구성이 요구된다. 여기 제시된 프로그램과 함께 세상을 이겨야 할 결정적 최고의 보물일 것이다.

그리고 한 사람 자체를 점수를 매길 수도 없고, 어떻게 주관적 평가도

할 수가 없기 때문이다. 상대적 비대칭 범위가 너무 광범위하고 문화교육 사회적 가치 경제적 수준 그리고 눈에 보이지 않는 지식의 정도, 이런 것들을 어떻게 계산으로 수치를 만들어 낼 수가 없기 때문이다. 그렇게 역사적으로 운명이란 팔자라며 이유를 달고 선택이 아닌 피신처로 지금까지 주사위를 던지며 여기까지 왔다.

이 시대는 하루가 다르게 4차산업혁명 이후 정보기술로 세상을 바꿔가고 있는데 우리네 결혼문화는 제자리걸음을 하고 있다. 일반적인 생각은 상대를 어떻게 만날 수 있는가에 초점을 맞추고 있다. 반면 지금은 시대와 환경적 변화에 의한 경제 사정에 많은 관심이 집중되어 있다.

일단 돈 많은 남편감이 1순위에 올라있다. 다음은 잘생기고 많이 배우고 건강하고 가문 좋고 성격 좋고 자신만 사랑할 수 있는 사람을 선호하고 있다. 사회적 정서가 재산 관계부터 능력검증으로 평가하고 다들 그렇게 믿고 인정하고 싶어 한다. 이 수준은 구시대적 착각이며 멀리 못 본 미숙함으로 결혼 3개월만 한솥밥 먹어보면 가슴 치는 답이 나온다.

그런 이상형을 찾는 것도 본인의 능력으로 인정하고 평가하니 조금도 쑥스러워할 이유도 없다. 그것도 기술이니까! 일반적 생각이 아니고 특별함이 묻어나는 남다른 아이디어와 다수 생각이 그렇다면 나도 그렇게 기술을 걸어 순발력으로 자신을 개발 변화해볼 필요가 있다. 지금 기회가 왔다면 기회를 볼 줄 아는 안목이 있어야 하며, 기회다 싶으면 빨리 잡아야 한다.

물론 제일 중요한 건 어떤 상대방의 만남이라 생각하겠지만 현실적으로 알고 보면 훨씬 그 이전에 조건적 환경을 현실적으로 이해를 해야 할 것이다. 방향을 알고 행동으로 가야 할 일들을 모르고 객관적으로 구름 잡으려는 판단에서 미래를 점치고 현재 소유하고 있는 작은 지식과 정보에 목숨을 걸고 있는 현실은 보통사람들의 보편적 생각이다. 다들 그런 생각에 빠져있다고 봐도 과언은 아닌 것 같다.

이제까지 세상에 결혼 후에 도래할 평생교육과 인성교육이 안된 체 각자 알아서 객관적 모든 수단을 동원하여 짝을 찾는 외에는 특별한 수가 없는 현재의 실정임에 개인적 사회활동 배경에 의지해야 하는 그런 갬블의 장난스러운 현실에 우리는 무방비로 노출되어있다.

세상은 정보기술과 많은 문화 혜택과 생활의 여유로움으로 여기까지 왔는데 결혼문화는 역사적 구풍습에 묶여 진보없는 세월을 보내고 있고 현실은 갈수록 새로운 어려운 사건들이 생기게 되어있다 남·여의 만남을 운명에 맡기기는 너무 지나치다고 입을 모으지만, 능력 외에도 다른 기술적 프로세스를 통해 대체하면 된다. 한 번의 기술적 지식이 운명을 바꾸고 인생의 바른길을 찾아가는 멘토를 찾는 것이 현명한 지혜일 것이다

원칙으로 결혼이 지향하는 목적은 결국 둘이 아니고 하나로 합쳐 일치성 사고로 새로움을 창조하고 미래지향적 바탕에서 서로의 존재를 인생의 기적으로 여기고 살아갈 여러 가지를 확인하고 나누는 것이 성공을 나누는 결정적 단서가 될 것이다.

예컨대 초개인주의며 철저한 자기중심적이기에 상대와 공유 또는 타협은 경계가 분명해야 하며, 이러한 상황에서 결혼질서란 심리적 더욱 민감한 반응과 복잡한 경제의 수학적 계산방식이 동원되는 실정이다. 고로 인간적 순수성은 퇴색되어가며 시대적 문화가 발전할수록 상대성은 심화를 요구하고 소통은 고립주의로 물드는 요인으로 나타나고 있기에 주의가 요망된다.

이것은 마스터 마인드(Master Mind)의 기술로 판명하겠지만, 결혼은 두 사람의 마음이 똑같은 목적을 향해 모여드는 합심으로 그것이 감동으로 엄

청나게 큰 힘을 발휘하고 성공도 한다.

　많은 생각과 예상외의 정보 또 다른 미지를 찾아야 하는 만큼 결혼은 보장된 것도 없고 담보할 수 있는 것도 없는 오로지 자신만의 정보에서 비대칭 해소 기술적 지혜로 묻어나는 인간적 철학과 인문학적 특별함을 찾아내어 배양시켜야 결혼성공을 할 수 있다.

　요컨대 지금까지의 이야기는 4차산업혁명이 일어나기 전까지의 사실 이었다. 그러나 2021년 들어와 과학의 힘으로 결혼과학이 탄생하므로 결혼의 역사와 환경의 지형은 바뀌었다. 역시 빅데이터와 인공지능이 결혼환경의 질서를 지배하며, 미래를 창의적 개발의 발상으로 질주하고 있다는 것이다. 이러한 사실에 주목한다면 결혼 4원칙과 부부공생과 공통분모 비대칭 해소공법 등 케미스티를 알게 될 것이다. 평균수명도 25년 이상 연장되어 이미 개임은 끝났다. 이 프로그램 잘만 융통성으로 운용하면 평생 병원 갈일 없고 돈에 치일 삶도 없으며 인생 성공한다.

10. 결혼과학의 미래의 꿈을 바꿔놓을 메타버스의 세계

The future, marriage science is changing the world.

결혼과학 바이러스의 눈(Marriage Science Virus Eye) 네비게이션

결혼과학이 대세는 한번도 경험못한 상황이다. 그러나 결혼의 미래 과학적 기술력의 정수가 고스란히 응축돼 있고, 결혼과학으로 더 나은 100년을 준비한다면 숭고한 교육문제를 경제 활성화 수단으로만 볼 수는 없지만 그래도 지식과 정보의 결혼과학이 내 인생에 샷을 찍고 책임질 수 있겠다는 긍정의 신호를 감지했을 때 아직까지 느껴보지 못한 감동과 함께 또 다른 희망을 보았을 것이다. 이는 예비자들의 마음이 선택한 결혼과학 존경받아야 할 것이다. 또한 결혼과학 배경의 불꽃이 무섭게 결혼 시장을 불태울 것이다

미래, 결혼과학은 이미 승자 독식 구조 편성에 승차한 이유는 지금까지 제시된 규칙과 공법 왜에 계발 중인 또 다른 어떤 아젠다를 들고 나오는지 두고 봐야 할 것 같다. 그러나 아마도 마법과 같은 유능하게 성공할 경험을 선사할 것이라고, 전망하고 있다.

익히 '미래, 결혼과학'이 세상을 바꾸는 힘의 작용은 더 큰 세상을 꿈꾸며, 인간의 이상적 행복을 추구하는 부부공생의 우호적 유형과 사회적 피드백에 따라 결정될 것이다. 논리적으로 합당하고 가치가 검증되고 인식과

238

결혼질서의 분위기 또한 같이하기에 여기에 초점을 두고 일반적 결혼과학의 골드러시'가 시작되었다.

딱히 결혼과학의 패키징 시장이 주목받는 이유는 결혼과학 고도화 기술의 한계와 다양한 예비자 Leeds(결혼예비자들이 생각하는 이상적 꽃)에 대응하기 위한 패키징 속성의 중요성이 강조되면서 결혼질서도 앞다퉈 첨단 패키징 기술개발에 나서고 있기 때문이다. 새로운 결혼문화와 삶의 시작을 알리는 고급정보로 결혼의 품질을 알차게 열어갈 혁신이며, 차세대 결혼개념으로 변화의 조짐이며 여기에 '미래, 결혼과학'은 주체로 선정되어 미래를 선도하고 있다.

'미래, 결혼과학'은 인생역전의 지름길로서 기회며 삶의 전체를 요동치게 하는 중요성이 내장되어있는 과학의 프로젝트로서 알면 보이기 때문이다. 이러한 환경에서 결혼과학은 Grand Openning도 전에 사회적 이슈로 문전성시 이루고 있으며 결혼질서와 배경에 영향을 미치게 되는 형태는 분명하게 확인 검증되었다. 결혼과학과 문화적 다양성과 질서를 이해하고 상호존중과 지지로 조금도 의심의 여지가 없는 과학적 구조에서 둘이 하나로 일치점을 찾는 생각의 조합을 넘어서 더 끈끈한 부부관계를 만들어나가는 방향으로 기술하는 프로그램이다

요컨대 평균수명이 25년 이상 길어지면서 변화된 결혼질서 상황에서는 부부간의 친밀감과 화목감을 키워주는 공통분모와 같은 취미생활이 더욱 중요하게 본다. 같이 움직이는 코드가 소통작용 되고 환경적 공감소통으로 마음의 평화와 행복감을 가질 수 있는 심리보형구조 성립의 첫 번째 요소이기 때문이다. 단지 IT를 활용한 결혼과학설계 지원플랫폼 모형에 관한 신 응용융합 연구로 기하급수적인 발전을 하고 있다. 이렇듯 빅데이터는 양면성을 가지고 있다. 앞으로 어떻게 활용하느냐와 탐색에 따라 우리의

미래가 달라질 것이다. 부부는 공존할 수 있는 방안들을 차원 있는 지속성 방향과 보편적 생각 위의 생각에서 모색한다면 더 나은 미래를 약속할 수 있을 것이다. 세상은 여기까지 왔고, 또 더욱 진보하며 굴러갈 것이다.

예로 결혼과학은 시대적 대의에 충실함과 지식과 과학적 모체는 인문학이다. 인문학이 컴퓨터와 인공지능에 미친 영향이 크기 때문이다. 초기로 돌아가면 컴퓨터의 조상이라 할 수 있는 기계식 계산기(팡세)를 쓴 철학자 파스칼이 개발했고 이를 라이프니츠가 개량했다. 이들은 수학자이며 과학자이기도 하다. 여기에서 영감으로 발상한 신개념 융합응용기술에 기초소재를 개발한 결혼과학은 성공과 행복 삶의 생태계를 발굴하는데, 성공했다.

그 이유는 내가 만일 학생으로 배움의 길로 돌아간다면 인공지능만을 집중 몰입할 것이다. 미래의 모든 파이는 인공지능으로 결판나기 때문이다. 지난 30년 동안 행한 미래예측이 무려 86%나 적중한 세계 최고의 미래학자 레이 커즈와일은 2029년에 인간의 지능을 뛰어넘는 인공지능이 2045년에 인류의 지능을 뛰어넘는 인공지능이 출현을 예측했다. 여기에 답이 있다. 우리가 어떤 유형의 사람인지는 사회적 피드백에 따라 결정될 때가 많다. 결혼과학은 인류 문맹을 여기에 맥락을 두고 설계하고 창조했다.

실제로 결혼질서의 현존은 구태적 수준미달이며, 지독한 문맹의 유아기적 제도하에 시대착오적 사고로 유행에 따르지 않고 구 풍습에 만연된 오직 그대로 이어지고 있는 이유를 어떻게 설명하는 사람은 없다. 예로 성공과 행복의 지름길 로드맵 완성을 지향하는 길목에서 가닥을 찾기 위서는 과학적 과정을 거쳐야 했다. 과거 질서를 놓고 미래를 예측한다는 것은 거의 불가능하기 때문이다.

현재와 미래를 갈라치기로 평가하고 대비할 잣대도 존재치 않고 거저 상상으로 치부해야 할 형편 정도다. 결과는 무방비 상태였다. 이러한 역사를 안고 결혼질서는 오늘날까지 내려온 것이다. 방치된 황무지상태에 노출된 결혼질서, 멀리 보고 투자해야 성공할 수 있다고 확신했기 때문에 지금은 시작이다.

예로 결혼과학은 지극히 합법적이고 합리적으로 기회를 잡은 것이다. 결혼예비자들은 이제 단순히 소비자나 경영자 또는 관람자가 아닌 주인의식으로 과학적 접근방식을 스스로 지혜롭게 알아차린 것이다. 결혼과학은 지식과 상식적 인격체며, 중력의 힘으로 IT와 접목하여 우리의 미래를 창출하는 기술을 제공하게 된 역사적 순환기회(Circular Opportunity)를 알아차렸다고 이해해야 한다.

익히 결혼과학은 누구나 꿈꾸는 '영원한 현역'을 실현하고 있다. 정교한 결혼과학 바이러스의 눈으로 과학적 구조의 정형화에 방점을 두고 설계됐다. 미래에 도래할 신개념 융합기술기반으로 결혼문화가 어떤 형태로 변화하든 결혼과학은 인간의 생존력에 지대한 영향을 미치게 될 것이며, 이와 동반할 치유수단이 될 수 있기 위해서다. 결국, 결혼혁신은 삶의 질과 일의 방식까지 바꿀 수 있기도 하며 또한 양질의 결혼과학교육 시스템을 제공할 수 있는 네트워크 환경에서 더 많은 정보를 받아 저장하는 현장이기도 하다.

그렇게 결혼과학이 안정적으로 정착이 된다면, 결혼 관련 많은 분쟁을 불식시켜 공정성을 확보, 사회적 공평성과 수평적 참여로 성공을 이어가는 미래불안 해소로 밝은 세상, 결국 생존권 확보로 이어진다. 누구나 지금까지의 상상도 못할 꿈같은 희망 사항이었을 것이다. 또한, 사회 모든 분야에서 성장동력으로 새로운 파이에서 동력으로 제공한다면, 사회적 합의까지 그것이 바로 혁신의 대명사다.

또한 연장선에서 부부공생은 자유로움과 항구적 행복감 극대화에 어떠한 통제와 장애도 없어야 하며 자율적 소통은 유지되어야 한다. 그중 하나가 상호동의 주의로 자유롭게 자기 주도적 준비와 새로운 '드림생태계'로 활동 과제를 설계할 수 있는 규칙은 자신들의 역량이다. 또 결혼예비자들의 구원 핵심 역량을 키우기 위한 인성과 교양 기초교육도 자신을 긍정으로 들여다보며 부부 상호동의와 갈등 해소로 친화성 정보교육으로 강화하며, 미래가정 교육수준을 높인다는 의미이다.

그리고 결혼상담의 범위에서 응용을 통해 결혼문화를 기반으로 하는 상담치유전문가를 양성하여 배치하는데, 초점이 맞춰져야 한다. 여기까지 준비과정은 오랫동안 내공으로 다듬고 구체적으로 update 되었기에 가능해졌으며 경험과 과학의 응용으로 편집되었다.

인류의 역사와 현실적 결혼문화의 변천에서 다소 냉소적인 감이 없지 않았다. 결혼의 지식과 정보가 전혀 없는 상태에서 홀로서기는 엄청나 고통과 무지의 공동화에 엮겨 지금의 지식적 고급정보의 배경으로 연구되기까지 창의성과 무한한 상상의 발상을 도전으로 엿볼 수 있었다.

마치 밀폐된 공간에서 상상력으로 한 인생을 압축해 놓고 면접관 여러 명이 돌아가며 다양하게 그 인생을 정교하게 해부한다면 장시간의 면접이 끝났을 때 면접관이 복음같은 한마디를 뱉을 것이다. 너 인생은 너 가 챙겨라, 정답을 말할 것이다. 그러나 그 속에 세상과 인생이 농축되어있다. 즉 과학적 지식과 정보로 미래를 읽고 맞춤형 결혼과 인생의 진실을 알려주고 선택의 길을 열어주었기 때문이다. 이것이 바로 행운의 신호를 잡은 것이다. 또 결혼과학의 확대 효과로 결혼 시장은 어느 때보다 활발히 예고될 것이다.

이는 미래예측 불가능의 시대는 마감되고 내일을 들여다보고, 사전준비하는 과학발전이 결혼과학과 융합되어 지금까지 아무도 풀지 못한 결혼의 알고리즘을 우리는 창의로 열었다. 이것은 또 다른 세상을 만들어가고 있다는 새로움을 예고하는 가능성의 증표다.

정이 결혼은 인간에게 주어진 꽃 같은 시절이며, 인간의 기본권에 가장 심도 있는 관심사다. 매칭분야에서 누구를 어떻게 만나느냐가 인생의 성패가 결정날 수도 있다는 것이 핵심포인트이다. 지식적·능력적·환경적·사회적·인간적 소유하고 있는 지식과 경제적 현실에 비례 상대성에서 보편적 가치와 인격과 수평적 부부의 일치점에 가까울수록 결혼성공을 보장받을 수 있다는 원칙론에 우리는 이 파이에 크게 주목하고 있다.

딱히 행복은 부부공생의 소통적 지식에서 출발한다. 이 시대를 살아가려면 자신을 연속적으로 변화시켜 미래를 바라보는 통찰력으로 항상 새로운 생각으로 자신을 지켜나가 보면 또 다른 희망이 보이고 생각을 바꾼다면 안 되는 것도 되게 움직이는 긍정적인 사고로 응답할 수 있을 것이다. 또 세상을 크게 보는 눈을 뜨게 되면서 어떻게 하면 결혼 후 행복할 수 있을까를 생각한다면 준비하지 않은 결혼 반듯이 문제가 된다는 결과가 당장 우리 코앞에 놓여 있다는 사실에 긴장하게 될 것입니다.

물론 교육이 얼마나 중요한지 깨우치며, 남자와 여자 결혼이 얼마나 어려운지도 알아야 하겠지만 세상 살아가면서 가장 경계해야 할 것은 자기 자신만의 좁은 세상에 갇혀 살아가는 것이 얼마나 위험하다는 것도 알아야 한다. 무엇과도 합리적으로 타협할 자세가 요구된다.

4차산업혁명 이후 급속도로 변화되어가는 환경에 적응하기 위한 수단은 모든 프로그램교육에서 시작되듯이 결혼의 문화적 이해와 진실은 개인이나 국가의 미래에 큰 영향을 줄 수밖에 없다. 그러나 이제는 5차산업혁명을 예측하면서, 더 큰 미래를 꿈꾸며 몰입과 열정으로 도전의 깃발을 높이 치켜 들었다. 때문에 우리는 상식을 깨는 개혁과 위대한 창의로 세상을 바꿔놓겠다는 발상은 가히 결혼 혁명적 수준이다. 여기 제시는 엄중히 결혼혁명이다. 또한, 4차산업혁명과 5G기술 상용화로 빨라지는 가상현실(VR), 증강현실(AR)에 대한 실시간 서비스가 가능하다. 2019년 5G상용화로 초연결(Hyper-Connectivity), 초고속, 초실시간처리 통신서비스, 현실감, 메타버스가 새 시대를 열고 있다.

이렇게 세상은 끊임없이 변화할 것이며 많은 역사적 자료와 통계의 분석으로 빅데이터와 인공지능의 융합적응용에서 플랫폼이 등장하면서 결혼의 생태계 변화에서 긍정적 가능성을 교육적 기반에서 열어가고 있다. 그렇지만 결국 결혼은 이기적 바탕에서 상호동의의 원칙으로 결국 합치로 결정하게 된다, 이러한 통념으로 결혼 성공의 원동력의 본질은 어떤 이상적 생각과 결정에서 시작되겠지만 즉 시대적 타이밍에 영향을 많이 끼친다. 또한 개인적 스타일에 따라 여러 형태의 카테고리로 나누어진다.
또한, 결혼성공은 새로운 길을 시도해볼 삶의 공간(Lebensraum)을 제공한다. 역시 결혼교육도 많은 사람들이 참여하고 공감으로 소통되고 공유하는 결혼로드맵으로 가야 마땅할 것이다.

미래를 읽을 수 있는 결혼로드맵의 시대적 신호를 빨리 감지해서 이상형 결혼미래상을 자신이 직접 교육적 지식과 상식으로 응용해서 만들어내야 하는 본인 책임론이다. 결혼의 원초적 사실부터 합리적이고 시대적 사례에 합당한 만남의 인연까지 자신이 직접 찾아내야 하며, 누구의 도움과 협조자도 없이 고급정보 라인을 등에 업고 자신의 능력개발과 함께 만들어보는 것도 도전적 정신으로 한번 시도해보는 것도 자신을 직접 평가해 본다는 기회는 대단한 일이다. 알고보면 자신이 쉽게 접근할 수 있는 일들이다.
익히 결혼은 평생 세상 살아가면서 부부간에 발생하는 상호이해충돌을 조율할 수 있는 지혜는 가장 가치있는 결과물일 것이다. 또한, 평생 행복추구는 여기에서 출발 가능한 기회와 선택으로 생각해도 조금도 손색없을 것이다. 지금까지는 정보화 시대였다면 이제는 감성과 스토리 시대로 이미 들어섰고 시대가 바뀌고 결혼문화도 현실적으로 모두가 갈망하는 융합적 응용과 과학적 정보로 접근을 희망하고 있기 때문이다.

그러나 아직 아무도 생각하지 못하는 혁신적 정보와 지식만이 앞선 생각의 변화로 깨우칠 수 있고 역시 교육적 프로그램에서 만이 그 가능성을 찾을 수 있을 것이다. 생각이 이정도 왔다면 앞으로 살아가는데, 어떠한 돌발경우가 생겨도 직접 해결할 지혜가 충만한 능력자로 믿음과 신뢰가 갈 정도로 평가받을 수 있으며 성공 가능성까지 인정받을 수 있을 것이다.

세상은 알고 있는 만큼만 보이듯이 그것이 바로 정보와 지식이며, 그 지식을 특별한 교육적 우산 아래에서 창의 된다는 것을 깨우쳐야 할 것이다. 이런 교육적 열매가 세상에 넓게 펴져 건강한 사회로 많은 사람들이 행복과 성공으로 후세에서는 나라의 성장동력으로 이어질 수 있다는 것은 너무나 당연하다고 조금도 의심할 여지가 없다.

지금까지 소유하고 있는 지식과 사회적 경험과 인품 감성 포용력 등이 부합하는지, 그리고 가정교육 학교교육 다른 특별한 실지 인생 살아가는 중요한 그리고 꼭 필요하고 경우에 따라서 인생을 새롭게 디자인할 수 있을 정도의 고등지식은 어디에서도 찾을 수 없는 특별한 고급정보와 지식, 결혼과학이 경험할 수 있게 기획하였다.

그리고 여기에서의 인성 및 폭넓은 교양까지 그리고 평생 살아갈 삶의 질까지 다양하고 고차원적인 교육으로 미래 글로벌 결혼문화까지 이끌어 중추 역할을 할 수 있도록 많은 자료와 국제적 견문까지 프로그램에 수록되어 빅데이터, 인공지능 플랫폼에서 결혼의 4원칙과 소프트웨어, 하드웨어 코어공법은 5G기술로 결합된 플랫폼에서 흔들림도 없이 안정적으로 제공될 수 있도록 항상 긴장감을 유지하고 있다.

익히 그러나 공감 능력과 창조적 상상력을 가진 사람은 인공지능의 조력자가 되어 우리의 미래를 길라잡이 할 수 있는 환경적 요인을 만들 생각을 하고 있다. 이것은 인공지능이 보여주는 창의 능력은 냉정히 말해서 빅데이터를 통해 숫자의 확률적 계산에 불과하다. 인간의 공감과 창조를 모방, 변형, 융합적 결산의 산물에 불과하다. 따라서 인공지능 에게는 학습하는 능력만 있을 뿐 생각하는 능력은 없기에 한계를 안고 있다.(인간의 호기심과 상상력은 모방할 수 없다.)

결혼 바이러스의 눈

- 작은 결혼(Happy Seed Money)
- 결혼문화 풍속도 변화촉진(결혼예식장 구조조정)
- 결혼 쉽게 접근 배경확대(결혼문화 환경)
- 결혼비용 절감(예식장 구조조정과 예물 간소화)
- 결혼교육 혁신이 가능하다.(결혼과학교육확장)
- 결혼 성공으로 개인, 사회적 많은 문제 해결
- 새로운 세상으로 바꿀 수 있다.(결혼혁신 교육)
- 출산장려촉진의 생태계 조성(결혼 쉽게 접근 Seed Money 프로그램)
- 결혼교육으로 인생성공 길라잡이(국민적 행복지수 상승)
- 결혼 성공과 부부 사랑은 모든 범죄로부터 사전예방 효과

Wedding Story

- 결혼 성공과 경영 Marriage Success Management
- 결혼 성공과 꿈 Marriage Success Dream
- 결혼의 변화관리 Marriage Change Management

11. 결혼의 알고리즘(Algorithm)으로
새로운 세상을 보다.

차세대 기초소재개발이 되어 결혼과학 2세대로 보다, 근본적인 변화가 뒷받침되어야 한다는데 의견 일치했다. 역사는 하루가 다르게 변화를 재촉하고 있으며 무한한 가능성을 찾고 있다. 결혼은 인문학, 철학, 사회학, 심리학, 정서적, 융합적 응용으로 총망라 경계없이 호환되어 부부로 이어지는 운명적 만남으로 인간미까지 결합으로 표현되는 이상형의 선택이다. 이렇게 복잡하고 다양한 성격이 결혼의 알고리즘이 무엇을 원하는지 표현하기도 어려운 것은 사실이기에 결혼의 역사는 길지만, 구체적으로 정리된 것도 교육적 역사적 자료도 존재가 부실하다.

본래 결혼과학은 영향력(인플루언스, Influence) 중심이다. 이 사업이 세상에 어떤 영향을 미칠지 왜 해야 하는지 등 철학적이면서 장대한 비전을 제시하며 새로운 역사를 쓰고 있다. 누구나 결혼과학이라는 의아한 생각에 내 마음속 물음표를 달았을 것이다. 결혼의 법칙과 제도를 일신한 '미래, 결혼과학'은 세상을 행복과 평화로 변화시킨 선구자인가? 그 모든 인고를 넘어 도전으로 오늘을 지켜온 열정은 과히 역사적인 이유는 부부 소통과 우호적 관계를 유지할 동력의 필요성을 탐색할 수 있었고 여기에 치유도구로 과학이 개입해 문제해결의 실마리를 풀 수 있었다. 예비자들이 결혼과학을 학습하면서 느끼는 경험을 저장하며, 좀 더 사용자가 쓰기 편하게 시각 정보나 고급정보와 고등지식 등을 배치시켰다.

예컨대 기술적·기계적 한계를 넘지 못하고 구태적 결혼질서는 옛 풍습 그대로 방치되어왔고, 그동안 어떠한 방법과 혁신도 없었고 여기에 미래, 결혼과학이 관여해 결혼관례와 질서의 지도를 바꾸게 된 것이다. 이렇게 새로운 세상을 열어 예비자들에게 희망의 불씨를 제공하게 된 것은 무엇으로도 대신할 수 없는 기적이라 여겨진다.

딱히 결혼알고리즘의 환경은 예비자들과 함께 끝까지 헤치고 나아가야 할 시대적 문제이다. 예비자들의 불안과 불확실성의 위기 신호를 계속 보내고 있는데도 그 심각성을 아직 느끼지 못하고 있다. 일반적으로 일어날 부부 총체적 갈등과 충돌 가능한 견해 차이와 감정소통 문제 해소지식의 차이 성격의 차이 환경의 차이 소통의 방법 등을 분석 AI에서 호환된 자료는 진보된 정체성 채널을 통해 업그레이드된 결과물로 또 다른 새로운 질서로 부부동맹 길잡이를 제시해줄 것이다.

그러나 결혼은 환상이 아니라 현실이고 생활이며, 인생에서 새로운 중요한 출발점이지만 불확실성 미래를 안고 살아갈 마음의 준비 자세는 당연하다. 결혼은 시대적 환경과 소유하고 있는 능력으로 이루어지는 남·여의 만남과 자신에게 어울리는 배우자를 선택하는 지혜이며 선택에서 중요한 것은 조건이 아니라 내용이다. 아무리 좋은 정보와 기술을 가지고 있다고 해도 부부공생의 개념이 체계적으로 정립되어 있지 않으면 건강한 결혼과 부부생활을 할 수 없다

익히 결혼은 인생 중에서 가장 아름다운 행복이며 축하받을 일이다. 그러나 부부공생의 만남이라는 인연으로 평생을 같이 살아갈 결정적 판단을 해야 하는 일이기에 고민에 빠진다. 남자와 여자가 만나 부부가 되기 위해 전혀 다른 환경에서 성장한 남·여가 가정을 이루어야하기 때문에 갈등의

요소가 많다. 또한, 만나서 사귀고 좋아서 결혼을 하겠지만 결혼은 순간의 좋은 감정 하나로 계속 이어갈 수만은 없기 때문이다.

정이 결혼에 관한 한 여자들은 지독한 근시다. 많은 여자들은 자신이 결혼에 대해 많은 지식과 정보를 충분히 가지고 결혼하는 것으로 착각하고 있다. 한국 여자들이나 외국 여자들이나 마찬가지다. 다들 몰라도 너무 모른다. 개구리 언덕 떨어지는 식으로 운명에 맡기는 것이나 다름없으며, 위험천만한 발상이다. 평생을 결정짓는 결혼을 별다른 정보도 없이 덜컥 선택하고 누군가의 말과 분위기에 따라 결정한다. 그리고는 최고의 선택이라고들 안도한다. 그렇게 결혼을 해서는 한두 달만 같이 살아도 삐걱대기 시작하면서 가슴치는 일이 한두 번이 아닐 것이다.

현대는 맞춤형 결혼콘텐츠를 준비하는 시대다. 때문에 다양한 지식을 습득하여 자신의 결혼환경에 적합한 자신만의 스토리를 만드는 것이 학벌이나 스펙보다 결혼이 훨씬 더 중요하다는 것을 인지해야 할 것이다. 그래야 여러 돌발상황에 대처할 수 있는 능력을 학습해야 한다. 아울러 부부가 함께 즐길 공통분모와 공감소통 그리고 미래인생의 디자인도 준비해야 한다. 어떻게 누구를 만나느냐의 중요한 것보다 만나서 어떻게 멋진 인생을 즐기며 행복하게 후회 없는 일생을 살 것이냐를 사전에 준비하는 정보와 지식적 학습이 더 중요하다.

결혼 준비과정의 일어날 일들을 예상하고 준비와 상대에 대한 소통적이며 공통점의 호환을 위해서는 생각만으로는 부족하다. 체계적이고 논리적이며 구체적인 정보 지식교육을 통해 풍요로운 삶의 콘텐츠를 마련할 최상의 조건을 갖추는 기초훈련이 교육으로 요구된다.

결혼에 있어서 여자는 정말 외롭고 고독하며 혼자 해결해야 할 일들이 너무 많다. 먼저는 배우자를 찾는 일이 제일 어려울 것이고 찾아도 본성이 전혀 다른 남자이기에 다루기가 쉽지 않다. 경제적 조건과 환경적 조건 그리고 인간적 교감소통과 학식 밸런스 등 비교 분석해야 할 것들이 너무 많다.

익히 잠깐 실수로 얄궂은 인간관계에 휩쓸려 얼토당토않은 배우자를 만날 미래에 대한 불안감 때문이다. 다행인 것은 여성들은 선천적으로 남성보다 뇌 구조가 훨씬 월등하여 타인의 감정을 읽고 자신의 감정을 표현하고 대처하는 능력이 남자보다 훨씬 우수하다. 때문에 여성은 가정 속의 권력자요, 남성의 삶을 사실상 지배한다. 부부간의 공통분모도 결국 아내 편에서 리드하는 것이 자연스러운 추세이다. 따라서 여자가 잘만 설계하면 좋은 가정을 얼마든지 만들어 낼 수 있다는 것이다. 우선은 기본적으로 같이할 수 있는 취미 생활을 두세 가지만 만들면 이미 성공의 가능성으로 입문한 것이나 다름없다. 생각이 같고 몸이 같이 행동하면 최고의 행복감을 가질 수 있다. 어떤 이상형의 남편감을 어디서 어떻게 찾아야 하는 것에 목적을 두기 전에 어떤 남자와 인연이 되더라도 리드하며 소화해낼 수 있는 역량을 먼저 갖추는 것이 훨씬 더 중요하다.

자신이 소유하고 있는 지식과 재능을 정확하게 파악하고 최고의 능력을 발휘할 수 있는 특기를 익혀 두는 것은 물론 상대에게 자신의 프로필을 정확하게 전달할 수 있는 정도의 능력은 갖추어야 한다. 그리고 여자는 화장술과 의상에 대한 감각과 자신의 인상관리능력을 키워서 눈으로 보이시 않는 인격 수준도 함양해야 한다. 그래도 배울 만큼 배워서 알고 있다는 알량한 기득권 의식은 모두 지우고, 혼자서 머리 싸매고 온갖 상념 속에 자신을 가두지 말고 다양한 고급정보를 찾으면 보인다.

나아가 만일 결혼 사전정보교육의 명품수준 코스를 수료한다면 일단 두려울 것은 없을 것이다. 세상을 살아가는 자신감도 생기고 타인과의 대화술도 능수능란하게 되고 평범한 사람들이 잘 모르는 고급정보 지식을 갖추게 될 것이기 때문이다. 신랑감 찾는 것도 고단수 길을 알게 되고 또 그렇게 만나는 길을 알게 된다. 아는 만큼 보인다고 하듯이 많은 지식정보를 가지고 있으면 우선 큰돈이 보이고 행복하게 살아갈 지혜가 생기고 좋은 신랑을 자연스럽게 만날 수도 있다. 인생의 관리능력도 인정받을 수 있고 본인에게 감사하며 행복의 참뜻도 타인과 나누는 그러면서 세상과 끊임없이 소통하는 자세와 개념과 생각 위의 지식으로 확장하며 결혼과 인생 최고의 전략으로 건강한 사회적 희망의 씨를 뿌리게 되면서 부자는 당연하고 그 이상의 자신감도 생기게 될 것이다.

특히 황혼이혼은 세계적으로 1등은 오래됐다. 이제는 사회문제로 등장 모두가 침묵만으로 일변도 하는 이유를 묻고 싶다. 사안이 워낙 복잡하고 개인적 내부 사정이 다양하니 함부로 접근하기가 어려운 건 사실이다. 이러한 부정적 문제 해소는 자연 소멸될 것이다.

그 치유의 도구는 획기적이며, 그것은 감동적·과학적 검정으로 가슴 설레는 것이어야 한다. 인간의 무모한 호기심에 경고와 결혼의 로망은 더 증폭된다. 결혼 4원칙을 배워 결혼의 개념적 인식을 바꿔야 한다. 세상을 탓하지 말라, 부족한 것은 자신의 미숙한 지식과 정보 때문이다. 이제는 자발적 변화를 이끌어내야 할 것이다.

우리나라 50대 이상에서 83% 넘는 부부관계가 생각의 충돌로 갈등과 분노로 불 화음이라면, 그리고 60대 이후 많은 사람들이 나이가 들수록 황혼이혼을 염려에 두고 있다면 사회적 문제로 등장해야 마땅한데 왜 잠수와 침묵만으로 일변도 해야 하는지 묻고 싶다.

또한, 살아가다가 늦게서야 가치관의 중요성을 나중에 알았을 때는 이미 낭패다. 눈에 보이지 않는 가치관이라는 것은 서로 맞지 않으면 어떤 방법이 없다. 일종의 장애와도 같아서 노력한다고 달라지는 것은 아니다. 모든 사람들의 본능적 사고는 전부 자신의 생각에만 맞추려고 하니 문제해결이 안되고 계속 꼬여만 가는 것이다.

대다수는 자신의 지식과 상식은 최고의 수준으로 또는 많이 알고 있는 정도로 믿고 본인도 모르게 자신 속에 빠져있다. 문제는 여기에서 착각으로 변해 현실적 환경을 어렵게 이끌어 가고 있다. 세상은 역시 쉽게 이루어지는 것이 없듯이 그만한 대가를 치러야 한다.

최소한 결혼 관계 정보교육을 받고 자기계발을 통해 상식과 고등지식의 폭을 넓혀야 자신에게 맞는 최적의 조건에서 선택을 할 수 있는 눈을 뜨게 된다. 다 알고 있다는 착각에 빠져 준비 없이 결혼하지 말기를 권고한다. 반면 변화를 두려워해선 안 된다. 대중들은 20세기의 발상으로는 21세기를 건설할 수 없다. 혁신 기업가라면 짧은 시간에 이뤄지는 변화의 움직임들이 3, 4년 뒤 자기 기업에 어떤 영향으로 다가올지 미리 고민해야 한다.

12. 매칭플랫폼, 소프트웨어 코딩이 말한다.

결혼과학의 핀셋매칭(결혼과정의 여러 시나리오 중에서도 매칭은 하이라이트이다).

- 누구를 어디서 어떻게 만나느냐에서 내 인생이 달라진다.
- 매칭에서 충동선택은 실패확률만 높일 뿐이다.
- 미래, 결혼과학 매칭의 정확도를 높이면서 간편하게 시작할 수 있는 기능도 탑재됐다.
- 매칭에서 부부는 평생충성서약까지 약속을 지키겠다는 서약문과 같은 일종의 맹세다.

매칭은 가장 현실적인 협력 조합이라는 특수성에 무게를 두고 있다. 또 매칭은 인연에 대해 말한다. 우연과 악연 그리고 필연에 대해 말한다. 부부는 연으로 맺어지는 관계이며, 태초의 영혼을 간직한 채 더 유려하고 고귀한 인연이 되기도 한다. 부부는 그 사람과 연이 닿아 만난 것이다. 연이 닿지 않았다면 그 만남은 다른 사람의 손을 빌려 다른 모습으로 태어날 수도 있다. 이러한 구조환경에서 예비자들의 희망매칭은 상대적 조합의 조건이 워낙 다양하고 상호이해관계와 경계심과 비대칭 해소기술까지 총동원되어야 인연의 관계, 선택과 결정을 할 수가 있다는 긴장감과 애절함이 잠재되어 있기도 하다.

예로 결혼과학의 힘은 결혼을 책임진다는 뜻이다. 4차산업혁명 이후 결혼과학은 사회적 아이콘 등장으로 개념이 바뀌면서 시대적 많은 발전과 성공의 가능성도 예비자들의 눈높이에 따라 성장하고 있다. 결혼예비자들의 이념과 질적 수준과 행동도 변하고, 이들은 이전보다 새로운 현대적 사고로 접근하면서 매칭은 양자 순수합의체가 성사조건의 기본이다.

본래 매칭은 심리적 난이도가 높고 환경적 요인까지 복합적인 조건이 다르기에 물리적 한계에 봉착할 가능성이 커지면서 심리모형 분석기술까지 동원을 요구하고 있다. 또는 관계의 형평성 논란도 없어야 한다. 지식과 상식이 통하고 공통분모의 밸런스는 수평적이며 소통에 문제가 없는 자유로움과 심리적 만족감 가치의 질과 지식의 양이 충족되는 황금 부부트리오 매칭이다.

정의 매칭의 중심에서 부부부채의식이 전혀 없어야 한다는 기본이다. 만일 있다면 평생 두고두고 쏠림현상을 피할 수 없기 때문이다. 한쪽이 기울면 관계유지 밸런스에 문제 소지가 있어 감정소통에 불편이 따르기도 하기 때문이다. 예컨대 매칭에서 가치중립의 객관적 진리란 없다. 오직 전반적 밸런스에서 온도 차의 균형을 맞춰 부부의 안녕을 결혼과학에서 확보해야 했다. 그동안 중심에 어느 누구도 의문 없이 잠수 되어있는 갈등구조를 묵비권으로 치부하여 왔다. 역사는 그렇게 흘러 구름잡는 형상으로 오늘날까지 공상으로만 끝나기에 여기에 결혼과학 발상의 원인제공이 되었다.

이러한 과정은 매칭의 하이라이트로서 마지막 판단의 성인지 감수성은 연극성 인격장애 특징의 성향이 강하게 작용한다. 심리모형을 읽고 상대의 생각을 간파한다는 것은 마치 미래를 들여다보는 고도의 기술이 내장되어야 가능하다는 논리다. 마지막 매칭의 성사단계에서 판단될 최종 결정은 많은 것을 요구하기도 요구받기도 한다.

요컨대 매칭에는 절대적 의심과 부정이 존재한다. 그 판단은 과학적 논리의 판단이 정확성을 높일 것이며, 지금까지 보편적 만남과 일상적 대화로 적당한 선에서 타협하고 결혼했지만 이제는 시대적 상황은 과학적이며, 구체적 쌍방 비대칭 밸런스 성립을 요구하고 있어 합리적인 관계 분석과 사실 구조시스템에서 소프트웨어 코딩의 변화가 예상된다. 경제구조에서 지식구조로 옮겨가고 평균수명(텔로미어) 연장에 기인한 결혼관계도 더욱 세세한 부분까지 계산에 넣고 인생 설계를 하고 있기 때문이다.

그러나 삶의 레이스에서 결혼의 중요성과 예비부부 남·여 상호 속내를 구분 예측·분석하는 심리기술은 고도의 과학적 결합과 감정소통을 읽어내어야 한다는 데는 별 의의가 없었다. 여기에 4원칙과 공통분모, 비대칭 해소기술이 개입되고 부부공생구조 공법이 가세해서 종합적 판단에서 일치점을 찾는 마지막 성사단계일 것이다. 고로 결혼과학 매칭의 진수가 보인다.

매칭은 의심하고 부정하고 또 확인하라. 매칭의 중요성은 Balance Point에 있다. 양 Total Balance 성립여부다. 예비자 쌍방 지식과 상식의 호환적 소통이 장애 없이 원활한 조화라야 한다. 매칭 플랫폼은 결혼의 조건에서 하이라이트이다. 상대적 많은 정보와 비대칭 대비의 조건 비교로 데이터 분석활용이며, 어떠한 이유도 조건 없이 규칙에 합리적 성립을 요구하는 시스템이다.

익히 '미래, 결혼과학'이 강조한 부부의 갈등 해소 구조적 소지가 애초부터 작용이 정상운영의미이다. 여기에 과학이 관여해 소프트웨어와 코딩과 데이터로 이루어지는 구조로서 긍정의 신호가 연속적으로 일어나야 미래를 보장받을 수 있을 것이다. 한번 판단으로 운명이 결정되고 중간에 수정이나 다른 어떤 기술도 해당 사항 없음 때문이다.

본래 매칭은 상호동의 일치점 대비과정에서 비대칭 해소구조는 생각의 흐름을 흔들어보고 민감한 반응으로 간을 본다는 모순적 전략이라면, 신뢰와 자존심이 무너지는 정도를 넘어보다 큰 부작용만 초래할 것이다. 때문에 사전에 지식과 정보로 판단할 능력이 요구된다.

그러나 결혼의 매칭에서 꼼수는 무궁무진이다. 그러나 과거사로 묻어두고 이젠 과학으로 눈치없이 논리가 통하는 합리적이며 소통적인 사실에 기인하므로 관계성립에 만족해야 함이 부부 정석임을 깨달았다. 과학은 이 조건을 거의 완벽하게 최근 데이터 혁신기술로 충족하는 규정이 인문학과 심리학 기반 철학적 요체로 개발된 것이다.

익히 예비자는 서로 다른 투트랙에서 경쟁구도는 단일규칙으로 이루어지며, 배경의 형성과정은 대중으로 흩어져 있는 결혼뉴스를 모아 상호프로필의 비교에서 정보를 분석하고 콘텐츠 개발작업은 일반 상식과 차별화하였다. 이러한 생각은 보편적 가치 위주로 이성적 일치성 구조성립의 새로운 매칭질서를 요구하고 있기 때문이다. 익히 현실에서 일어나고 있는 매칭에서 인간관계와 사회적응 인지도를 낮게 보고 물리적 경제계산에 비중이 크면 위험이 따르기 때문이며 풀 요구 또한 그렇다. 이처럼 다양한 질서 속에서 가장 눈에 띄는 부분은 역시 매칭의 역학적 구조로 만남의 성사이다.

예로 결혼과정의 매칭에서 심리적 갈등구조와 해소방식 자신의 품위관리 이상형 집착, 미래에 대한 통찰력, 강력한 자기 소신과 주체성 제시, 주변 간의 갈등과 불확실성을 고도의 가스 라이팅 심리적 작용이 이기적 수단에서 수학적 계산방식으로 부부관계를 바라본다면 과연 만남의 수명이 언제까지 지속적 인연으로 이어질까를 생각하게 될 것이다. 이렇게 관련 사람들과 동조한 만남의 편견은 오로지 자기중심적이다. 여기에 의문을 제기하지 않을 수 없는 파이다.(경제조건에 초점이 지나치게 연연한다면)

공감 소통적 열린 마음의 공간을 소유한 상대를 어떻게 찾는가에 초점이 맞춰져 있다. 여기에 본질을 두고 전력질주를 하고 있다. 매칭은 결혼의 Main이며, 그 중요성 때문이다. 매칭은 부부 화합성 케미스리의 본성적 호환성의 성립이며, 매칭은 다양성으로 풀요구하고 각자 취향과 소유의 정도를 수평관계로 인지한다면 결혼과학의 이해와 퍼포먼스이다.

정이 매칭과정에서 자신을 확대해석으로 포장하고 연출하는 경우가 자연스럽게 일어나는 대화에서 구심점과 진정성의 부족 이유는 결혼이라는 배경의 경계가 없이 미래의 가능성에만 집착하는 속성이라고 설명해도 무리는 아닐 것이다. 그만큼 결혼은 일정한 메뉴없이 생각이 현실을 초월함을 보여주는 그런 만남이 보편성에 노출되고 또한 그렇게 이해가 통용되어 왔다. 하지만 이제 결혼과학이 탄생하고부터는 아니다. 그동안은 미숙함을 보여줬을 뿐이다.

익히 결혼과학은 IT기술이 접목된 결정체며, 가치평가에서 압도적인 기술과 성과를 입증한 우수성은 결혼 4원칙과 부부공생구조의 공통분모와 비대칭 해소기술로 일치점을 찾아가는 부부공생구조로 최상의 성사 가능성에서 이해를 돕는다. 이러한 원문을 기초로 만남에서 결정적 순간상대를 내 뜻대로 움직이려면 위험성과 완벽한 설득의 메카니즘은 그 사람의 머릿속에 들어가 탐험하고 논의할 일이지만 그 속성에는 '유리천장'이 존재한다.

예컨대 이상적 매칭이지만 일상적 생각수준을 보편적 경계를 넘을 정도로 끌어 올린다면, 최고의 결혼 성공적 효과를 얻을 수 있다고 예상하기 때문이다. 이러한 심리모형은 예비자들의 욕구를 해소할 수 있는 지능이 높은단계로서 시너지효과까지 이어질 것이라 상상하기 때문이다.

특히 성인지 감수성의 민감한 반응에서 공감소통의 성립 측정은 참여관찰에서 안정적 심리 반응측정 환경요인작용과 호감도측정 기능적 자기공명에 이르기까지 신체감지장치의 다양한 상호작용 만족도 심리적 균형측정 또 상대적 의사타진 등 절충안 판단이 모니터링된다. 이러한 현상은 마음과 육체적 안정을 찾으려는 육체관계의 작용은 내심의 표현이며, 소통적 결과는 지속적인 일상생활 편에서 생각하기 때문이다.

익히 워낙 민감한 심리적 반응이므로 수시변수로 보아야 한다. 매칭의 2차원(Two-Dimensional, 2D) 결과는 DNA와 AI가 분석한 결합 일치 가능성(수치표현) 확률로 최종적 판단이 나오게 된다. 이러한 과정의 평가에서 육체관계는 당연시 공존의 존재표현이며 부부 본능적 기본요소이기 때문이다.

물론 과학적 논리는 AI진단 알고리즘으로 정확성을 높이는 엑세스 기술 응용으로 한계를 극복 신뢰성 회복과 디텍트 활용 가능성을 찾아 결혼과정의 시간적 손실을 막고 구성원(수강생) 공유로 성공하게 스스로 셀프 피드백을 받을 수 있는 합리적 구조이다. 이러한 매칭에서 경제적 물질을 앞세워 수학적 논리로 만남은 심리적 차등화에서 불행의 출발점이 될 수 있다. 쌍방 교육, 지식 및 상식과 환경적 소유의 수준이 수평적으로 공감소통과 상호동의에 장애가 없어야 함이 부부공생의 원칙적 본질이기 때문이다.

또한, 매칭과 결혼의 옵션은 지식과 상식 그리고 사회적 배경의 균형과 상호동의에서 찾아야 소통에 장애없이 미래를 엿볼 수 있다는 확신의 선재조건이 성립되기를 강조한다. 매칭은 낯섦과 익숙함이 공존하는 공간에서 두 사람은 허심탄회한 만남의 시간에서 관계소통을 저울질하게 되겠지만 결혼 4원칙과 공통분모와 상호동의의 호환을 통해 최종 매칭 결정에 대해서는 매우 엄격한 잣대로 판단될 공산이 크다.

정의 매칭에서 일방적 지나친 이기주의는 속심이 빤히 들여다보인다. 정확히 알았으니 두고두고 기억할 것이고, 아마도 정확히 계산할 자세일 것이다. 여기에서 자칫 굴절된 생각이라면 심리적으로 '이상한 상황(Odd Situation)'을 자초할 수도 있기 때문이다 당연시 부부공생은 공통분모와 성립조건의 합당성에 기초한다. 결혼 4원칙과 공통분모의 호환성 규칙에 반하면, 지극히 위험한 상황이 도사리기에 복잡한 견제와 대립의 공산이 커지게 된다. 부부관계란 이렇게 어렵게 구성되어있다는 것을 사전에 인지하고 준비가 요구된다. 다행히 결혼과학의 탄생으로 정보와 교육과정 접근성이 수월해졌다. 또 상대의 선택에서 외모의 마음 쏠림보다 지식적 실력이 관여된 직관적 마음 쏠림의 비중이 더 현명한 지혜며 관계의 수명은 영구적이기 때문이다.

물론 새롭고 상호동의적 만남은 새로운 삶을 만들 수 있고, 이는 부부의 교감 신경의 소통적 결혼규칙에는 규제가 없다. 규율도 없고 마음이 움직이는 대로 몸은 행동하면 된다. 생각이 일치하면 통제는 없고 자유스럽다. 바로 정통성 부부의 전형적인 조건이 성립되는 사례이다.

그러나 매칭에서 돈을 전제로 한 수학적 잣대로 급을 나눠 이분화하는 쏠림 방식은 구차하며 비상식적이다. 이런 발상은 구시대적 유물 급이다. 매칭에서 상면시 상대적 감수성이 다르게 나타나기 때문에 바라보는 시각 차이와 환경적 상황에 따라 변수가 심한 현상으로 나타날 수가 있다. 그러나 결혼과학으로 본 지식과 상식적 균형이 수평적이며, 상호동의로 공통분모와 장애 없이 잘 소통되는 구조로 부부일치에 동의될 때 성립되는 상호동의형은 보편적 생각으로 자리하게 될 확률이 높다.

결혼예비자 쌍방은 정보와 지식을 공유해 공감소통과 현실적 상황을 서로 융통하며 문제해결은 지혜로 넘어야 한다. 이러한 근간을 기초한 결혼 4원칙은 부부공생이 요구하는 기본조건이었다면, 그동안 과학적 해법으로는 풀 수 없었던 영역이었다. 부부 합치의 조건에서 서로가 너무나 많은 풀 요구 또는 제시받고 있기 때문이다. 부부관계란 생물학적이나 성장 환경적으로 비추어봐도 그만큼 어렵다는 것이다. 그러므로 매칭에서 환상적 조합은 지식과 상식 그리고 결혼 4원칙이 수평적 수준이어야 합리성 조건의 성립은 당연하다. 이는 경제적환경 차이가 가장 큰 비중이며 다음이 지식과 대화소통에서 수준을 알아차리기까지 많은 시간이 필요하며, 직설적으로 결론을 내리기 어려운 부분들이 많기 때문이기도 하면서 어떤 대안은 없다. 만일 소통이 안된다면 마치 대학생과 초등학생이 말을 섞는다면 물과 기름 정도로 혼합이 안되듯이 감정전달장치 작동이 엇박자가 난다는 것이다.

고로 결혼 예비지식과 기초정보가 교환되었지만, 이제는 과학적인 체계에서 원하는 정보를 얻을 수 있다. 만일 체계적 프로그램을 기피 한다면 결혼과 삶은 과정의 일부이지만 인생 전체를 뒤흔들 수도 있기 때문이다.

그동안 결혼이 발전하는 알고리즘이 아니라 인간이 통제할 수 없는 경계심이 높았기 때문이다. 누구나 더 좋은 프리미엄 결혼을 위한 인간의 욕망은 높고 크다. 그러나 결혼예비자들의 프로필의 조건과 요구사항들이 워낙 다양하고 범위가 넓기에 충족은 계산이, 안될 정도로 복잡한 구조였다. 또 결혼은 자생력으로 무한 자유경쟁과 선택시대로 치닫고 있음을 암시하지만 모든 결혼문화의 시계를 재설정으로 자신에 어울리는 자구책 선택을 기획하여야 한다. 또한, 결혼의 공정성이라는 면에서 인간적 신뢰를 얻지 못하고 '형평성에 대한 의문이 끊임없이 제기되고 예비자들의 불확실성은 커지고 있는 것은 엄연한 사실'이다.

2021년에 와서 그간 글로벌 결혼테크 패권을 이끌어왔던 결혼산업은 시대적 결혼구조조정의 파고와 국경을 가리지 않는다. 전면적이고 혹독한 구조조정이 결혼시장에 몰아칠 수도 있다. 결혼문화의 판도가 바뀌는 것이 요즘 4차산업혁명 이후 직면한 경쟁의 현실이다. 그러나 변화를 두려워해선 되는 것은 아무것도 없을 것이다.

부부의 행복은 결국 삶도 25년 이상 수명연장 되고, 행복지수를 높이기 위한 수단에서 결혼이 결정적 계기인 것은 분명하다. 한번 결정으로 평생을 좌우한다면 부부공생의 중요성을 느낄 것이다. 더 나은 100년을 준비한다면 결혼예비자들의 생각과 정보과학이 융합적으로 호환되어 인공지능이 분석 미래를 알려주는 답안은 놀라움 그 자체다. 4차산업혁명이 제공하는 새로운 혁신의 신호를 재빨리 알아차려야 또 다른 미래를 엿볼 수 있을 것이다.

즉 이 시대에 놓여있는 매칭과학으로 환경과 질서구조를 바꾸겠다는 것이며, 우리 모두의 숙명적 과제라는 강력한 인식의 확장이 따라야 한다. 먼저 결혼문화산업부터 개인적 결혼예식까지 생태계를 완전히 바꾸어야 한다. 구시대적 풍습에 빠져 오늘날까지 유지하고 있는 현재의 결혼예식풍습의 개념부터 바꾸어야 국민 행복지수 상승과 건강한 사회 그리고 출산장려 촉진 또는 모든 대형사건 사고까지 영향을 크게 끼칠 수 있기 때문이다. 그 배경은 부부갈등의 감정적 다툼의 씨가 원초적 부부갈등에 소지가 크기 때문이다.

이러한 본질은 결국 매칭의 총괄적 후유증이며, 만남의 질서에서 장애가 발생했다는 증표다. 그 이유는 다소의 시간이 지난 후에 조금씩 나타나기에 진실을 알아차리기엔 역부족이다. 결혼과학에서 이 모두를 파헤쳐 구체적으로 정리의 힘을 빌려 오차 없는 규칙을 만들어가고 있다.

과거에 물들어있는 현대인들은 자기 정체성을 상실한 채 조직의 논리에 의해 반평생을 조직에 묻혀 살다가 퇴직할 무렵 가서 지금까지 살아온 인생이 자신이 젊었을 때 꿈꿔왔던 모습이 아니었음을 깨닫고 후회 속에서 살아가는 경우를 우리는 주위에서 많이 보아왔을 것이다. 이러한 돌이킬 수 없는 일들이 이미 젊었을 때에 이러한 고급정보를 받았다면, 그리고 실행했다면 행복지수는 상당한 점수를 올렸을 것이고 지금쯤 인생성공의 축하를 받았을 것이라 상상해 본다. 결혼과학에서 본 인체에 잠재된 게놈 인체공학적 개념에서 인공지능의 응용융합으로 호환된 새로운 유전자 개체를 지식 게놈으로 업그레이드, 후세는 특별한 인재생산으로 노년농사의 투자 개념으로 생각해도 좋을듯하다.

지금까지 기성세대는 살아온 경험으로 미래를 점치며 어떤 위치에서 우대받았으나 4차산업혁명 이후 그럴 필요가 없어졌다. 반면 젊은이들의 인지능력과 기술적 정보망이 훨씬 효과적이며 생산적이기 때문이다. 물론 이제는 결혼과학에 의존하면서 매우 흥미롭게 깊이를 생각한다. 이 시대 와서는 결혼의 우선순위 조정에서 물질과 사랑의 취사선택에서 단연 경제조건이 월등하게 나타나고 있다. 이러한 고정관념이 예비자들의 보편성 일반 심리적 구조로 미래까지 점치며 들여다보고 있다.

본래 결혼문화 논리는 그 어떤 분야보다도 오랜 역사가 있다. 21세기 결혼문화의 혁신적 변화는 작은 결혼 즉 Seed Money 나 자신의 경제적 지식적 환경적 이해관계에 초점을 맞춘다. 나를 이해한다는 것은 내 마음의 흐름을 읽고 그 마음이 균형을 찾아가는 길라잡이로서 택시 역할이 돕고 있다.
딱히 결혼은 인생이라는 길 위에서 새로운 삶의 진로와 여유를 가지고 싶은 욕망에서 만약 당신이 인내심이나 이해심이 모자란 미래의 배우자감을 깊이 사랑한다고 한다면, 당신은 감정 때문에 그에게 지나치게 높은 점수를 준 것으로 오판할 수도 있기 때문이다.

어쨌든 매칭은 능력과 비례한다. 여기에 누구도 문제 제시를 못할 것이다. 부부는 여러 분야에 상통 소통이 수평적이며, 지식과 상식이 호환되고 생각의 수준도 일치에 근접하며 세상 살아가는 인식이 하나가 되어야 합당하기 때문이다.

그러나 결혼문제 자체에 관한 기술적 부분이 문제뿐아니라 기술만으로 해결할 수 없는 개인적 취향과 경제환경 사회적 배경 또 과거의 결혼사례를 바라보는 시선이 문제인 것이다. 그래서 결혼이 어렵다. 결혼과학의 새 결혼문화 질서와 대중적 관심을 마주하는 주체들이 현실에서 어떻게 미래를 바라보고 있는지 분석해 부부공생 생태계 확장구조를 알아야 미래를 준비하는 좋은 결과를 도출할 수 있을 것이다.

정이 창조적 역발상으로 우리에게 새로운 결혼과학이라는 시야를 선물처럼 안겨줬다. 결혼과학은 인문학적 또는 수학적 계산으로도 깊이 알면 결혼의 정보와 지식적 규칙을 만날 수 있다고 일러준다. 이렇게 탄생한 행복의 측도(Happy Scale)은 추후 세상에 나가서 많은 사람들로부터 관심과 사랑을 받는다면 또 다른 기쁨이 되어 결혼기초과학의 중추적 아이콘이 되어 더 큰 세상을 바라볼 것이다.

또는 미래 결혼은 방정식에 영향을 미치는 수많은 인문학 수학적 다큐의 진실과 정체성 부부공생 밸런스에서 양극단의 해소방식을 택하지 않으면 비대칭 해소치유는 전혀 문제가 풀릴 수가 없다. 때문에 매칭의 진단키트로 애초부터 문제점을 찾아 원격 조정되는 새로운 관계구조공법이 완성단계에 있다.

현실에서 한계를 극복한 혁신적인 기술개발로 차세대 결혼 정보 교육플랫폼을 적기에 출시하게 되어 향후 프리미엄 결혼교육 프로그램을 연속적으로 업그레이드하여 고객의 취향에 보답할 예정이다. 지금까지 매칭의 중요성과 관련 이해만 도왔지 실지 구체적인 실질적 구조매칭과학은 현재진행형이다. 머지않아 입장정리 후 'I LOVE 결혼과학사관학교'로 전환할 예정이다.

예컨대 매칭의 만남에서 지식과 상식의 밸런스 소통이 불통이면 서로의 생각이 조합하지 못하면서 전혀 다른 장면과 좋은 기억은 하지 못하게 되면서 말도 안되는 판타지를 만들어내어 또 다른 세상을 들고 나올 가능성을 알 수가 있다. 그러나 이제는 예비자들의 소소한 생각까지 읽어내는 심리학의 신개념 융합응용기술로 매칭의 판단 여부를 수치로 정도를 알 수 있다면 놀라움 그 자체다. 본대로 결혼과학의 최종결정체는 여기까지 왔다.

* 가스 라이팅 : '타인의 심리나 상황을 교묘하게 조작해 그 사람이 스스로 의심하게 만듦으로써 타인에 대한 지배력을 강화하는 행위'를 말하는 것이다.

13. 시대적 결혼아이콘 관점 바꾸기

    일반 성공, 결혼성공 모두 지식 공간 기반의 학습으로 이루어지며 특별한 대안은 없다. 반하여 결혼교육기관이 현재로 세상 어디에도 존재치 않는다. 깜깜이 속에서 자신들이 알아서 선택해야 할 일이며, 지금까지 그렇게 역사는 흘러왔다. 그러나 기존결혼질서와는 차별화된 수요를 충족시키는 '미래, 결혼과학' 시스템인프라에 거는 기대와 실용성 기본교육 초기효과에 거는 기대 또한, 결혼의 아이콘 '미래, 결혼과학'으로 크게 느껴지기 때문이다.

    4차산업혁명 이후 시대에 발맞춰 결혼과학기술과 노하우는 무형자산의 가치평가와 미래 가능성 등 활성화하기 위한 작업이다. 결혼질서를 탐색하며 차세대 기초소재개발의 끊임없는 결혼과학의 도전은 계속될 것이다.

    익히 역사적으로 우리는 짧은 시간에 크게 변한 세상을 경험했지만, 세상이 바뀌면 우리가 추구하는 목표 또한 바꿔야 한다. 세계경제는 이미 글로벌시대로 벌써 접어들었고, 새로운 환경에 적응하기도 전에 세계경제는 또 다른 변화를 재촉하고 있다, 이러한 새로운 패러다임을 이해하기에 지식 공간은 턱없이 부족하다. 현실은 너무 빠르게 다가오니 자신에게 투자할 여유도 없다. 그러나 이제는 변화해야 만이 살아남을 수 있는 현실 속에서 결혼과 마주한다는 것은 인생에서 큰 변혁기는 지혜롭게 받아들여야 할 것이다.

새로운 결혼과학의 패러다임은 변화를 재촉하게 될 것이고, 지금까지의 상식과 지식은 4차산업혁명 이전과 이후 갈라치기로 정리해야 한다. 시대적 관념 바꾸기로 새로운 정보에 따라 매칭의 질서와 방법도 변화되어가고 있다. 이 방법이 21세기에도 통할 것이라 생각한다면 큰 실수일 것이다. 이제 지금까지 없었던 결혼문화와 신지식의 부가가치를 채워 넣어야 한다. 이것은 세대 간의 갭과 결혼문화를 모두 뛰어넘을 수 있는 중요한 열쇠가 될 것이기 때문이다. 이러한 관계 속에서 중심은 매칭의 시스템이며, 능력별로 결과는 나타날 수밖에 없다.

　결혼은 생존 전략과 지식적 자세가 더욱 가슴에 와 닿는 대목이며 21세기에 결혼과학의 호기심은 영감에서 발상한 운명을 바꾸는 신비의 치유도구로서 미래를 길라잡이 할 것이라는 느낌은 새로운 삶을 바꾸는 운명적 신호를 감지하게 될 것이다. 또 보편적 삶의 일상을 파고 들어갈 결혼과학의 진실을 안다면 새로운 세상이 보일 것이다. 이러한 정신을 읽고 이해한다면, 결혼의 진실적 질서를 만난다고 믿어 의심 없다. 때문에 결혼과학의 정체성을 부정한다면 미래는 사라진다.

　익히 결혼과학으로 영감을 얻은 긍정의 힘이 미래를 지배할 것이며 자신을 책임질 것이다. 4차산업혁명과 코로나-19 이후 시대적 변화를 바라보는 관점 바꾸기로 현실을 읽을 수 있고, 미래를 엿볼 수 있기 때문이다. 이런 와중에 내 인생에서 넘어야 할 중요한 길목의 결혼은 자신이 소유하고 있는 잠재된 모태에서의 능력과 자실을 총동원한 총제적 결과물의 성과가 될 것이며 지식적 내공에 쌓인 능력과 기질을 평가할 기회이기도 하다. 여기서 운명적 선택과 결정은 어떤 생각의 관점으로 미래를 열어야 하나는 기대심리의 발상일 것이다.

결혼의 관점 바꾸기에서 전략적 무기가 절실히 요구되는 상황에서 결혼과학의 존재적 가치는 너무나 크게 느껴지는 대목이며, 시대적 개념의 결혼과학은 인문학적 철학으로 성공과 행복을 추구하는 부부관계와 삶에서 치유와 화합의 아이콘으로 떠오르고 있다.

요컨대 미리 결혼 장기대응 전략을 세우고 과학적 교육으로 여론을 설득하면서 대중에 결혼성공로드맵을 독려해 사회전체가 잠정적인 불안과 어둠속에 갇히는 국면을 피하는 치유수단이다. 결혼 가상도 맞춤형 설계에서 전략적 기획으로 예비자들로부터 선택받는다면 사회적 책임을 다한다는 의미이다.

익히 이러한 과거의 결혼은 미래를 불확실성으로 몰았고, 미래 인류의 숙원 결혼 알고리즘의 결정체 결혼과학이 탄생했다. 과학기술이 반응하니 부부일치의 호환성을 느낄 수 있었다. 그것은 신의 은총과 벅찬 감동을 동시에 느끼며 결혼완성도를 높였다.

정이 그동안 결혼문화는 불안을 안은 트라우마가 돼서 이기적이며 독립적인 만큼 공격적이었고 결혼질서 경계가 흔들리면서 불확실성만큼 공격성 색깔이 강하게 나타나 결혼 배경을 어둠으로 몰아넣고 지금까지 침묵하고 있다. 이제 여기까지도 누구도 문제제기는 없었다. 결혼풍습에 가려 피하고 싶고 보편성에 편성된 입장에서 토달지 않고 일상적 생각에 묻은 그대로 왔을 것이다. 이정도 구태 수준은 시대적 개념 바꾸어 여기서 막 내려야 한다.

결혼과학의 탄생에 비추어 기존결혼질서의 문제점이 지적되면서 인과성이냐 아니냐의 논란은 계속될 것이다.

현실적으로 결혼을 지식과 상식의 수준으로 다루어야 한다는 소중함은 당연한 사실을 자각해야 한다는 것은 기존 결혼질서 오용이 낳은 기현상이라고 평가했다. 때문에 결혼과학의 선호도는 갈수록 커지고 있다. 여기에 예비자들은 새로운 질서의 단순함과 지속가능성을 강조한 여론몰이에 눈을 돌리고 있다. 일부 예비자들은 결혼과학을 비판하며 혁신하지 않으면 인기는 지속할 수 없다고 전했다. 예컨대 신관점은 미래의 알고리즘으로 본 결혼과학의 성공구조가 구체적으로 다음 세대를 위해 무엇을 준비해야 하는가, 미래에 일어날 가능성이 있는 문제에 어떻게 대처해야 하는가에 대한 창의적 발상에서 비롯될 개념이다.

정이 부부관계에서 불편한 문제점을 빅데이터 분석 해결책을 찾은 결혼과학의 놀라운 혁신이며, 또 미래를 책임지게 될 것이다. 이렇게 세상은 하루가 다르게 빠른 속도로 변하고 또 다른 혁신을 재촉하니 개념부터 바꾸고 IT정보 기술적 발상으로 다시 시작이다.

이러한 배경에서 결혼은 처음부터 알고리즘 정신의 완벽한 자기성찰로부터 진정성 기반 위에서 시작되어야 한다. 왜냐하면 그래야만 상대의 심리상태를 깊이 들여다볼 수 있고, 서로의 지식과 미래를 논하고 자신이 앞으로 살아야 할 인생을 설명과 동시 선택할 수 있는 기반환경을 읽을 수 있기 때문이다. 이것은 기존에 없던 새로운 자세에서 공감 소통적 능력과 창조적 이미지 발상일 것이다.

익히 시대적 관점 바꾸기는 당연한 현실주의이면서 실용주의다. 만일 과거의 지식과 상식만을 생각한다면 큰 착각일 것이다. 하루가 다르게 변하는 과학과 융합응용의 시대에 지난날을 생각한다면 미래는 물 건너갔다. 이제는 오직 미래다. 4차산업혁명 이후 사회적 일어나는 일들은 과학기반으로 이루어지고 있어 더욱 긴장하고 지식적 고급정보에 충실해야 보통으로 따라갈 수 있다. 그러나 부부의 이해충돌방지법은 없으며, 갈등과 이해불능과 소통 해소방법은 결혼과학에서 그 해법을 제시하고 있다.

미래세상을 읽고 예측할 능력을 키워야 하며 자신을 다시 돌아볼 기회를 찾아야 소통과 해소에 별문제가 없을 것이다. 이제 미래를 바라보는 개념은 바꿔야 한다는 것은 너무나 당연하면서 새로운 자신의 정체성을 가지고 또 다른 지식과 상식으로 세상에 접근해야 미래를 엿볼 수도 있을 것이다.

정의 훨씬 더 행복한 삶을 살 수 있는 조건에서 추락을 두려워하며 변화를 선택하지 못했고 튀면 안 된다고 생각해 남들과 똑같은 일상을 반복할 기본적 개념이라면 재앙만 기다릴 뿐이다. 감히 상상조차 할 수 없었던 세상의 변화 속에서 누군가는 변화를 알아채고 기회로 엮어가고 자기 정체성의 문제까지 들여다볼 지혜까지 갖추게 될 것이다. 이것은 가장 개인적인 능력과 지혜이며 가장 현실적인 것이다.

노벨경제학상을 받은 카네만 교수는 행복을 아주 간단하게 정의한다. "기분좋은 시간이 길면 길수록 행복하다. 그들의 정신과 문화에는 종교적 가치관이 터를 잡고있는 것이다. 자신을 사랑하라 행운의 여신은 자신을 사랑하는 사람을 사랑한다. 결국 '행복도 나의 선택일 것이다.'라고 일러주고 있다. 많은 것을 시사하는 대목이다.

딱히 더 나은 삶을 지향하는 혁신은 사람의 마음을 빅데이터로 채굴하는 기술은 놀라운 능력이다. 이는 삶과 결혼에 꼭 필요한 요소이며 소통의 의미를 넘어 일상에서 빅데이터를 활용해 미래를 엿보는 능력 그리고 결혼의 욕망을 분석해서 새로운 트랜드를 만들어나가는 과정이다.

결혼의 구 풍습과 무지와 무정보의 구시대적 개념과 사고
"절망에 저항하자."

14. 결혼과학으로 인구증산에 집중하라

작은 결혼은 실용적이고 현실적이며, 지속가능성의 미래 지향적이다.

지금 일각에서 일어나고 있는 작은 결혼식 환영받을 일이다. 모두가 진정 원하고 지향하는 목표이기 때문이다. 우리가 생각하는 그 이상의 뜻이기도 하기에 아주 중요하니 꼭 성공해야 한다. 즉 Seed Money로 후세까지 많은 사람들에게 익숙해져야 하고 좋은 영향으로 퍼져야 한다. 힘들고 소외되어 결혼에 어려움 해결은 결혼예비자들의 꿈이기도 하다. 다수가 원하고 기다림이 있는 것은 우리가 이루어내야 할 지상 목표이기도 하기 때문이다. 선진 결혼문화는 이 작은 소망에서 출발해서 미래의 대한민국이 세계를 움직일 수 있는 주체적 아이콘이 생겨날 것이라고 굳게 믿는다.

예컨대 인구구조 변화를 보면 더욱 암담하다. 현재 가지고 있는 상식과 지식도 시대의 흐름에 맞게 수정주의적 태도로 변화가 필요하다. 변화를 감지하는 능력이 퇴화하면 누구나 도태될 수밖에 없다. 이 시대가 원하고 사람들이 갈망하는 목표로 나아가는 것이 후세에 물려줄 유산이 된다. 이제는 더 물러설 자리조차 없다. 선진결혼문화는 운명적으로 받아들여 우리에게 맞춤형으로 자리매김해야 그것이 미래창조이며 사회적 혁신일 것이다. 만일 선진화를 못한다면 많은 분야에서 어려움이 기다리고 있을 것이다.

본래 작은 결혼이란 결국 경제적으로 소외된 사람도 쉽게 결혼할 수 있는 문을 열어주자는 사회적 공감대를 형성하는 합의적 뜻이다. 만일 선진화 한다면 먼저 한국의 1,000개가 넘는 예식장부터 완전 구조조정 차원에서 정리되어야 할 것이다. 혼수와 예물이 거의 부담 없는 수준으로 외국같이 아주 간단한 링 반지 하나로 끝내고 남은 여윳돈은 앞으로 살아갈 준비금으로 부부의 행복을 찾아가는 해피시드머니(Happy Seed Money)로 사용될 것이다. 결혼은 두 사람의 결합을 알리고 미래에 살아갈 준비하는 것이지 남에게 과시하고 생색내는 이러한 사치의 극치는 구시대적 유물로 이 모두를 모아 여기에 묻어두고 가자.

여기까지 누구나 다 잘 알고 있다. 그런데 왜 못할까? 이유가 여러 가지 있겠지만 속을 들여다보면, 허영과 지나친 자존심 등 모두 끊지도 않고 넘치는 사치스러운 과분한 짧은 생각이 만들어 낸 부산물 들이다. 이제는 모든 것을 정리하고 선진결혼문화를 받아들여야 한다. 미래를 읽고 가능성을 찾는 삶의 기본생활 지침이다. 혹시 거부하고 싶은 사람 있으면 나와 보라. 또는 이대로가 좋다고 생각하는 사람 얼굴을 좀 보고 싶다. 이런 변화에 의문이 있는 사람은 설명을 들으러 오라. 우리는 어떤 형태로든 변해야 하고 미래를 걱정한다면 지금 당장 패러다임 속에서 강력한 연대감과 함께 아주 중요한 여기 제시된 새로운 결혼과학을 들여다보고 자신의 맞춤형 콘텐츠를 만들어야 한다.

M,Z세대* '내 집 마련은 필수조건이라, 결혼은 선택사항' 이러한 사회 분위기에서는 결혼을 피하려는 경향에서는 사회적 환경을 바꿔놓을 필요가 있다. 지나치게 경제구조에 맞춰져 있는 현재의 결혼조건을 작은 결혼으로 경제적 능력이 다소 부족해도 결혼 가능성을 찾을 수 있는 여러 가지 환경적 분위기를 조성해 누구나 쉽게 접근하도록 만드는 행복과 인구증신의 한 수단이다.

* M,Z세대 : 1980년대 초 ~ 2000년대 초 출생한 밀레니엄 세대와 1999년대 중반 ~ 2000년대 초반 출생한 Z세대를 통칭하는 말이다.)

정이 세상 살아가면서 돈을 빼면 인간관계 계산이 쉬운데, 그 위력이 얼마나 큰지 그 잣대의 가치와 경계는 결혼관에서 결정적 중심의 역할을 충실히 하고 있다. 피할 수 없는 현실을 마주할 수밖에 없다. 또한 세상 사람들은 그렇게 물들어있어 확인 없이 안심해도 된다.

어째 든 경제적으로 다소 부족해도 결혼할 수 있는 세상을 인간은 갈망하고 있다. 이것이 사회적 공정이고 수평적 행복의 원천일 것이다. 없다는 것을 장려할 일은 아니지만, 인간적 면에서 평등 구조로 사회 가족 구성원이기에 안고 같이 가야 한다고 일러주고 싶다. 결국 돈 없다고 결혼 못하는 일은 결코 없어야 한다는 데는 모두가 동의한다.

출산장려는 경제를 지탱할 수 있도록 생산인구의 양적 성장과 질적 개선을 동시에 이뤄내야 한다는 중요성 때문이다.

만일 인구증산, 머지않아 인구절벽도 가속화되고, 인구지진(Population Earthquake)으로 간다면 감당하기 어렵다. 대책이 없다는 의미이다.

2021. 02. 24.현재 출생 284,000명 0.84%로서 세계 최저 인구감소 현상 통계청 제공

15. 오늘의 나를 바꾸지 않으면 내일의 나도 없다

결혼을 창밖에서 보면 지구가 온통 멈출 것처럼 보인다. 우리는 지금 정확히 어떤 시대를 살아가고 있나 물어보자.

결혼을 앞둔 젊은이들은 개념 바꾸기에서 변화를 주도하겠지만 이제는 개념과 운명을 바꿔가며 살아야 하는 시대이며 인생에서 가장 아름답고 찬란하게 빛나는 황금기는 20대 젊은이들일 것이고 그 소중한 시기에 이유없이 받아들여야 하는 결혼이라면 너무 가혹하고도 혹독한 겨울이다. 결혼은 어차피 격을 축제가 아닌 고통이 될 수 있지만 결혼과학으로 결혼문화를 바꿔놓겠다는 것은 세상을 축제의 장으로 바꿔놓겠다는 비장함도 함께.

그리고 이 혁신적 패러다임은 시대적 개념을 바꿔 우리인생 전체의 생태계까지 변화를 불러일으킬 대혁명적 사건임이 틀림없다. 젊은 청춘들이 결혼으로 아파하며 이쪽이냐 저쪽이냐 헤매고 있을 때 이제 여기저기 모두 파헤쳐서 지금까지의 어떤 치유도구보다 더 강력한 시스템으로 새 시대를 열어나가야 할 복안이 요구된다.

세상이 바뀌면 우리가 추구하는 목표 또한 바꿔야 한다. 이 시대는 우리가 새로운 경제와 문화생활환경을 돌아보기도 전에 세계경제는 또 다른 변화를 재촉하고 있다. 급변하는 새로운 패러다임을 이해하기에는 지식적 여유도 없다. 그러면서 또 다른 세상은 너무 빠르게 다가오니 자신에게 투자할 여유와 돌아볼 틈도 없을 정도로까지 급속히 돌아가고 있다. 그리고 새로운 사회의 패러다임은 또 다른 혁신적 변화를 요구하게 될 것이고 지금까지의 상식과 지식이 21세기에도 통할 것이라 생각한다면 큰 착각이다.

예컨대 결혼도 사치와 허풍 체면과 낭비에서 벗어나야 한다. 부의 잣대로 지식과 인격을 재단하고 머릿속 계산기를 연방 두들기며 상대를 저울질하면서 서로 상처 주는 일이 없는 선진결혼문화와 작은 결혼 이제는 받아들여야 한다. 이것이 지식사회로 가는 지름길이고, 국민적 지식수준 향상과 출산장려에도 일조할 수 있을 것이다. 국가 미래의 희망이며, 우리도 하면된다는 것을 확인시켜주는 계기와 또한 진실이 의심받지 않는 결혼의 사회적 변혁기를 맞이하여, 이 시대가 요구하는 결혼아이콘도 결국 젊은이들이주도가 되기를 기대한다.

익히 앞날에 대한 근본적인 성찰이 필요한 시점이다. 현재 일어나고 있는 거의 모든 사건과 혼란의 치유는 이제 우리가 남의 생각을 모방하는 것만으로는 한계에 도달했음을 여실히 보여주고 있기 때문이다. 그래서 이제는 여러 방면에서 변화해야 만이 살아남을 수 있는 시대가 된 것이다. 특히 결혼과학은 과거 잃어버린 세월을 더 늦기 전에 찾는다는 심정이 간절히 느껴지는 대목이다. 그리고 변화를 감지하는 능력이 퇴화하면 누구도 도태할 수밖에 없다. 그 변화의 구심점은 선진문화에서 찾기를 기대하고 있다. 모든 사회구조는 미래를 생각하며 젊은이들의 생각에 맞춰나가는 것이 합당하다. 또한, 그것이 희망이며 최고의 가치로 인정받았기에 그렇다.

정이 돌아보면, 젊은이들이 치열한 학교입시에 시달리다가 대학을 마치고 구직난에서 벗어나자마자 결혼이라는 또 다른 시련이 기다리고 있다.

결혼은 현실적 세상의 참 맞을, 보게 하는 것이며 반면 준비하는 과정에 예상 밖의 여러 상황을 겪으면서 자신의 초라함을 발견하고 만다. 어떻게 결혼 상대를 만났더라도 혼수예물이라는 갈등의 구덩이에 빠져 한발 앞도 더 나아가지 못하고 좌절하던가 아니면 결혼 자체를 포기하려는 고민에 빠지기 쉽다. 혼수와 예물이라는 물질 비교의 잣대에 걸려 실망과 인간적 분노까지 느끼며 개탄하게 된다. 더 큰 세상의 문턱을 넘어보지도 못하고 주저앉고 마는 그런 시대에 노출되어 살아가고, 있다.

정이 이렇게 젊은이들의 다수가 결혼의 끈을 놓아버리는 현상으로 변하고 있는 것을 기성세대는 어떻게 그들의 아픔을 보듬어주고 어디까지 이해하고 합리적인 설명을 할 수 있을까? 결혼 기피는 이런 사회현상을 치유하려면 어떻게 우리사회와 어떤 형태로 합의해야 하며 무엇으로 많은 사람들을 강력한 연대감 속으로 끌어들여 개혁해야 하는지 깊게 가치있는 고민을 해야 할 것이다. 오래된 과제이겠지만 아직이다.

기존 결혼질서와 풍습과 관습이 시대변천에 밀려 나약함과 맹점이 드러나 결혼과학으로 대체되는 것은 자연스러운 현상일 것이다. 또 결혼과학이 발굴한 오랜 부부생활의 비법의 공식은 제시된 바와 같이 4원칙과 공통분모로 행복의 지름길로 가는 길목이다.

바꾸어 지금 이루어지고 있는 이혼을 순수 인과성으로 분류해야 한다는 지적이 나왔다. 기존질서의 맹점들이 하나씩 밝혀지면서 새로운 구조적 문제점들이 나타나고 있는 것은 시대적 메타버스가 관여한 또 다른 차원의 시각으로 본 미래와 접목된 결혼의 구조를 토론하고 있는 것이다.

정이 시대적 변천으로 결혼의 중요성은 평균수명 25년 이상 연장의 영향은 부부관계에 많은 것을 염려에 두게 되었다. 결혼과학의 수평적 무한 자유 지식 공유 시대로 접어들면서 삶은 끊임없는 소통개념 비중이 크게 작용하기 때문이다.

익히 지금 한국이 겪고 있는 결혼과 출산 기피현상을 시급히 해결해야 미래의 희망을 볼 수 있다. 지금 우리 국민이 가지고 있는 지식과 상식으로는 한계에 부딪혀 더 나아갈 수 없으니 안타까울 뿐이다. 이제는 백년대계의 패러다임을 혁신적으로 바꾸어야 한다. 결혼의 중심에는 결혼과학으로 결코 가야 할 일이다.

인간 삶의 구조적 중심에는 결국 결혼의 성공여부에서 인생의 성공과 실패로 판정난다고 해도 과언은 아니다. 결혼이란 풀소유를 요구하기도 하고 절차도 너무나 많고 복잡할 뿐만 아니라 고도의 전문지식이 필요하며 결혼 후에도 성공적인 결혼생활을 이어가는데 있어서 갖추어야 할 소양은 한두 가지가 아니다. 또 반드시 결혼 사전예비지식 정보교육 훈련을 필수적으로 받을 것을 강조하는 것이다. 준비되지 않은 상태에서 미숙으로 인해 발생하는 시행착오로 결혼생활을 송두리째 망치지 않도록 하자는 취지이다.

딱히 글로벌경제는 하루가 다르게 발전하고 있고, 또다른 시대적 변화와 따끈한 신정보가 시시각각 쏟아져 나오고 있다. 이런 현실적 상황에서 이중 삼중으로 시달리고 있는 젊은이들의 생각을 어떻게 어느 선까지 대화와 소통으로 함께 갈 수 있으며 또 그에 따른 고통을 어디까지 분담할 수 있을까? 이 모든 문제점들을 모아보면, 결국 교육적 차원에서 미래지향적 지식정보 교육으로 해소해야 함은 너무나 당연하다. 남의 옷을 벗어버리고 자신의 지식 요체에 맞는 옷으로 갈아입어야 한다. 어떤 형태든 장기적인 안목에서 결혼과학이 중심에 자리하는 해결책이고 지식사회로 가는 투자이며, 심은 대로 희망의 싹이 틀 것이다. 또는 지금 이 변화가 어떤 요구를 원하는지에 따라 모두의 운명이 왔다 갔다 할 수도 있다. 우리나라의 결혼

문제는 허영과 사치성이 지나칠 정도로 비대해져 있는 것이 또 다른 지적이다.

이는 잘못된 결혼예식의 총체적인 갈등이 선진 결혼문화로 갈 수 없을 정도로까지 깊은 균열 속에 놓여 있다. 젊은이들이 바르게 결혼문화를 인식하는 것이 가장 중요하다. 그렇다고 결혼문화를 확 뒤엎어서 혁명, 하자는 것이 아니다. 그리고 현재의 결혼문화를 이상적으로 뒤집자는 게 아니라 현실에서 실천하면서 점진적인 개량주의를 지향하자는 것이다.

본래 결과물로는 작은 결혼이다. 즉 선진결혼문화를 받아들여야 나라의 미래가 담보될 수 있다는 것이다. 또 왜 결혼문화 선진화가 안 될까? 경제력이 부족해도 결혼할 수 있는 문화가 자리 잡는 사회적 합의가 이루어지도록 젊은이들의 주도하에 강력한 연대감과 함께 만들어내야 할 과제이다.

16. 준비 없는 결혼은 재앙(Calamity)만 초래할 뿐이다.

과거 역사적 배경을 전달이나 표현은 외우면 되지만 결혼 관련 미래의 예측은 경험을 기초로 창의적 연구와 몰입의 열정으로 통찰해야 가치를 이해할 수 있을 것이다. 바로 결혼과학은 내공에 쌓인 지식과 능력공간에서 현실과 미래를 설명과 함께 보여주고 있다.

즉 결혼예비자들의 미래불안과 불확실성을 읽고 욕구 해소법의 규칙을 개발과 검증 후 지식으로 제공하는 길라잡이로서 압축된 구조가 결혼과학이다. 익히 현재진행중인 결혼 기존질서는 부부양극화 해소 맹점으로 의문시되고 새로운 과학적 지식과 상식이 통하는 문화를 재촉하게 되어가고 있다. 이러한 현실주의 도래는 이 시대를 살아가면서 그야말로 개혁이며 이제 깨친 것이다.

'미래, 결혼과학'은 갈수록 더 구체화 될 것으로 보인다.'고 전했다. 불합리적 결혼은 불 화합과 불평등의 출발점이기 때문이다. 그러나 지금까지 결혼이 이혼을 유발하는 악재가 재발하지 않는 지식적이며 합리적인 해법의 치유수단으로 밝혀진 공식이나 허가난 규칙으로 제시된 것은 없다. 다만 결혼과학은 젊은이들과 예비자에게 희망을 전하게 되었다. 이혼만능에 지친 국민에게 희망과 위안의 메시지를 전할 기회가 마련된 것이다. 꼼짝달싹 못한 구태결혼방정식에 과학이 실마리를 풀어서 '결혼의 기적 (Marriage is a Miracle)'이라 했다.

예로 결혼을 어떻게 생각하고 배우고 기억하는가? 결혼도 이젠 과학으로 가고 있다.

부부는 삶에서 새로운 정보와 미래를 탐색하며 살아야 할 고급정보와 부부공유로 발전할 수 있는 영구유효의 힘을 받아야 하기 때문이다. 또 마음을 완전히 극복하지 못하면 서로의 생각을 조합하지 못하고 절벽에 걸려 휘둘려지고 말 것이다.

요컨대 결혼의 불합리성으로 유지되어온 그동안의 역사적 걸린 시간은 대한민국의 '잃어버린 시간'이었다. 지금까지 결혼의 질서는 퇴행의 시대였다, 이른바 과거가 미래의 행복을 질식시켰다. 기성세대는 결혼의 혁신을 가로막았고, 낡음이 새로움을 지배했다. 천박한 부부관계는 지성을 조롱하고 결혼 문화적 사치성의 책임은 거추장스럽게 치부했다. 하지만 아직도 그 흔적은 살아 활용되고 있다. 그 후유증이 인구증산에 문제를 발생시키고 미래에 동력을 잃게 만들어왔다.

결혼과학이 여기까지 관여할 예정이다. 미래는 우리의 것이며, 우리가 챙겨 미래를 들여다보고 가야 한다. 또한 세계를 지배할 기초자료 준비로 결혼과학의 생태계 본질로 돌아가야 할 것이다. 본질은 작은 결혼이다. 누구나 수평적으로 경제여건에 별 부담 없이 결혼할 수 있는 환경이다.

왜냐하면, 이런 정신이 선진국으로 가는 길목이며 인구증산과 가정이 어떤 것 보다 우선되어야하기 때문이다. 결혼질서의 수준과 착오로 우리 사회는 생각하는 힘을 잃었고, 질문하는 능력도 잊었다. 생각도 안 하고 제대로 묻지도 못하니 혁신이 될 리가 없다. 결혼에 혁신이 없으니 오히려 온갖 시선에 휘둘리며, 눈치만 보고 무언가를 허공에서 찾고 있다. 공정(Fair)과 정의(Justice)마저 싸구려 구태 모습(Old-Fashioned)처럼 인식되어 오고 있다. 우리 사회의 가장 큰 문제는 '과거에 빠진 것'이다. 또 무능한 결혼질서를 이끌지도 못하면서 기성세대는 사익을 챙기느라 떠나지도 않는 모습은 안타깝기도 하다.

결혼과학이 과거의 문제를 심판하고, 현재의 맹점을 해결한다면, 결혼질서는 미래를 준비하는 것이다. 준비에 실패하는 것은 실패를 준비하는 것이다. 결과물은 결혼환경시장은 바뀌게 될 것이다. 결혼과학으로 신시대(New Era) 성공 가능성이 어느 때보다 높아지고 있기 때문이며 냉정한 현실을 마주하게 될 것이다. 우리는 여기에 주목해야 하는 이유는 운명을 좌우할 매우 중대한 대사이기 때문이다.

예로 서로의 생각이 조합하지 못하면서 전혀 다른 장면과 좋은 기억은 하지 못하게 되면서 과거 기억만 풀어낸다면 또 다른 세상을 들고나올 가능성은 다분할 것이다. 보편적인 사랑의 논리로 사랑을 주는 것도 받는 것도 다 서툴다고 설명할 수 있다. 때문에 상대적 감정소통에 한계와 장애를 느낄 수 없다. 왜냐면 타인을 사랑하는 것도 어느 정도는 지식과 상식이 동반되어야 자연스럽게 소통의 분위기까지 형성할 수 있기 때문이다.

지금까지의 결혼과정에서 많은 병목현상을 보여 왔던 것은 사실이다. 또 결혼이 얼마나 어려운지 아는 사람이라면 오늘의 결혼과학에 감명 받았을 것이다. 결혼과학은 무엇이며 구성요소는 무엇인가라는 관점에서 자세하고 쉽게 설명하고 새로운 각도에서 조망한 입문서다.

딱히 결혼은 상호 우호적 관계의 교감은 가장 아름답고 행복해야 하며 축하받을 일이다. 그러나 배우자를 만남이라는 인연으로 평생을 같이 살아갈 결정적 판단을 하게 하는 일이기도 하다. 남자와 여자가 만나 부부가 되기 위해 전혀 다른 환경에서 성장한 남·여가 가정을 이루기 위해 갈등의 대비요소가 많다. 또한, 만나서 사귀고 좋아서 결혼하겠지만 결혼은 순간의 좋은 감정 하나로 계속 이어갈 수만은 없기 때문이다.

지금까지의 결혼질서는 부부의 수평관계가 아닌 수직관계로 지배구조(Government)가 구시대적 발상으로 이어져 왔다. 결혼과학탄생으로 그러한 질서는 완전히 벗어나게 되었다. 제대로 결혼성공으로 성장할 생각이 있다면 큰 관심을 가지게 될 것이고, 그렇지 않다면 적게 배울 것이다. 바로 결혼질서의 과학적 공법 알면 보인다.

정이 결혼에 관한 한 여자들은 지독한 근시다. 여자들은 자신이 결혼에 대해 지식과 정보를 충분히 가지고 결혼하는 것으로 착각하고 있다. 한국 여자들이나 외국 여자들이나 마찬가지다. 다들 몰라도 너무 모른다. 개구리 언덕 떨어지는 식으로 운명에 맡기는 것이나 다름없으며 위험천만한 발상이다.

익히 평생을 결정하는 결혼과학을 배제한 별다른 정보도 없이 덜컥 선택하고 누군가의 말과 분위기에 따라 결정한다. 그리고는 최고의 선택이라고들 안도한다. 그렇게 결혼을 해서는 한두 달만 같이 살아도 삐걱대기 시작하면서 가슴치는 일이 한두 번이 아닐 것이니 아프게 돌아보아야 한다. 지금까지 누구나 같은 경험을 해왔다.

이렇게 결혼과학에 묻어 살다가 이러다 죽는 것 아닐까 하는 생각이 들 정도로 뜨겁게 살아라. 그러면 열망과 행운을 탐색하는 감각에 집중되면서 신비한 빛을 경험하게 될 것이다. 그리고 현대는 맞춤형 결혼콘텐츠를 준비해야 하는 시대다. 다양한 지식과 정보를 습득하여 자신의 결혼환경에 적합한 자신만의 스토리를 만드는 것이 학벌이나 Specifications보다 결혼이 훨씬 더 중요하다는 것을 인지해야 여러 돌발 상황에 대처할 수 있다.

아울러 부부공생으로 함께 즐길 공통분모와 공감소통 그리고 미래인생의 디자인도 준비해야 한다. 어떻게 누구를 만나느냐의 중요한 것보다 만나서 어떻게 멋진 인생을 즐기며 행복하려면 상대의 내성적 신호를 감지하는 관찰기술 전략적 관찰자가 되고 일생을 어떻게 살 것이냐를 사전에 준비하는 과정이 훨씬 더 중요하다.

딱히 결혼과학에서 일어날 일들을 예상하고 준비와 상호동의와 비대칭에 대한 소통적이며 공통점의 호환을 위해서는 생각만으로는 부족하다. 체계적이고 논리적이며 구체적인 정보지식을 통해 풍요로운 삶의 콘텐츠를 마련할 최상의 조건이 있어야 한다.

정이 결혼에 있어서 여자는 정말 외롭고 고독하며 혼자 해결해야 할 일들이 너무 많다. 잠깐의 실수로 얄궂은 인간관계에 휩쓸려 얼토당토않은 배우자를 만날 미래에 대한 불안감 때문이다. 다행인 것은 여성들은 선천적으로 남성보다 뇌구조가 훨씬 월등하여 타인의 감정을 읽고 자신의 감정을 표현하고 대처하는 능력이 남자보다 우수하다.

따라서 여자가 잘만 설계하면 좋은 가정을 얼마든지 만들어 낼 수 있다는 것이다. 우선은 기본적으로 같이할 수 있는 공통분모(취미생활)를 2가지만 만들면, 이미 성공의 가능성으로 입문한 것이나 다름없다.

그렇게 생각이 같고 몸이 같이 행동하면 최고의 행복감을 가질 수 있다. 어떤 이상형의 남편감을 어디서 어떻게 찾아야 하는 것에 목적을 두기 전에 어떤 남자와 인연이 되더라도 리드하며 소화해낼 수 있는 역량을 먼저 갖추는 것이 훨씬 더 중요하다.

자신이 소유하고 있는 지식과 재능을 정확하게 파악하고 최고의 능력을 발휘할 수 있는 특기를 익혀 두는 것은 물론 상대에게 자신의 프로필을 정확하게 전달할 수 있는 정도의 능력은 갖추어야 한다. 그리고 여자는 화장술과 의상에 대한 감각과 자신의 인상관리능력을 키워서 눈으로 보이지 않는 인격 수준도 함양해야 한다. 그래도 배울 만큼 배워서 알고 있다는 알량한 기득권 의식은 모두 지우고, 혼자서 머리 싸매고 온갖 상념 속에 자신을 가두지 말고 다양한 고급정보를 찾아 넓은 세상을 볼 수 있는 안목을 키워 자신만의 스토리를 가져야 한다.

만일 사전에 결혼과학의 명품수준 코스를 인식한다면, 일단 두려울 것은 없을 것이다. 세상을 살아가는 자신감도 생기고 타인과의 대화술도 능수능란하게 되고 평범한 사람들이 잘 모르는 고급정보 지식을 갖추게 될 것이기 때문이다. 신랑감 찾는 것도 고단수 길을 알게 되고 또 그렇게 만나게 된다.

딱히 아는 만큼 보인다고 하듯이 지식정보를 가지고 있으면 우선 큰돈이 보이고 행복하게 살아갈 지혜가 생기고 좋은 신랑을 자연스럽게 만날 수도 있다. 인생의 관리능력도 인정받을 수 있고 본인에게 감사하며 행복의 참뜻도 타인과 나누는 그러면서 세상과 끊임없이 소통하는 자세와 개념과 사고 지식을 심리회복 탄력성의 확장으로 결혼과 인생 최고의 전략으로 건강한 사회적 희망의 씨를 뿌리게 되면서 부자는 당연하고 그 이상의 자신감도 생기게 될 것이다.

만일 살아가다가 어떤 기회에서 관점 바꾸기로 시대적 가치관의 중요성을 나중에 알았을 때는 이미 낭패다. 눈에 보이지 않는 가치관이라는 것은 서로 맞지 않으면 어떤 방법이 없다. 일종의 장애와도 같아서 노력한다고 달라지는 것은 아니다. 사람들의 본능적 사고는 전부 자신의 생각에만 맞추려고 하니 문제해결이 안되고 계속 꼬여만 가는 것이다.

요컨대 대다수는 자신의 지식과 상식은 최고의 수준으로 또는 많이 알고 있는 정도로 믿고 본인도 모르게 자신 속에 빠져있다. 문제는 여기에서 착각으로 변하여 현실적 환경을 어렵게 이끌어 가고 있다. 세상은 역시 쉽게 이루어지는 것은 없듯이 그만한 대가는 있어야 한다. 최소한 결혼과학 정보교육을 받고 자기계발을 통해 상식과 고등지식의 폭을 넓혀야 자신에게 맞는 최적의 선택을 할 수 있는 눈을 뜨게 된다. 다 알고 있다는 착각에 빠져 준비 없는 결혼은 실수만 초래할 뿐이다.

17. 결혼혁명(Marriage Revolution)

결혼혁명은 창의 그리고 모험과 도전의 실행으로 성과를 얻기 위한 하나의 행동수단이다. 또한, 우리의 일상생활에 엄청난 변화를 가져다줄 것이다. 그리고 결혼예비자들은 생각을 사전에 읽고 많은 것을 요구하게 될 것이며 결혼과 행복은 지식 공유로 이어진다. 그리고 결혼 알고리즘이 안고 있는 문제를 이 시대에 살아가는 사람으로서 LCA(Life Cycle Assessment, 전생애주기평가)까지 사회적 변화에 따라 개념 바꾸어 결혼문화도 혁명으로 해결해야 할 사회적 합의가 필수로 요구되기도 한다.

정이 4차산업혁명 이후 결혼과학을 수직적 문화로 받아들여야 미래를 담보할 수 있다고 믿고 있다. '미래, 결혼과학'은 첨단정보기술(IT)산업의 신조류와 동향을 점쳐볼 수 있는 매칭기술부터 결혼혁명을 불러오게 될 것이다. 예컨대 결혼과학이 발달할수록 예비자들은 매칭에서 고도의 선택과 판정 시스템의 요구를 강하게 나타낼 것이며 결국, 결혼 성공 길라잡이로 신뢰성과 검증이 공인 확보되기 때문이다.

익히 결혼은 미래의 불확실성이 가중되고 삶과 변화의 속도가 빨라지고 있다며 '변화의 시기일수록 미래에 투자를 계속해 위기를 기회로 바꿔야 한다.'고 말은 있지만 제시된 것은 아직 없다.

공정과 투명을 붙들고 결혼을 책임진다는 것은 무모하게 보이지만 여기에 과학을 대입시키면 명확한 진실이 보인다. 이것을 우리는 혁신이라 부른다. 결혼 개념과 삶의 질까지 변화의 조짐이 일어나면서 행복의 측도 또한 업그레이드로 사회적 영향까지 긍정으로 미치게 될 것은 분명한 사실이다.

이것은 완전 검증되고 되돌릴 수 없는 구조 과학적으로 입증된 완결판일 것이다. 그동안 결혼질서를 파헤쳐 비판 또는 연구하는 혁신도 없었다. 그러나 이젠 결혼의 알고리즘이 미래를 지향하는 결혼과학이 태동하면서 결혼역사는 변화를 바라보게 되었다.

예로 유일한 문제는 결혼과학교육 시장은 전문가들이 그런 사실을 제대로 인지하지 못하면서 자신들이 소유하고 있는 지식적 범위를 뛰어넘었기에 상상과 예단하기 어려워 평가해주지 않는다는 거다. 결혼예비자들은 결혼 시장의 완전히 새로운 회사가 등장해 혁신을 이뤄내길 바란다. 이미 존재하는 유산 같은 회사가 하기를 원치 않는다. 결혼(교육) 관련 기존회사들이 이런 문제를 극복하려면 결국 새로운 브랜드를 만들어야 할 것이라고 본다.

딱히 지식과 몸만 자라고 사회적 역할이 부족한 성인 아이가 되어있는 줄도 모르고 타성에 빠진 상태로 살아갈 것인가 또는 구겨진 인생 신발 고쳐 신고 다시한번 뛰어볼 용기가 있는지? 결혼의 위대한 혁명을 정말 진심으로 간절히 원하는지를 지금 결정해야 할 상황이 왔다. 성공과 출세를 위해 하나의 사다리 가교역할이 될 것이다.

이젠 결혼도 시대적 환경에 따라 변하고 있지만, 변하지 못한다면 과거에 묶여 역사를 되돌려 놓아야 할 사정이 생겼다. 지금까지는 결혼 시장 에만 바라보니 별 발전이 없다. 미래의 선진결혼이 요구되는 결혼과학은 너무나 자명한 사실로 받아들여야 한다. 구시대적 사고에 묶여 구대가 미래를 지배하는 모순이 생겨서는 결코 안 될 일이다.

이러한 시대적 변화를 감지하는 능력이 퇴화하면 누구나 멸망할 수밖에 없으며, 사람은 기본적으로 네오필리아(Neophilia), 새로운 것을 좋아하는 성향이 강하기 때문이기도 하다. 이제 결혼도 한 시대를 넘어 새로운 비전이 요구된다. 세상을 살아가려면 가장 경계해야 하는 것은 자기 자신만의 작은 공간에 갇혀있는 것이다. 이러한 많은 모순을 벗어나기 위한 수단으로 지금의 작은 생각에서 결혼혁명까지 큰 움직임에 자신을 실어 먼 미래를 위해 동참함으로 새로운 세상을 열 수 있기를 많은 사람들의 열정을 모아 더 높이 띄워 보낸다.

예컨대 우리가 하고, 있는 결혼 관련이 사회적 측면에서 보았을 때 얼마큼 사회에 기여와 얼마나 많은 사람들에게서 공감을 주고 감동을 나눌 수 있는지에 대하여 넓게 생각해봐야겠다. 특별한 창조적 생각들을 모아 더 멀리 생각 위의 생각으로 열정이 넘치는 큰 감동에 미래가 담겨 있고 수명 연장과 가치사슬의 명품결혼에 힘입어 역사적으로 오랫동안 가슴에 묻어둘 수 있는 욕구의 해소 개념이라야 한다. 또 혁신적 사고로 세상을 바꿀 수 있어야 하고 지금의 작은 생각이 미래에서 큰 감동과 함께 영원히 사랑받을 수 있는 시스템이어야 한다.

익히 키워드는 결국 시대적 관점 바꾸기로 미래를 새로운 시각으로 읽을 수 있어야 한다. 고도성장을 원하고 행복 프로세스 원한다면 결국 인성교육을 기초로 인간을 변화시키고 경제성장을 동시에 이루기 위한다면 사회학적 개념에서 교육 중심의 기본 충실에 초점을 맞추고 초등교육부터 꾸준히 모태 재능 전문성 개발된 도구로 뿌리내려야 미래를 담보할 수 있을 것이다.

이러한 기반으로 유능한 인재가 생산되며, 기본적 인구생산 효율성도 같이 병행해야 사회적 경제순환이 정상이 될 것이고, 이렇게 30년 50년 100년 후를 예측하고 지금 준비하면 2050년대는 세계를 리드하는 초일류국가 지름길로 갈 수 있는 기본적 준비의 핵심은 교육혁명에서 결혼과학으로 사회적 생태계를 혁신적으로 관념을 바꿔놓는 것이다.

지금 당장 문제 해결해야 할 부분이 자살율 내리고 이혼율 내리고 가정파탄 줄이고 교육혁명으로 국민적 희망을 심고… 해야 하는 수정주의는 고도의 기술이 요구될 것이다. 그 속 내용을 보면 현재 처해있는 사회의 모순과 준비 없는 미숙한 생각으로 카테고리로 나누어져 사회적 이슈를 내지 못하고 많은 사건에서 조용히 밀려있을 뿐이다.

딱히 그 결과물이 OECD 국가 중 행복지수 꼴등, 이런 문제는 '누가 해결하나, 어디서 시작해야 하나, 어떻게 사회적 이슈로 부각 되나, 어떤 장기적 시스템이 필요로 하나, 국가는 어떻게 무엇을 지원하나' 여기에서 국가의 미래가 결정된다.

지금의 이 시대에서 다음의 신시대로 넘어가려면, 또다른 무엇인가를 혁신적 가치를 찾아내야 할 것이며 세상을 바꾸려는 준비와 자세는 결국 발상 적 지식의 힘에서 긍정적으로 검토해야 할 문제다. 꼭 전문가도 생각지 못한 혁신을 일구어내려는 호기심과 상상력으로 깊이 생각해 보았다면 세상이 바뀌면 우리가 추구하는 목표 또한 바꿔야 한다고 생각했을 것이다.

정이 세계 경제는 4차산업혁명 이후 새로운 환경에 적응하기도 전에 이제는 5차 산업혁명을 예측하며 세계 경제는 또 다른 변화를 재촉하고 있다. 이러한 새로운 패러다임을 이해하기에 지식 공간은 턱없이 부족하다. 이렇게 너무 빠르게 닫아 오니 자신에게 투자할 여유도 없다. 그러나 이제는 변화해야만 살아남을 수 있는 시대로 이미 접어들었다.

새로운 사회의 패러다임은 변화를 재촉하게 될 것이고 지금까지의 상식이 21세기에도 통할 것이라 하면 큰 실수일 것이다. 이제 머릿속에서 국경을 지우고 신지식의 부가가치를 채워 넣어야 한다. 이것이 세대 간의 갭과 국적의 갭을 모두 뛰어넘을 수 있는 중요한 열쇠가 될 것이기 때문이다.

익히 이제 세상은 결혼혁명으로 세상을 변화 선도하는 경우에만 후한 점수와 함께 신세계를 열어가게 될 것이다. 이제는 개인의 창조적 혁신을 요구하게 될 것이고, 그 영역이 여러분의 미래를 지배할 것이며, 앞으로 세상은 그런 식으로 여러분 앞에 열려있다는 것을 말하는 의미다.

결혼혁명은 결혼과학이 대세로 자기개발

지금 한국에서 일어나고 있는 결혼의 모순을 사실로 파헤쳐 대담하고 용기있는 조치를 취하여 세상에 알리고 또 그 해법을 제시하므로 또 다른 미래를 담보할 수 있는 생명과 같은 지식정보라인으로 그리고 세상과 끊임없이 소통하는 자세와 한국의 최대 문제점인 결혼문화산업 전체의 생태계를 교육적 혁신으로 변화시켜야 한다. 결국, 결혼과학은 자기개발이다.

결혼과학은 원칙적이며 명확한 신호라 확신하게 되었다. 이러한 점을 들여다보고 탐색과 연구로 개발된 결과물은 결혼과학의 정교함과 철저한 관리시스템까지 완벽주의를 넘어서 나노형 세분화 구조는 감동과 감탄 안 할 수가 없다. 결혼과학의 개발 의지는 아무리 칭찬해도 지나치지 않을 정도로 혁신적이며 보편적 일상까지 바꿔놓게 되었다.

딱히 결혼도 지식과 상식의 능력주의(Meritocracy)라고 새로운 화두로 떠오르고 있다. 이렇게 긴급 지상 논쟁을 벌여야 할 판이 되었다. 과거에 예상치 못한 결혼 공감 형성을 재조정하는 작업은 계속되고 있다. 본래 결혼과학이 탄생하기 전까지 결혼질서는 지지부진한 모습만 보여오다가 결혼과학이 고공 행진할 것으로, 예상되는 배경에는 이혼 불가 원칙이 있기 때문이다.

2050년대 한국이 초일류국가 지름길 로드맵으로 가기 위한 적극적인 투자가 요구된다. 그리고 새 시대를 맞이할 고급정보와 첨단기술로 시대적 변화와 혁신적 아이콘은 점진적 교육으로 업그레이드되어야 한다고 국민들은 믿고 있다. 그 이유는 결혼예비자의 과학적 고순도 지식순환이 이루어져야 하며 부부가 되어도 풀뿌리 같은 깊은 소통유지가 행복을 좌우

하게 되기 때문이다. 젊은이들이 중심에 있기에 결혼예비자 특별 결혼과
학교육은 필수로 요구되고 오로지 지식 요체의 역동적 발상이 미래를 지
배한다는 인식이 깊게 깔려야 할 것이다. 미래 행복보장은 여기 제시된 결
혼과학교육으로부터 새롭게 시작한다는 긍정적 믿음으로 이번 교육을 통
해 실질적 명품결혼 창의로 세상 보는 눈을 새롭게 뜨고 평생 돈 걱정 없
는 세상을 즐기며 행복하게 살아갈 전반적 멘토의 입장에서 숙지함을 확
인할 수 있을 것이다.

그리고 이제는 개인의 기발한 창조적 혁신을 요구하게 될 것이고 그 영
역이 여러분의 미래를 지배할 것이며 앞으로 세상은 그런 식으로 여러분
앞에 열려있다는 것을 말하는 것이다. 이렇게 한발 앞선 미래지향적 사고
이기에 키워드는 결국 결혼과학 교육에서 새로운 삶의 질 개선으로 갈 수
밖에 없다.

익히 결혼에도 지식과 정보가 필요하다고 오래전부터 가정법률상담소에
서 이혼 위기에 있는 부부들을 상담해왔다. 상담하면서 결혼생활을 잘 유
지해나가기 위해서 가장 중요한 것은 서로 사랑하는 마음이지만 그 사랑이
제대로 전달되려면 반드시 부부생활의 기본적 기술이 필요하다는 사실을
확인했다고 한다면 부부생활에서 짜증은 금지어며, 다른 감정의 무늬를 볼
수 있기 때문이다. 또 부부의 신성한 사랑 연속성 시들지 않는 부부공생 결
혼 4원칙과 공통분모 등 비대칭 해소구조로 행복할 수 조건은 교육적 지식
에서 찾아야 한다.

예컨대 현재의 결혼질서에서는"레드라인의 경계가 없이 자신의 주관적
판단에 움직이고 있는 상황에서 결혼전문가들은 유유한 전통 결혼질서의
자존심을 던지고 결혼과학시대를 맞아 생존을 위한 변화를 들려다 볼 줄은
꿈에도 몰랐다."며 웃었다. 삶의 가치창출로 결혼혁명의 위대함 앞에서 고
개를 숙일 수밖에 없었다는 결론이다.

18. 모태재능 전문성 자기계발플랫폼

모태재능 전문성(Maternal Talent Professionalism)
자기계발(Self-Development)플랫폼은 국민 모두 성공
행복보장장치(Happiness Guarantee Device)

모태 재능 전문성 자기계발플랫폼은 마치 성공과 미래를 보는 느낌. 이것보다 더 좋은 것은 없다.

'대한민국' 초일류국가 지름길 로드맵으로 이끌 혁신은 단 하나밖에 없다. '교육혁명'.

그 중심핵심의 축은 모태재능 전문성 자기계발플랫폼은 치유도구(Healing Tool)이며, 생각의 환생은 자신에 딱 맞는 잠재적 능력발굴은 모태능력과 창조적 상상력에서 나온다. 기존에 없는 생각의 발상에서 홀로 끝까지 성공하고 말겠다는 치열한 사색의 영감(Inspiration)에서 자신이 본능적으로 찾아야 한다. 누구나 모태재능 천재성 하나는 잠재되어 있다.

결혼과학의 R&D는 끊임없는 도전으로 성장동력의 엑셀로서 영역을 넓혀가고 있는 것은 지금 우리가 알고 있는 결혼과학 지식은 한정된 기준의 단계며, 디지털 가상세계와 현실생활이 혼합된 메타버스가 일상화 되어가고 있는 요즘은 한 달마다 세상이 완전 달라지고 있으며, 이런 마당에 결혼예비자들 외의 기혼자들도 남은 삶을 즐기며 주도적으로 살려면 자기계발플랫폼으로 모태 재능 전문성 계발과 결혼과학에 관심과 공부해야 새로운 행복의 진수를 알 수가 있다.(내가 행복해야 남들도 행복하게 보인다.)

요컨대 국민 모두 성공과 행복추구는 모태 재능 전문성, 자기개발, 뿐이다. 성공 안할 수가 없는 구조다. 초일류국가 지름길 로드맵 설계구조를 이해한다면 신비로움과 놀라움이 겹친다. 또한, 좋아하는 것에 마음껏 빠져보면 세상을 바꾸는 동력의 엑셀이 증가하면서 성공으로 이어질 것이다. 어떤 것과도 비교할 수 없는 Core가 있고 더 이상은 없다.

모태재능 전문성 프로그램은 모태적성에 맞는 맞춤형으로 미래형 전문성 프로그램으로 하드웨어 코딩 공법적용 개발되었으며 개인맞춤형 평생 같이 갈 전문성 파이로서 성공으로 이끄는 프로세스이다. 마치 성공한 모습을 보는 느낌이다. 이 이상 좋을 수는 없다고 단언할 수 있을 정도로 미래까지 들여다볼 수 있는 최고의 창의성까지 맛볼 수 있는 계기이다.

익히 몸에 맞는 가슴이 원하는 뜨거운 열정에서 시작하되, 평생 성공도구로 사회에 긍정적인 영향을 끼쳐 더 나은 미래사회와 자신의 재능 전문성 계발의 한계를 극복할 도구로 인류 역사의 새로운 생태계 프로그래밍의 창출이다. 즉 모태재능 전문성 적응증 검사와 DNA합성으로 미래의 맞춤형 두뇌로 길들이고 가슴이 즐거움을 찾는 길라잡이로서 행복의 최상 유토피아다.

딱히 노력이 성공의 비결이라는 것은 이론적이며, 수준이 낮은 발상으로 입에 발린 말로 구시대적 발상이었다. 그러나 성공하고 말겠다는 맹세를 한다고 실제로 성공하는 것도 아니다. 또 단순히 열심히 일한다고 해서 성공하는 것도 아니다. 성공하기 위해서는 특별한 내면의 모태 재능이 결정적 역할이 요구된다. 쉽게 성공이 저절로 굴러 들어오게 만드는 강력한 모태재능 전문성 동력 엑셀의 장착을 의미하며, 보통사람들은 이를 '운'이라고 부른다.

예로 잘하는 일과 좋아하는 일 엄연히 구분되어야 한다. 잘하는 일은 성공과 돈이 되고 전문성이 보인다. 아마도 모태 재능 기술이 자연스럽게 몸에 익어 생각의 발상에서 우러나는 천부적인 소질을 인정받게 된다. 하지만 좋아하는 일은 일시적 순간순간에 변할 수 있는 단지 취미정도다. 이것을 지식과 고급정보와 접목해 구체적으로 전문성으로 옮겨놓고 즐긴다면 모태재능 전문성 개발프로그램을 이해와 실행으로 더 좋은 효과를 얻을 수 있다. 바로 인생 전체를 조망한 성공의 길라잡이로 미래를 책임질 수 있다는 담보적 성격이다(국정교과서에 삽입요구).

최고의 나를 만드는 방법은 모태재능 전문성 자기개발(치유도구)

이 시대에서 꼭 실현해야 할 과제이며(상세 프로그램은 별도참조) Limited 최고 지식프레임. 자신을 긍정적으로 바라보는 법을 가르쳐주는 모태재능 전문성 두뇌를 새롭게 만들어 주는 프로그램개발 덕분에 자신이 생각하는 자유를 얻을 수 있어 너무나 감사의 마음을 전하고 싶다. 이것은 자신을 긍정으로 바라보며 자기개발서와 두뇌구조를 새롭게 만드는 프로그램이다.

또한, 모태 재능 전문성 자기개발은 탁월한 능력의 생태계 구조다. 현실을 지혜롭게 가공하며 희망을 지킬 수 있을 것이라 믿음을 가질 수 있게 한다. 또 자신을 끝까지 책임질 것이라는 믿음까지 확보되는 프로세스이다. 이러한 고급지식이 인문학을 만나면 생각 위의 또 다른 지혜가 확장되는 현상으로 발전한다. 이렇게 인간은 자신과 싸워 주어진 일에 최선을 다할 때, 또 현실에 맞서 도전할 때 가장 인간답다고 말하고 싶다.

딱히 생물학과 과학적 원리가 적용된 영감으로 창조하는 인생이야 말로 최고의 인생이다. 창조의 기쁨 중 하나가 바로 내 안에 잠자고 있는 모태 잠재능력의 자질을 찾아내는 교육의 기술적 과정에서 깨닫게 될 것이다. 자신의 가슴이 무엇을 좋아하는지조차도 모르고 그저 열심히 딴생각하고 살아가고 있다. 또 자신이 최고 인양 착각과 함께 생각하는 대로 살아가고 앞으로도 그렇게 살아갈 공산이 크다. 근본적 중요성은 여기에 있다.

익히 교육프로그램에서 기회가 있어야 한다. 지금 나 자신에게도 숨겨진 잠재력이 있는 모태 재능 전문성을 효과적으로 개발하려면 직접적 영향을 미치는 가슴이 원하는 지식과 상식적 요인 생물학과 과학적 요인, 사회적 요인 환경적 요인 등 비대칭의 소싱(Sourcing, 발생 원인)을 다양하게 분석, 마음과 몸이 원하는 구조의 본질을 찾아내는 공법이다. 특히나 현대사회는 라이프 스타일이 많이 바뀌고 있어 더욱 그러하다.(학생과 일반인 적용범위 차별화)

모태재능 전문성 계발이 안되면, 심리적 기본욕구가 억압된 결과이며 이것은 정서장애로까지 이어져 인생을 망친다.(지금까지 거의 대부분) 때문에, 모태의 기질성과 본능적 성향을 뛰어넘어 자신이 현재 소유하고 있는 지식과 상식을 기초로 맞춤형을 찾아야 할 일이다.

모태 전문성 치유도구를 찾았다면 그때부터 새로운 세상이 깊고 넓게 보인다.

결혼은 꼭 좋은 학벌과 경제환경의 전유물이 아니다. 평범한 사람들의 모태재능 전문성을 찾았다면 그 이상도 뛰어넘을 수 있는 열정이 있다면 대세가 될 수도 있다. 경제적 또는 성공의 목적보다 자신의 가슴이 원하는 가치사슬로 생물학적 모태재능 전문성을 발굴했다면, 세상을 다 품은 것이다. 풍부한 인성적 지혜와 자신이 진정 무엇을 좋아하는지 알면서도 가슴과 몸이 즐길 줄 모른다면, 어두운 공간을 떠돌고 있다고 보아진다. 지금이라도 미래를 생각한다면 몸이 스스로 원하는 전문성을 개발하여 새로운 열정과 도전으로 이어가는 것은 자신 혁명이다.

익히 전문분야에서 조직의 역량이 어느 날 갑자기 생기는 것은 아니다. 특히 모태 재능 전문성의 역량은 오랜 기간 많은 연구의 내공으로 자료 데이터를 통한 학습과 몰입을 통해 구체적으로 발굴하게 되는 것이다. '전문인'이라는 호칭으로 불리지만 다 같은 전문인이 아니다. 각자가 키운 역량만큼 내공을 쌓은 만큼 보이는 법칙이기 때문이다. 그것이 삶의 수준을 평가하는 잣대며 또한 인품을 보는 평이한 관점이 되기도 한다.

자신이 현재의 일, 또 하고 싶은 일 다양한 커리큘럼은 여러 분야와 응용 연계된 융합소질에서 모태 전문성으로 계발 구체적으로 좁혀 압축되어가는 과정은 필수다. 이러한 과정의 서평을 거쳐 압축된다면, 가슴이 알아차리고 친근하게 가까이 느끼며 시간별 성과로 나타난다.

모태재능 전문성 자기개발 7가지 습관 - 자기 주도성
- 끊임없이 자기성찰 기회를 가져라.
- 내면에 숨어있는 재능을 주도적으로 찾아라.
- 개념을 바꾸고 행동하라.
- 소중한 것부터 먼저 생각하라.
- 미래를 항상 생각하며 자신의 한계를 극복하라.
- 재능은 나타나게 되어있다. 프로그램 되로 도전하라.
- 자기쇄신과 큰 꿈은 자기개발에서 결정 나게 마련이다.

교육혁신의 본질은 모태 재능 전문성 계발을 기초한
인간의 기본 소망이다.

자신이 자발적으로 모태재능 전문성을 찾아가는 택시 역할, 을 담당하며 자발적으로 공부할 수 있고 재능을 발굴하는 학교 시스템의 구조환경 유도가 적극 요구된다.

초등학교 지금까지 가본 적이 없는 미래지향적 교육구조개혁의 시작으로서 초등학교 6년간 담임선생을 바꾸지 않는다. 1학년 때 담임을 맡은 선생님이 그들이 졸업할 때까지 담임을 맡으며 학생의 기초자료 수집과 성적 생활 정도를 적립해 빅데이터와 인공지능을 인용 분석·가공하며 과정을 구체적으로 학생과 수시로 평가하며 논의한다.

4학년이 될 때 담임선생님이 학부모와 협의하여 카운슬러(별도전담교사) 규정에 의거 교장선생님과 5명(학생 본인, 학부모, 담임선생, 전문카운슬러, 교장 or 교감)이 토론장을 열어본 학생의 모태 재능 전문성 효과적 분석으로 소신발표와 진로를 체계적으로 선정해나간다. 6년간 담임을 맡음으로 그 학생에 대해 모든 것을 속속들이 파악하고 있다. 그래서 4학년 때 담임의 주도로 장래 진로를 토론과 함께 정한 후 5학년과 6학년 때에 다시 수시로 점검하여 진로를 확정한다. 졸업 전에 미래 전문성에 대하여 충분한 이해를 도운다.

중학교 선택으로 벌써 전문분야에 들어가 세분화로 동안의 내공을 빅데이터와 AI로 활용한 진로를 세세하게 코딩한다.(초등교는 예비입문, 중등교 기술 심야 단계 격상)

모태재능 전문성 계발 융합응용 교육은 준비단계까지 자료 데이터로 시대적 다양한 관점에서 사물을 바라보는 통찰력을 키워주고 전문주도 학습능력 배양과 주제탐구 활동도 확장하면서 전문분야 발굴 깊이 있게 집중한다. 초등학교 6년째 결산보고 참고와 중등교 3년째 최종결산

고등학교 2년에 이미 전문과목별 차별화 전문성으로 사회진출 준비단계가 설정되어 있다.(지식, 스포츠, 예능, 기타 기반으로 선별적 구체화) 크게 나누면, 정신적 지식인문학 과학편과 육체적 스포츠편 그리고 예능부분 음악, 미술(크게 나누어 머리로 살아갈 파이와 몸으로 살아갈 파이 두 가지

중 선택) 이상 선택의 여지가 없으며 대학 필요성이 사라졌다. 단 지도자나 그 이상 연구원 교수분야는 당연 전문 대학진학.

대학교 그동안 빅데이터와 인공지능의 분석한 결과를 기반으로 대학진학 필요성은 거의 못 느끼게 된다. 만일 있다면 박사과정 이상 지도자 길이나 전문학위의 경우로 약 20~25% 미만이 대학진학으로 가게 된다. 전문성 치유도구로 압축되어 평생 같이 갈 운명의 결정판으로서 전문인 자격을 인정받게 국가공인 검정은 기본으로 거친다. 예측결과는 대학교 약 70%가 스스로 사라지던가 아니면 그 수준으로 구조조정으로 대폭 축소될 전망이다(선진국형).

사교육은 공교육 체계가 성공하면 사교육은 존재 이유가 없어진다. 자연스스로 소멸될 구조며, 인간을 망치는 지금과 같은 치열한 입시제도는 구시대의 퇴물로서 사회적 엄청난 시대의 변혁기며 역사 속으로 사라질 것이다. 4차산업혁명과 BIG DATA 와 AI의 응용공법의 힘으로 사회적 엄청난 비용 절약으로서 국가재정과 개인의 성공에 큰 영향과 효과는 또 다른 국가 성장동력을 얻게 될 것이다.

익히 자신이 좋아하는 것은 구조적 핵의 전문성 초점이 분명해야 한다. 그것이 삶의 평생 동행할 전문성 도구다. 평생 자신이 좋아하는 것이 무엇인지 모르고 살다 죽는 사람이 대다수다. 좋은 것은 항상 구체적이어야 하며 많은 사람들에게 감동을 줄 수 있어야 하고 크게 사랑받고 사회에 기여도가 높아야 한다. 목적은 세계적 최고여야 하며, 남녀 공이 자기계발과 관련된 후회는 일정한 시간 뒤에 제일 많이 한다. 이것은 교육혁명으로 생태계 기본 혁신구조로 교육의 생태계적 본질을 바꿔놓을 제도이며, 초일류국가 지름길 로드맵이다.

예컨대 교육 제도의 미숙함은 국가와 사회적 특히 정치적 문제점 등장과 지금까지 몰랐다면 후유증은 엄청난 재앙만 초래할 것이다. 바로 가난한 이유의 씨앗이며 미래는 없다. 인간의 모든 발달은 교육적 지식의 상호작용에서 발상, 되며 개인의 재능에서 미래의 결과로 나타날 것이다. 인간은 정말 좋아하고 하고 싶은 것을 할 때 일어나는 작은 변화가 세상을 바꿀 큰 혁신을 보일 때마다 끊임없이 감동하며, 그 변화를 반복 학습한다면 특별한 기술이 쌓이며 몸은 긍정으로 길들려진다. 이것이 초일류국가 지름길 로드맵의 생태계가 된다고 알고 있다.

이를 또 다른 교육학적 용어로는 유도학습(Guided Learning) 또는, 적극적 교육(Active Teaching)이며 이러한 학습의 과정이 결국, 모태 재능 전문성 개발프로그램으로 이어져 성공으로 이끈다. 그리고 평생 행복한 삶을 살 수 있는 원천이며 생명의 연장 엑셀이다. 국민 모두 수평적 알 권리와 의무교육과정에 국정화로 제도권에 편입시켜야 한다.

물론 학교는 자신이 좋아하는 것을 찾아내는 학습장, 체계적으로 공부하는 훈련장이 되어야 한다. 그것이 진정한 의미의 학교다. 학교의 본질은 즐거움을 찾고, 그것을 더욱 깊이 있게 더 큰 학문적 성과로 만드는 창의적 교련장이다. 그것이 정말 내가 좋아하는 일이고 그것을 위해 미쳐야 한다. 내일 세상이 무너져도 가슴이 좋아하는 전문도구만 있으면 만족한다. 이것은 작은 에너지로 큰일을 할 수가 있는 지식생태계 본질조성이기 때문이다.

요컨대 내가 정말 좋아하고 그것을 즐기고 있는 것인지 그래서 매일 행복한 시간에 빠져 세상을 바꿀 무언가를 찾아 혁신으로 나아가고 있는지 또는 성공으로 목표를 두고 있는지? 내가 좋아하는 것을 찾아내고 공부하는 것과 더불어 내 안의 심리적 상태를 끊임없이 관찰할 수 있어야 한다.

딱히 정말 행복하기 위해서는 쉬는 것과 즐기는 것을 구별할 수 있어야 한다. 사람은 자신이 유지해야 하는 적성과 각성이 있다. 가장 즐거운 기분이 유지되는 심리적 상태를 뜻한다. 적성과 각성 수준을 유지해야 하는 이유는 외부자극과의 적절한 긴장 관계를 유지하며 내면의 향상성을 유지하기 위해서다.

정이 즐긴다는 것은 내가 좋아하는 일에 몰입하는 것이다. 내가 정말 좋아하는 것에 푹 빠져 자신을 망각하는 수준에까지 가서야 정말 놀았다고 할 수 있다. 이렇게 내가 좋아하는 대상에 푹 빠져 즐긴다면, 영혼이 맑아지는 느낌이 든다. 즐긴다는 것은 나를 망각하고 정신없이 대상에 몰입하는 것이다. 쉬는 것과 즐기는 것은 이렇게 정반대다. 이것은 적절한 조절을 통한다면 내면의 향상성이 더 큰 벽을 뛰어넘을 수 있다. 이러한 기초교육은 학교가 담당해야 한다.

요컨대 적성과 각성을 유지해야 하는 이유는 외부자극의 적절한 긴장 관계를 유지하며, 내면의 향상성을 유지하기 위해서다. 어떻게 살아야 삶이 행복하다고 말할 수 있나? 자신의 인생이 어디로 흘러가고 있는지 알고나 있나! 그러면서 타성에 빠져 어제와 같은 오늘을 보내면서 부부의 재능이 전혀 다른 것이 쌓인다고 보면 갈등과 소통 장애 현상으로 빠질 공산이 다분히 커진다.

삶의 목적을 분명하게 하면서 행복하려고 살아가고 있다. 문제는 사람마다 행복의 내용이 각기 다르다는 사실이다. 그래서 세상은 매번 그토록 복잡하고 난해한 것이다. 행복의 내용이 각기 다르다지만 행복하면 나타나는 사람들의 신체적 반응은 한결같이 감동적이다.

만일 모태 전문성 치유도구를 계발하지 않는다면 대책 없는 질주

결혼의 영향과 배경에 깊이 느끼지 못한 현대인들은 자기 정체성을 상실한 채 조직의 논리에 의해 반평생을 조직에 묻혀 살다가 퇴직할 무렵 지금까지 살아온 인생이 자신이 꿈꿔왔던 모습이 아니었음을 깨닫고 후회 속에서 살아가는 경우를 우리는 주위에서 많이 보아왔을 것이다. 이러한 돌이킬 수 없는 일들이 이미 젊었을 때에 모태재능 전문성 치유도구라는 이러한 고급정보를 받았다면, 그리고 실행했다면 행복지수는 상당한 우위를 차지했을 것이고 지금쯤 인생성공의 축하를 받았을 것이다. 그리고 지금쯤 대한민국은 초일류국가로 도약해 세계를 지배하고 있을 것이다. 그런 지식적 상황판단이 미숙함은 아직까지이다.

정이 모태 재능 전문성 도구를 발굴하기 위해서는 반드시 배움의 단계를 거쳐야 한다. 배우는 것은 결코 낭비가 아니고 투자다. 많이 배우고 또 많이 잊어버리고 또다시 많이 배우는 것이야말로 기쁨이다. 지금이라도 늦지 않다. 되도록 빠를수록 좋다.

모태재능 전문성 자기개발 프로그램은 성공의 지름길이며, 행복의 첫걸음이다. 결혼교육에서 특별한 이벤트가 있다면, 환상은 접고 잠재되어 있는 모태재능 전문성발굴 프로그램에서 삶의 치유도구로 일하는 방식을 일깨워 평생동행 워라밸로 갈 수 있다면 밥 먹지 않아도 또 잠자지 않아도 생각과 몰입(Immersion)시간이 너무나 즐겁기에 10분도 아까워 자투리 시간까지 최대한 아끼며 인생 시간표를 새롭게 기획하는 기적의 프로그램으로 많은 것을 깨우치게 될 것이다.

익히 삶의 본질을 되돌아보며 진보되어가는 그 성과를 본다면, 평생직업으로 바뀔 수 있는 기회이며, 성공의 방정식이 눈앞에 와 있다는 것을 깨닫게 될 것이다. 또 현재 미숙한 일상직무도 명품분야 전문 인식과 개념 바꾸기로 수정주의적 기회이기도 하다.

또한 모태재능적 전문성 치유도구를 깨우쳐 전문인으로 목적을 성공으로 평생 삶을 사전에 들여다본다면 삶의 방식과 관점 바꾸기로 생활습관이 바뀌게 되면서 생각의 때를 벗겨내고 충격요법과 마음의 회복탄력성까지 배양되어 자신의 열정과 통제력 향상의 효과로 생각이 바뀌면 안 되게 보이는 것도 되게 움직이는 지금까지 누구도 예상 못한 특화된 긍정적인 현상을 결혼과학을 통해 경험할 기회이다. 또 이렇게 초격차 성공 경쟁력을 21세기 결혼 디지털 프레임으로 자리매김하여 미래 결혼산업의 핵심동력으로 편성하여 견인하겠다.

세상 살아가는 패턴에서 자신에 잠재 또 내장된 모태 전문성 플랫폼 기술개발은 스스로 그 길을 선택할 수 있다는 대단한 기회이며 행운이다. 여기에서 자신에 부여된 재능 천재성을 개발해 때 묻은 고정관념과 구태적이며, 비생산적인 생각에서 벗어나면서 자신이 스스로 만들어가는 성공스토리이다.

익히 자신의 평생 미래 전문 직업으로 가슴 한쪽에 묻어두고 계속 성장시킬 기본자세를 다듬어 가는 것은 자동 모드이다, 만일 자질구레한 생각만 한다면 핵심전략은 물 건너간다. 알듯이 지식을 통합하고 그것을 행동으로 옮기기 위해서는 여기 제시된 프로그램의 자료정보와 데이터 충전의 시간은 필수로 요구된다.

이러한 과정에서 자신이 좋아하고 즐기면서 하는 일이 어디에 있는지 찾아가는 통로로 생각하고 찾아야 한다. 어느 정도의 시간이 지나면서 조금씩 감이 잡히고 자신의 관습과 내공으로 다져진 재능의 전문성 기술이 조금씩 나타나기 시작되며 가슴이 무엇을 찾고 있는지 무엇이 전문도구인지 시간차 스스로 알아차리게 될 것이다.

또한 정치, 경제, 문화, 사회면, 기타 지식과 정보 그리고 신 혁신분야와 특별코스도 구분해서 컴퓨터에 저장해서 언제든지 열어볼 수 있게 체계적으로 구성하는 자신과의 싸움에서 얻은 정보는 저장될 것이다. 일반적으로 3개월 길게는 6개월 정도 지나면 자연적으로 원고 쓰기 기본의 틀이 조금씩 이루어지기 시작한다. 또 통찰력과 혁신적인 아이디어를 얻을 준비가 되었다면 숙고하고 열정을 불어넣어라. 창의력은 일정한 시간이 지나면 조건이 드러나게 마련이다.

먼저 문장의 단어에 있어 열린 창의력과 세상에서 일어나고 있는 고급정보 지식기반으로 응용되어 전혀 생각지 못했든 아이디어로 자신을 일깨우게 되며, 신지식인으로 자부심까지 심어주게 될 것이다. 우선 글 쓰는 연습을 하면서 문장구성과 이해도와 함께 도서출판에 현황을 들여다보면서 진도를 내어 자신이 쓴 글에 대해 간단한 편집 기본기술도 습득하게 되어 간다. 여기까지 왔다면 자신의 전문적 직무기술서를 자동 만들게 되어간다.

이 프로그램이 제시한 핵심을 재빨리 파악하고 잘 이해하여 어떻게 접근할지를 궁리하고 실천한다면, 매일 즐겁고 생활시간 관리에 철저함을 느끼게 된다. 단 10분도 허비하고 싶지 않다. 그렇게 적당한 긴장 속에서 자신을 관리하게 되면 이때부터 삶은 새롭고 세계관으로 바라보는 시야는 크게 변화된 자신을 알아차리게 되면서 그동안 전혀 생각지 못한 성공 가능성을 일깨우며 미래세상을 예측하게 될 것이다.

또 시간이 가면 갈수록 목적의 가치와 효율성이 높아지면서 또 다른 고급정보가 쌓이고 문장작성기술도 전문인에 가까워지면서 추구하는 전문에 몰입하면 나만의 예상 밖의 지식인의 대열에 도전하게 된다. 아직 남들이 가보지 않은 길에서 나만의 독창성과 함께 특별한 창의력을 스스로 만들게 되며, 생각 위의 융합적 응용 혁신적 씨의 원리를 창조하게 되어간다.

즉 현대는 풍습과 융합의 시대다. 이렇게 다양한 지식을 흡수하여 자신의 목적에 맞는 자신만의 스토리를 만드는 것이 학벌이나 스펙보다 성공 치유도구를 찾는 것이 훨씬 중요하다는 것을 인지하고 노력과 희망의 한계가 더욱 뚜렷해진 상황을 이해와 동시 알아차리게 된다.

딱히 이 세상 무엇과도 바꿀 수 없는 성취감과 미래세상을 이끌어갈 아이디어까지 자신도 모르게 머릿속 스크린에 나타나게 되어간다. 이정도 진도가 나가면 자연스럽게 자신의 본태성 전문도구와 관습적 기술이 내공에 쌓여 구체적으로 물들어가면서 본능적으로 스스로 목적을 찾아가게 될 것이다. 바로 그 기에 자신의 유전자적 본능이 질주하게 되는 기술적 재능이 나의 본태성 몸에 쌓여 길들여져 있는 전문성 파이다.

그렇게 고급정보와 관심 분야의 자료 모음과 문장 쓰기 준비과정을 거처 경륜이 쌓이면 자신이 얼마나 미래의 정보, 지식에 익숙해져 있고 미래혁신산업의 꽃인 빅데이터와 인공지능응용과 슈퍼컴퓨터 구조와 응용 관련 정보, 지식의 정도와 실력을 스스로 지금까지 쌓아온 내공을 평가하고 어느 날 가슴이 움직이는 본능적 재능이 미래의 성공 길라잡이 역을 예감하며 마주할 수 있을 것이다.

이때부터 세상은 새로운 모습으로 비칠 것이고, 성공과 자신감까지 엿보일 때 돈은 같이 묻어 들어오게 보이기 시작한다. 굳이 돈 잡으려 안 해도 같이 연계된다는 것이다. 여기까지 오면 이미 전국 최고의 상위권 3% 내 지식대열에 올라 과거에 전혀 상상조차 하지 못한 엄청난 일들이 머릿속에서 벌어지고 있다는 것을 스스로 알아차리게 될 것이다.

그렇게 시간이 지나면서 전문가도 생각지 못하는 혁신을 일구어 나가려는 열정과 자신감까지 생기며 또 다른 세상을 바라보는 고급정보 지식에 눈을 뜨게 되며, 새롭게 깨우쳐 끊임없는 도전 정신으로 전환되면서 그동안 자신의 머릿속 분심은 암흑 속으로 영원히 사라지고 실지 미래사회에 미칠 큰 영향과 자신의 혁신적 아이디어가 머릿속에 진보된 그림으로 새롭게 나타나면서 인생설계도를 다시 설정하게 된다,

이것을 미래 성공대열에 대입시켜 문장정리를 하면서 마지막 편집기술은 전문인답게 새로 익혀 현실적 가치를 찾아 경제적 부가가치를 창출할 여건을 만들어내는 길은 스스로 찾아가게 된다. 이정도면 창작 저작권도 승인받을 수준까지 왔고 특허 심사 평가와 전반적인 추후 관리에 눈이 뜨인다. 준비된 아이디어는 보호받을 수 있는 일을 스스로 찾아가게 되어 있다.

미래를 소환하여 들여다본다면, 성공적 도구 찾는 성공의 비법 본질로 들어가면 컴퓨터는 중급수준 정도만으로도 가능하다. 소프트웨어, 하드웨어설계, 코딩 프로세스로 제작, 운영 이해하고 엑셀, 워드, 문장정리, 첨부파일 정도만 해도 누구나 도전해 볼만한 일이다. 일단 최고만을 고집하면서 세계지도를 세밀히 살펴보며 글로벌 세계관을 읽을 수 있다. 어디가 선진국이며, 어디가 후진국 인가를 인식하면서 미국 및 선진국 최고의 나라에서 최근에 일어나는 희망적 관심과 고급정보 그리고 4차산업혁명과 이후 진보되어가는 기술과 앞으로 5차산업혁명의 방향과 가능성 예측에 집중 조명하게 된다,

풀어보면, 미래는 인공지능(AI) 가상현실(VR) 증강현실(AR) 모바일(IM) 사물인터넷(IoT) 로봇, 빅데이터와 클라우딩, 3D프린팅, 나노, 그리고 바이오기술 거의 모든 지식정보 IT에 있어 눈부신 속도의 발전이 '4차산업혁명'을 이끌고 있다는 것은 상식선에서 기억해둘 필요가 있다.

4차산업혁명이 시작되면서 세계적 경제가 내가 살아가는 환경변화에 물들어가는 사회구조는 어떻게 변화하고 무엇을 요구하고 있나에서 벗어나

오직 미래만 중점적으로 들여다봐야 하겠다. 곧 사라질 직업과 새로 태어날 신종 직업의 종류와 전망은 어디까지 와 있나!

본래 성공을 위해 자료수집과 좋은 글을 쓰려면 가슴을 태워야 한다. 글쓰기의 일터가 가장 재미있는 놀이터가 되어 이일 에 충실하고 자신이 너무나 좋아하고 즐기다보면 무언가를 위한 수단적 도구로 길들고 성공적 전문성 도구는 천재성으로 변해 눈앞에 와 있을 것이다. 그 자체가 즐거움이다. 자신이 쌓은 지식과 정보가 내공으로 호환되고 응용된 미지의 아이디어는 자유롭게 공유되면서 자연스럽게 더 좋은 창조적 아이디어로 미래를 점치며 자신의 재능 전문성 치유도구를 품에 안게되는 기적과 같은 공법이다.

예컨대 연구적 전문인은 어떤 사람인가? 그것은 자신의 분야에서 최고의 전문가가 되어야할 뿐만 아니라 혁신의 발상으로 새로운 것들을 끊임없이 창조해낼 수 있고 문제에 직면해서 항상 해결책을 찾아낼 수 있는 그런 창의성과 유연성이 있는 사람인 것이다
그중에서도 가장 중요한 것은 꿈과 비전이다. 목표가 확실해야 이를 지향점으로 삼아 성공적 프로그램에 가까이 구체적으로 다가갈 수 있고 스스로 세운 계획을 자발적으로 학습하며 찾아가게 된다. 자료준비와 글쓰기 학습능력만 확장 시켜 놓아도 미래의 그 어떤 변화의 태풍이 몰아쳐도 금세 적응할 수 있다. 좋은 글 쓰다 보면 진보된 아이디어와 미래는 스스로 보이게 된다. 이렇게 되면 건강은 20년 수명(텔로미어) 연장과 부를 함께 누릴 수 있다. 자신이 좋아하는 일에 빠져있으니 스트레스 안 받고 병원 갈 일도 없어지면서 새로운 삶의 시작을 예고한다.

자신의 미래를 생각한다면 환골탈태의 입장은 분명하다. 그 이유도 간단하다. 남 주기 싫어서, 자신의 무능을 드러내기 싫어서, 무능한 집단일수록

울타리를 크게 치고 아무도 듣지 않는 자기들만의 논리로 소일한다. 바로 그런 무능과 부패가 자신들을 파괴자로 키우고 있다는 사실을 모른 채 지금과 같은 미래도 없는 구시대적 공장식 국정교과과정은 후진국에 물려주고 미래에 도래할 일류 선진교육기법에 도전을 뛰어넘어 어느 국가도 따라오지 못하는 미래 혁신 교육만이 살길이다. 세상을 크게 보는 법을 전문가와 정치 사회지도자부터 깨우쳐야 한다. 물론 지식과 정보는 알고 있는 만큼만 보이기 때문이다.

가장 훌륭한 노후대책은 자기가 좋아하는 것을 찾아내고 그것을 공부하고 더 큰 것을 탐구하는 일이다. 마지막 남은 시간이 있다면 국가와 사회를 위해 무엇을 할까는 자신을 위해서도 최고의 위대한 유산이 될 수 있다. 뒤늦게 후회 않기 바란다.

아이의 학습능력을 높이는 가장 효과적인 방법

모태재능 전문성 자기개발은 필수코스

1) 스스로 공부를 잘할 수 있도록 고무시킨다.
2) 일류대학 가야 한다고 강요하지 않는다. 대신 공부할 수 있는 환경은 필수다.
3) 전적으로 아이의 자율적 선택권을 준다.
4) 사교육에 절대 의존하지 않는다. 교육열은 특별한 방식으로 표출하며 관여한다.
5) 자녀들의 지적 호기심을 잃지 않도록 아낌없이 지원한다.
6) 직접 지도와 항상 새로운 질문을 하도록 유도한다.
7) 모든 문제에서 충분한 시간으로 기다린다.
8) 함께 여행이나 학습현장에 간다.
9) 누구 구별없이 상대방의 이야기에 귀를 기울이는 경청 자세

10) 인격적으로 성숙하도록 한다. 스스로 숙성과 창의적인 도움을 준다.

11) 생각의 자유를 가질 기회는 항상 열어둔다.

12) 모든 사물에서 창의적인 사고로 접근방법을 제시한다.

"대한민국은 세계를 지배하고 말겠다."

1. 교육혁명

2. 우수인재양성 개발 및 육성

3. 모태 재능 전문성 치유도구 개발프로그램

4. 국민 결혼으로 성공 행복지수상승 삶의 가치 충만 효과

5. 4차산업혁명을 넘어 5차산업혁명을 들여다보며 요구하는 기초지식

6. 사회질서 기초교양 생태계 조성 프로그램

7. 세계인종평가 최우수등급하려면 할 수 있는 민족

8. 50년 100년 후를 꿈꾸며 미래 역사를 쓸 것

JOB

그 사람의 직업은 모태재능 전문성의 지식적 생태계부터 들여다봐야 정답을 찾을 수 있다. 교육 분야에서도 어떤 파이에 충실하며 내공을 쌓고 몸에 길들여져 그것을 즐기며 만족감이 충만해야 직업의 선택이 정상적으로 이루어진 편이다.

만일 그렇지 않다면 충격요법을 깨닫고 수용하며, 다른 방향을 선택해야 할 것이다. 개인별 모태재능 전문성 자기계발이다. 대중적 수평으로 공정하게 성공할 수 있는 유일한 수단이다. 평생 안전하게 전문성을 즐기며 성공과 함께 행복할 수 있는 치유도구는 교육에서 Job의 선제적 프로그램으로 내공에서 쌓은 능력을 선택방법으로 찾는 것이다.(프로그램 별도참조: 공교육 편, 일반 편)

기본적으로 인간은 아는 만큼만 보인다. 즉 교육의 제도와 질을 표현한 것이다. 국가 발전부터 사회적 모든 분야는 교육으로 재정비할 필요가 있다. 4차산업혁명 이후 엄청난 변화에서 어디까지 적응하고 효과를 내고 있나? 묻고 싶다. 얼마안가 5차산업혁명이 예고되는 시점에서 어디까지 미래를 엿보며 자신의 능력을 되돌아보며 논평할 수 있을까?

　익히 분명한 것은 자신의 내공으로 꿈과 비전을 현실적 도전으로 자기다움으로 꽃을 피울 수 있어야 그것이 미래다. 모두 들 본질에서 벗어나 겉돌고 있는 현상은 우리가 진정 원하고 있는 원천적 기본에서 벗어나 있다. 생각 위의 생각과 생각 밖의 혁신에서 찾아야 할 것이다. 모태재능 전문성은 자신의 미래를 책임질 것이며, 훗날 대한민국 초일류국가 지름길 로드맵의 길라잡이로 택시 역할을 할 것이다. 이 하나로 미래에 도전의 깃발을 높이 들고 새로운 꿈을 향하게 될 것이다. 지금까지 제시안을 결혼교육에서라도 인식하고 더 큰 영역을 찾아야 할 일이다.

19. 결혼을 앞둔 젊은이들 생각의 온도는 너무 뜨겁다.

결혼예비자들 결혼에 대해 얼마큼 정보와 지식을 알고 있나?

젊은이들이 치열한 학교입시에서 그리고 대학 졸업 후 군제대하고 구직에 겨우 통과하자마자 결혼에 또 다른 시련이 기다리고 있다. 결혼이란 인생에서 최고의 축재이며 황금시기이다. 이런 시기를 만나며 현실적 세상에 참 맛을 보게 되고 준비하는 과정에 예상외의 상항에 의아해하며, 자신의 초라함에 고개 숙이며 세상을 원망하며 흔들리고 만다.

결혼 상대의 만남과 갈등에서 혼수예물이라는 구덩이에 빠져 한발 앞도 더 나아가지 못하고 좌절하든가 아니면 결혼 자체를 포기하든가 심각한 결혼 혼수 물질만능의 잣대에 걸려 실망과 인간적 분노까지 느끼며 좌절하는 현상을 개탄하며, 더 큰 세상의 문턱을 넘어보지도 못하고 주저앉고 마는 그런 문화권에서 같이 살아가고 있다는 것도 깨닫게 된다.

이렇게 다수가 희망의 끈을 놓아버리는 현상으로 변하고 있는 것을 기성세대는 어떻게 그들의 아픔을 보듬어주고 어디까지 이해하고 정답을 설명할 수 있을까?

결혼을 회피하는 이런 사회현상을 치유하려면 어떤 도구로 사회와 합의해야 하며 무엇으로 많은 사람들의 생각을 읽고 도와야 하나? 그 내용을 깊이 들여다보면, 인간 삶의 구조적 중심에는 결국 결혼의 문제로 인생은 성공과 실패로 갈아치기한다고 짐작할 수 있으며, 결혼이란 조건적 너무 많은 것을 요구하기에 어느 하나로 표현할 수는 없지만 한다면 사전 예비 지식 교육훈련이다. 준비가 안 된 상태에서 미숙한 일들이 생기면서 시행착오의 발생, 여기에 주목해야 할 것이다.

이 시대를 살아가는 젊은이들의 마음을 누가 어느 정도까지 경청하고 이해할 수 있을까?

삶의 오지에 버려진 그런 심정일 것이란 생각도 다소 들 때가 가끔은 누구나 지나가는 생각정도는 했으리라 여겨진다. 본인들의 의지와는 아무런 상관없이 사막에 버려진다면 그리고 특히 결혼을 앞둔 입장에서 준비된 마음들이 얼마나 건조한지를 본인과 주위 사람들도 같은 생각으로 세상을 원망해야 하나? 한마디로 단축하면 사회가 그만큼 각박했다는 것인데, 이런 현상은 누구나 같은 입장에서 크게 눈을 뜨고 세상을 바라볼 필요가 요구된다.

물론 개인적 지식의 차이와 인식이 다르겠지만 시대적 환경의 변화는 냉정히 있는 그대로 받아들여야 할 것이다. 세상은 이미 모든 부분에서 경쟁의 체제 속으로 빠져들었고 살아남기 위해서 자신의 관리 상태를 수시로 점검하지 않으면 금방이라도 도태할 수 있다는 위기감까지 와 있다는 생각도 과언은 아닌 듯싶다.

그리고 오늘날 우리 사회에서는 결과를 예측할 수 없는 가치관의 변혁이 진행되고 있다. 약 50년 전까지만 해도 근면, 질서, 정확성, 성실, 복종, 극기 등의 개인적 미덕들이 높은 평가였지만 오늘날에는 환경문제에 대한 각성 평화보장, 그리고 인권 옹호와 인권확립 등의 사회적 능력들이 거기에 필요한 현실참여와 함께 크게 강조로 편향적이다.

이러한 관심이 개인의 미덕에서 사회의 능력으로 변화되면서, 그와는 대조적으로 개인의 성생활에 대한 윤리적 요구들은 거의 무시되고 있는 현실을 보게 된다.

또한 '모든 성적 결합은 생식을 목표로 해야 한다. 그렇지 않으면 그 도덕적 존엄성의 본질적 요소가 결여 때문이다.'라는 원칙이 적용되고 성윤리가 첫째, 성행위는 부부관계에서만 합법적이다. 둘째, '일단 성립된 이 부부관계는 해소될 수 없다.'라는 두 기둥 위에 세워졌었다.

여기 제시된 현상들은 우리에게 새로운 문제를 안겨준다. 그것은 결혼과 가정에 대한 인식과 그 기능이 변화하고 있다는 것이다. 이러한 변화는 사회적으로 많은 문제들을 만들어내고 있다. 그리고 그러한 문제는 현대사회의 위기로까지 언급될 정도로 심각성을 나타낸다. 기존의 전통적인 개념들이 새롭게 해석되면서 사회 여러 계층에서 이러한 위기의 모습들이 나타나고 있다는 것이다.

그 극단적인 양립된 상태가 이혼과 낙태, 결혼증서 없는 결혼생활, 혼전 성관계 등의 심각한 문제이다. 그밖에도 가정의 상실, 성역할의 혼돈, 여러 가지 문제 등의 현상들로 나타나고 있다.

이러한 변화와 위기 속에서 우리 사회는 어떠한 대책을 세워야 하는가? 라는 문제가 이제 사회적 또 하나의 과제라고 생각한다. 왜냐하면, 벌써 이러한 변화와 위기는 사회조직의 안에도 침투해 있기 때문이다.

그동안 우리 사회는 이러한 문제를 깊이 인식하고 그것을 극복하기 위한 여러 가지의 노력과 준비를 해오고 있다고 본다. 그러나 아직도 그러한 노력은 매우 미흡한 실정임을 보게 된다.

이제 사회는 세계의 흐름에 민감하게 대처할 수 있는 어떤 대책을 세우지 않으면 안 된다. 특별히 가정과 결혼의 인식과 그 기능이 변화되는 상황에서 이에 대한 대책이 시급한 것이다.

희망적인 것은 근래에 들어와서, 조직들이 결혼문화 환경에 대한 책임을 느끼고 있고, 이에 대한 적극적인 대책을 세우고 있다는 사실이다. 그동안의 결혼문화 질서 안에서 프로그램 등의 제한성을 극복하고 이제는 가정을 또 하나의 토론조직으로 인식하고 결혼질서에 대한 토론에 눈을 돌리게 된 것이다.

물론 아직 초기상태 여러 가지 미흡한 점도 없지 않지만 앞으로 여러 가지의 프로그램들을 개발한다면, 시대의 흐름에 민감하게 대처할 수 있는 사회조직의 기능적 사명을 감당할 수 있으리라 본다.

결혼 정보교육의 의도는 이러한 결혼을 준비하는 예비부부, 또는 젊은이들에 대한 결혼 준비교육을 위한 프로그램을 개발하려는데 있다. 즉, 가정과 결혼에 대한 인식의 변화와 그 기능의 변모에 직면하고 있는 예비부부에게 사회적 조직이 어떻게 그 교육적 사명을 감당할 것인지를 고찰하고, 결혼준비와 교육의 목적 내용 방법을 살펴보려는데 그 의도가 있는 것이다. 따라서 본 논문은 다음과 같은 질문들에 답을 얻고자 한다.

첫째, 결혼 준비교육은 왜 필요한가, 그 당위성은 무엇인가?
둘째, 결혼 준비교육을 하려는 궁극적인 목적은 무엇인가?
셋째, 가치관이 변화하고 있는 이 시대에 결혼 준비교육을 하려면 어떤 내용 들을 가르쳐야 하는가? 결혼을 준비하는 젊은이들은 무엇을 필요로 하며, 무엇을 배워야 하는가?
넷째, 결혼 준비교육을 효과적으로 실행하려면 어떤 방법적인 원리를 가지고 실천하는가? 그 구체적인 프로그램은 무엇인가? 하는 것들이다.

이와 같은 결혼 준비교육에 대한 실제적 접근성을 통해서 미흡한 오늘날의 한국 결혼문화에 도움이 되길 바라며, 혼란한 시대의 흐름에 대처할 수 있는 결혼문화 질서에서 교육적 노력에 미래의 희망이 되기를 바란다.

20. '미래, 결혼과학'이 세상을 바꾼다.

　　결혼과학의 1세대를 넘어 이제는 차세대 기초소재개발로 제2세대 결혼과학으로 치닫고 있는 상황에 이르게 될 것이다. 나날이 발전하는 사회과학에 힘입어 결혼과학도 이제 불이 붙었다고 보면 그리 무리하지 않은 것이다. 고난도는 예비자들 심리모형의 파장을 잡아 민감한 부분까지 읽어내야 하는 어려움에 봉착하게 될 것 같다. 얼마나 어렵기에 어느 누구도 접근 못했나 싶다. 결혼의 속내를 알면 알수록 복잡다양하며 그 영역은 끝이 없다.

　　결혼을 지식으로 이끄는 힘은 누구나 위대하다. 4차산업혁명 이전의 지식과 상식은 모두 묻어두고 가자. 이전과 이후 갈라치기로 경계를 다시 설정해야 미래를 읽을 수 있으며, 경제환경이 바뀌어 개념 바꾸니 세상이 급속히 변해 혼란스럽기도 하지만 유독 결혼과학은 선택이 아닌 필수며, 강제 돌입해야 할 정도로 와있다. 이제 결혼은 저울질할 일이 아니다.

　　이상적 결혼으로 자기만의 꿈에 도전해 '영꿈(Young+꿈) 통장'을 차곡차곡 내공으로 쌓아가는 결혼예비자들의 교육적 환경은 희망을 증가시켰다. Premium Quality Limited To Wedding. 사실이 아니라면 끔찍한 실수(Terrible Mistake)일 것이다.

　　요컨대 구태 기존결혼질서의 어두운 내막은 잠수되어 있다가 결혼과학이 탄생하므로 하나씩 베일이 벗겨지고 있다. 왜 대량의 이혼이 생겨나는

지 이제 그 속성을 알아차린 것이다. 결혼의 초심을 져버린 생각과 추상적으로 가능성을 점치는 방식이 아니라 구체적 규칙적 이유와 심리모형을 문장과 지식적 표현으로 지적과 동시 답을 결혼과학의 기초소재에서 발굴한 것이다. 그러나 결혼과정의 경직된 문화에 거부감은 감출 이유가 없다, 결혼은 자유분방하며 자기 소신과 개성 있는 능력발산에서 가능성을 찾아야 진성 순수합의체로 성립되는 것이다. 매칭이 이렇게 복잡하고 어렵기도 한 관계에 지식과 상위정보 준비 없이 이루어지는 일상적인 대화는 별 의미 없다는 것을 결혼과학 연구보고서에 분명 명시되어 있다.

요로 사회적 결혼질서란 스몰웨딩이며, 수평적으로 누구나 쉽게 결혼할 수 있는 구조를 의미하며 또한, '빠른 추격자(패스트 팔로어)'가 아닌 '선도자(퍼스트 무버)'로서 미래를 엿보며 차세대 성장동력의 엑셀로 결혼과 행복추구에 관련 더 이상의 희망 고문은 없다는 선언이다. 자사의 연구진들은 미지의 결혼과학연구 및 발굴 부분에 메타버스 속에서나 볼 수 있던 증강현실(AR) 기술을 현실과 미래를 예측한 소프트웨어 코딩을 구현한 개발자로 유명하다. 결혼과학 이후 여타산업과 결혼질서 전반적인 시너지 효과를 예상하며, 초격차 패키지 모음까지 일괄 연동성 작용으로 구성하였다. 이 정도면 Leeds들도 만족한 수준일 것이다.

정이 결혼과학의 버전은 어렵지 않다. 그러나 생소하며 낯설고 고정관념에 묶여 끝까지 못믿고 바닷물을 통째로 끊여봐야 한다면 눈을 감고 싶다. Behind 개념을 살려 내일의 나를 새롭게 만들어내는 자가 결코 성공으로 갈 것이기 때문이다. 이러한 생각이 바뀌면 안 되게 보이는 것도 되게 움직이며 고로 위험은 변하지 않는 사람에게 찾아온다는 의미다.

결혼질서의 불평등에서 발생한 리스크가 사회 모든 분야에까지 영향을 끼치고 있다.(결혼 패닉 초기수준) 심리적 어설픈 결혼은 희망 고문이 될 수도 있다는 것이다. 사실상 결혼 배경의 모든 분야가 영향권에 들면서 결혼시즌에서 바라보는 모든 사물의 응용 머리 확장은 즉 요령의 무질서로서 문제 제기가 되기도 한다. (비이성적 비과학적 비합리적 상황초래)

예컨대 결혼과학은 운명적 기회에서 수직상승으로 전환의 획기적 기회는 두 번 다시 없다. 인생에서 많은 생각을 할 때다. 그러나 결혼은 스스로 깨어나야 변화된 모습을 보일 수 있다. 누가 얼마나 더 깨어 있는지를 가늠하기는 어렵고, 인생 후반기나 가서야 스스로 깨닫게 될 것이지만 그때는 이미 지나친 과거사로 변해 후회만 쌓여있음을 뒤늦게 알 수 있을 것이다.

딱히 결혼예비자들은 20대의 황금 시기에 결혼을 맞이하면서 앞으로 진실이 의심받지 않는 사회적 분위기에 편승, 내 인생이 어떻게 전개될 것인가에 대해서 두려움을 갖고 있다. 그러나 결혼과학은 두려움을 극복하게 해줄 획기적인 해소의 치유도구가 되어줄 것이다. 바로 부부는 서로 타박하지 않으며 오직 소통적 일치로 행복감이 충만해야하기 때문이다.

4차산업혁명 이후 결혼과학은 자신의 미래를 책임진다는 의미이다. 정보교육을 통해 정확히 알고 행동해야 함은 물론이고 일반사고에서 고등사고로 개념 바꾸기로 일반 행동에서 고등행동으로 변신해야 인생 여유로움을 찾고 행복지수와 내 삶의 콘텐츠도 풍요롭게 최고의 지성적 상위권을 누리며 세상을 살아갈 수 있다는 것을 알게 될 것이다.

바꾸어보면 세상은 아는 만큼 보이고 알아야 갈 수 있듯이, 결혼이야말로 생각 한번 잘하면 평생 행복이며 지금과 같이 알고 있는 것으로 착각하고 헛발 한번 잘못 내밀면 그때부터 인생이 꼬이기 시작한다. 그래서 갬블 게임 하듯, 아니면 개구리가 언덕에서 굴러 떨어지듯이 모험할 입장이 될 것이다. 누구나 자신의 능력한계를 넘어서면 이후의 일은 운명에 맡기는 아주 위험한 상황을 스스로 자초하는 모양이 될 수 있다는 것을 인식하고 결혼을 준비해야 할 것이다.

그리고 미래인생을 조망해보며 자신의 지식 요체에 적합한 결혼관을 대입시킨 결과의 미래상을 내비게이션 보듯 알고 싶기도 할 것이다.

익히 결혼을 앞둔 많은 여자들이 좋은 남편감 찾으려고 많은 노력을 하고 있지만, 현재 체계와 정보 수준으로는 거의 불가능하다. 우선 내가 무엇을 준비해야 하는지부터 새로 계획을 과학적 개념으로 접근해야 한다. 세상은 그냥 쉽게 이루어지는 것은 아무것도 없다. 내가 좋은 남편 만나려면 내 머리에서 많은 사람들 머릿속을 뛰어다니며 어려운 정보와 남다른 아이디어를 찾아내야 할 것이다. 연장해서 결혼과학교육으로 삶의 지식적 새로움을 깨달음으로 자신의 능력 확장과 구체적 체계로 설계하게 될 요인이 주워졌다.

제일 중요한 만남도 과학적 접근법으로 가야 한다. 이제부터 시대적 관념 바꾸는 방식을 인지하고 변화가 절대 필요하다. 많은 변화가 요구되는데 다음에 나오겠지만 소프트웨어 코딩 지식 차원과 하드웨어적인 외적인 모양새가 최고등급 정도로 우수한 자기 계발은 필수이다. 한마디로 압축하면 '결혼과학의 명품'교육이 요구된다.

물론 여러 가지 중 표현관리 방법은 전문가의 도움을 받아 배우고 익혀서, 상대가 금방 호감을 느낄 인상으로 바꿔야 한다. 전문가의 도움만 있으면 누구나 가능한 일이다. 사람은 대부분 만나는 첫 4초의 순간에 그 사람의 인상을 판단하고 이미 결정까지 내려버린다. 그만큼 인상이 중요하다. 한번 잘못 보인 것을 바로잡으려면 40시간을 투자해도 어렵다는 이야기다.

그만큼 중요한 첫인상에 대한 준비도 없이 남자를 그냥 만나러 가겠는가! 코디네이션 즉 옷 입는 것도 전문가의 도움으로 딱 맞춤형 어울리는 모습으로 가야 한다. 그 외에도 어느 누구를 만나더라도 상대방에게 호감갈 수 있는 프로필을 준비해야 기회다 싶을 때 후한 점수를 받을 수 있다. 그리고 자신만의 노하우를 만들어 놓아라. 결국, 자신을 겁나게 성장시키는 아이콘이 될 것이다.

인생 전체를 조망하며 일찍부터 자신이 미래예측을 기획 구성하며 연속적으로 희망의 나무를 심어나가는 인생경영 컨설팅의 필요성을 느낄 때 다소의 안도감도 같이 느낄 것이다.

이러한 결혼과학의 기본적 개념도 무시하면 변 인생으로 평생 살아갈 것은 자명한 일이며, 자신의 순진과 미숙한 판단도 헷갈리면 원숙한 자신 관리는 상당히 어려울 것이다. 현재 소유하고 있는 지식으로는 하류 인생으로 살아갈 수밖에 없고 인생이란 원래 공평하지 못하겠지만, 그런 현실에 대해 불편할 생각하지 말고 현실에 처한 자신의 부족함을 받아들이고 지금 이 시대의 변화를 감지하는 능력이 퇴화하면, 누구나 멸망할 수밖에 없다는 인식을 해야 할 것이다

익히 여성들의 우수한 두뇌와 생물학적 수명도 남성보다 8년 정도 길면서 많은 장점을 가지고 있으며, 융합적응용 능력의 부재에서 한계를 느끼고 있는 것으로 알려져 있다. 세상이 바뀌면 자신이 추구하는 목표 또한 바꿔야 하는데 불확실의 시대로 내몰리면서 혼란의 중심에서 벗어나지 못하는 고정관념에 묶인 자신을 나중에서야 시간이 한참 지난 후 알게 될 것이다.

그러나 예비자들의 일생이 이렇게 보편적 가치로 수평적으로 살아가는 경우가 대다수일 것이고, 이런 상항은 이 시대를 살아가는 스마트인생과는 거리가 있고 모두가 한번 깊게 자신을 대입시켜볼 가치가 있다고 느꼈을 때 회복 탄력성 논리로 가능성을 찾게 될 것이다.

고로 인생은 변화무상하게 돌아가고 있지만, 이 모든 것들이 이 시간에도 변하고 있는데 우리 자신이 어떻게 변화를 만들어 내느냐와 닥쳐온 변

화에 어떻게 대응하느냐와 이것들이 성장할 수 있을까를 고민할 가치를 알아차렸을 때 원숙한 자신의 감동을 맛볼 수 있을 것이다. 또 다른 자신을 점진적으로 개발하고 지난 과정을 곱씹으면서 미비한 점의 보완을 가장 효과적인 전략 도구를 적절하게 도출하고 사용하는 것을 원칙으로 삼아야 할 것이다

정이 이 시대에서 결혼과학을 만난다는 것은 자신의 창조적 혁신을 요구하게 될 것이고 이 영역이 자신의 미래를 지배할 것이며, 앞으로 세상은 그런 식으로 자신의 앞날에 열려있다는 것을 이야기하고 싶은 것이다. 여성도 이제는 남성 구별없이 무엇이든 원하면 할 수 있는 시대에 와 있다는 사실을 인식하고, 워라벨 개념으로 세상을 크게 보는 눈부터 가질 필요성이 요구되는 것이다.

변화를 거부하는 또는 성장을 거부하는 자는 그는 죽은 자일 것이며, 적극적인 사람에게는 보다 유효하게 살아가는 방법과 지혜가 등장할 것이고 그리고 소극적인 사람에게는 불안이나 실패를 극복하는 용기와 활력을 주는 도움이 필요할 것이다. 이 모두는 개념 바꾸면 보인다.

이렇게 마음의 설정이 되면 새로운 미래세상은 과학의 힘으로 열어볼 가치가 있다고 항상 염려에 두어야 한다. 또한, 자신의 미래는 계속 성장하게 될 것이다. 지난 100년은 10년으로 10년은 1년으로 1년은 한 달로 상응되는 이러한 세상에 살고 있으면서 자신이 어디에서 무엇을 하고 있는지를 생각하고 이것이 과연 내가 좋아하고 즐기면서 하고 있는지를 이참에 모태 재능 전문성도 들여다볼 가치가 있다.

어떻게 Wedding Zone에서 조금 벗어났지만, 일단 즐길 수 있는 일이면 성공할 수 있는 가능성이 많으므로 아니면 지금 하는 일은 하면서 시간을 할애해 하나 더 찾으면 더 멋진 인생을 만들어가는 자신의 최강능력을

키워가는 보람 또한 가치 있는 일인 것이다. 나이 상관치 않고 생각을 어디에 두고 살고 있는지가 삶의 질을 측정할 수 있다.

행복의 만족도 수치가 올라갈 것이고 내용이 전문적으로 가면 또 다른 융합적사고 발상으로 세상을 한번 바꿔볼 생각도 얼마든지 가능한 일이며 자신의 인생 생태계를 바꾸면서 인생 전체를 조망하면서 그 이상의 것도 설정 기획하면 가능성은 항상 존재한다고 믿는 것이다. 바로 관념 바꾸기 작업이다. Wedding Zone에서 인생전체를 펴놓고 100년을 기획한다면 현명하며 대단한 사고방식이다.

그동안 불편한 고난의 풍습과 예절에서 방향을 잃고 멈춰버린 결혼질서 다시 일으켜 세운 결혼과학의 진수는 결국 나를 책임진다는 신호를 감지했기에 마음의 쏠림현상이 일어났다. 이러한 사실은 비공개로 예비자들 Leeds의 욕망추구 해결방법을 찾는 방향으로 전환하면서 결혼과학이 얼마나 압도적 인기가 있는지 알 수 있었다.

21. 구태 결혼질서와 결혼과학의 대차대조표 한눈에 보기

결혼과학 아세요? 세계에서 최초탄생 여러분들의 결혼을 책임진다.

기존 결혼질서가 오랫동안 유지되어온 힘은 시대적 변천에 따라 이미 수명을 다했다고 진단할 수가 있다. 제일 큰 문제점은 이혼 다발 해결능력이 구체적으로 제시된 것이 없었다는 것이며 시간을 더 끌어봐야 벼락 거지꼴만 기다릴 뿐이다. 구태 기존결혼질서는 아마추어 티가 나고 프로 성 결혼과학이 단연 부상할 것이다. 결혼질서에서 게임체인지(결혼과학으로) 역할을 하게 될 것이며, 결혼의 무게중심을 과학으로 옮겨 미래를 들여다보며, 삶을 기획하는 차원은 최고 1% 상위권 지식대열에 속한다. 즉 세상의 지식과 정보는 알고 있는 만큼만 보이기 때문이다. 모르면 깜깜이 속에서 세상 살아가는 빈곤한 현상이다. 또 부자다, 가난이다, 이 모두 알고 모르고 종이 한장 차이다.

예컨대 결혼은 특히 더 그러하다. 4차산업혁명 이후 그 색깔은 더 분명해졌다. 지금까지 관습대로 몸에 묻어있는 그대로 살아왔다면, 이제부터는 머리로 살아갈 준비개념 바꾸기로 다시 기획해야 할 시대적 갈라치기 현상을 피할 수 없는 현실이 되었다.

단지 기성세대는 과거에서 시대적 비참한 가난이 질병 이상으로 무섭다는 걸 절감했다. 이러한 경계를 뛰어넘는 지름길이 결혼과학을 인용한 여러 가지 사회질서로 응용한다면 이해할 수가 있다. 개념 바꾸기 발상일 것이다. 고정관념에 묶이면 앞이 보이지 않는다는 보충설명이다.

그렇다고 결혼과학에서 허세는 없다. 오직 순수와 실용주의며 미래지향주의로 이혼을 책임질 자세는 세상과 전쟁 중이라는 경고 메시지이다. 기존결혼질서와 결혼과학의 경계는 하나로 압축하면 지식과 정보의 부재 차이다. 모르면 깜깜이 백지며, 알면 영광이 보인다.

익히 결혼질서의 넓은 구역은 대체적 갈등구조로 형성되어있으며 그 중심에는 불로 수익 추구하려는 심리는 배제되어야 한다는 결혼과학의 속성을 읽고 이해해야 합리적인 생각이 자리하게 될 것이다. 아니면 뜬구름 잡으려는 허상에서 벗어나지 못하면서 또 다른 판타지를 만들 공산이 크게 느껴질 확률이 높게 나타날 것이기 때문이다.

바꾸어 구태결혼질서는 경직되어있는 미숙함과 다양성이 억압돼 있고, 구태적 낡은 정보, 편향된 시각에서 벗어나야 과부하 위험을 가까스로 견디며, 청년들은 희망이 안 보인다고들 얘기했다. 적절성 지적도 나온다. 과거의 전통을 너무 의식하면 미래는 안보이기 때문이다.

인간은 본성으로 고정관념과 자기만족의 작은 감정에 빠져 이상한 구태적 계산착오 현상은 자신을 망치는 지름길임을 직접 인식하기도 어렵다. 물론 지식과 정보 부족의 후유증이며, 삶의 환경적 요인이기도 하다. 인간은 환경의 지배에서 피할 수 없는 자연의 현상이다.

예로 결혼예비자들의 초기 골든타임과 중요성은 방향설정이다. 시대적 결혼현대화 4원칙과 공통분모와 상호 비대칭 해소기술의 합리적 조합이며, 매칭은 배경과 확률 어쩌면 어렵기도 하겠지만, 결혼이라는 특수적 인간관계 구조에서 이루어지기 때문에 일단 선택의 범위는 제한적일 수밖에 없다. 여기에 일정하게 배치된 소수의 인맥과 인문학이 결합한 결혼과학이 풀어야 할 과제는 아직도 ING다. 아니 영원할 수도 있다.

정이 결혼과학의 정체성은 미래를 향한 생산적 도발 성격이며 무한한 가치창출에서 삶의 질과 연관되며 부부 행복추구 길라잡이로서 한계에 도전적 발굴로 결국 과학 본연의 임무를 완수하라는 논리이다. 물론 수평적 교육환경은 누구나 이용 가능하며, 공적가치가 인정되고 이해도가 높아야 한다. 그 교육적 요체를 수강 받고 안 받고는 또한 너무 극명한 차이에 있다.

'미래, 결혼과학'을 통해, 사람을 정확하게 보는 법부터 배움은 기본이다. 이 부분에 대해서 88%가 학창시절의 경험이 중요한, 영향을 끼친다고 설명한다. 윤리성을 갖추는 것 다음으로 중요한 것이다. 다양한 사회적 조건에서 여러 분류의 전문가들과 많은 접촉을 하면 할수록 이해와 깊이를 느끼게 된다. 특히 매칭이란 결국 '사람선택을 어떻게 기술적으로 만남의 기회를 만들어 내느냐'에서 인생의 운명이 결정된다는 것은 이미 모두 알고 있다.

특히 결혼이란 특수성은 결혼의 진실을 이론적으로 알고 설명할 수 있어야 한다. 무식과 유식이 만나면 어떻게 될까? 당연 충돌이다. 그 갈등 해소는 과학적 논리로 이해하고 퍼포먼스는 결혼의 성공을 이룰 수 있는 규칙이 엄연히 존재한다.

이미 기존 길에 길들여진 구태적 생각으론 '벼락거지' 신세를 피할 수 없다는 걸 결혼과학을 통해 알아차리고 인정해야 할 것이다. 또 한 살이라도 젊었을 때 그 사실을 깨닫고 행동해야 한다, 백만장자들은 일찍부터 그러한 점에서 경보 시스템이 잘 갖춰진 사람들이었다는 것도 지식통로를 인용하면 알 수 있는 법이다.

물론 어느 분야든 모르면 깜깜이다. 하지만 알면 충분한 이해와 자신감 그리고 성공과 행복한 삶은 평생 보장받는 것은 결혼의 중요성 때문이다.

그러나 인간은 모두 자신이 소유하고 있는 지식 요체 그리고 정보 또는 환경에 적응하면서 많은 분야에서 고전분투 나름대로 최선을 다한다고들 그렇게 보통사람들은 보편적 삶을 살아가고 있다. 이것이 일반인들의 삶 그 자체다. 그 이상 그 이하도 아닐 것이며, 살다보면 관습적으로 몸에 익숙해져 고정관념에 묶여 자연스럽게 행동과 사고는 깊게 길들여져 있을 것이고, 앞으로도 그렇게 살아갈 공산이 크다.

요컨대 현실의 힘을 극대화 시키는 '미래, 결혼과학'은 인생과 삶의 질 개념부터 변화시키는 대의로는 공정과 긍정이다. 또 보편적 성공과 수평적 행복추구, 작은결혼으로 이어져 인구증산의 지진변화로 새로운 결혼질서의 지평을 만들어가는 구조로 조성되고 있다.

본래 보편적 개인 맞춤형 선별적 결혼조건에 합리적 선택이 이루어지도록 지원하는 결혼과학의 내실을 높이 평가하고 있다. 4차산업혁명 이후 시대적 변화와 사회적 경제적환경의 영향에서 수명연장으로 인한 여러 복잡다양한 환경적 조건은 결국 부부관계의 새로운 '워라밸' 현상으로까지 온 것이다. 시대적 개념과 문화적 환경 분야의 변천에 의해 결혼의 알고리즘의 관점도 빠른 속도로 바뀌고 있다.

따라서 사회적 복잡성에 결혼의 질서도 다 분화를 통해 부부 이해충돌 해소기술까지 개발을 요구하고 있기도 하다. 역시 우리의 새로운 꿈으로 이끌어 줄 결혼과학, 이혼은 잘못 만남의 징벌적 고통이며, 삶의 질까지 흔드는 원인제공의 요인이다.

익히 미숙하다는 것은 다른 사람들이 하니까 따라 하는 행위는 구시대적 미숙한 현상이다. 이 굴레를 벗어나기 위한 보편적인 사고로, 밴드왜건(Bandwagon) 효과란 누가 하니까 따라 하는 사회로부터 소외되지 않기 위해 유행에 동조해 결혼과학에 관심과 실행을 따르는 현상이다. 이것은 보통사람들의 보편성 생각이다. 이렇게라도 결혼과학의 진실과 중요성을 알았다면 일단 지식대열에 줄은 섰다고 볼 수 있다.

딱히 4차산업혁명 이후 문화·사회·정치 시대에서 하루가 다르게 발전하는 지식과 정보사회에 묻혀 돈에 치이며 치사함과 자존심 숙이며, 본인의 존재는 잊혀지는 경우가 대다수이고 인생 뒤돌아보는 것만 알았지 앞으로 도래할 미래세상을 알고 싶어 하는 그 개념은 전혀 망각한 채 그대로 살아간다면 기대와 희망을 일단 접게 되고 다시 논한다면 세상 읽고 보는 개념의 이해 부족은 너무나 당연시 자신의 내면을 깊이 들여다볼 기회를 찾아 필요를 깨달아야 한다.

아무튼, 모든 선진국·후진국 나눌 것 없이 가정과 학교 그 왜 평생 소유할 필수적 정보, 즉 결혼과학교육과 모태 재능 전문성 자기계발 프로그램 등 전문적 기획 교육훈련 기관은 아직까지 세상에서 본 일이 없다. 또한, 결혼질서를 문제 제기한 일도 없다. 이런 현실적 시각에서 본다면, 이미 누구나 사회에 진출 또는 결혼 그리고 그 이후 살아갈 모습은 이미 대충 답은 일류냐, 삼류냐는 이미 학교시절의 타이틀로만 가지고 모태재능 전문성 없이 평생 우려먹고 살고 있다는 결론이다. 여기 이것이 마지막이 되길 바란다.

정이 이렇게 이야기하면 모두가 다들 잘 알고 있다고 착각한다, 세상을 자기 생각의 잣대가 기준이며 실지 모른다는 사람은 한 사람도 없다. 하지만 자신은 다 알고 있다고 믿고 착각과 함께 자신 속으로 빠져버린다. 세상에 제일 어리석은 사람은 자신 속에 빠져 좁은 자신만의 세상에서 벗어나지 못하고 몸에 묻어있는 관습 그대로 평생 살아가면서 그것도 나중에 스스로 알았을 때는 이미 때가 지나가고 난 뒤에 알 수 있을 것이다. 즉 세상을 깨치지 못한 이기주의적 사고방식이 미래를 읽지 못하고 불행을 자초하는 모순일 것이다. 압축해서 정리하면 이 시대는 세상과 끊임없이 소통하는 자세와 세상 보는 개념과 사고 그리고 자신의 지식을 확장하면서 자신의 인생이 어디로 가고 있는지를 리모트링 하면서 살아야 삶의 맛과 삶의 질을 느끼며 살아갈 것 아닌가 수평적인 생각에서다.

결국, 자신이 소유하고 있는 작은 지식과 부족한 경험에 빠져 그 좁은 세상에서만 살아가게 되니, 하류인생으로 지금까지 살아온 방식 되로 그렇게 길들여진 대로 앞으로도 그렇게 살아갈 공산이 클 것이다. 이렇게 운명적으로 자신을 만들어놓고 세상 탓하고 남의 탓으로만 돌리고 또는 타인을 비판한다는 것은 대단히 위험한 발상인데 그 자체도 모르고 이 시간에도 망각 속에서 살아가고 있다는 것이다. 지금이라도 꿈을 깨었으면 얼마나 좋겠나!

지금이라도 세상과 끊임없이 소통하는 자세와 지식의 가치를 인식하고 자신을 성찰과 탐구할 기회를 만들어보면 얼마든지 문은 열려있을 것이고 많은 정보도 널려 있다. 그래서 교육이 얼마나 중요한지 알아야 하고 자신의 인생도 만들어가는 창조력과 상상력까지 성장동력으로 접근할 방법도 교육이 감당해야 할 부분이다.

내 머리가 부족하면, 남의 머리라도 빌려 쓸 지혜만 있어도 이미 긍정적으로 가능성은 나온 것이다. 인간은 한 번에 3가지 이상 기억 못한다. 하지만 2가지는 할 수 있으니 세상과 끊임없이 소통하는 자세와 타인의 지혜를 빌려 쓸 준비만 하면 누구든 일류 인생으로 갈 수 있다는 자신감이 살아날 것이고 또한 따라서 합당한 정보와 함께 자신의 능력과 기회를 결혼예비자들은 결혼과학이 대세를 바라볼 필요를 깨달아야 한다.

그리고 마지막 가장 중요한 지혜는 용서다. 용서를 못 하는 사람은 부인이나 남편에게 마음 한구석에 반감을 갖게 된다. 그 반감들이 쌓이니 사랑이 없어지고, 미운 감정이 나타난다. 결국은 상대방이 자신의 눈에 적으로 보인다. 문제는 여기서 시작된다고 단정할 수 있다.

익히 좋은 결혼으로 포장하는 아름다운 지혜가 하나 더 있다. 바로 '인내심'이다. 인내심은 성숙한 과일을 먹을 수 있게 만드는 태양의 빛이다. 이 빛을 손으로 잡을 줄 모르는 사람이라면 어두운 길에서 나아갈 방향을 찾을 수 없다. 결혼 후에도 행복을 잡지 못할 수 있다. 기다릴 줄 알아야 한다. 결혼생활은 오래 영구적 마라톤이다. 오늘은 짜증나고 화가 날 수 있지만 내일은 더 행복할 수 있다는 기대심리의 회복 탄력성이 작용하기 때문이다.

특히 국제결혼을 한 부부들에게는 '결혼 선배부부 임명하기'를 추천한다. 국제결혼이면 어려운 점들이 많을 것이다. 문제가 생길 수 있는 변수가 다른 부부들에 비해 훨씬 더 많다. 아무리 현명해도 아무리 서로 사랑한다고 해도 예상치 않은 문제들이 중간 중간에 발생하다 보니 힘이 빠질 수도 있다. 그러니까 부부들이 자기보다 먼저 결혼했던 '선배부부'를 일종의 심판이자 감독으로 임명해야 이 '선배부부'가 안전장치로서 문제들을 흡수해줄 수 있다. 특히 이 선배부부가 같은 문화권이라면 금상첨화다.

때문에, 결혼은 어렵기도 하지만 결혼과학을 통해 선택적 철저한 교육과정 준비의 구성동작(Component Action)은 연속으로 이루어져 있다. 그러나 평생을 책임질 수 있는 결혼과학을 만나 황금 트리오 부부로 영구행복의 보장을 자신한다는 것은 대단한 일이다.

22. 부부관계에서 소통이 안 되면 고통이 온다.

인간을 변화시킨다. 절대 안 된다. 하지만 이제 그 가능성을 찾았다. 결혼과학을 통해 부부관계도 존경심과 함께 통제 없이 자유로움을 찾아가는 구조다. 관계의 불안정과 경계심은 상호동의의 원칙에서 이해와 설득으로 일치점을 찾아가는 생활패턴이 정착되게 구조적 설계를 심어놓아야 평생 구속력 없이 자유로울 수 있다. 어느 한쪽의 힘에 의한 쏠림현상은 결국 상대를 통제하게 되고 인간적 소중함은 망가질 가능성이 커지게 되어가면서 갈등의 소지와 문제는 여기서 시작된다. 본래 소통은 결국 지식과 상식에 의한 환경적 차이에서 온다. 결혼을 운명에 맡기느냐? 아니면 결혼 고급정보교육에 투자할 것인가? 인생을 조망해보고 결혼을 깊이 들여다보면, 많은 정보, 지식을 요구하고 자신과의 싸움이 시작될 것이다. 만일 인지 못하고 타성에 젖어 남들과 똑같이 일반적인 구태적 생각에 묶여있다면, 위험천만한 인생 도박과도 같은 불장난이 벌어질 수도 있을 것이다.

구태 결혼은 이미 쇠락의 길로 접어들었고 결혼 불균형이 확대되어 특히 매칭의 취약구조를 중심으로 불합리성에 제동을 걸겠다는 것이다. 좀 더 과학적이고 합리성으로 지속가능성 시스템이 요구되기 때문이다. 결혼 운을 불러들인다는 결혼과학은 이상적인 일체형 질서에 새 바람을 일으키는 원인제공처로 인식되고 있다.

결혼과학은 애당초에는 부정적 시각에만 편중되어있었다. 고정관념에 묶여있었다는 것이다. 여론의 눈치도 그랬고 실체도 없었기에 그러한 부정을 버티며 결국 저력 있게 해내고 말았다. 이제는 세대교체로 결혼질서 교체 시기와 여론의 시계추는 동의하지 않으며 가차없이 되돌아가지 않다는 사실에 유의해야 한다.

본래 결혼과학 회피 현상은 삶의 속성을 이탈이라는 지적이 나온 것이다. 또한 과학 논리의 부부는 모든 소통과 대화로 공유하는 특수관계 성립이며, 갈등의 소지도 회복탄력의 힘이 빠르게 움직인다. 결혼과학의 DNA 스파이크에 먼저 결합해 상호 합당성을 찾아 길라잡이로 스스로 당기는 자석 역할을 한다. 이것이 과학의 진정한 진수이며 결혼과학의 개봉을 알리는 서막이었다.

이미 결혼한 기성세대에서도 시대적 환경에 적응하지 못하고 현실에 안주한다면 미래와 성공은 사라질 것이고 부부공생에 반하는 비협조적인 자기당착에 빠질 공산이 높게 나타날 것이다. 여기에 대응할 필요를 느껴야 할 것이다. 이것이 바로 미래를 열어가는 택시 역할이기 때문이다. 이제는 부부상도 이 시대의 변혁기를 바라보면서 새로운 관계의 지식적 요소와 현명한 지혜가 요구되기도 한다.

결혼은 만남에서부터 너무나 많은 이해관계와 득과 실이 교차 되는 그런 감정도 느끼게 될 것이고 또는 여러가지 비교사항도 상호동의와 비대칭갈등도 생길 것이다. 먼저 만남에서 결혼의 원칙과 지식의 차이에서 소통이 안 될 확률이 높기 때문에 처음부터 많은 관심을 둬야 할 것이다. 그리고 결혼예비자들이 돈의 잣대에 걸려 이해충돌에서 저울질 될 때 야릇한 감정도 맛보게 된다.

어쨌든 결혼준비 관계소통이 말로 표현할 수 없을 정도로 자신의 입장에서 이기적으로 편집 또는 득과 실의 지나친 갈등과 이해관계로 머릿속 계산기를 연방 두들기며 사랑을 저울질할 때 느끼는 감정을 생각한다면 대단히 위험한 결혼으로 이어질 수밖에 없을 것이다. 특히나 요즘은 너무 자기중심적이고 초이기적 입장에서만 계산된다면 소통 불능으로 꼬여만 갈 수밖에 없다. 이러한 불합리한 구조에서는 애초부터 특히 부부공생 케미스리 상대를 찾아야 한다. 우연에 맡기기엔 너무 위험만 초래할 것이다.

불안정한 결혼은 소통이 안 되는 배우자와의 만남, 내 방식대로에 고정관념에 묶인 사고, 여러 각도에서 전혀 예상하지 못한 돌출상황 등등이 잘 해결될 것이라는 착각과 어줍지 않은 자신감은 미숙하고 어리석은 생각이라는 것을 알아차려야 한다.

그렇다고 바닷물에 소금이 들어있다는 것을 확인하기 위해서 바닷물 전부를 끓일 필요는 없다. 또한, 부부간의 문제를 대화로 푼다는 것은 틀린 생각이다. 부부란 눈만 봐도 알아차려야지 문제에 긴 설명을 요구한다는 것은 정도만큼 지식의 차이와 내성적 교감이 부조화 관계라는 뜻으로 빨리 알아차려야 다음 단계를 감 잡을 수 있다.

예컨대 잘못된 배우자를 만나면 매일이 지옥일 것이고, 잘 맞는 배우자를 만나면 삶은 즐겁고 때로는 세상을 다 얻은 경험도 해볼 수 있을 것이기에 인생이란 평생운명이 결혼에서 결정된다고 봐도 과언은 아닐 것이다. 그러므로 결혼에서 긍정적인 희망을 찾고 내 삶의 콘텐츠를 풍요롭게 해줄 수 있는 관계로 이상적인 배우자를 만나야 한다. 그것이 능력이다.

어떤 이유로 만난 인연과 결혼에 성공하였너라도 서로의 차이점은 많은 시간을 두고 조금씩 아주 조금씩 알게 될 경우도 있다. 몇 년이 지나서야 베일이 벗겨지는 경우도 있고 시간차가 수십 년이 걸리는 경우도 있다. 따라서 예상하지 못한 일들이 터져 나오기도 한다.

이처럼 부부라는 관계가 어렵기에 어떤 이는 '결혼은 도박이다.'라고 말했다. 과거에는 흔하게 있었던 말이다. 이 시대에서는 또 다른 문화 환경을 접하다 보니 그냥 지나가는 소리 정도일 것이다. 지금은 모든 사물부터 세상 움직임이 데이터화 되었고, 고도화의 문명과 경제성장의 영향으로 결혼 문화 환경도 같이 성장 되어 온 것은 사실이기 때문에 자신이 소유하고 있는 지식의 판단에 대입시켜 상황판단을 현명하게 결론을 내릴 자질을 가져야 한다는 뜻이다.

삶의 질도 풍요로워지고 살아갈 세상으로 발전하여 여기까지 와서 위험한 결혼에 빠지지 않으려면 자기 생각에 자만하지 말고 많은 상식과 지식의 문을 열어놓고 상호소통의 여러 각도로 알아보거나 또 결혼 고급정보 지식 속에서 찾아보는 지혜는 필수이다.

익히 예비자들은 눈을 번뜩이며, 이 시간에도 누군가를 찾고 있다. 어떻게 하면 인생에 도움이 되는 좋은 만남을 가질 수 있을까? 어떤 사람은 첫 만남부터 몸에 전기가 흐르며 신선한 감동을 주는 만남이 있는가 하면, 어떤 사람은 첫인상이 너무 좋아 오래 같이 있고 싶을 정도며, 많은 대화를 나누고 싶은 오래전 친구 같으며 헤어지기가 아쉬운 그리고 내일 기대가 되는 그런 만남도 있다. 이 많은 비대칭 관계가 결국 소통문제이며, 이해한다고 되는 일이 아니며 그래서 누구를 만나느냐에 따라 인생이 바뀔 수도 있다는 이야기다.

만남은 내가 모르는 어떤 지식정보도 얻을 수 있고 또 다른 세상을 엿볼 수도 있는 기회도 될 수 있다. 물론 그렇게 좋은 인연으로 이어지기도 한다. 이성 간의 만남은 더더욱 중요한 만남이고 한 번의 선택이 평생을 좌우하는 인연이 될 수 있기 때문이다. 좋은 만남은 서로를 성장시키기도 한다.

그리고 과거가 현재에 영향을 미치듯이 훗날은 현재의 만남에 의해 결정되는 것이다. 아무리 사소한 만남이라도 그 속에는 인생의 변화를 불러오고 새로운 희망과 미래가 숨어있다. 이러한 사항도 결국 소통의 경계에서 발생 원인이 되며, 결혼을 앞둔 예비자들은 어떻게 하면 소통에 관심을 크게 가져야 할 것이고, 많은 생각 속에 남달리 유별난 나름의 방법으로 아이디어를 찾을 것이다. 때문에 소통이 안 되면 고통으로 돌아온다는 것이다.

23. 부부는 통제(Control)하면 관계는 깨진다.

부부는 기본적으로 어떠한 경우든 자유로워야 한다. 관계가 수평적이지 못한다면 생각 힘의 균형이 깨지면서 지배적 쏠림현상은 관계가 어려움을 가져오게 되어갈 것이다. 또는 지나친 자기중심적으로 기울다 보면 도덕적 우월의식이 자기성찰 방해가 될 수 있으며 문제는 여기서부터 시작된다고 보면 정확할 것이다. 누구나 소신껏 살아갈 권리가 있기 때문이다.

통제 다음엔 구속력이 존재하고 인간의 의사를 정지시키는 최악의 관계일 것이다. 때문에, 누가 누구를 통제하면 관계는 깨진다. 누구나 살다 보면 어느 날부터 누가 자연스럽게 상대를 통제하게 된다. 어떤 조직 생활이나 부부관계도 그렇다. 그때부터 수평적인 관계는 깨지기 시작한다. 먼저 소통이 미숙하기에 불통으로 간다. 서로 생각 차이가 크며 일방적으로 분위기가 쏠림현상이면서 감정의 골은 깊어지게 되어간다. 여기에는 많은 갈등과 문제점이 포함되어 있다.

결혼과 삶은 어떤 경우에서도 자유로워야 한다. 결혼은 많은 환경적 조건과 자신들의 내공으로 잠재되어있는 능력과 소신의 판단에서 시작되기 때문에 오로지 자신의 판단과 결정에서 자유로워야 함은 너무나 당연하다.

그러나 인간은 누구나 살다보면, 어느 날부터 가족이나 조직에서 자연스럽게 상대를 통제하게 된다. 본인들도 모르는 사이 그렇게 반하게 흘러간다. 그때부터 수평적인 관계는 깨지기 시작한다. 많은 이유가 있겠지만 한마디로 안 만나야 할 상대를 만난 것이 보편적 관계다. 인간관계는 모두 상대적 관계유지로 형성되어있다.

물론 소통이 불통 때문일 확률이 높다. 서로 생각이 다르고 일방적으로 분위기 쏠림으로 가면서 감정의 골은 깊어지게 된다. 여기에는 말할 수 없을 만한 많은 이유와 문제점들이 내포되어있다.

그리고 남자는 여자로부터 벗어나야 영혼이 자유롭다는 말이 있다. 여자는 남자보다 말수가 많다고 한다. 대체로 가정에서 여자가 발언권이 강하고 남자는 되도록 들어주는 입장이다.

인간관계는 기본적으로 누군가가 누구를 통제하면 우호가 무너지고 경계로 돌아선다. 특히 부부관계란 더욱 미묘해서 조그마한 감정에서도 크게 느껴질 경우가 많기에 기본적으로 상대의 존경심이 우선 적립되어야 신뢰의 관계가 원만할 수 있다. 상호 또는 일방적으로 통제하기보다는 풍요로운 삶의 콘텐츠가 수평적 입장일 때 행복해진다. 내가 행복해야 주위에 행복 바이러스를 나눌 수 있다.

좋은 말로 통제이지 사실은 잔소리고 속된 말로는 바가지다. 이 잔소리와 바가지가 모든 관계에 영향을 끼치고 크게 보면 사회를 혼란스럽게도 만들고 있다. 어떤 관계든 잔소리해서 얻어지는 것보다는 관계만 무너지고 서로 파멸로 몰고 간다. 잔소리로 통제하고 고치거나 바꾸려 하지 말고 공감소통과 연대감 형성에 힘써야 한다. 좋은 반려자가 되기 위하여 어떤 형태로든 변신과 노력해야 한다. 이러한 구조는 결혼 4원칙과 공통분모에 나와 있다.

사랑은 식을 수 있지만 존경심은 절대 변하지 않는다. 존경은 베풀고 심은 만큼 거꾸로 나에게로 되돌아온다. 서로 존경하며 통제하지 않고 배려하는 수평관계는 부부를 돈독하게 한다. 그러나 누가 누군가를 통제하면 관계는 깨진다.

행복이란 부부의 친화적 관계의 선행이 필수이다. 부부 사이가 불화하면 행복과는 거리가 멀다. 자신이 좋아하는 일을 하고 있을 때 또는 목표 달성의 성과를 얻을 때도 물론 행복감을 느끼겠지만 부부가 화목한 가운데 이런 성취가 있다면 더더욱 진하게 맛볼 것이다. 결국, 가정의 부부관계가 우선되고 자신이 좋아하는 것을 누리는 것은 차선이 되어야 한다.

여기까지는 보편적 생각이다. 행복은 결국 좋은 부부관계에서 시작하고 한쪽이 욕심을 내게 되면 금방 금이 간다. 아내는 행복 유지를 위해서 본능적으로 남편을 조정하려 든다. 그러나 누가 누군가를 통제하면 관계는 깨진다. 남편을 이렇게 또는 저렇게 하라고 통제하려는 데서 많은 가정이 무너지고 있다는 사실을 깊이 성찰할 필요가 있다. 나이가 들면 들수록 그 정도는 심하게 작동된다.

이는 자살 이혼 가정파탄 절대빈곤 사회적 혼란 모든 사건의 중심에는 누가 누군가를 통제해서 관계가 깨지면서 갈등과 분노 경계심과 위험한 발상으로 예측불허의 사건으로 발전하고 인생이 복잡한 길로 접어들게 된다.

남자들은 아내가 통제만 안 해도 살아볼만한데 세상인데 많은 가정들 속을 자세히 들여다보면 그 잔소리 때문에 많은 가정이 흔들리고 있다는 사실을 알고는 있는가? 여자들의 잔소리는 그 정도가 갈수록 심해지고 나아가서는 시도 때도 없이 이혼을 요구하는 것은 사회적 큰 문제거리다. 이러한 상황은 개인적인 입장보다 크게 보면 사회기강을 위협하는 위험성도 모르는 것이 더 안타까울 뿐이다. 내심 자기 속으로만 빠져 세상을 흔들고 있다는 사실이 기억되었으면, 잔소리는 백해무익하며, 역효과뿐이다. 그러나 그것이 상호 갈등의 봉착이라는 것을 이미 알고 있다면 자제할 수 있다. 특히 남성은 본능적으로 자기만족이 안 되면 다른 여성을 넘보게 되어있는데 공감과 부부관계를 소통으로 원인을 해소하려는 시도는 하지 않고 잔소리 하고 통제에 온 힘을 쏟다 보니 관계가 더 악화의 원인이 되어간다.

남을 변화시키려는 것은 어리석은 생각이다. 상대를 내가 이해하고 수용 하는 것이 변화시키는 것보다 훨씬 쉽고 빠르다. 세상 살아가면서 가장 경 계해야 하는 것은 자기 자신의 좁은 세상에 갇혀 살아가고 있는 자체를 모 르면서 이해하고 수용보다는 자기 고집만 주장하는 것이다.

이제는 잔소리보다 나의 성찰할 시간을 가져보는 것이 훨씬 인간미 나 고, 기적같이 만난 인연을 지금부터라도 소중히 다시 생각하는 계기가 되 면 어떨까? 저 시대는 가고 이 시대를 맞아 자신의 주위도 어떤 사람들이 배치되어있는지도 한번 돌아보는 여유도 자신의 삶을 숙성시키는 또 다른 시작점이 될 수도 있을 것이다.

결혼 성공하고 싶으면 주목하라. 별도의 지식과 정보 없이 개념작용만 바뀌면 가능하다는 의미"라고 지적했다. 신기술에 대한 안목과 투자는 별 개로 결혼질서를 좌지우지 저울질하겠지만 차순위로 밀어내었다. 과학적 새로운 기술이 우선이기 때문이다.

"누가 누군가를 통제하면 관계는 깨진다."

특히 부부관계는 더더욱 그러하다. 자유로움이 즉 행복이다. 여기에는 설명이 필요 없다.

결혼도 민주적 사고로 접근은 필수며 누구나 때와 장소 불문 자유로움에 서 창의력과 삶의 가치는 생명의 불씨가 될 수 있기 때문이다.

24. 결혼에 리허설(Rehearsal)은 없다.

결혼 성공의 공식 WR=SD을 실천하면 성공의 기회가 운명처럼 찾아든다.

과학을 꿈꾸면, 결혼 성공으로 이루어진다.(Wedding Success Realization) 결혼과학의 힘은 결혼을 책임진다는 뜻이다.

세상 사람들이 알지 못하는 결혼과학적 지식과 정보 소재 공급처가 전혀 없어 부부관계 협의적 소통이 심각하며 결혼질서는 구태에서 벗어나지 못하며 나타난 갈등구조 현상이다.

근년은 결혼문화 역사 새로운 변화의 화두는 뉴노멀시대로 세상 보는 눈 (Shift)의 등장이며, 시대적 초개인주의 방식에서 인문학, 신자유주의 투명성까지 긍정적 효과를 기초한 보장성 장착이 요구되기 때문에 풀어보면 8과목의 결혼 4원칙(공통분모, 공감소통, 지식밸런스, 환경밸런스)의 작은 결혼과 고급정보, 한국전통 가정문화, 미래경제(부자기질), 결혼과학과 문화 자기개발(모태재능 전문성)이 있다. 다만 한번 현대화에 물들면 다시 리허설과 되돌아갈 수 없다는 것이다.

예컨대 결혼예비자들은 아슬아슬한 시기에 결혼과학이 대세 본질을 인지하고 경지에 도달했을 때 깨닫게 되는 것이다. 그때까지는 행복과 불행의 교차점 예측과 성공과 실패가 공존하는 과도기를 깜깜이로 보내는 것이 인생이라고 일반적 생각에 묶여있었다. 그러나 이제는 과학이 풀고 분석하며 미래불안과 불확실성 해소공법의 탄생은 감동 그 자체다.

미래 부부공생 삶의 측도 대면 교육(명품성격 전문실습) 8과목 중 소통 관련 항목 등 미래 교육 세팅은 인공지능과 조합한 절충안으로 부부연대와 동행할 New Balance 설정, 명품형 구조에서 독보적 상징성과 결혼의 기본정석이라는 창조적 긴장(Creative Tension)에 큰 감동과 행복감까지 완성도를 높였기에 진정한 결혼질서의 도전이다.

요컨대 결혼 꿈의 차이가 곧 인생의 차이다. 미래는 노력이나 재능이 아니라 그가 마음속으로 생생하게 그리는 그림에 의해서 결정된다고 단언할 수 있다. 즉 결혼의 성공을 불러들이는 것은 생생하게 꿈꾸는 결혼과학의 학습능력이 보증하기 때문이지만 노력보다 중요한 것은 꿈꾸는 능력이 앞선다. 결혼과학의 신비로움은 행복의 지름길로 길라잡이 할 것이다.

결혼과학을 알면 세상을 읽을 수 있다. 그만큼 다양한 지식과 상식이 동원되고 미래를 엿볼 수 있는 기술까지 알아야하기 때문일 것이다. 정이 결혼은 사회적 지속적인 기술 혁신을 통해 기술적 리더십을 강화하고, 차세대 결혼과학시장을 선도하고 AI가 미래를 이끄는 시대에 접어들면서 앞으로 변해갈 세상은 무한대 기술로 이어질 것이다. 개인의 잠재된 본능적 재능까지 데이터, AI가 심리적 분석 특별한 공법으로 성공과 행복 그리고 부를 창출하는 과정까지 구체적으로 나열된다면, 상상의 한계를 넘어 도전장을 낸 것이다.

결혼은 미래에 대한 불안감이 큰 것이 본질적인 문제다. 그리고 모두가 자기중심적이고 이기적이기에 많은 생각의 발상을 만들어내기 때문에 나에게 어울리는 상대를 찾기란 내가 어떻게 하느냐에 달렸다. 그러면 그 이상형을 찾기 위해 예비자들의 머릿속을 뛰어다니는 것보다, 자신이 현장에서 기술적으로 만드는 것이 훨씬 효과적이며 성공가능성이 크다. 이것도 바로 능력으로 인정받았다. 물론 과거사다.

익히 노는 물을 바꿔보라. 음악을 좋아하면 음악동호회, 춤과 재즈를 좋아하면 그에 맞는 동호회, 또는 운동을 좋아하면 헬스클럽에 가입하라. 집에서 기다려봐야 만나고 싶은 사람 문을 두드리지는 않는다. 자신이 먼저 이상형이 노는 장소를 찾아가야 기회가 생긴다. 그리고 대화를 시도할 환경을 내가 만들어야 한다. 만나기 전 먼저 말 섞는 방법부터 기본적 준비가 되어있어야 한다. 그리고 미리 다가올 상황도 먼저 생각하고 대비해야 한다. 이상형의 신랑감을 찾으려면 여자 자신이 그에 걸맞은 사전 준비 갖춰져야 한다.

현대는 관습과 융합의 시대다. 다양한 정보지식을 습득하며 이 시대의 요구에 맞는 '자기만의 스토리'를 만들어가는 것이 학벌이나 스펙보다 더 중요하다. 결혼이 정말 힘든 이유는 오랫동안 준비한 스펙 때문이 아니라 한치 앞을 알 수 없는 불안감일 것이다. 그래도 남만큼 배워서 많이 알고 있다는 알량한 기득권 의식은 지우고 혼자서 머리 싸매고 온갖 상념 속에 자신을 가두지 말고 다양한 정보를 찾아보면 알 수 있는 일이다.

정이 부부들이 사랑한다는 의미로 상대에게 너무 큰 희생을 요구하고 있다. 전부를 포기하고 자신에게만 바라보기를 기대한다. 날개를 꺾어 곁에 두려고 한다면 그것은 사랑이 아니고 같이 폭 망하자는 것이다. 물론 깨치지 못한 결과물이다.

다수여자들은 아무런 준비 없이 돈 많은 남자를 만나는 대박만 노린다. 한마디로 꿈 깨기 바란다. 설사 어떻게 되어 그렇게 바라던 사람을 만나 결혼했다고 쳐도 결론부터 말하면 그것은 서로 피차 실수가 될 가능성이 크다. 여자가 준비해야 할 평생 살아갈 인생 예비지식이 없으면 얼마 못가 서로 실망스러움이 나타나게 되어있다. 스포츠나 예술이나 세상 속을 보면 그냥 쉽게 얻어지는 것은 아무것도 없다. 그 속에 눈물과 뼈아픈 고통 남에

338

게 말 못할 사연 등등.

이상적인 결혼을 진정 원한다면, 본인의 평생 살아갈 문화적 지식과 시대 환경적응력 화술 능력 그리고 기본적인 한국의 전통문화를 익히는 것 이외도 외적인 외모 연출도 할 줄 알아야 한다. 메이크업은 물론이고 코디 전문가의 도움을 받는 코스를 거치는 것이 현명한 판단이다. 평생 관리해야 할 자아표현 모델만큼 전문가의 도움이 필요한 부분이다.

요컨대 남자와 여자가 많이 다르다는 점도 알아야 하고, 남자의 동물적인 본능도 충분한 이해를 해야 한다. 남자 다루는 법과 나아가 남자의 우뇌형 구조적 상식도 알면 재미있을 것이다. 제일 중요한 것은 결혼생활 중 같은 생활권에서 나눌 공통분모와 공감소통 그리고 돈의 효율적으로 운용 방법 등 재테크의 기본지식을 숙지하면 도움이 된다.

부자가 되는 것도 거의 여기서 출발한다고 봐도 좋을 듯싶다. 생물학적 남자구조에 대해서 모르면 아기 하나 낳고부터는 잠자리에서 눈치를 봐야 한다. 이런 현상은 생체적 본능이다.

익히 이제부터 시간이 가면 갈수록 훗날의 부부공생은 어려움이 따른다. 남자 다루는 법과 재무관리 능력과 그리고 같이 즐길 스포츠 또는 취미생활 앞으로 공동으로 일어날 여러 사항을 미리 체크하고 기본지식을 배워야 사랑받을 수 있는 자질을 본인이 만들어가야 한다. 즉 지식밸런스를 높여야 한다. 이것이 맞지 않으면 마치 중학생과 대학생의 말이 섞이지 않듯이 마치 장애와도 같아서 아무리해도 해결방법이 없다. 서로 설명이 안 되고 이해가 안 되는 것이다. 다음은 환경밸런스다. 생각과 지식의 가치가 인간의 가치를 평가하듯이 가방끈 짧은 사람과 대화하면 불소통 성장환경의 격이 맞지 않으면, 품격의 차이가 생기게 된다.

원래 긴 인생을 살아가는 동안 실제 일어날 일들을 미리 대비한 인프라 구축은 어떤 상황이 갑자기 닥쳐와도 해결해나가는 것이 행복한 삶을 꾸려 나가는 자산이다. 평생 써먹을 고급정보 지식을 알고 잘 골라가면 인생 대박이 난다. 이것이 삶의 본질적 기술이다.

예컨대 결혼 잘하려면 지금이라도 시간을 투자해서 특별한 정보를 받아야 한다. 적극적인 자세로 고급정보를 습득하면, 논리적 상황 판단력이 축적되고 방향도 설정되며 나에게 맞춤형 만남부터 이상형에게 접근할 수 있는 계기를 스스로 찾을 수 있는 길이 보인다. 결혼, 잘만하면 인생성공으로 갈 수 있다는 것이다.

익히 부부의 만남에 앞서 선천적 후천적으로 형성되어있는 본능 자체를 DNA로 분석 데이터베이스화 나노기술 시스템의 수치는 수많은 인간관계와 남자, 여자의 생리적 본능부터 엄청난 자료들을 통합하여 나노기술에 대입시켜 작은 숨소리까지 등록시켜 상대의 취향에 합당 여부를 선별케 하는 인공지능 시스템으로 가려내게 하는 프로젝트이다.

딱히 그동안 인류역사는 여기까지 왔지만, 지금 아무도 상상 못한 혁신 사고와 새 시대를 열어가려는 꿈은 무한한 도전이겠지만 2020년 기계적 (Super Computer) 발달로 가닥은 잡은 것이다. 결혼과학과 사회적 환경에 미치는 영향을 고려해 결혼질서에 대해 실행가능하고 우호적이며 책임 있는 자세로 정중하게 요구받고자 한다.

예컨대 그러면서 2021년 들어와서는 지금까지의 상식과 과학적 양면을 들여다보고 결혼과학이 미래를 책임지겠다는 검증과 담보제공에서 진정성이 확보되었기에 접근할 자세를 권장한다. 시대적 결혼문화와 질서의 개념이 바뀌어 가고 있다는 신호를 알아차려야 한다고 일컫는다.

25. 부부간의 문제를 대화로 푼다는 것은 틀린 생각이다.

부부란 눈만 봐도 감정을 읽어야 한다. 여기에 무슨 이해가 필요하고 설명이 필요한가? 부부는 한 몸이다. 어떤 행동이나 판단에서 다소 차이는 있겠지만 생각하는 방향은 같기 때문이다. 좋은 결혼을 인지할 줄 모르는 사람들은 결혼해선 안 된다. 인간은 불완전에서 언제나 실수할 수 있지만, 그 실수를 알 수 있는 유일한 것이 정보와 지식이기 때문이다. 좋은 결혼을 교육받은 사람은 실수도 덜 한다. 반면 "난 완벽한 사람이야."라고 말하는 사람들은 실수가 많고, 그 실수들을 다 알지 못하니, 행복을 향해 가다 길을 잃은 여행자의 신세와 비슷해진다.

익히 결혼은 미래 삶을 예상하며 준비하는 본능적 자가판단 정도와 능력을 일깨워준다. 평생 동질감으로 관계를 고려하는 여성이기에 신은 새로운 생명줄을 잉태하는 귀한 지혜를 예비자에게 선물한 결혼과학이다. 그러나 결혼질서에서 교육적 환경 그리고 지속성, 간결한 마무리까지를 모르는 사람은 결혼해선 안 된다. 이런 논리는 남자들은 "눈물이 여자들의 무기야."라고 해놓고 여자들은 "완벽한 남자는 울면 안 된다."라고 말하면 안 된다는 추리다.

때문에, 부부공생이란 눈만 봐도 무엇을 생각하고 있는지를 알아차려야 잘 맞는 부부다. 모든 지식과 상식이 호환되고 상호동의와 갈등과 이해충돌 가능성은 가볍다. 처음부터 수준에 맞는 수평적 상대를 만나야 된다는 결론이다. 만일 대학생과 초등학생과의 대화가 안 되듯이 지식과 환경적 차이가 일정한 경계를 넘으면 대화가 어렵다. 지식과 상식의 사회적 견해 차이에서 오는 갈등은 어떤 소통적 해결방법이 없다. 이것이 관계적 계산에 제일 큰 비중을 차지한다.

딱히 부부관계의 마음을 완전히 극복하지 못하고 서로의 생각은 절벽에 걸려 휘둘려지고 말 것이다. 이해하고 양보한다고 될 일이 아니다. 어느 정도는 되겠지만 지식의 차이 상식의 차이와 세상 보는 눈높이의 차이가 지나치게 벌어지면 생각은 조합하지 못하고 엉뚱한 판타지만 만드니 어떤 장애와 같이 방법이 없다. 이해하고 설득해서 될 일이 아니다. 길어질수록 서로 피곤하기만 하다. 때문에 처음부터 지식과 환경의 균형적 수준으로 만나야 한다.

정이 결혼 정보 과학적 교육이다. 미래의 결혼은 시대의 변천에 따라 변화를 재촉하기 때문에 많은 정보와 상식 전문성까지 요구사항이 결혼 4원칙에 포함되어 있다.

남·여의 생물학적 관계는 전혀 다르게 이해와 지식과 환경적 차이가 심하면 어떠한 경우라도 장기적으로 본다면, 공감소통은 불합치의 경계를 넘지 못한다고 보아야 한다.

원천적 결혼은 인문학, 철학, 사회학, 심리학, 정서적 정리까지 총망라 경계가 없어 남·여가 소유하고 있는 인간미까지 융합적인 응용일 것이다. 이렇게 복잡하고 다양한 성격이기 때문에 표현하기도 어려운 것은 사실이기에 결혼의 역사는 길어도 함부로 정리된 것도 교육적 체계도 존재가치를 찾기는 어렵다.

본래 사람들은 자신이 기대하는 이상형을 꿈꾸지만 그것은 허망한 생각으로 끝나고 만다. 이제 세상의 여러 파이는 과학적 지식구조로 이루어지고 있기에 전문적으로 정보를 이해하고 미래를 들여다봐야 한다고 일러준다.

그러나 많은 사람들은 과정을 무시하고 일단 만나면 된다는 식의 고정관념에 묶여 지식적 방법을 못 찾고 있을 것이다. 또 만남의 주선업체 아니면 어떤 조직에 프로필을 써내고 기다리는 방법도 있으나 그런 시대는 이미 한참 지난 반세기 구시대적 발상의 시스템이다.

이제는 나에게 꼭 맞는 맞춤형 시대로 머리를 돌려서 뒤탈 없이 미래를 담보할 수 있는 시스템을 자신이 찾아야 한다. 일상적인 상식에 머무르는 것이 아니라 고급결혼 정보 아이콘에 방향을 설정한 후 시나리오를 써야 한다. 수동적으로 앉아서 기다리는 것이 아닌 능동적으로 찾아 나서는 적극적 사고방식으로 남보다 먼저 한발 앞선 결혼과학의 길을 찾아가야 내 운명을 바꿀 수 있다. 좋은 신랑감은 기다릴 것 없이 바로 가서 실행으로 만들어야 한다는 것이다.

익히 내가 좀 부족하고 내가 좀 모자라도 그 빈곳을 채워 줄 수 있는 사람을 만나는 것이 좋은 인연이라고 할 수 있겠지만, 잠깐 실수로 얄궂은 인간관계에 휩쓸려 얼토당토 않는 배우자를 만나 실패를 맛볼 공산이 크기 때문이다. 자신에 맞는 배우자를 만나 가정 내부의 주체성을 이끌어 가는 힘은 부부공유의 공통분모를 알고 찾아갈 수 있는 지혜로 알 수 있다. 하나의 관심 메뉴(스포츠 종목)를 같이 즐겨 부부관계까지 간다면 최고의 만남이요 인연이 될 가능성이 높다.

다시 정보를 엿본다면, 그렇게 목표를 가지고 그 가치가 실현되었을 때를 떠올리며, 새로운 자신의 잠재능력을 상대와 공통분모로 나눌 수 있는 기초적 준비를 갖추어보라. 그러면 더 큰 사회로 진출의 기회도 마련할 수 있다.

결국, 결혼으로 만남이 인간을 성장시킬 수 있는 성장동력이 될 수 있다. 또 다른 세상을 바라보며 자신의 운명을 만들어가면서 살아가려면, 구체적인 프로젝트를 준비하고 당당히 이상형을 만나러 가라. 그 좋은 만남을 통해 인생이 건강해지고 영혼이 춤 출수 있도록 전력을 다해 그리고 오늘 당장 준비한다면 틀림없이 예상외의 좋은 결과가 생길 것이란 힐링이 머릿속에 찾아들 것이다.

딱히 결혼과학에 영혼을 불어넣는 우리의 자세 과학기술이 결혼문화와 융합할 때, 우리는 엄청난 진보를 경험하게 될 것이다. 또 미래의 가능성을 엿볼 수 있고 인간의 한계에 도전하게 될 것으로 예상한다.

그러나 결혼은 지식과 정보로 접근할 생각을 하며, 자신의 좁은 정보와 감정으로 상황을 판단 결정한다면 착각으로 오판할 소지가 크다. 세상 고생하는 사람들이 다 그렇게 분류되어 어려움에서 헤어나지 못하는 이유일 것이다. 인생에서 한번 시기 놓치면 끝이다.

이제는 운명도 스스로 만들어가며 살아가는 시대에서 부부간의 문제를 대화로 푼다는 것은 사회성이 미숙하며 틀린 생각이다. 앞서 제시된 혹시 나도 역시 나의 착각으로 끝날 공산이 크기 때문이다.

정이 연애, 결혼, 출산을 포기한 삼포세대 청년들에게 무엇이 희망일까를 생각한다면, 근본적인 해결책은 Seed Money로 부족한 것이 많은 예비자도 결혼할 수 있다는 희망의 메시지다. 결혼예비자들에게 만남에서 성사되기까지 건강한 사다리를 튼튼히 만들어 기성세대의 인식을 바꿔야 할 과제이기도 하다.

요컨대 결혼은 무엇과도 바꿀 수 없는 인생에서 가장 중요한 선택 자신의 미래는 결혼과 동시 이미 결판이 날 공산이 크기 때문에 자신에게 간곡히 매달려라, 결혼과학의 진실을 알면 안 될 것 같이 보이는 것도 되게 움직인다는 것을.

익히 빅데이터와 인공지능플랫폼으로 결혼과 인생 황금시대를 정보교육으로 스스로 지평을 열어야 한다. 우리는 오직 명품결혼만이 고집할 것이 아니다. 우리 사회의 명품사랑은 대단하지만 그만큼 높은 수준의 기대에 결코, 부응할 정보와 교육적 자세로 준비하면서 결혼 도서관을 찾아야 현명하다.

26. 황제 결혼은 자신과 사회적 몰락이다.

이 시대는 4차산업혁명을 통과 중이며 5차 혁명을 예측하고 있는데, 아직까지 과거의 관습에 묶여 관념 바꾸기에 역행하고 있다면 미래의 기대는 어떻게 생각하나. 그렇다면 결혼도 집 장만 혼수와 예물로 사람을 평가한다면 얼마나 어렵게 세상을 살아가야 하나에서 다시 생각하게 한다. 황제 결혼은 후진국의 전유물이다.

결혼도 이제는 작은 결혼으로 무에서 유로 창의성 결혼이 합리적이며 아름답고 효과적으로 수명이 보장된다. 문명이 발달하면서 물질이 사람을 평가하려는 시대에 접어들자 이제는 남자가 준비하는 집과 여자가 준비하는 혼수의 부담이 엄청나게 커져 버렸다. 여기에도 다른 접근이 필요하다. 집과 혼수를 뺀 결혼은 '괜찮은 정도를 넘어선 모범이다.

그렇게 인간미 나고 진정성이 보이는 결혼이다. 집과 혼수는 결혼예비자들이 수준 차이가 문제고 그 수준을 맞추기란 보통 어려운 것이 아닐 정도다. 사실상 거의 불가능에 가깝다. 차후 후유증까지 생각하면 고통이다. 개인적인 기호 양쪽 집안의 경제 사정까지 감안한다면 모두가 만족하는 경우는 거의 없다고 봐도 무리가 아닌 것 같다.

얼마 전인가 알고 있는 지인이 동거를 시작했다. 현재 살고 있는 월세 집에 예비남편이 간단한 휴대품 정도만 가지고 혼자 살고있는 집으로 들어올 수 있었다. 그러나 부모의 동의도 없이 같이 살다가 가족들이 알게 되었고 부모의 말씀이 없어도 우리는 같이 살 생각 중이었기 때문이다. 예식마

저도 없이 조용히 그냥 살고 싶었지만, 결혼식은 간단한 작은 결혼으로 받아들이기로 하였다.

예상과는 비교할 수 없을 만큼 마음의 평화와 기쁨도 경험할 수 있었다. 그리고 집장만을 안 하면 혼수를 할 필요가 없으니 집 장만 안하는 것이 결과적으로 큰 만족이었다. 만약 예비남편 쪽에서 몇 억짜리 집을 장만했다면 부모에게 부담과 가까운 사람들까지 골머리 아파했을 것이다. 만일 이렇게 강행하지 않았다면 온갖 잡념과 함께 많은 사람들의 머릿속을 뛰어다니며 자신의 입장을 저울질했을 것을 생각하면 끔찍하다.

만약에 남자 쪽에서 집을 장만해야 한다고 생각하는 예비신부들이 있다면 들려주고 싶은 말이 있다. 그 집이 좋으면 좋을수록 비싸면 비쌀수록 신부는 평생을 시댁에 끌려 다니고 눈치까지 보며 살아야 한다. 정신적 육체적으로도 물론이고 경제적으로도 같은 현상일 것이다. 신부가 해 간 혼수는 집에 비교한다면 약소할 것이기도 하다.

처음부터 집 장만은 골칫거리이다. 굳이 장만하고 갈등을 주고받을 필요가 없다. 그것은 독배(毒盃)다. 아무것도 오간 게 없는 것이 얼마나 편한지 경험한 사람은 안다. 결혼준비 관계에서 돈이 빠지면 진정한 사랑과 진심만 남는다. 진심으로 대하는 관계는 갈등과 삐걱거릴 일이 없다고 보면 될 것이다.

그러나 집과 혼수가 필수인 것이 지금의 사회 전반적인 인식이다. 이 인식과 방식에 초연하기란 결국 자신과의 싸움이다. 사정상 남들이 다 주고받는 집과 혼수를 빼먹은 것이 못내 안타깝기는 할 것이다. 이 싸움에서 이기고 나면 집, 혼수, 예단으로 자기가 할 도리를 다했다는 태도보다 백배는 더 감동적이다. 양쪽 집안끼리도 서로의 부모들과도 좋은 관계를 유지할 수 있는 건 물질이 오가지 않은 정신적 일치 덕분일 것이고, 이것이 작은 결혼의 진정한 의미이다. 세상 결혼 중에 경제력에 저울질 당하지 않는 참다움의 진정성은 당시는 초라할 줄 모르겠지만, 존경받을 일이며 결국 성공한 결혼으로 이루어질 것이다.

이제는 시대가 요구하고 미래가 보이는 건전한 방식이 자신을 지켜줄 것이며, 많은 사람들로부터 존경심과 친화적 인간관계가 새롭게 형성되어 더욱 장래가 보장될 것이다.

27. 과거가 현재를 지배하면
타협점과 미래는 없다.

결혼과학은 예비자들의 수평적 행복 조치에 근거를 두고 있다. 신의 축복이며, 바로 미래로 가는 길목이다. 그러나 지금의 대한민국이 있기까지 얼마나 많은 노력과 희생이 필요했는지 알아야 하며, 슬픈 역사 속에 오늘까지 버텨온 한국인들에게 결혼과학의 탄생은 매력적이며 많은 힘이 됐다는 것도 중요하게 생각해야 할 부분이다.

이러한 어수선한 환경 속에서 이혼 다발생이 된 큰 원인 중 하나는 기존 결혼질서의 미숙한 복합적인 요인 중에 대표적인 것은 결혼에 관련 지식과 정보부족으로 자기 속으로 빠져 설계하고 재단에서 문제가 시작된 것은 누구도 아니라 부인하지 못할 것이다.

기존결혼질서는 허점투성이 당연히 비판받아 마땅하다. 하지만 풍습에 묶이다 보니 기술적 관련 논쟁은 애초부터 불토론에 발목 잡혔으며, 고정관념을 넘지 못한 쏠림현상이지만 누구도 기술이나 치유 개입의 도구가 없는 것은 분명한 사실이다.

그동안 지독하고 엄혹한 관습 속에서 아이러니에 몸서리를 쳐야 했다. 또 구태 기존결혼질서는 편향되거나 왜곡된 정보들도 있었지만, 어느 누구도 이유 달지 않았다. 그저 풍습이라는 질서에 따라가기만을 했었다. 결과는 시대조류에 밀리고 만 것이다.

결혼과학은 다중안전시스템으로 설계되어 졌기 때문이다. 구태 기존결혼질서에 짓눌려 고통받은 사람은 앞으로도 이혼이라는 깃발을 앞세워 부지

기수로 나올 것이다. 결혼문화가 얼마큼 수준인지조차 모르고 있다가 결혼 과학의 탄생으로 비교·분석 알고 보니 억울하기도 하고 참담할 뿐이다. 시대가 걸어온 돌이킬 수 없는 역사이다.

인간은 자신 속에 내장되어있는 지식 요체와 관습으로 또는 성장과정에서 길들여진 되로 살아가게 될 것이며 그 과정에서 훈련된 기술이나 몸에 묻은 습관이 자신을 지배할 것이다. 또 누구나 자신의 주관의 정도가 강하면 강할수록 정신적 유연성은 떨어지면서 자신 속으로 빠질 가능성이 높다. 하나로 압축하면 남과 말을 섞을 자세가 불편하다는 것이다. 물론 본인도 인지를 못할 것이다. 자신의 인격과 지식을 지나치게 높게 평가하면 결국 타인을 과소평가하게 되는 것이 인간의 본능인지도 모른다.

누구나 성공하고 싶은 생각은 다 한다. 하지만 돌아서면 잊어버린다. 아니 외면해버린다. 인간은 본능적으로 3개 이상은 기억장애며, 2개 이상 생각은 피하고 싶어 한다. 눈에 보이지 않은 현상은 어렵게만 느끼므로 깊게 고민은 혼자만의 시간과 공간만 확보하려는 편안함과 즐거움을 추구하려는 관습이 있다. 자신과의 싸움을 달가워하지 않기 때문일 것이다.

딱히 보통사람들이 세상 살아가면서 가장 경계해야 하는 것은 자기 자신만의 좁은 생각에 갇혀 세상을 재단하고 혼자 판단하고 결정하며 살아가는 것이다. 또 그 좁은 눈으로 세상을 읽고 비판하며 남과 미래를 이야기한다. 좁은 세상에 갇혀 살면서 자기만의 작은 세상이 우리 모두가 살아가는 세상 인양 착각하고, 그렇게 설명까지 갇힌 자신의 세상에서 탈출해야 한다. 그래야 새로운 세상이 열린다. 번데기가 껍질을 벗고 나비가 되듯이 갇힌 좁은 세상에서 벗어나 새로운 글로벌 세상으로 훨훨 날아가야 한다. 기존 결혼질서에 물들면 그렇다는 것이다.

예로 자신 생각에 묶이면 다른 것은 보이지 않는다. 아니 듣고 싶어 하지도 않는다. 이런 고집은 결국 자신이 자신을 속이게 된다. 특히 결혼이 그렇다. 대부분 결혼을 앞둔 젊은이들이 결혼해서 세상을 살아본 경험도 없고 미래의 다가올 현상을 예측도, 못하면서 자신이 소유하고 있는 작은 지식을 맹신한다. 자신이 보고 듣고 경험한 것이 세상의 진리로 알고 있다. 그 지식과 경험을 바탕으로 결혼을 한다. 그리고 3개월도 못가 후회한다.

그러나 금방 전혀 다른 세상의 벽과 마주하게 된다. 결혼하고 얼마간의 시간이 지난 후에야 실생활 속에서 조금씩 자신의 미숙함을 느끼게 되며 조금은 알았을 땐 이미 돌이킬 수 없는 상황이 되어있다. 이렇게 자신이 스스로 판 무덤에 빠지는 어리석음을 자초하고 가슴을 치며 후회한다. 대부분 자기에게 오판 당하고 있는 것이다. 한마디로 표현하면, 지식과 성찰의 인식(Recognition) 부재에서 생겨난 결과물이라 할 수 있다.

세상과 끊임없이 소통하는 자세 개념과 사고 또한 지식을 확장하는 최고의 전략으로 미래에 대한 통찰력을 갖고 고급정보 채널 확보와 자기계발을 하지 않으면 스스로 함정에 갇히고 만다. 위험은 변하지 않는 사람에게 찾아온다고 인식하고 관념 바꾸기로 깨우치면 더 크고 넓은 세상이 기다리고 있다. 그렇지 못하면 어떤 장애와도 같아서 다른 대안이 없다. 나를 계속 변화시키면서 미래를 바라보는 통찰력으로 항상 새로운 생각으로 나를 성장 시켜나가야 한다. 그러면 희망이 보이고 생각이 바뀌면 안 되던 것도 되는 것으로 바뀐다. 인생의 행복은 자신이 지식과 고급정보로 만들어가면서 즐기는 것이다. 세상은 아름다움으로 느껴질 것이며, 이것이 행복이다.

즉 이 시대는 고정관념에서 벗어나야 미래를 측정할 수 있다. 과거에 묶이면 걱정꺼리조차 찾지도 못한다. 아날로그 시대에서 디지털 시대로 그리고 또 스마트시대로 빠르게 발전하면서 이제는 감성과 스토리 시대로 접어들고 있다. 이 시대가 요구하는 정보 생활에 익숙해져야 한다. 과거에 묻혀 미숙하고 게으른 생활에서 벗어나지 못하고 있는지 자신이 자신의 마음의 거울을 한번 들여다보라. 그 거울 안에 자신을 속이는 구태의연한(Old-Fashioned) 자신이 들어앉아 있지 않기를 바란다.

특히 결혼을 앞둔 예비자라면 더욱 관심 가질 일이다. 말 한마디에 운명이 바뀔 수도 있으니 미리 말 섞는 방법과 대화 시나리오를 쓸 정도 준비를 해야 한다. 상대에 감명과 감동을 줄 수 있는 지식인다운 자세와 미래지향적 논리에 신경 쓴다면 대화의 내용이 합당하다 보여진다.

만일 해당 외 공동관심 밖의 내용은 피하는 것이 정상이다. 특히 삼자 이야기 남과 비교하는 습관 누구나 제일 싫어하는 일은 피하는 것이 필수고 꼭 필요한 이야기는 서로 취미 이야기가 중요한데 평생 같이 즐기며 같이 행동해야하기에 중요하고 공동으로 즐길 수 있는 스포츠 오락 영화 관람 예술 문화 여러 방면 부부공생 일치점은 관계를 끝까지 연결될 수 있다는 의미에서 상호동의(Mutual Consent) 좋은 감정으로 연속적인 끈이 된다.

이렇게 말 준비가 되어야 자연스러워진다 평생 같이 갈 준비는 결혼 4원칙부터 이미 시작되는 것이니 머릿속 지식을 충전해 두자. 새로운 사람을 만나고 또 다른 사람을 만나면 지식의 차이는 있겠지만 버릴 것은 버리고 싱싱한 새로운 고급정보에 관심 있고 내일에 도래할 준비를 해야 이 시대를 살아가는 지식인이 아닐까 싶다.

상기와 같은 환경에서 결혼과학은 결혼의 속성을 탐색하는 건지 결혼의 질서를 알려고 하는 건지 과학을 배우는 건지 아니면 결혼의 심리학을 연구하는 건지 어렵기도 하면서 결혼의 현장이라는 중요성 때문에 삶을 조명하는 자세로 긴장 연속이었다. 이러함은 세상 살아가는 삶의 구조의 상세도를 알 수가 있었고 마치 내 인생에 샷을 찍는 느낌으로 성공과 행복까지 생각게 됨은 차원 높은 교육프로그램에서 깨달을 수 있을 것이다.

　이것이 세상에 나가 많은 사람들에게 사랑을 받고 행복감을 준다면 그동안 고통의 보상이라 탕감한다. 고로 결혼개발 과학자들은 과거가 미래를 지배할 수 없는 끝자락에 매달린 구시대적 권위주의의 풍습 한복판에서 서막을 내리고 있다고 메시지를 보내고 있는 신호다.

28. 이혼예방백신(Divorce Prevention Vaccine)이 세상을 바꾼다.

대한민국 이혼율 1위는 이 시대의 가장 큰 비극이자 우리에게 가장 수치스러운 재앙이다

결혼문화에서 재앙을 우려하게 된 것은 다양한 대중적 환경이 이혼으로 다수의 위험성을 경고 받았기 때문이 아닐까 묻고 싶다. 이혼 예방백신 프로그램 창작은 부부관계의 새로운 개념의 관계에서 미래사회를 꿈꾸며 새롭게 열어야 뉴노멀시대의 긍정적으로 인도할 부부공생구조로 이혼 없는 규칙을 상호동의와 소통의 치유도구로 탄생 되었다. 또한, 부부의 앞날에 대한 근본적인 요소이며, 이혼예방백신(Preventive Vaccine)은 이혼이라는 치유로 방지책이다.

이혼의 일반적 이유는 부모의 의무와 벅찬 삶의 무게를 견디지 못하고 무너진다. 누구나 결혼생활이 이렇게 끝나리라고는 예상 못했을 것이다. 결혼과학의 중요성은 일반 일상생활에서 중요한 문제에 결정적인 영향을 미치기 때문이다. 지금까지 부부 탐구는 이혼에 이르는 중요한 위험요인을 치유하는데 별 도움이 전무한 상태였다.

익히 결혼과학은 알면 알수록 자기만족을 찾을 수 있다. 결혼규칙의 다양성을 이해하고 미래를 예측하며 만남의 정도를 가늠할 수 있을 것이다. 즉 결혼준비과정의 안배도 잘 정리하여 다른 이상적 긍정의 세상을 꿈꾼다

는 의미다. 이렇게 결혼의 심리적 유도법을 알고 행동은 미래를 더 아름답게 하기 위한 과정이라 생각하며 주변의 과학 최신정보를 둘러보고 다시 생각해야 한다.

요컨대 결혼이란 많은 지식과 상식을 요구하기에 사전 숙지는 필수다. 그러나 결혼 후 생활에서 일정한 시간이 지나면 갈등과 불 소통으로 지극히 위험한 상황 관계가 어렵게 되면서 이혼을 예측하는 갈등은 자연 생길 수 있기 때문이다.

부부의 보편적 대화의 내용을 보면, 조국과 민족을 위한 전투는 하나도 없다. 모두 사소한 일에서 출발하며, 그 중심을 보면 쌍방 중 상대를 통제하며 시작된 갈등이고, 부정적으로 작은 착오와 갈등의 시작점이 모여 이혼이란 허상에서 말도 안되는 판타지를 만들어 내고 있다. 그리고 이혼 예방 결혼 정보교육은 매칭에서 비대칭(Asymmetry) 구조적 해소의 대상인 꼼수 결혼(이상한 결혼)까지 예방 차원 역할을 충분히 할 것이다.

따라서 이혼예방백신 프로그램은 삶의 콘텐츠를 풍요롭게 하고 미래 사회적 지향의 평화와 행복구조로 이끌 패러다임으로 국민적 만족을 추구하고 창조지식사회와 창조경제환경으로 갈 수 있도록 미숙하게 꼬여있는 부부관계 정도를 기술적으로 바꾸는 프로젝트이다. 이 시대가 요구하고 많은 사람들이 갈망하는 혁신적 치유수단으로 부부환경과 행복한 세상으로 변화를 이끄는 목적이다.

익히 키워드는 국민적 행복이며, 어떻게 하면 부부관계를 행복할 수 있을까에 중점을 두고 미래예측과 문제점을 해결하는 아이디어와 그것을 실천하는 시나리오 분석까지 혁신적 프로그램으로 사회적 책임을 다할 것이라는 의무감으로 태어났다.

이혼의 바이러스를 강력한 이혼예방백신 프로그램으로 행복의 비밀을 찾아가는 통로로 부부의 호감도와 신뢰적 소통으로 마음의 권력을 배양하는 회복탄력성, 이혼예방백신이 개발되어 또 다른 결혼 신개념으로 자리매김할 것이다.

지금 한국이 안고 있는 거의 모든 혼란은 이제 우리가 남의 생각을 모방하는 것만으로는 해결의 한계에 도달했다는 것을 여실히 후유증으로 나타나고 있으며 국민 대부분의 생각이 이정도 밖에 안 되는가를 생각하며 식상한 일도 있었다. 2014년도에 세월호 침몰 사건으로 세상에 안 보여 줄 것 까지다 보여주고, 절망의 일도 있었다,

익히 절망을 넘어 새롭게 나아가야 한다고 말들은 하지만, 기존방식대로 해결책을 모색하고 있다는 것이 더 큰 문제점으로 나타났다. 새롭게 봐야 할 미래의 길을 찾기는 난도가 매우 높기 때문일 것이고 모든 사건의 속을 들여다보면 결국 인간관계이며, 역시 가정환경적 부부관계의 분노와 감정조절의 미숙함이 중심에 있을 것이다.

익히 우리가 알지 못하고 보지 못하는 세월호의 선장 부부관계에서 사건 전야에 의사소통, 갈등과 불화와 분노는 감정소통 부제와 대화의 미숙함이 중심에 자리잡고 있었지만, 사건조사과정에서 사실의 원초적 실마리는 풀 생각조차 못하고 있다고 단정할 수 있다.

지금부터는 우리가 어떤 벽 앞에 마주하고 있는지를 공유하고 어떻게 뛰어넘어야 할지를 꿈꿔야 한다, 시스템을 만들 때는 의미가 있지만, 지금과 같은 디지털 모바일 무한접촉 시대에서는 집단이 아닌 개인의 중요성 시대이기 때문에 일정한 부부관계의 교육적 훈련이 가장 효율적이라고 많은 전문가들의 공통된 의견이다.

지금까지 인류역사가 흘러 여기까지 왔지만 특별한 치유 대안이 전혀 없는 입장이라는 것은 누구도 부인 못할 것이다. 이혼 예방이란 전혀 불가항력으로만 생각하고 수정주의에서 분리되어 지금까지 시간만 낭비하고 인간의 한계를 불행하게도 경계를 뛰어넘지 못하고 여기까지 와있는 것은 사실이다.

이러한 결혼 정보교육 무시하고 결혼한다면 본인 착각의 큰 실수가 아닐까? 많은 가정이 이렇다면, 우리 사회 전체의 책임도 피할 수 없다고 생각하면서 모 설문지조사에서 나온 결론은 전체 가정 80% 이상이 미숙한 인생길로 가고 있다고 발표된 것은 실로 우리 사회에 크게 이슈가, 되지 않고 잠수 되어있는 모순과 고통의 사건들이 언제까지인지 또는 그 치유법은 어디에 있는지…. 또 미래 후세에 어떤 유산을 물려줘야 하는지를 숙제로 남아 있기에 어떤 형태로 고민해야 하는지….

더 큰 문제는 이런 수치가 시간이 갈수록 연속적으로 올라가고 있다는 것이다. 하지만 지금도 이런 이혼을 준비하시는 분 중에 웬만해서는 주위에 알리지 않고 진행하기를 원하는 경우가 대부분이기 때문에 제한된 정보에서 가끔은 잘못된 정보를 얻는 경우도 발생하기도 한다.

이혼 절차의 종류는 1. 협의상 이혼 2. 조정이혼 3. 재판상 이혼. 3가지 분류로 이루어지겠지만 여기까지 가지 않으려면 그리고 처음부터 모든 인생 전반의 기본적 정보를 알고 결혼에 임할 수 있는 종합적 정보, 지식을 결혼 전 예비교육을 통해 알고 결혼 이혼예방 준비를 한다면, 인생 최고의 전략적 선택일 것이고, 사전인식과 예방조치가 요구되며 미래의 행복과 건강한 사회까지 기대할 수 있을 것이다.

많은 부부들이 침묵 속에서 말 못하고 거의 비슷한 고통 속에서 인생의 삶의 질을 뜨려 트리고, 또 다른 모순과 도태만을 만들고 행복감은 갈수록 상실되어가는 그런 악순환이 계속 일어나고 있으리라 짐작이 간다. 이렇게 건강하지 못한 부부관계 현상이 많이 있다는 사실에 모두가 주목해야 한다.

때로는 부부간의 많은 사람들이 부조화의 침묵에서 일어나는 부부간의 불 소통은 어떤 장애와도 같은 형태인지도 모르고 있다는 것이 더 큰 문제다. 긍정적으로 생각하려고 노력은 했겠지만 절대 변할 수 없다는 것을 정확히 인식할 필요가 있고 또한 세월도 약이 되어주지 못하고 오히려 상태는 갈수록 더욱 심각해지는 대목이다.

그리고 많은 부부들이 비아냥거림과 침묵 속에서 가슴 저리며, 거의 비슷한 고통 속에서 삶의 질을 뒤로하고 또 다른 모순과 도태만을 만들어내면서 행복감은 갈수록 상실되어가는 이러한 악순환은 비난거리지만 연속적으로 일어나는 이러한 건강하지 못한 변비성 사회현상은 출산장려 정서와 미래기대에 부정적 영향을 끼치고 있다.

결과적으로 부부는 사전 예비정보 지식교육 없이는 미숙한 만남의 시작이 잘못된 인연으로 악순환되어 사건을 만들어 내고 있는데도 당시에는 착각인 줄 모르고 있다가 살아가면서 조금씩 점진적으로 알았을 때는 이미 시간이 너무 지나 이러지도 저러지도 못할 지경에 처해있는 입장이었을 것이다.

어느 나라 어느 사회든 전체적으로 다 반사적으로 일어나는 현상을 많은 사람들은 운명이란 단어 속에 감추려 하고 적당히 이해하고 묻어두고 또는 피해가려고 하는 관성은 이해는 가지만 절대 우호적인 관계로 변화되지 안 된다는 것이 전문가들의 견해다. 하나로 단축하면 이 시대의 요구에 역행하고 있는 결혼문화산업이 오늘날에 이 엄청난 사회적 사건의 중심에서 영향을 끼치고 있으며 특히 결혼을 앞둔 젊은이들을 갈등과 고통 속으로 몰아넣는 원인인 동시에 나라의 미래에 희망적 환경을 어렵게 만들고 있다는 사실도 인정해야 할 것이다.

결혼해서 살아가다 서로의 생각이 일치하지 못하면, 전혀 다른 장면과 좋은 기억은 하지 못하게 되면서 말도 안 되는 자기당착에 빠져 또 다른 세상을 들고나올 가능성은 다분할 것이다. 동시에 가치관이 변하면서 부부간의 갈등도 많아지고 가족을 위한 희생 보다 자신의 행복을 더 크게 생각하게 되고 심리적 현상과 미래의 생활에까지 영향을 끼치게 된다.

　지금 세상에서는 배우자가 경제력이 없어 비전이 불분명하다고 생각이 들면 거의 이혼을 염려에 두고 있다가 결국 법정에 가는 젊은부부가 점점 많아지고 있으며, 이혼 사정이나 나이를 불문하고 이혼하는 사정에는 '개인적인 행복과 경제적 이유가 가장 큰 영향을 끼치기 때문일 것이다.

　이혼 예방 백신은 삶의 질과 행복의 길라잡이로서 국민적 행복을 지향하면서 창조지식 사회와 창조 경제로 갈 수 있도록 경멸과 갈등으로 꼬여있는 부부관계 환경을 기술적으로 바꾸는 것이다. 이 시대가 요구하고 많은 사람들이 갈망하는 혁신적 도구로 세상을 바꾸어 나갈 시스템으로서 부부 공감소통과 미래를 예측하는 아이디어와 또한 그것을 실천할 수 있는 시나리오 분석까지 혁신적 프로그램으로 사회적 책임을 다할 대안을 준비한 것이다.

　빗나간 결혼관을 바로잡고 결혼과 관련해 쓰는 비용을 Happy Seed Money로 간다면, 가정은 탄탄한 기초자산을 형성하게 되고 자녀를 낳아 양육한다면 한국은 빠른 시일에 위기를 극복하고 세계 초일류국가의 지름길로 진입하게 될 것이다.

　이혼을 사전에 예방하는 것이 지혜로울 것이고, 우리 모두가 지향하는 바일 것이다. 이혼이란 굴레에서 완전히 벗어나려면, 전문정보지식 교육은 필수며 서로 관계 시나리오 분석으로 마음의 권력배양으로 새로운 감정소통환경으로 변화해야 될 것이다.

젊은이들의 고통인 결혼 관계 환경을 바꿔놓겠다는 것은 세상을 바꿔놓겠다는 것이며 우리의 인생 전체의 생태계까지 변화를 불어 일으킬 대 혁명적 사건임엔 틀림없다. 젊은 청춘들이 결혼으로 아파하며 이쪽, 저쪽이냐 헤매고 있을 때 여기 모두 파헤쳐서 지금까지 있었든 어떤 도구보다 더 강력한 시스템으로 새 시대를 맞이할 자세로 사전에 이혼 예방 차원의 지식 교육환경의 중요성을 강조하는 것이다.

이혼예방백신 프로그램(한국 어문저작권 창작 특허제 C-2014-029110호)
　이혼 예방백신의 방정식
　마음의 회복 탄력성
　1. 인간에게 역경과 어려움이 닫쳐도…
　2. 도약의 발판 다시 치고 올라가는
　3. 마음의 권력, 몸의 근육, 체계적인 훈련과 노력으로 성장할 수 있게
　　새로운 힘의 엑셀

　건강한 인간관계 : 사랑과 존중

　행복의 비밀 : 누가 누구를 통제하면 관계는 깨진다.

　소통능력개발 : 사랑과 존중의 건강한 인간관계를 맺는 능력
　　　　　　　호감도와 신뢰도의 설득능력 커뮤니케이션
　　　　　　　소통능력의 모든 가치는 인간관계 속에서 생겨난다.
　　　　　　　긍정적 정서유발
　* 행복 커뮤니케이션

결혼 재앙이 닥쳐와 있는데도 실감을 못하고 있는 것은 무슨 이유일까?

결혼생활을 20년 이상 한 노부부들의 '황혼(黃昏)이혼'이 지난해 처음 4만 건을 넘어서면서 역대 최다를 기록했다. 코로나 사태가 터진 지난해 전체 이혼 건수는 전년보다 줄었는데, 황혼이혼만 급증했다. 전체 이혼 건수 가운데 황혼이혼의 비율도 38.8%로 신기록을 세웠다. 결혼 기간별로 통계가 작성된 첫해인 1990년에는 5.2%에 불과했었다.

황혼이혼 급증 통계청이 발표한 '2020년 12월 인구 동향'에 따르면, 지난해 이혼 건수는 10만6512건으로 집계됐다. 전년보다 4319건 줄었다. 결혼 9년 차 이하 부부(3만 8270건)는 5004건 줄고, 10~19년 차 부부(2만 6902건)는 2209건 줄면서 전체적으로 줄어들었다. 하지만 유독 20년 차 이상 부부의 이혼 건수(4만 1340건)는 2894건 늘어났다.

통계청 발표 2021.03.02

29. 미래형 DNA합성이 가능할까?

　미래를 생각만으로 보고 듣는 대로 일상적으로 지금까지는 그렇게 살아왔다. 그러나 이제는 4차산업혁명이 일어나면서 세상은 그동안 전혀 생각지 못한 인공지능과 로봇산업 또는 사물인터넷 그리고 그 이상도 IT 속에서 삶은 세상 사람들의 머릿속을 뛰어다니며 완전히 머리싸움일 것이고, 거의 신정보기술로 전쟁을 치르게 될 것이다. 또한. 하루가 다르게 혁신적 산업의 발달로 새로운 스타가 나타나 많은 사람들을 길들일 것이고 그것이 세상 사람들을 여유로움으로 이끌 것이다. 바로 이 치열한 대열에서 밀리면 끝이다. 이러한 긴장 속에서 또 하루를 맞이하고 있다. 그러나 인생이 삶에서 매번 어떤 선택을 할지… 자신이 소유하고 있는 지식과 상식의 '눈'은 이미 알고 있다.

　예컨대 인간은 누구나 환경이 비슷하고 생활 방식이 같고 같은 동선이면, 생각과 세상 보는 눈이 거의 일치에 가까워지는 관습을 가지고 있다. 부부관계는 생활 중에 많은 일치가 요구되는데 가장 좋은 방법은 같은 취미 생활을 즐기며 관련 내용을 서로 의논하므로 뿌리 깊이까지 마음을 잡아주는 마법과 같은 맞춤형 공통분모의 줄기세포를 만들어야 한다.

　딱히 한국 정서의 맞춤형으로 국민적 사회문화의 통합을 이루는 결혼 DNA를 다시 새롭게 심을 기회를 부른다면 기반 지식교육 혁신으로 원천기술을 확보해야 할 것이다. 타당성이 성립되면 결혼과학의 연장에서 접근해본다면 미래의 가능성은 결혼 빅데이터와 인공지능 플랫폼의 긍정적인 영향이 세상을 지배하게 될 것이기 때문이다.

이제는 교육으로 무장된 고급정보가 미래의 가능성을 열 수 있기 때문이다. 이제는 오직 미래만 생각할 때이며, 우리가 소유하고 있는 상식과 지식 그 밖에서 원하는 것을 찾아야 할 것이다. 바로 거기에 혁신과 희망이 있다. 이미 이제는 상상의 한계를 넘어섰고 전혀 다른 혁신적 고급정보를 찾아 세계인들이 깜짝 놀랄 아이디어가 미래를 담보할 수 있을 것이다.

그렇게 변화를 감지하면서 이 시대의 기류에 발을 맞추려면, 지금 가지고 있는 상식과 지식으로는 한계를 넘어섰고 어떻게 혁신을 해야 할까? 그리고 사회를 발전시키려면 사회의 구체적 진실을 알아야 하며 세계를 변화, 시키려면 세계의 신 정보기술을 알아야 하므로 지금 우리가 소유하고 있는 지식 정보 요체를 정확히 알아야 또한 미래를 내다볼 수 있게 될 것이다.

즉 세상을 바꿀 수 있는 힘은 고급정보 지식 요체뿐일 것이다. 경우에 따라서는 모방 기술도 참고해야 할 시대인 것이다. 그리고 위기의 서막이라는 진단을 내리기 전에 항상 긴장해야 더 큰 미래를 엿볼 수 있다. 그리고 앞으로 국가의 총체적 평가도 경제력과 국민 지식수준으로 판단할 것은 당연한 것이다.

4차산업혁명으로 급속히 변화되는 상황에서 창조경제와 결혼문화혁신을 만들어야 한다. 역시 장기적 안목에서 교육 외에는 특별한 방법이 없을 것이고 과학교육 혁신이 새로운 모습으로 국민과 함께할 수 있는 통합 프로그램 속에서 출산장려 촉진 운동과 부부 행복 동산 찾기 외에 일반 인성교육 일반정보 교육, 일반문화교육 결혼과학교육, 기타 세상과 소통하는 방법 등등이다. 또 많은 교육 자료를 활용해서 국민적 지식향상을 미래 지향적으로 실행하면 희망 있는 건강한 사회로 다시 태어날 준비를 점진적으로 구체화시킨다면 또 다른 시너지효과까지 엿볼 수 있을 것이다.

이제 더 미룰 시간이 없다. 세상에 아직 아무도 시도하지 못한 지식기반 사회교육 혁신은 우리 시대의 최고의 선택이며 미래의 유산적 가치는 무엇과도 비교할 수 없을 것이다. 이렇게 역사는 원대한 꿈을 꾸고 있는데 욕망에 무릎 꿇으면 자존감까지 무너질 것이다.

국민은 사회적 통합된 혁신을 요구하고 있다. 경제도 10여 년 정체되어 있고 모든 분야가 벽에 부딪쳐 갈피를 못 잡은 실정에서 현실적 치유방법과 본질을 정확히 들여다보면서 대중적 지식수준과 정보문화의 동향을 정확히 알아야 할 것이다. 이제는 더 이상 패배주의에 빠져있을 수 없다는 열망들이 조금씩 결집 되어가고 있는 감이 느껴지는 정도는 되는 것 같다.

사회적 부조화는 개인적 결혼의 연관성에서 정보 지식과 상식 지식 불균형에서 찾을 수 있고 이것 역시 같은 맥락에서 보면, 하나의 공통점으로 모아 통합 해결방법은 한국적 DNA를 생태계적 뿌리까지 바꾸려면 점진적으로 국민적 지식교육 혁명적 수준의 패러다임 외엔 다른 대안이 없다.

우리는 옛 조상으로부터 배고픈 시련을 극복하는 많은 방법을 배워왔고, 어떻게 하면 지식융성과 문화융성으로 이끌 수 있을까도 알고 있으니 얼마든지 할 수 있는 뿌리의 힘은 잠재되어 있다. 대신 '정답을 버려야 답이 보인다.'

그러한 모범 답안지에서 벗어나, 남들이 좋아하는 것은 피해서 전혀 다른 생각 밖에서 융합적응용으로 접근해 미래를 찾아야 그 기에 혁신과 희망이 있다. 이 시대는 정신요체의 정보 지식교육으로 한국식 결혼과학 정보, 지식의 DNA를 다시 심어간다면, 아마도 이 시대의 최고의 선택이 될 것이다.

DNA를 검사하면, 부부관계의 공통분모와 부부일치점의 합리적인 정도를 알 수 있고, 미래의 가능성까지 예측할 수 있다니 엄청난 발전이다. 이를 사실로 확인할 수 있다. 결혼 전에도 결혼예비자들의 사전검증 결과를 확인이 가능하다는 결론이며, 이렇게 꿈같은 일이 개발되었다.

부부공생의 뼛속까지 자리 잡으려면, 공통분모에서 같은 동선으로 즐김이 최고일 것이다. 행복은 여기서부터 싹이 틀 것이며 원하는 것도 얻을 수 있는 원동력도 여기가 출발점이라 해도 과언은 아니다.

누구나 세상과 소통하려는 자세와 자신의 목적인 지름길만 알면 명인도 될 수 있고 부자도 될 수 있다. 특히 여자들은 예리한 관찰력과 무엇이든 머릿속에 저장해두고 싶어 하는 관습까지 강하게 소유하고 있기에 조금만 고급정보에 관심과 시간만 투자하면 그 이상 확장도 할 수 있다. 또 새로운 세상을 만들어 갈 수도 있다. 부자가 될 수도 있다는 것은 기본이고 큰돈도 쟁취할 수 있다는 말이다.

결국, 이 시대에서는 돈의 힘이 세상을 지배하고 부부관계에서도 경제력에 따라 관계의 정도 경계를 넘어, 수평관계로 유지될 것이다. 사랑의 척도도 경제력과 비례할 수 있다는 결론이고, 세상은 갈수록 그 가치 정도는 깊어져 경제적 힘으로 인간과 사랑과 인격적 평가까지 돈의 잣대로 평가 비례할 것이다. 결과적으로 부부가 모든 사실을 뛰어넘어 정보 지식개념과 경제적 동력 엑셀까지 갖추었다면, DNA는 분명 뼛속까지 합성되었다고 할 수 있다.

딱히 부부동맹으로 행복도 경제적 배경에서 즐기면서 만들어가는 것이다. 실제 DNA를 검사하면 사실로 확인할 수 있다. 결혼 전에도 결혼예비자들의 사전검증 결과를 확인 가능하다는 결론이며, 이렇게 꿈같은 일이 개발되어 시행 중이라니 놀랍기도 하다.

30. 결혼심리회복 탄력성

결혼은 미래불안과 심리적 위축되어있는 마음의 자세는 또 다른 정보와 기술로 새로움을 찾아갈 준비를 하게 된다. 또 결혼을 앞두고 해야 할 일들이 너무 많다. 대상과 요구하기도 하고 요구받기도 한다. 결혼이란 먼저 만남이라는 결과물을 머릿속에 그림을 그리게 되면서 압축해서 인공지능(AI)에서 검색 마법사를 통해 단계별 프로그램에서 이상형을 찾아갈 생각을 하게 되겠지만 앞으로의 상황파악은 결국, 지식과 상식에서 합리적이며, 깊은 지혜와 주위친분을 유지하면서 갈등의 해소와 소통의 중요함을 기술적으로 해결할 수 있는 결혼관의 심리적 회복탄력성의 접근방법을 인지해야 할 것이다.

딱히 결혼 디자인은 결혼과학이 합리적인 톱 클라스였다. 그러나 결혼 사회 문제를 사업으로 풀어내는 건 무척 어려운 일이다. 특히 With Marriage Science 사랑과 희망을 주는 결혼질서는 사회적 미래의 좌표를 가리키며, 한 시대를 대표하는 중요성인 내장되어있기 때문이다.

지금 세상은 위험할 정도로 결혼질서가 꼬여가고 있기에 결혼회피 현상이 통계상 나타나고 있다. 심리회복 탄력성에 힘 빌려 자기 변신으로 스스로 변하기를 바랄뿐이다. 그렇다고 결혼의 풍향계를 쳐볼 일이 아니다. 과거, 현재, 미래를 들여다보고 삶을 탐색하면서 새로운 결혼질서를 찾아 결혼의 아이콘 '미래, 결혼과학' 동참으로 깨우치길 바란다.

다만 결혼의 관문에서 예비자 남·여 상대성 이론으로 본다면 상호동의 원칙에서 일치된 상태로 완벽을 추구하는 호환구조로 이루어진다. 결혼관의 새로운 관점 바꾸기에서 결혼과학과 인문학적 계발이론이 그 답을 제시하고 있다. 이것은 인고의 자기 교육시간이 요구되고 있다는 것을 알려주고 있다. 또 결혼과학의 핵심은 부부관계의 심리적 상황을 구체적 형체가 있는 현실을 다듬고 조작하며 변화, 관찰을 상상하면서 미래를 들여다볼 수 있는 능력을 만드는 프로세스다. 즉 행복은 이러한 구조를 통해 합리적으로 지속가능한 지식적 환경에서만이 만족한 사랑으로 이루어짐을 예단할 수가 있다.

　　그러한 많은 생각 중에서도 그동안 잠재되어있던 생각들을 들추어 심리적 정리와 새로움을 찾는 발상이 더욱 중요하며, 많은 과정과 결과에까지 정보를 요구받게 될 것이다. 가장 어려움이 많다는 경제환경이 있고 결혼식 관계로 뛰어다니면 정작 가장 중요한 것을 놓치기 쉽다. 결혼식 준비에 들이는 성의만큼 결혼생활에 필요한 배려와 기술이나 배우자와의 의사소통을 위해 결혼과학정보교육은 필수임을 인지해야 한다.
　　시작이 반이라고 행복한 결혼생활을 위해서는 첫 단추를 잘 끼워야 한다. 오늘은 결혼을 앞둔 예비부부가 명심해야 할 결혼의 기술을 살펴본다면, 지금까지는 미래예측을 불가능으로 여겼지만 이젠 미래 예측도 할 수 있게 되었다. 그리고 더 많은 것을 기대하기도 할 것이다.

　　딱히 자신의 의사소통적 자세는 행복한 결혼생활은 지식적 대화에 달려있다. 대화를 잘하려면 우선 자신의 의사소통 유형부터 파악해야 한다. 배우자를 탓하기보다는 자신의 문제를 먼저 찾지 못하고 상대의 결함만 보려고 한다. 이러한 속설이 갈등의 주범으로 알려져 있다.
　　그리고 가장 이상적인 대화 유형은 자신과 상대방 그리고 관련 상황의

3가지를 모두 고려해 이야기하는 것이다. 사티어(Satir)의 의사소통 유형에서 일치 형이라 불린다. 상대방이 거절하거나 무시했을 때에도 두려움이 없이 자신의 감정이나 생각을 전달하는 것이 특징이다. 또한, 많은 이러한 대화에 어려움을 겪고 있다. 타인의 요구에 맞추려는 회유형, 모든 것을 비난으로 해결하는 비난형, 수치나 인용을 통해 권위를 세우려는 초이성형, 상황에 합당치 않는 말과 행동으로 주위를 혼란스럽게 하는 산만형 등이 대표적이다.

상황만을 고려해 차갑고 이성적으로 상대를 대하며 정서를 교류하지 않으려는 이들로 자신의 감정을 내보이면 안 된다고 생각하는 남성들에게 많이 나타난다. 산만 형은 어떻게 말을 해야 하는지 모르는 경우가 많다. 스스로 부적절하다는 느낌을 많이 갖는다. 상대방의 문제를 지적하기 이전에 자신의 의사소통 유형부터 점검해보자 자신의 소통에서 문제가 있다는 것만 알아도 갈등은 상당히 줄어든다. 적어도 자신이 옳고 상대방이 이상하다는 식의 생각은 내려놓는다. 배우자를 탓할 시간에 자신의 문제를 인식하고 이상적인 대화를 하려고 노력하는 것이 지혜롭다.

인간이 지닌 5가지 기본욕구인 생존, 사랑, 힘, 자유, 즐거움의 욕구를 나타낸 일종의 수치표이다. 누구나 결혼하기 전에 자신과 상대방의 욕구 프로파일을 세심하게 살펴보고, 자신이 원하는 인생의 문제점을 찾아 회복 탄력성으로 새로움을 찾는 지혜는 인생을 진지하게 비교해보아야 할 일이다. 결혼해서 이미 갈등을 경험하고 있는 사람들에게는 욕구의 어느 부분 때문에 그런 문제가 야기됐는가를 잘 살펴서 막연한 불행감과 불편에 사로잡혀 있지 말라고 조언하며, 맞지 않는 부분에 관해 함께 노력해나갈 방법을 제시해주고 있다. 또한, 첫 번째 아내와의 결혼생활 새로 만난 부인과의 욕구 강도 비교 등 자신의 이야기를 소탈하게 들려줌으로써 이해할 수 있다.

결혼의 기술은 완벽할 순 없더라도 자신이 어떤 욕구를 강하게 갖고 인식한다면 이에 대한 실수를 최소화할 수 있지 않을까! 또는 결혼을 했다면 내가 왜 배우자와 종종 또는 자주 갈등이 생기는지에 대해 원인을 인식하지 않을까와 사랑과 결혼을 교육한다면 의아스럽다고 되물을 수도 있을 것이다. 그러나 낭만적인 사랑에서 열정이 식어버리고 난 후에 남는 것은 결국 어떻게 서로의 욕구를 잘 보듬어가며 행복하게 살아갈 수 있느냐가 핵심이다.

모든 인간은 사랑하는 일조차 자신에게 채워지길 원하는 것 즉 욕구 충족은 위함일 수도 있다. "나는 나를 사랑해 주는 느낌을 확실히 주는 사람이 좋아." 또는 "나는 경제적인 능력이 꼭 뒷받침되어야 해." 또는 "나는 함께 나와 취미 생활이 맞는 사람이어야 해." 당신의 이러한 배우자 이상형에 대해 어떻게 생각하는지 알아보자.

일반형 경우에는 새로운 누군가를 만날 때와 취미나 여가 여행을 함께하거나 유머를 중시하고 함께 있으면 즐겁고 재미있는 사람을 좋아한다. 실제로도 그런 사람들에게 끌려왔던 이유를 알아야 다음 생각을 할 수 있다.

그리고 자유의 욕구가 커서 상대방을 구속하기보다는 자유의 영역을 존중해주고 나의 자유 또한 존중받기를 바랄 때가 많다. 또 사랑을 충분히 표현하고 사랑한다는 느낌을 공유할 수 있는 것이 중요하다. 생존의 욕구 또 평균보다 훨씬 높기에 잘 먹고 잘사는 것, 건강을 유지하는 것, 절약하는 습관, 매력적이며 외모를 관리하는 것도 내겐 중요하다.

이러한 식으로 자기 자신에 평균 이상의 점수를 중심으로 무엇에 대한 욕구가 강한지 분석해봄으로써 자신에 대한 이해를 높일 수 있다. 그리고 배우자 또는 연인의 점수를 추정 또는 점검하여 차이가 많이 나는 영역으로부터 갈등의 원인과 해결방법을 찾는다면 도움이 될 것이다. 나의 이러한 욕구를 전부 일치시킬 수 있는 사람을 만나기란 그저 꿈일 뿐을 잘 알고 있다.

익히 사랑은 어느 순간에 찾아왔다 어느 날 시들할 수도 있고 또다시 여러 카테고리 형태로 순간순간 바뀔 수 있지만, 배우자에 대한 존중심은 한번 귀하게 생겨나면 영원한 것이고 인간관계 바탕의 심리적 뿌리로 느껴지면서 절대 변하지 않는 다이아몬드보다 더 소중한 정신적 요체로 부부의 일치감으로 심어지게 된다.

이 시대의 많은 사람들이 물질 만능의 변화에서 특히 부부관계의 존중심의 부재로 지금과 같이 이혼이 너무 쉽게 이루어지는 것을 보면서 가정이 무너져가는 현실은 매우 안타까운 일이다. 물론 부부관계의 이해충돌로 갈등을 소화하지 못하고 학식 적 정도의 수준과 삶의 환경, 경제적 문제에 봉착하게 된다. 따라 그 본질도 다르게 보이겠지만, 삶의 갈등과 고통이 있어서도 존중심과 이해의 배려가 뼛속까지 묻혀있으면 회복 탄력성으로 절대 이혼의 고통은 결코 없을 것이기에 남·여가 만나 결혼하겠지만 삶의 생활적 운영과정이 정으로 부부관계가 묶어져 있어도 깊은 마음이 정에서 존중심으로 옮겨가서 진정한 인격적으로 다시 태어나야 최고의 참 부부로 재탄생되는 것이다.

이러한 과정이 깊은 마음속에서 마음의 근력배양으로 많은 시간과 인내로 부부관계의 사랑을 쌓으므로 조금씩 아주 느리게 자신도 모르게 우러나는 형태로 진행된다. 다시 말해 존중심의 관계로 발전했다면, 뼛속까지 DNA가 맞추어졌기 때문에 그 이상으로 딱 맞춤형 최고의 부부로 재탄생되었다고 할 수 있을 것이다.

여기에는 이 세상 무엇과도 비교될 수 없는 최고의 행복감까지 맛보며, 인생 최고의 성공으로 인정받을 수 있다. 세상에 태어나 마음의 근력배양으로 자신을 이 정도까지 콘트롤 한다는 것은 인생 최고의 승리자로 자부해도 될 것이며, 이정도 되면 자연 이미 부자도 되어있을 것이고 세상에서 얻을 수 있는 것은 이미 다 가졌다고 확인시켜주는 결과물이다. 마음의 근력배양이 부부관계의 제일의 지식 요체이며, 존중심의 영향으로 부자도 결국 부부관계에서 출발한다고 굳게 믿어야 한다고 일러주고 싶다.

31. 미래 결혼은 워라밸(Woraval)이 대세다.

　미래를 소환해 본 결혼관은 워라밸(Work&Life Balance, 일과 삶의 균형) 환경으로 쏠림하고 있다. 엄격하게 본다면 갈수록 인간의 수명은 예상보다 25년 이상 길어지면서 결혼생활이 상상외로 복잡해지면서 과거와 달리 많은 것을 요구하고 또한, 준비도 다양하고 인간관계에서 좀더 정교한 이성적, 합리적 삶의 방식을 찾아야 한다고 대중은 그 이상의 그림을 그리고 있다.

　부부의 이상적인 조합은 원칙적으로 지식계열에서 찾아야 한다. 여기에는 설명이 필요치 않고 이미 다 알고 있는 사실이다. 바로 지식밸런스가 수평적이라야 소통에 별, 문제가 없다. 아니면 대학생과 초등생과의 대화 차이로 불통일 것이다. 과거에는 외모에 치중했던 적도 있었다. 그 정도는 갈수록 빛을 잃어가고 이제는 수명연장 25년 이상 늘어나 지식과 능력평가로 빠르게 옮겨가고 있다. 바로 워라밸이 대세이기 때문이다.

　물론 이상형 결혼은 유연성 강조로 접근하면서 끊임없이 변화를 염려에 두라. 그리고 자기중심에서 자기 가치를 찾아 타협하며, 더 큰 미래를 설정할 수 있을 것이다. 이것이 어떤 의미로 목적을 향할까를 생각 위의 생각으로 결혼 상대의 지식과 사고까지 안고 다듬어갈 포용력 자세는 최고의 부부연합 구조로 더 나은 삶을 찾아가는 길라잡이 택시다. 여기 제시된 결혼과정은 고도의 심리적 친화 수단에서 상호배려로서 행복 로드맵의 표준일 것이다.

익히 4차산업혁명 이후 사회발전과 비례해 더 많은 변화가 예상되면서 그동안 생각지 못한 일들이 갈수록 더 큰 변화를 재촉하고 우리의 일상생활까지 혁신이 요구되면서 삶의 질까지 빠른 속도로 변화시키고 있다. 그렇게 세상이 변한다지만 그 속도는 빠르거나 느린 시기가 있었으며 심지어 퇴보할 때도 있었다. 그래도 시대정신이 녹아 있었지만, 이제는 결혼과학으로 전 세계를 연결하여 하나 된 인간이 추구하는 행복으로 갈 수밖에 없는 구조로 형성되었다. 부부가 평생 살아가려면 많은 이해관계가 엇갈리고 가치가 충돌하며 이상과 현실 사이의 괴리도 있다고 예상된다. 이러한 상황에서 부부 워라벨 찾기란 많은 지식과 정보가 동원된다면 가능한 일이다.

딱히 인생에서 결혼예비자 시절부터 따져봐도 세상을 살다 보면 [할 수 있는 일]이 있고, [하고 싶은 일]이 있고, [해야 할 일]이 있다. 미국 코넬대학교에서 사회심리학을 연구하는 토머스 길로비치 교수가 있다. 길로비치 교수는 노벨 경제학상을 받은 대니얼 카너먼과 함께 의사결정과 행동경제학 분야의 권위자로 손꼽힌다. 후회 없는 인생을 살려면 어떻게 해야 할까? 길로비치 교수의 조언은 나이키 광고의 카피와 닮았다. 결혼공부 "그냥 하라"는 것이다. 부부공생이라면 무엇이든 할 수 있다는 결론이다.

길로비치 교수는 "영감은 기다리면 생기는 게 아니라, 결혼예비자 자신의 판단능력을 믿고 행동에 돌입한 후에 비로소 얻을 수 있는 것"이라고 말한다. 그는 말하기를 사람은 '이상적 자아(Ideal Self)'와 '의무적 자아(Ought Self)'가 있다고 했다. 전자는 목표와 야망을 모두 충족시킨 자아를 후자는 해야 할 의무를 이행한 도덕적인 자아를 일컫는다는 것이다.

익히 4차산업혁명 이후 하루하루를 전쟁처럼 살아가고 있는 젊은이들은 열정과 도전 정신으로 미래설계와 결혼을 마주하면서 온갖 생각을 나누고 있을 것이다. 결혼 후 삶의 해학을 담아 인생의 찐한 감동을 실어주는 엑셀를 가슴에 담아주고 싶다. 또한, 이것이 세상에 나가 많은 사람들에게 감동을 주고 큰 사랑을 받는다면. 그것을 추구하는 우리들의 소박한 꿈과 생각이다.

현재 처해있는 전면적이고 혹독한 사회 구조조정 환경에서 결혼을 준비하며 생존을 위한 고삐를 더욱 죄어야 한다고 내심 부르짖고 있는 상황에서 현명한 선택이 요구되는 일이 부부 워라벨로 가는 길라잡이가 될 것이다.

32. 불확실과 착각의 결혼은 인생을 망친다.

결혼이란 미래의 불확실성과 많은 정보와 삶의 상식과 지식을 교육을 통해 미래를 설계할 수 있다는 것은 상식이다. 그러나 정작 알고 있는 분량은 얼마나 될까? 물론 많은 것을 요구하기도 하고 필요로 하지만 구체적인 제시는 어렵다. 특히 과학적 개념은 전혀 일 것이다. 그동안 전혀 없었던 일이니 당연시 모르는 것이 정상일 것이다. 이러한 현상의 시대는 여기까지였다.

기존결혼질서는 사회적 불안·미래 불확실성으로 신뢰를 잃어가는 중이며 모든 것을 빨아들일 이 소용돌이를 멈춰 세울 회복 치유도구는 결혼과학밖에 없다. 진짜 명품이 무엇인지 보여주는 결혼과학 날아올랐다. 또 다른 차세대 유력정황으로까지 들여다보고 기획하고 있다.

결혼과학으로 미래를 들여다보며, 불확실성을 걷어내는 정보와 지식을 과학적으로 알 권리를 선택해야 비로소 알 수 있는 길이 열린다. 결혼이라는 그동안의 관념을 바꾸어야 할 시점이 도래한 것이다. 4차산업혁명 이후 빅데이터와 AI에 힘입어 개인적 삶의 질까지 변화가 찾아온 것이다.

딱히 인생디자인은 결혼 전에 해야 한다지만 가장 중요한 결정을 해야 할 결혼이라면, 좀 더 깊이 시대적 감각을 찾고 현명한 지혜로 접근한다면, 예비자들이 제일 싫어하는 불안을 해소할 수가 있다. 그 불안을 어떻게 해소, 시키느냐는 결혼과학이 한 방법이다. 또한, 결혼교육은 상황에 맞게 취사선택에서 변화를 통해 삶을 바꾸는 새로운 기회이기도 하다.

그러나 부부공생 찾기란 다른 어떤 방법과도 비교할 수 없는 시스템과 기술의 조합이 성공 비결. 정보의 과제를 안고 있다. 그 해법은 결혼과학의 통해 보장될 수도 있다. 결혼은 인생 중에서 가장 아름답고 행복해야 하며 축하받을 일이다. 그러나 배우자를 만남이라는 인연으로 평생을 같이 살아갈 결정적 판단을 하게 하는 일이기도 하다. 남자와 여자가 만나 부부가 되기 위해 전혀 다른 환경에서 성장한 남녀가 가정을 이루어야하기 때문에 갈등의 요소가 많다. 또 만나서 사귀고 좋아 결혼하겠지만 결혼은 순간의 좋은 감정 하나로 계속 이어갈 수만은 없다.

착각은 행복과 불행의 시작이다. 순간 판단과 착각해서 자신과 전혀 맞지 않는 사람과 결혼할 수도 있다. 또는 어떤 매력에 빠져 이성을 잃어서 (열정에 눈이 멀거나 어떤 조건에 눈이 멀어) 전혀 맞지 않는 상대방은 결코, 평생토록 내 뜻대로 고쳐지지 않는다. 아니 고칠 생각이 틀린 것이다. 서로 사고가 달라 감수하거나 다른 점을 도저히 참을 수 없다면 헤어지는 게 현명한 판단이다. 서로 인내하며 참아내는 데는 한계가 있기 마련이다. 다만 개인적 품성이 소프트하거나 이해심이 높은 사람이 있다. 반면에 강박하고 날카로운 사람도 있다. 어쨌든 받아들일 수 있는 부분과 참아낼 수 없는 부분이 있다. 다소나마 좀 짧다면 도무지 참을 수가 없다.

결혼이 불행한 사람을 행복하게 만들지 못한다. 결혼이 행복한 사람을 더욱 행복하게 할 수는 있다. 불행감과 행복감은 거의 환경적 태생이다. 행복한 사람은 결혼하든 하지 않든 행복하고 불행한 사람은 결혼하든 하지 않든 불행하다. 행복한 사람이라면 행복한 사람을 찾아 결혼하고 불행한 사람과 결혼하면 행복한 사람마저도 불행해진다. 불행한 사람을 통해 행복하게 할 도리가 없다. 불행을 행복이 대신하지 못한다.

불행한 사람을 행복하게 만들려는 시도는 반드시 실패한다. 그건 수십

년 고착된 품성이므로 고쳐지지 않는다. 불행한 그 사람을 내가 행복하게 해줄 거야 불행한 나 행복한 그녀를 만나면 행복해질 거야 꿈 깨라! 이것은 엄연한 현실이며, 데이터의 분석이 만들어낸 결정적 정답이며 움직일 수 없는 사실이다. 물론 많은 것을 시사하는 대목이다. 결혼 파트너를 고를 때 그 사람의 외모만큼 그 사람의 품성은 그 사람의 행복도와 나와의 교감 능력(지적능력)을 평가가 중요하다. 불행하거나 나와 맞지 않는 사람과 평생 같이할 수는 없다. 그건 그저 불행만 자초하면서 기다릴 뿐이다.

결혼에 관한 한 여자들은 지독한 근시다. 많은 여자들은 자신이 결혼에 대해 지식과 정보를 충분히 가지고 결혼하는 것으로 착각하고 있다. 한국 여자들이나 외국 여자들이나 마찬가지다. 다들 몰라도 너무 모른다. 시대의 낙오자에게 운명을 맡기는 것이나 다름없으며 위험천만한 발상이다. 평생을 결정짓는 결혼을 별다른 정보도 없이 덜컥 선택하고 누군가의 말과 분위기에 따라 결정한다. 그리고는 최고의 선택이라고들 안도한다. 그렇게 결혼을 해서는 한두달만 같이 살아도 삐걱대기 시작하면서 가슴 치는 일이 한두 번이 아닐 것이다.

현대는 결혼콘텐츠를 준비해야 하는 시대다. 결혼과학에서 다양한 지식을 습득하여 자신의 결혼환경에 적합한 자신만의 스토리를 만드는 것이 학벌이나 스펙보다 결혼이 훨씬 더 중요하다는 것을 인지해야 할 것이다. 그래야 여러 돌발 상황에 대처할 수 있다. 아울러 결혼 4원칙과 함께 즐길 공통분모와 공감소통 그리고 미래, 인생의 디자인도 준비해야 한다. 어떻게 누구를 만나느냐의 중요한 것보디 만나서 어떻게 멋진 인생을 즐기며 행복하게 후회 없는 일생을 살 것이냐를 사전에 준비하는 과정이 더 중요하다.

결혼 준비과정의 일어날 일들을 예상하고 준비와 상대에 대한 소통적이며 공통점의 호환을 위해서는 생각만으로는 부족하다. 체계적이고 논리적이며 구체적인 정보, 지식을 통해 풍요로운 삶의 콘텐츠를 마련할 최상의 조건을 갖추는 것이다. 결혼에 있어서 여자는 정말 외롭고 고독하며 혼자 해결해야 할 일들이 너무 많다. 경제적 조건과 환경적 조건 그리고 인간적 교감소통과 학식 밸런스 등 비교 분석해야 할 것들이 너무 많다.

혹시 지나친 이상형의 반대로 배우자를 만날 미래에 대한 불안감 때문이다. 다행인 것은 여성들은 선천적으로 남성보다 뇌 구조가 훨씬 월등하여 타인의 감정을 읽고 자신의 감정을 표현하고 대처하는 능력이 남자보다 훨씬 우수하다.

원론적으로 생각이 같고 몸이 같이 행동하면 최고의 행복감을 가질 수 있다. 어떤 이상형의 남편감을 어디서 어떻게 찾아야 하는 것에 목적을 두기 전에 어떤 남자와 인연이 되더라도 리드하며 소화해낼 수 있는 역량을 먼저 갖추는 것이 훨씬 더 중요하다.

자신이 소유하고 있는 지식과 재능을 정확하게 파악하고 최고의 능력을 발휘할 수 있는 특기를 익혀 두는 것은 물론 상대에게 자신의 프로필을 정확하게 전달할 수 있는 정도의 능력은 갖추어야 한다.

그리고 여자는 화장술과 의상에 대한 감각과 자신의 인상관리능력을 키워서 눈으로 보이지 않는 인격 수준도 함양해야 한다. 그래도 배울 만큼 배워서 알고 있다는 알량한 기득권 의식은 모두 지우고 혼자서 머리 싸매고 온갖 상념 속에 자신을 가두지 말고 다양한 고급정보를 찾으면 알 수 있다.

나아가 만일 결혼 사전 정보교육의 명품수준 코스를 수료한다면 일단 두려울 것은 없을 것이다. 세상을 살아가는 자신감도 생기고 타인과의 대화술도 능수능란하게 되고 평범한 사람들이 잘 모르는 고급정보 지식을 갖추게 될 것이기 때문이다. 신랑감 찾는 것도 고단수 길을 알게 되고 또 그렇게 만나게 된다. 아는 만큼 보인다고 하듯이 지식정보를 가지고 있으면 우선 큰돈이 보이고 행복하게 살아갈 지혜가 생기고 좋은 신랑을 자연스럽게 만날 수도 있다.

인생의 관리능력도 인정받을 수 있고 본인에게 감사와 행복의 참뜻도 타인과 나누는 그러면서 세상과 끊임없이 소통하는 자세와 개념과 사고 지식을 확장하며 결혼과 인생 최고의 전략으로 건강한 사회적 희망의 씨를 뿌리게 되면서 부자는 당연하고 그 이상의 자신감도 생기게 될 것이다. 살아가다가 뒤늦게 가치관의 중요성을 나중에 알았을 때는 이미 낭패다. 눈에 보이지 않는 가치관이라는 것은 서로 맞지 않으면 어떤 방법이 없다. 일종의 장애와도 같아서 노력한다고 달라지는 것은 아니다. 사람들의 본능적 사고는 전부 자신의 이기성에 맞추려고 하니, 문제 해결은 계속 꼬여만 가는 것이다.

대다수는 자신의 지식과 상식은 최고의 수준으로 또는 많이 알고 있는 정도로 믿고 본인도 모르게 자신 속에 빠져있다. 문제는 여기에서 착각으로 인하여 현실적 환경을 어렵게 이끌어 가고 있다. 세상은 역시 쉽게 이루어지는 것이 없듯이 그만한 가치를 해야 한다. 최소한 결혼 관계 정보교육을 받고 자신의 모태 재능 전문성 계발을 통해 상식과 고등지식의 폭을 넓혀야 자신에게 맞는 최적의 조건선택을 할 수 있는 눈을 뜨게 된다. 다 알고 있다는 착각에 빠져 준비 없이 결혼하지 않기를 바란다.

불확실한 결혼은 인생을 망친다. 결혼은 불확실성으로 갈등을 감수할 수밖에 없다. 커진 경제 상황변화로 결혼문화도 물질만능으로 비대해져 결혼과학 등 신성장동력 발굴로 불확실성을 걷어내고 투명하고 정직한 관계로 성사 확률이 높은 기술개발이 요구된다. 이와 같은 결혼문화 상황에서 혁신적인 경영전략을 준비하고 근본적인 체질개선에 도전장을 내야 할 것이다.

인생은 주어진 대로 가는 것이 아니라 스스로 운명을 만들어가며 자기 가치를 창출하는 예술적 이미지로 받아들여야 한다. 운명적 만남이 결국 누구를 만나 행복이냐 불행이냐 삶은 결판나겠지만 위태로운 삶을 평생 울러 메고 갈 것이냐! 누구나 결혼이라는 기본이라는 기본에 충실하고 싶지만 상대적 코드가 맞지 않으면 돌이킬 수 없는 평생 고생문 열려있어.

그 또한 당시에는 까마득하게 감지 못하고 많은 세월이 지난 후에야 알아차리게 될 경우가 많다. 보통사람들 대다수가 그렇다, 한마디로 대책이 없다. 한가지 명심할 것은 상대를 절대 변화 못 시킨다. 대부분 여기서 착각을 한다, 지식의 차이 세상을 보는 관점은 어떤 경우라도 변화될 수가 없다, 냉정하기 바랄 뿐이다. 빠른 결단을 못 내리면 고통이 기다린다.

33. '미래, 결혼과학'은 뼛속까지 들여다보고 답한다.

차세대 기초소재개발에서 기적의 생태계를 창출하려는 I LOVE 결혼과학사관학교의 책임 있는 커리큘럼 과정은 회사에 이익이 없더라도 고객 학습과 경험이 우선으로 개선된다면 즉각 추진된다. 더 좋은 서비스를 제공하자는 마인드, 이다. 또 다른 교육 질적 보장과 system의 치료적 장치에 신뢰를 확보하기 위한 도구적 수단으로 봐도 무리는 아닐 것이다.

본래 결혼은 미래에 대한 불안감이 큰 것이 본질적인 문제다. 그리고 모두가 자기중심적이고 이기적이기에 또 다른 공상으로 판타지를 만들어내고 있다. 때문에 나에게 어울리는 신랑감 찾기란 내가 어떻게 하느냐에 달려 있다. 그러면 그 이상형을 찾기 위해 많은 사람들의 머릿속을 뛰어다니는 것보다 자신이 현장에서 실지로 만들어나가는 것이 훨씬 효과적이며, 성공 가능성은 높다. 이것도 바로 능력으로 인정받을 것이다. 결혼과학이 탄생하지 않을 때는 모두 이 정도였다.

예로 구태결혼질서는 성공하기 어려운 구조로 좀처럼 돌파구를 마련하지 못하고 있었다. 결혼과학은 다양한 결혼상품의 포트폴리오로 개선하는 것이며 구 풍습의 옛 영광은 잊고 새로 시작해야 한다는 것이다. 결혼과학의 계도환경으로 적극적 개선책이 요구되고 있다. 이제는 과거가 미래를 지배할 수 없는 선택의 시간이 되었다. 지금까지 몸에 묻어있는 구태 질서에서 빚어진 보복결혼 한풀이 성 결혼 벼락 결혼 기타 여러 형태의 지옥

결혼의 상황은 생각보다 훨씬 심각하다. 또 민감한 반응은 중심적 핵의 파이를 인지하지 못하고 있기 때문이다.

2021년 결혼과학이 탄생하고 세상은 완전히 변화되고 있다. 새로운 시대는 결혼과학을 중용했고 구태 기존풍습은 참패와 '벼락 거지' 속출이었다. 또 구태적 매칭질서는 상대를 저울질할 때 느끼는 이중적 잣대의 감정은 극에서 극으로 달릴 정도의 후진성이었다. 이러한 상황에 기인하여 여기에 '미래, 결혼과학'은 '결혼 핵의 해결사'라는 신조어가 생겨났다.

결혼은 신뢰가 생명이다. 생각의 양면성 소주 성, 결혼예비자 상대 거대한 설문조사, 예비자들 입맛에 맞게 굽고 튀기는 과학이라는 개념으로 바뀌면서 새로운 질서로 진보하고 있다.

익히 가치동맹 부부공생의 투명성 비대칭 해소기술과 공감소통의 실효성과 같은 기본질서에서 동질감에 동의가 우호적으로 합치라야 진정한 구조로 탄생되는 부부일 것이다. 여기에 과학이 개입하면서 결혼과학은 부부공생의 생태계 원천개발에 주력했었다.

지금부터는 예전에 있어 애용했던 일들을 기억해 비교해보면 새삼 알 수 있는 일들이다.

익히 대화를 시도할 환경을 내가 만들어야 한다. 만나기 전 먼저 말 섞는 방법부터 기본적 준비가 되어야 한다. 그리고 미리 다가올 상황도 먼저 생각하고 대비해야 한다. 이상형의 신랑감을 찾으려면 여자 자신이 그에 걸맞은 사전 준비가 갖춰져야 한다.

요즈음의 부자들은 대체로 고학력자다. 그리고 통계를 보면 돈 많은 사람이 인물이 좋고 잘생겨 보인다. 여러모로 꼬임 없이 즐기며 살고 있으니 인상도 여유롭게 보이고 기품이 느껴진다. 더구나 운동이나 몸 관리도 잘

해서 몸도 대체로 건강한 편이다. 여유가 있고 지식이 가득하고 생활환경이 좋으면 주위 친구나 동문 등 알고 지내는 사람들도 많고 비슷한 수준으로 형성된다. 이것도 보이지 않는 무형재산이다.

세상 들여다보면, 부자는 부자끼리 모이고 중간은 중간 끼리 모여 살고 없는 사람은 없는 사람끼리 모여 그 수준에 맞는 삶을 살아가고 있다. 유유상종(사람들은 끼리끼리 어울린다), 동병상련(같은 병으로 고생하는 사람은 서로를 아끼고 돌본다)이며 과부 사정은 홀아비가 아는 것이 세상의 이치이다. 사람들은 서로 비슷한 사람들을 좋아하고 서로 소통한다는 의미다.

왜 사람들은 자기와 비슷한 수준의 사람들을 좋아할까? 이유는 누군가가 나와 비슷하게 행동하고 있다면 그것은 내가 옳다는 증거를 제공하고 있는 것으로 인식한다. 내가 옳다고 확인하는 것은 기분 좋은 일이다. 자기를 기분좋게 해주는 사람을 좋아하는 것은 당연지사다.

또 자기와 입장이 비슷한 사람을 싫어하는 것은 곧 자기 자신을 싫어하는 것으로 생각하게 된다. 그리고 비슷한 태도나 취향을 갖고 있는 사람들은 서로의 행동을 더 쉽게 예측할 수 있다. 그래서 사람들은 자기와 비슷한 사람을 좋아하게 된다. 따라서 그들이 노는 물이 생기고 그들 수준의 색깔이 형성된다.

그렇다면 이상형 신랑감이 놀고 있는 물을 파악했다면 그가 놀고 있는 물에 뛰어들어야 한다. 문제는 내가 그 물에 가서 놀 수 있는 역량이 있는지를 성찰해야 하며 그에 어울리는 준비가 요구된다. 그리고 인생은 연습이 없다. 한번 결정으로 결판이 난다. 그러나 청춘과 돈은 필수이다. 그렇다면 그것을 실제 운용할 준비가 되어야 한다. 외모를 기품있게 가꾸는 것도 중요하지만 말을 섞게 되었을 때 공감과 소통을 유지해갈 수 있는 지식과 정보역량은 기본능력이다.

학창 시절에서 평생 친구의 반이 정해진다. 그 이후 사회 친구나 새로운 만남의 기회로 인연이 된 친구들은 만났다가도 금방 헤어지고 잊어버리기 때문에 연속적인 보장이 없다. 그러나 누구를 만나느냐 따라서 성공의 길이 달라지므로 늘 새로운 인연을 만나야 하고 만날 자세와 준비가 되어야 한다. 더 많은 계층의 사람을 만나면 더 많은 기회가 주어지고 후에 폭넓은 세상을 경험하게 된다. 정이 인생은 만남에서 시작되어 헤어짐에 끝난다. 만남의 기회가 주어졌을 때, 여러 사람들과 어울림에서 남다른 특기를 자랑하는 것은 강력한 무기다. 특별한 재주가 없으면 아래로 또는 천박해 보인다. 물론 스포츠와 악기 한두가지 정도 다루고 누구와도 대화를 이끌어 갈 수 있는 자신감은 자신의 가치를 높이는 방법이다. 그리고 살아가다 보면 때에 따라 변칙적 수단도 필요하다. 여러, 사람들에게 설득력 있게 포장해 놓고 실제로 자신이 대단한 사람이라고 자신을 속이는 일도 경우에, 따라서 감행해야 한다.

딱히 골프를 칠 줄 아는 사람은 골프로 인해 많은 사람들과 대화할 기회가 생기고 수준이 좀 있다고 하는 사람들과도 모임에 어울려야 자연스럽게 노는 물이 달라진다. 심지어 노래방이나 나이트클럽에서 노래 잘 부르고 춤 잘 추면 그것도 능력으로 평가받을 수 있다. 하나 잘하는 것을 보여줌으로써 열 가지도 다 잘 할 수 있다고 어필할 수 있다.

이정도 재치만 있어도 이미 50%는 성공 가능성의 문 안으로 들어선 것이나 다름없다. 그들의 색깔에 맞출 수 없다면 그들이 노는 물에 뛰어들어도 섞이지 못한다. 만일 색깔을 맞추게 된다면 이상형 신랑감과도 섞일 수 있을 것이다. 고급정보와 지식을 숙지한다면 실행에 옮길 기회를 만들어라. 이러한 기초자료의 연구개발로 I LOVE 결혼과학사관학교가 탄생 되었다.

다음으로 괜찮은 남자 만나려면, 꼬치꼬치 따지지 말아야 한다. 남자는 여자가 적극적으로 접근하면 불쾌감을 느낀다. 심리모형은 자신이 여자에게 사냥당한다고 여기기 때문이다. 그러므로 저 남자가 내 사람으로 생각된다면 급하게 다가서지 말고 남자가 당신을 적당한 거리에서 엿볼 수 있도록 기회를 열어주는 연출을 해야 한다. 연출한 행동은 남자가 모르게 하고 모든 분위기는 자연스럽게 그리고 재미있게 진행해야 한다. 남자가 편안한 마음으로 스스로 접근하는 모양새가 되도록 해야 한다. 이것이 남자들의 뇌구조다. 결국 결혼도 심리분석이다.

바꾸어 이정도의 수준은 결혼과학이 탄생하기 전까지 통용되었던 사실들 이었다. 바로 창작자의 머리에서 나와 책으로 발간되었던 자신의 능력 현장을 보는 것이다. 참 촌스럽다. 결혼과학이 탄생되기 전 까마득히 모를 때까지는 보편적 수준이 이랬었다.

34. 어떤 선택이든 성공하고 행복해야 한다.

세상과 싸움에서 이길 방법은 결국 자신과 싸움이다. 이 문제의 연관성으로 결혼과학의 진실을 해부하며 속성의 이해와 진실 화해로 투명하게 밝혀져야 할 것이다. 여기에 많은 데이터와 첨단기술이 동원되어 사실이 증명되었다. 고로 자신의 지식과 고급정보로 내공을 쌓고 끊임없는 열정으로 미래를 탐구하는 프로그래머로서의 무한한 꿈을 키우는 능력 확장 작용이다.

고객사 맞춤형 결혼키워드 통합칩(커스텀SoC) 전담 조직을 키워 맞춤형 설계 지원 역량을 과학으로 지원하는 시스템으로 전환되는 구조로 적용 기획되었다. 결혼설계부터 성과까지 모두 책임지는 올인원서비스를 지향하는 것이다. 설계 지원팀은 하나 시스템으로 통합돼 일원화됐다. 설계 지식재산권(IP)의 유능함은 'I LOVE 결혼과학사관학교' 설립과 '미래, 결혼과학'이 출판물발간으로 이어져, 다양한 채널로 고급정보를 제공하게 될 것이다.

익히 세계적 결혼예비자와 젊은이들 Leeds의 욕구는 삶에 영감을 불어넣은 결혼과학의 탄생이다. 또한, 새로운 결혼의 질서와 논리를 이해해야 크나큰 실수방지책으로 필수적 결혼의 진실을 탐구와 학습으로 인생이 성공할 수 있다는 느낌을 확신할 수 있게 될 것이다.

결혼과학이 밝혀진 이상 결혼의 질서와 논리를 알아야 미래를 예측할 수 있게 생겼다. 결혼의 개념을 바꾸고 진실을 과학으로 탐구하며, 인생이 성공할 수 있는 법칙도 알게 되었고 결혼과 인생 듀얼 시스템(자신의 지식과 비 지식 두 가지 얼굴)으로 대입시켜 삶을 읽어야 미래예측 확률을 높게 설정할 수 있는 기반이 생긴다.

바꾸어 사회 전반이 크게 변하는 현실에서 결혼과학은 역시 새로운 도전에 직면하게 됐다. "지속가능한 미래를 위한 결혼환경은 늘 주목받는 '주제'였고 앞으로도 더욱 중요해질 것"이라고 알고 있다. 딱히 남성과 여성 자신들의 행복감도 중요하겠지만 미래 담보와 가치 있는 인구생산에 더욱 중요성이 강조되는 대목일 것이다.

정이 어떤 후세는 태어나 1명이 10만 명 또는 그 이상을 책임질 차세대 유능한 인재로 성장할 것이고 어떤 유전자는 반대쪽 사고나 치고 3류, 4류 인생으로 살아갈 것이기 때문에 쌍방의 만남이 훗날, 사회에 영향을 미친다는 사실에 주목할 필요가 있다.

2018년도 결혼비용이 40조를 넘어서고 외형만 비대해져 결혼을 앞둔 젊은이들을 목을 죄고 있는데 그리고 부담스러워 결혼을 미루든가, 아예 포기하든가, 아니면 어떻게 만나 결혼해도 혼수 문제로 다툼은 평생 안고 살아야 한다는 모 일간지 설문조사를 보면, 합리적인 결혼문화가 정착되기 위해서 지금의 결혼식 관행 중 반드시 개선되어야 할 문제가 무엇인지를 물어보았더니 매우 다양한 의견들이 나왔다.

그리고 '과다 혼수 및 예물 간소화'가 31.4%로 첫 번째를 차지하였다. 그다음으로는 청첩장을 남발하고 많은 하객들로부터 축의금을 받는 관행 및 지나친 함팔기나, 폐백, 피로연 등 불필요한 예식절차를 개선하거나 폐지해야 한다는 의견이 24.8%이었다. 세 번째로는 응답자의 16.6%가 체면문화를 없애고 결혼비용의 상당 부분을 부모에게 의지하는 것을 당연시하는 사회적 분위기를 타파하는 등 국민의식의 변화가 필요함을 지적하였다.

주말 및 공휴일에 집중된 예식시간, 상업적인 이벤트와 판에 박은 듯한 예식진행 상업예식장의 과다한 비용 등의 문제를 개선해야 한다고 응답한 비율이 13.2%였으며, 자존심 꾹 참고 자신의 위치와 대우도 못 받는 변비 인생으로 평생 살아야할 입장이고 실수도 하고 그래도 고개 숙여 참고 살아간다 해도 본의 아니게 인생의 미숙함도 보이게 되고 심리적 갈등까지 이러한 후유증이 쌓여 나타난 결과물은 이혼 아니면 자살 또는 가정파탄 이러한 결과는 오래전부터 나타나는 실정이며 개인적 소신의 선택이라 치부하고, 넘어가고 또 쌓이고 있다. 한마디로 우리 사회의 진실은 언제까지 후진성에 잠수되어야 하나?

익히 결과만 따지고 원인과 치유는 말이 없다. 결국, 잘못 만남의 결혼문화의 구조적 불신과 미숙함을 우리 사회가 만들어 낸 결과물인 것이다. 남자와 여자 생체학으로 전혀 다른 생물학적 구조를 보면, 여성이 남성보다 뇌 size도 크고 훨씬 우수한 두뇌에 수명도 8년 정도 긴 조건을 갖추고 있고 사고 판단능력도 여성이 앞서고 요즈음은 사회활동 능력도 여성이 남성을 초월할 정도로 우위에 와 있고, 세상에 부부간 말싸움해서 남자가 이긴 사람 있으면 나와 봐라, 해봐? 여성은 하루 2만 마디 말하고 남성은 7천 마디밖에 못할 정도로 여성이 머리싸움에서 승자는 사실이다.

이러한 입장에서 남성을 조정하고 세상 살아가는 정보는 초보적이면서 일상생활에 빠져 미래지식 생활과 거리가 있는 과거에 묶인 논리만 앞세운 어두운 운명을 자초하며 착각 속에 머물고 있는 현실을 자신은 까마득히 모르고 그냥 있는 그대로 눈에 보이는 사실만 따지며, 세상을 자기 기준의 잣대로 재단하며 살아가고 있다. 못 말릴 지경이다. 또한 말이 안 통한다. 때문에 남을 변화시키다. 절대 안 되는 일이다.

한국의 여성들이 이러한 최상의 조건을 가지고도 문제는 미래과학 지식적 준비 없이 결혼에 임했기 때문이다. 여성이 남성 다른다는 것이 얼마나 어려운 것도 모르고 겉모양과 짧은 시간 대화로 그동안 나눈 대화만 믿고 다 알고 있는 것으로 착각하는 것도 자기 기준 개념에서 결정이 나고, 모든 상황이 미숙한지도 모르는 어리석은 자세가 미래를 읽지 못한 불합리한 결과물을 만들어가고 있다.

I LOVE 결혼과학사관학교는 메타버스와 VR(증강현실), AR(가상현실) 결혼과학 첨단테크의 대표 기업으로 결혼과학의 히이브리드 기술의 대혁신은 결혼알고리즘 숙원을 풀은 공법발명과 즉 세상을 긍정으로 바꿔놓을 개혁이 존재한다.

별의 순간을 잡았기에 천재성을 제시하게 되었다.

35. 미래의 눈, 아이콘이 스마트인생

　결혼예비자들의 실제 웨딩에 영향을 미치는 많은 조건은 메타버스의 가상과 현실을 오가며 행복물질 세로토닌을 주도적으로 높이며, 수학과 인문학으로 접근하는 딥러닝 올인원 패키지 활용으로 이루어지고 있다. 지금까지 아무도 몰랐던 경계의 벽을 넘은 도전적 실행이다. 이것은 마치 미래를 소환하여 가상으로 보여주며 설명까지 제시한 놀라운 변화이다. 물론 세상을 살아가다 보면 주기가 있듯이, 공부와 지식 기술 친구 만들기 그리고 결혼도 시기가 있듯이 그 적절한 시기에 과정을 접하기는 또한 쉽지 않고, 그 시기를 인지도를 낮게 잡아 지나가는 경우들이 많이 있을 것이다.

　일부 유능한 고급지식과 상식의 호환으로 과거와 미래를 갈라치기로 결혼질서 시장에서 절대 강자로 이끌 표준 메뉴 규칙 등장이다. 여기 제시된 결혼과학 공법과 규칙은 차세대 미래를 리드할 결혼과학 소재기초과학 창의성 발굴이 핵심이다. 그러나 결혼과학에도 인간적인 심리모형의 대비한 계가 있다. 무늬만 과학이 아니고, 정체성이 분명한 생태계(Ecosystem) 원조로 초격차공법은 인프라 구축에 있다.

　변화를 지향하는 결혼과학은 딥 체인지를 모색했다. 결혼과학 생태계에 빠질 수 없는 카테고리는 국민 행복추구권과 결혼 성공 연구와 평가 작업을 조심하에 본격화했다. 강력한 공법발명으로 세계결혼 시장을 지배적으로 이끌 공산이 커졌다. 이어 결혼과학기술로 산업과 경제성장 원동력의 엑셀을 예측하며, 또 선택으로 미래불안 해소의 기술적 독창성과 중요성은 더 나은 미래창조의 꿈을 품은 영감은 세상과 자신이 긴밀히 소통하는 치유 도구로 결혼과학의 정형화된 혁신플랫폼의 동력으로 신자유주의(New Liberalism) 결혼을 선언한다.

익히 세상 일어나고 있는 특별한 혁신적 일들이 알고 보면 별것 아닌 것 같이 보일 경우도 있겠지만 평생 가지고 가야 하는 지식과 기술은 자신의 관리능력을 지배하고 지식 밸런스를 맞추어 가며, 자신의 맞춤형 멘토를 찾아야 할 것이다. 자신의 부족한 부분을 남의 머리를 빌릴 지혜만 있으면 가능하다. 그 발상은 생각이 멀리 있을 것이다.

인생 전체를 조망하며 일찍부터 결혼과학을 이해하고 자신이 미래예측을 기획 구성하며 연속적으로 희망의 나무를 심어나가는 인생경영 컨설팅의 필요성을 느낄 때 다소의 안도감도 같이 느낄 것이다.

정이 기본적 개념도 무시하면, 변비인생으로 평생 살아갈 것은 자명한 일이며, 자신의 순진과 미숙의 판단도 헷갈리면 원숙한 자신 관리는 상당히 어려울 것이다. 현재 소유하고 있는 지식으로는 이류 삼류 인생으로 살아갈 수밖에 없고, 인생이란 원래 공평하지 못하겠지만 그런 현실에 대하여 불편할 생각하지 말고 현실에 처한 자신의 부족함을 받아들이고, 지금 이 시대의 변화를 감지하는 능력이 퇴화하면 누구나 멸망할 수밖에 없다는 사실을 정확한 인식을 자신에게 충족을 요구해야 할 것이다.

또한, 여자들은 본능적으로 자신의 현실 정도와 위치 소유한 지식의 기술적 수준에 관심이 부족하면서, 단지 눈에 보이는 것에만 목숨을 걸고 사소한 일에 시간을 낭비하는 그런 생체학적 구조를 자신의 맞춤형 메뉴얼 시스템으로 바꿔, 자신만의 의식혁신이 특별한 절대적 사건으로 취급해야 미래가 담보될 것이다.

여성들의 우수한 두뇌와 생물학적 수명도 남성보다 7~8년 정도 길면서 많은 장점을 가지고 있으면서 융합적응용 능력의 부재에서 한계를 느끼고 있는 것으로 알려져 있다고 전문가들은 입을 모은다. 세상이 바뀌면 자신이 추구하는 목표 또한 바꿔야 하는데 불확실의 시대로 내몰리면서 혼란의 중심에서 벗어나지 못하는 고정관념에 묶인 자신을 나중에서야 시간이 한참 지난 후 알게 될 것이다. 실지 여자들의 일생이 보편적 가치로 수평적으로 살아가는 경우가 대다수일 것이고 이런 상항은 이 시대를 살아가는 스마트인생과는 거리가 있고 모두가 한번 깊게 자신을 대입시켜볼 가치가 있다고 느꼈을 때 한참 후 희망을 이미 잃은 후가 될 것이다.

딱히 인생은 변화무상하게 돌아가고 있지만, 이 모든 것들이 이 시간에도 변하고 있는데, 우리 자신이 어떻게 변화를 만들어 내느냐와 닥쳐온 변화에 어떻게 대응하느냐와 이것들이 어떻게 성장할 수 있을까를 고민할 가치를 알아차렸을 때 원숙한 자신의 감동을 맞볼 수 있을 것이다. 또 다른 자신을 점진적으로 개발하고 지난 과정을 곱씹으면서 미비한 점의 보완을 가장 효과적인 전략 도구를 적절하게 도출하고 사용하는 것을 원칙으로 삼아야 할 것이다

4차산업혁명 이후 시대적 변혁기에서 자신의 창조적 혁신을 요구하게 될 것이고 이 영역이 자신의 미래를 지배할 것이며, 앞으로 세상은 그런 식으로 자신의 앞날이 열려있다는 것을 의미하는 것이다. 여성도 이제는 남성 구별 없이 무엇이든 원하면 할 수 있는 시대에 와있다는 사실을 인식하고 세상을 크게 보는 눈부터 가질 필요성이 요구되는 것이다. 변화를 거부하는 또는 성장을 거부하는 자는 반은 죽은 자일 것이며, 적극적인 사람에게는 보다 유효하게 살아가는 방법과 지혜는 지식과 정보로 등장할 것이고 그리고 소극적인 사람에게는 미래의 불안이나 불확실성 해소기술로 실패를

극복하는 버전을 찾아야 할 일이다.

익히 마음의 설정이 되면 새로운 닫아 올 세상을 미리 열어볼 가치가 있다고 항상 염려에 두어야 자신의 미래는 계속 성장하고 있다는 것이다. 지난 100년은 10년으로 10년은 1년으로 1년은 한 달로 커버되는 이러한 세상에 살고 있으면서 자신이 어디에서 무엇을 하고 있는지를 생각하고 이것이 과연 내가 좋아하고 즐기면서 하고 있는지를 정리해 볼 필요가 있다. 누구나 깊이 소유하고 있는 Talent가 다르겠지만 일단 즐길 수 있는 일이면 성공할 수 있는 가능성이 많으므로 아니면 지금 하는 일은 하면서 시간을 할애해 하나 더 찾으면 더 멋진 인생을 만들어가는 자신의 최강능력을 키워가는 보람 또한 가치 있는 일인 것이다

그리고 나이 상관치 않고 생각을 어디에 두고 살고 있는지가 삶의 질을 측정할 수 있고 또한 행복의 만족도 수치가 올라갈 것이고, 내용이 전문적으로 가면 또 다른 융합적 사고 발상으로 세상을 한번 바꿔볼 생각도 얼마든지 가능한 일이며, 자신의 인생 생태계를 바꾸면서 인생 전체를 조망하면서 그 이상의 것도 설정 기획하면 가능성은 항상 존재 한다고 믿는 것이다.

스마트인생이란 참으로 아무리 압축해도 범위가 크고 길어서 한마디로 표하기는 어렵지만, 이 시대에의 삶의 질과 가치를 기본적으로 알고 살아야 할 것이다. 많은 고급정보에 근접한 자신의 이미지선정에 특별함이 묻어있어야 하며 인간적 자율성과 인성적 공감소통이 되어야 스마트인생일 것이며, 여러 신문화 조직과 호환이 잘되는 그런 구조의 뇌 모드가 이상적인 것이 스마트인생이다.

'미래 결혼과학' 출간 및 'I LOVE 결혼과학사관학교' 창립
축하 보상제 이벤트 실시

'I LOVE 결혼과학사관학교' 창립기념과 '미래, 결혼과학'은 본 책 선물용 일정량구매만으로도 학교수강회원 무료가입 신청되며, 효력 발생은 학교 Grand opening 이후로 기초결혼과학 고급정보와 신기술 기본 입문코스까지 무료 제공할 예정입니다.

'I LOVE 결혼과학사관학교' Grand Opening은 세계 최초 결혼과학 1세대 창립, 전국 동영상 TV, 인터넷, 전자출판 기타 Total Education Program입니다. 하기와 같은 조건의 해당 기준에 따라 설정, 선물용 다수 구매로서 일종의 투자개념으로 생각해도 좋습니다. 열정이 넘치는 자신감과 미래를 위한 우리 모두의 희망이며 역사창출로 지식혁신사회로 이끌 첫 발입니다.(결혼과 라이프사이클 인생 성공지침서로 평생소장품)한 번만 읽어도 삶의 질이 바뀝니다.

대한민국 초일류국가 지름길 로드맵 생태계로서, 젊은이들과 결혼예비자들 그리고 기성세대 여러분들의 뜨거운 성원으로 국민과 함께 성공대열에 동참하기 위한 특별한 기획이니 후원해주시고 냉정히 평가도 해주시길 바랍니다. 세계결혼과학 원조 1세대로서 여러분들이 바로 증인이기 때문입니다. 결혼예비자들 진정한 축재의 날만 남았습니다.

딱 한번 기회입니다. 출판 수익금 전액 'I LOVE 결혼과학사관학교' 창립에 전액 투자하는 공익적 지식혁신사회로 직행이며, 또 다른 재투자로도 올인 하겠습니다. 또한 황금알을 낳는 영구 독점사업이며, 지식교육 후손 유산으로 기념되게 실현하겠습니다.

'I LOVE 결혼과학사관학교' 정회원은 가족으로 수강 후에도 끝까지 돌보며 결혼과 인생이 꽃길만 갈 수 있는 지름길로 안내하고 영꿈통장까지 가질 수 있게 각종 기술과 편의사양을 지원할 것을 약속드립니다. 여기서 받은 도움은 사회에 100% 환원되며, 훗날 글로벌 지식콘텐츠 수출과 인구 증산 정책지원으로 전국 지점망까지 기획설치 확장으로 확답하겠습니다.

또한, 역사에 새로운 도전입니다. 정중히 기도하는 마음으로 이글을 보는 독자에게 행운을 드리겠습니다. 끝으로 현재 한국에서 한 번도 경험하지 못한 일들이 일어날 것입니다. 미래, 결혼과학 창작 및 저작권자는 미국 시민권 생활 30년을 정리하고 어머니 품속 같은 사랑하는 조국으로 돌아온 것에 대해 여러분께 진심으로 감사 인사드립니다. 그동안 저작권과 창의작품 총결산이며, 앞으로의 시간은 결혼과학에 관련 나의 전부를 아낌없이 대한민국에 받치겠습니다.

감사합니다.

미래의 키워드 꿈의 양자Compute 완성에 즈음하여

　2021년 6월은 양자Compute 기원의 해, 독일에서 개발 완료 후 미국 IBM에 설치되었다. 지금까지 4차산업혁명 이후 첨단 IT산업 빅데이터와 인공지능 기타 IT 과학적 체계가 무너지는 현상이 벌어질 조짐이다.

　예로 과거 산업발달구조 100년 걸리는 과정을 1일이면 평준화되는 놀라운 상황을 받아들여야 할 형편이 되었다. 이 원리를 기준해 결혼을 들여다본다면 미래, 결혼과학의 앞날 그다음은 상상에 맡기겠다.

　믿기지 않지만 분명한 현실이 되었다. 과대평가한다면 세상 문제의 중심적 파이가 일거에 해결되는 기적 같은 마법의 기술이 사실로 증명되었다는 것이다. 여기에 전 세계가 긴장하고 있다. 양자Compute의 활용범위는 무궁무진하며, 어느 분야든 해당 사유가 있다. 미래는 한치 앞을 예측하기가 어렵게 되었고, 세계경제는 무한경쟁 시대에서 편향적으로 쏠림현상은 피할 수 없게 되었다. 예로 지금까지는 결혼에서 매칭의 대상은 몸을 두고 있는 주위의 한정된 범위 내였지만 이제는 범위를 전국으로 확대배경이 되었다는 의미다. 또한, 초기단계지만 업그레이드 된다면 여러 신응용융합 작용으로 사실 겁나는 세상으로 돌변하게 될 것이다.

일단 세계 최고의 기술은 독일이었으며, 결국 독일과 미국이 세계를 지배할 파워가 더 커졌다는 사실이다. 일본도 서둘러 도입준비에 돌입했다는 소식이 있다. 한국도 전부터 관심이 많아 많은 채널을 동원해 도입을 아마도 추진하고 있을 것이다. 인공위성부터 결혼 매칭 무엇이든 이것 하나면 끝난다. 기적이 현실로 왔다. 반면, 슈퍼컴퓨터의 지위를 위협하고 있다.

기술상 큐비트를 늘리는 것이 비교할 수 없을 만큼 효율적인 것이다. 현재 양자컴퓨터 최고성능은 65큐비트 수준이다. 슈퍼컴퓨터가 1만 년 걸릴 난수 증명 문제를 양자컴퓨터로 단 200초 만에 해결했다고 밝혔다. 양자컴퓨터가 슈퍼컴퓨터의 연산 능력을 능가하는 이른바 '양자초월'이 처음 달성된 것이다.

양자컴퓨터 권위자인 미국의 IBM 백한희 박사는 "단순 병렬 연산은 슈퍼컴퓨터, 단백질 3차원 구조분석, 기후예측과 같은 복잡한 문제는 양자컴퓨터를 활용하는 식으로 상호 보완하는 방향으로 발전할 것"이라고 말했다. 세상에 놀라운 일이 본격적으로 벌어질 것이라 예상되는 대목이다. 우리는 여기에 예의주시하며 긴장하지 않을 수 없게 되었다. 이러한 특별함과 여타 꼭 필요하면서 존재치 않고 남들이 전혀 못하는 재능 도구개발과 치유기술 확보가 진짜 애국하는 길이다.(오직 실행이며, 생각은 아무나 다 한다.)

미래, 결혼과학

초판 1쇄 발행 2021년 9월 15일

지 은 이   Alex Seong Soo Lim
펴 낸 곳   도서출판 노벨사
표지디자인   서용석

출판등록   2017년 3월 16일 제2021-000033
주   소   서울특별시 강동구 천중로21길 37-6
전   화   02-6448-3232
전자우편   seongs0808@gmail.com

ISBN 979-11-960628-4-2